普通高等学校财经类核心课程教材系列

经济学简明教程

（第二版）

王森 主编

关溪媛 刘丹 副主编

东北财经大学出版社
Dongbei University of Finance & Economics Press
·大连·

图书在版编目（CIP）数据

经济学简明教程／王森主编．—2版．—大连：东北财经大学出版社，2014.8（2015.8重印）
（普通高等学校财经类核心课程教材系列）
ISBN 978-7-5654-1645-3

Ⅰ．经…　Ⅱ．王…　Ⅲ．经济学-高等学校-教材　Ⅳ．F0

中国版本图书馆CIP数据核字（2011）第181516号

东北财经大学出版社出版
（大连市黑石礁尖山街217号　邮政编码　116025）
教学支持：（0411）84710309
营 销 部：（0411）84710711
总 编 室：（0411）84710523
网　　址：http：//www.dufep.cn
读者信箱：dufep@dufe.edu.cn

大连图腾彩色印刷有限公司印刷　　东北财经大学出版社发行

幅面尺寸：170mm×240mm　字数：377千字　印张：19 1/4　插页：1
2014年8月第2版　　2015年8月第5次印刷

责任编辑：朱　艳　王　斌　　责任校对：刘　洋　刘咏宁
封面设计：沈　冰　　版式设计：钟福建

ISBN 978-7-5654-1645-3
定价：32.00元

目录

第1章

导言

学习目标

通过本章的学习，应该做到：

1. 了解经济学的研究对象、研究领域和研究方法；理解并掌握经济学的定义；认识现代西方经济学的简要发展历程。

2. 掌握稀缺性、资源、效率与机会成本等概念。

3. 了解经济组织的三个基本问题，区分微观经济学与宏观经济学，区分实证经济学与规范经济学。

本章将引领读者走进经济学的殿堂，我们力求用简单的语言来解释什么是经济学，用什么方法来研究经济学，经济学是怎么产生和发展的，以及如何用经济思维来考虑问题。通过本章的学习，可以对这门学科有一个整体性、框架性的认识，能结合具体的例子和实际经济现象来加深理解和认识。

1.1 经济学的研究对象

1.1.1 经济学的基本定义

经济学作为一门独立的科学已有 200 多年的历史。经济（economy）一词源于希腊文，原意是家政管理。在中国古汉语里，“经济”是“经邦”、“济世”和“经世济民”等词的综合和简化，包括国家如何理财、如何组织并管理各种经济活动等。“经济”一词很早就从日本传到中国，日本学者率先将 economics 译为“经济学”。

对经济学的基本含义与研究对象，不同学者有不同的理解与界定。主要的定义包括：

①研究在经济活动中如何确定劳动、资本和土地的价格以及如何运用这些价格合理配置资源；

②考察收入分配以及如何在不损害经济运行的前提下对穷人给予帮助；

③研究个人、企业、政府及整个社会针对稀缺性所作出的选择，以及研究影响和协调这种选择所作出的激励的一门社会科学。

一般广为接受的定义是：经济学是研究社会如何利用稀缺的资源以生产有价值的商品，并将它们分配给不同经济主体的一门学科。

从这个定义可以知道，研究稀缺资源的有效配置是经济学的核心问题。经济学的定义涉及了稀缺性、资源、效率和机会成本四个关键概念。通过对四个概念进行剖析，有助于理解经济学的含义。

1.1.2 经济学的关键概念

一门学科就好比一栋大厦，有自己的结构和形状，需要有基本的建筑材料。一门学科中包含的概念就好像是一栋大厦的材料，是构成这门学科的基本元素。就理解一门学科来说，对重要概念的掌握非常重要，所以有必要对经济学的关键概念加以说明。

1. 稀缺性（scarcity）

资源的稀缺是绝对的。无论是早期的原始社会还是当今的发达社会，无论是贫困的非洲还是富裕的欧美发达国家，都存在着资源稀缺情况。不过，资源的稀缺性强调的不是物品或资源绝对数量的多少，而是相对于人类欲望的无限性来说，再多的物品和资源也是不足的。另外，稀缺性是一个动态的概念，即某些商品在某一时期的供给可能是极大丰富的，但随着生产与消费的扩张，其供给会变得相对不足，如时间资源、水资源、环境资源等。

2. 资源（resource）

资源是指可供利用的、能够满足人类需要的物品。资源按其是否具有稀缺性可以分为免费物品与经济物品。免费物品是指不具有稀缺性，不需要付出代价就可以获得的物品，如平时我们所呼吸的空气和所沐浴的阳光；经济物品是指具有稀缺性，需要付出一定代价才能获得的物品，如我们所购买的各种物品与服务。

如果一种资源取之不尽、用之不竭，就没有必要研究资源的配置问题，正是由于资源的稀缺性，从而引发了如何在不同的经济主体与资源的不同用途之间进行配置的问题。经济学所研究的资源是具有稀缺性的资源，也就是研究经济物品的配置问题。

3. 效率（efficiency）

人类欲望的无限性与资源的稀缺性决定了社会必须以一定的方式对稀缺资源进行有效配置，从而最大限度地满足人类无限的欲望。效率是经济学中的一个关键概念，也称为资源配置效率，是指在不使其他人境况变坏的前提下，一种资源配置方式如果不再可能改进任何人的境况，那么该项资源的配置就是有效率的。由于这一概念最初是由意大利经济学家帕累托提出来的，因此也被称为帕累托效率。

美国经济学家保罗·萨缪尔森指出，经济学的精髓就在于承认稀缺性的现实存在，并研究一个社会如何进行组织以便最有效地利用资源，这是经济学的独特贡献。

4. 机会成本（opportunity cost）

美国前总统艾森豪威尔曾说过："我们造出的每一支枪，下水的每一艘军舰，发射的每一枚火箭，归根结底，都意味着一种对于那些忍饥挨饿的人的偷盗。"这一表述充分反映了一个经济学原理，即资源稀缺性的存在迫使人们在资源的各种用途之间作出选择，而选择了一种用途就必然要放弃其他用途。

所谓机会成本，是指为了得到某种东西而所要放弃另一些东西的最大价值；也可以理解为在面临多个方案的决策时，被舍弃的选项中价值最高的那个方案；还指厂商把相同的生产要素投入到其他行业当中去可以获得的最高收益。

1.2 经济学十大原理

对于初次学习经济学的学生来说，经济学既有与个人实际生活密切联系的一面，同时又有远离实际且比较抽象的一面。美国著名经济学家曼昆提出了经济学十大原理，如果能理解和把握这十大原理，就能对经济学有一个初步的认识，也有助于以后较好地理解和学习经济学。

1.2.1 人们面临权衡取舍

西方有句谚语"天下没有免费的午餐"，比喻做什么事都得付出劳动，不要想着不劳而获。或者说，如果得到回报而不需要付出，则可能意味着上当受骗。中国古代先哲曾说过：有舍有得，不舍不得，小舍小得，大舍大得。孟子的《鱼我所欲也》中有：鱼，我所欲也，熊掌，亦我所欲也；二者不可得兼，舍鱼而取熊掌者也。“舍得”是一种人生智慧和生活态度，有舍才有得，要想得，必须舍弃。

在实际生活中，我们也有这样的体验：我们要得到一件喜爱的东西，有时候不得不放弃另一件喜爱的东西。如果你把钱用于吃饭和看电影，就不能用于买新衣服。如果你把时间用于学习，就不能用于睡觉。从宏观经济角度看，如果我们把较多资源用到国防上，那么用在民用事业上的资源必然会减少，这就是著名的“大炮与黄油”之间的关系。

人们只有了解了自己面临的选择，才有可能作出好的决策，因此，我们对经济学的学习从认识生活中的权衡取舍开始。

1.2.2 某种东西的成本是为了得到它而放弃的东西

资源的稀缺性迫使人们在资源的各种用途之间作出选择。选择是一个取舍的过程，所以作出决策就要比较可供选择的行动方案的成本与利益。很多情况下，某种行动的成本并不是一目了然的。正如前面提到的，一种东西的机会成本是为了得到该东西所必须放弃的其他东西。例如，企业的一笔资金如果用于投资某个项目，那么它就失去了投资其他项目或把这笔钱存入银行获得利息的机会，相应地会带来一定的利益损失。

1.2.3 理性人考虑边际量

经济学中通常假设人是理性的。理性人是指系统而有目的地尽最大努力实现其目标的人。企业会追求利润最大化，它们要决定雇用多少工人，制造并出售多少产品；个人会追求效用最大化，人们要决定把多少时间用于工作，怎样把有限的收入用于购买那些他们需要的东西，来获得最大满足。

生活中的许多决策很少是黑与白（做与不做）的选择，而往往是介于其间（多做与少做的选择）。经济学家用边际变动来描述对现有行动计划的微小增量调整。理性人通常通过比较边际收益与边际成本来作出决策。

例如，只有在一天中得到的收益大于这一天所花费的成本时，出租车司机才会工作；只有在额外生产1千克谷物的收益或价格大于成本时，农民才会生产这1千克的谷物。即当一种行为的边际收益大于边际成本时，一个理性的决策者才会采取这种行为。习惯于边际思考的逻辑可能需要一段时间，学习经济学会给你很多实践的机会。

1.2.4 人们会对激励作出反应

激励是引起一个人实施某种行为的某种东西，诸如惩罚或奖励的预期。由于理性人评价经济活动的边际收益与边际成本，因此当成本或收益变动时，人们会对激励作出反应。例如，当汽油的价格上升时，消费者就有少买汽车的激励；当高考改革方案中提出，降低英语分值、提高语文分值时，就会激励考生减少英语学习时间，而花更多的时间来学习语文。

1.2.5 贸易能使每个人状况更好

贸易不同于比赛，贸易双方利用自己的比较优势，可以实现共赢，贸易可以使每个贸易者专门从事自己最擅长的活动，无论这种活动是农业、建筑业还是制造业，并用自己的产出交换其他更有效率生产者的产出。每个人、家庭甚至国家都有其更擅长的领域，而资源是有限的，对于个人来说，时间有限，不可能做我们想做的所有事情；对国家来说也是如此，美国的土地肥沃，但不可能种植所有农作物，当种植大豆比咖啡豆更有经济价值时，美国会选择种大豆，从巴西进口咖啡豆。不过，贸易也可能使贸易的一方收益的多，另一方收益的少，并可能使某些团体或个体的利益受到损害。

1.2.6 市场通常是组织经济活动的一种好方法

表面上看，市场是买卖双方面对面地进行交易的场所，本质上市场是一种买者和卖者决定价格并交换物品或劳务的机制。市场可以是集中的（如股票市场），也可以是分散的（如房地产市场或劳动力市场）。市场的最关键特征是将买者和卖者汇集到一起，共同决定商品的价格和成交的数量。

在一个市场经济中，生产什么物品与劳务，生产多少以及谁来消费这些物品与劳务的决策是由千百万企业和家庭作出的。由利己指引的企业和家庭在市场上相互交易，价格和交易量正是在市场上决定的。表面上看，通过市场配置资源具有盲目性，可能出现有些物品供不应求，而有些物品供过于求。为了解决这个问题，人们会自然想到，可否考虑通过政府的计划来决定生产什么产品和生产多少产品，避免出现物品的短缺或过剩。但这种观点似是而非，主要原因在于：一是不存在一个决策主体充分了解生产与消费的详细情况；二是计划者规定的价格不包含成本和收益的信息，从而这些价格不能有效地引导经济活动。亚当·斯密早在 1776 年的《国富论》中就提出了著名的观察结论，即利己的家庭和企业在市场上交易，仿佛被一只“看不见的手”所指引，引起了合意的社会结果。

1.2.7 政府有时可以改善市场结果

市场是配置资源的一种有效方式，但市场不是万能的。当市场不能有效地配置资源时，就存在市场失灵。在这种情况下，政府可以干预并改善经济效率。比如，政府可以用所得税和福利为改善不平等状况而进行干预，政府可以对垄断企业进行价格管制，可以对污染企业征收高额税从而迫使企业减少产量并减少污染物的排放。一般来讲，政府对于市场经济主要有三项功能，分别是提高效率、增加平等以及促进宏观经济的稳定与增长。军队、警察、国家气象服务以及高速公路建设都是政府活动的典型领域。在肯定政府可以改善市场结果的同时，也应明白，政府的干预要适度，因为经常会出现动机良好的政策干预但产生不合意的结果的情况。

1.2.8 一国的生活水平取决于其生产物品与劳务的能力

各个国家在某一时点以及同一个国家在不同时期的生活水平有巨大差别。2012年GDP总量美国排名世界第一，156 847.5亿美元；中国排名第二，82 270.37亿美元；印度排名第十，18 248.32亿美元。人均收入排名最高的是卢森堡，122 272美元，美国排名第15位，人均收入48 147美元，而中国的人均收入只排名90位，5 184美元。收入和生活水平存在差别的原因有很多，其中最主要的原因是生产率的差别。生产率通常是指一个工人每小时生产的物品与劳务量，主要用来衡量生产物品与劳务的能力。一般来讲，生产率高的国家，人们的生活水平也比较高。

1.2.9 当政府发行了过多的货币时，物价会上升

通货膨胀是指物价总水平普遍而持续的上升，较低的通货膨胀率对经济发展的影响有利有弊，有些时候是社会可以容忍或接受的，但高通货膨胀对经济而言代价很高。大多数严重或持续的通货膨胀的罪魁祸首是货币供给量的大幅增长。当一国政府发行了大量本国货币时，货币的价值就下降了。第一次世界大战后的德国，货币量每月增加3倍，物价平均每月也上升3倍。1921年1月，德国一份日报的价格是0.3马克，1922年11月，一份同样的报纸的价格为7 000万马克，这是历史上最恶性的一次通货膨胀。由于高通货膨胀会让社会付出沉重代价，所以世界各国都把保持低通货膨胀作为经济政策的一个目标，如果政府希望保持低通货膨胀，就应该维持货币量的缓慢增长。

1.2.10 社会面临通货膨胀和失业的短期权衡取舍

通货膨胀和失业是经济发展中并存的两个问题，二者相互影响、相互制约。货币量增加会带来通货膨胀，同时也会刺激社会的整体支出水平，从而增加了人们对物品与劳务的需求。随着时间的推移，需求的增加会引起企业提高物价，同时，也会鼓励企业雇用更多的工人，生产更多的物品与劳务。这便意味着减少失业。通货膨胀上升倾向于减少失业，相反地，通货膨胀下降倾向于增加失业。一国政府在运用各种政策工具时可以利用通货膨胀和失业之间的这种内在关系进行权衡和取舍。

1.3 经济学的分类

以解决经济资源的配置和利用为对象划分，现代西方经济学从总体上可以分为微观经济学（microeconomics）和宏观经济学（macroeconomics）两大类，前者研究资源配置问题，后者研究资源利用问题。

1.3.1 微观经济学

微观经济学以单个经济单位（居民、厂商以及单个产品市场）为考察对象，研究单个经济单位的经济行为以及相应的经济变量如何决定。经济行为包括：家庭如何支配收入，怎样以有限的收入获得最大的效用和满足；单个企业如何把有限的资源分配在各种商品的生产上以取得最大利润。单个经济变量包括：单个商品的产量、成本、利润、要素数量，单个商品的效用、供给量、需求量、价格等。微观经济学通过对这些单个经济行为和单个经济变量的分析，阐明它们之间的各种内在联系，从而确定和实现最优的经济目标。归纳起来，微观经济学实际上是要解决两个问题：一是消费者对各种产品的需求与生产者对产品的供给怎样决定着每种产品的产销量和价格；二是消费者作为生产要素的供给者与生产者作为生产要素的需求者怎样决定着生产要素的使用量及价格（工资、利息、地租、正常利润）。它涉及的是市场经济中价格机制的运行问题。所以，微观经济学又称为市场均衡理论或价格理论，它实际上研究的是一个经济社会既定的经济资源被用来生产哪些产品，生产多少及采用什么生产方法，产品怎样在社会成员之间进行分配。简言之，它研究的是既定的经济资源如何被分配到各种不同用途上，即资源配置问题。资源配置问题通常会被这样来解决：生产什么、生产多少取决于消费者的货币投票，如何生产取决于不同生产者之间的竞争以及成本与收益的比较，为谁生产取决于生产要素的供求关系所确定的要素价格。

微观经济学的主要内容包括价格理论、消费者行为理论、生产理论、成本理论、厂商均衡理论、收入分配理论以及福利经济学和一般均衡分析。

1. 微观经济循环流程

如果忽略政府和国外，只把经济社会分成家庭、企业两个经济主体，产品、要素两个基本市场，就可以得到一个大大简化了的微观经济循环模型。

1）家庭和企业

家庭既是消费者，又是劳动、土地、资本等生产要素的所有者。作为消费者，它追求效用最大化；作为要素所有者，它追求收入最大化。因此，家庭的经济行为目标是满足最大化。

企业既是生产者，又是要素雇佣者。作为生产者，它追求收入最大化；作为要素雇佣者，它追求成本最小化。因此，企业的经济行为目标是利润最大化。

2）产品市场和要素市场

产品市场：作为消费者的家庭，处在产品市场的需求方面；作为生产者的企业，处在产品市场的供给方面。家庭对产品的需求和企业对产品的供给，共同决定产品市场的成交价格和数量。要素市场：作为生产者的企业，处在要素市场的需求方面；作为要素所有者的家庭，处在要素市场的供给方面。企业对要素的需求和家庭对要素的供给，共同决定要素市场的价格和数量。

3）实物流程和货币流程

首先，家庭以要素所有者的身份，向要素市场提供各种生产要素。然后，企业从要素市场雇佣这些要素，生产产品向市场销售。最后，家庭又以消费者的身份，向产品市场购买产品。这是一个循环的实物流程。

伴随着实物流程，有一个方向相反的货币流程。首先，家庭向要素市场供给要素以后，以要素收入作为消费支出，向产品市场购买产品。然后，企业向产品市场销售产品，将家庭的消费支出变成自己的销售收入。最后，企业又将销售收入作为成本支出，从要素市场雇佣要素。这是一个循环不已的货币流程。

2. 微观经济分析框架

现代微观经济学，一般都有以下的分析框架和基本部分：

1）市场供求原理

经济学最基本的理论基础是市场供求原理。归根结底，微观经济学不外乎是研究供与求、买与卖。因此，微观经济学首先论述市场供求原理，在这个基础上分别研究家庭、企业的经济行为及其交易行为。

2）家庭经济行为

家庭是经济社会的细胞，任何一个人，都是特定家庭的成员。家庭通常拥有一种以上的生产要素，通过提供生产要素取得尽可能多的收入，然后在这种收入的约束下优化自己的消费选择。因此，经济学意义上的家庭，不仅仅是消费者，也是劳动者、投资者，需要研究家庭经济、需求理论、消费理论、家庭决策。

3）企业经济行为

就经济活动的生产、交换、分配、消费四大领域来说，企业生产物品和提供劳务，是创造价值的主要源泉，居于决定性地位。企业按照经济社会的需要，有效地组合多种投入，以最小的成本取得一定的收入，或者以一定的成本取得最大的收入。为此，需要研究企业性质、生产理论、成本理论和企业决策。

4）市场竞争

现代的市场包括一切以公开价格进行交易的活动，是家庭与企业之间的桥梁。在分析家庭和企业经济行为的基础上，可以研究它们在不同市场上是如何成交的。在市场竞争中，将研究产品市场与要素市场、局部均衡与一般均衡、完全竞争与不完全竞争、确定性决策与不确定性决策。

现代微观经济分析的基本内容如图 1-1 所示。

1.3.2 宏观经济学

宏观经济学以整个国民经济活动作为考察对象，研究社会总体经济问题以及相应的经济变量的总量是如何决定的，及其相互关系。总体经济问题包括经济波动、经济增长、就业、通货膨胀、国家财政、进出口贸易和国际收支等。经济总量有国民收入、就业量、消费、储蓄、投资、物价水平、利息率、汇率及这些变量的变动率等。宏观经济学通过对这些总体经济问题及其经济总量的研究，来分析国民经济

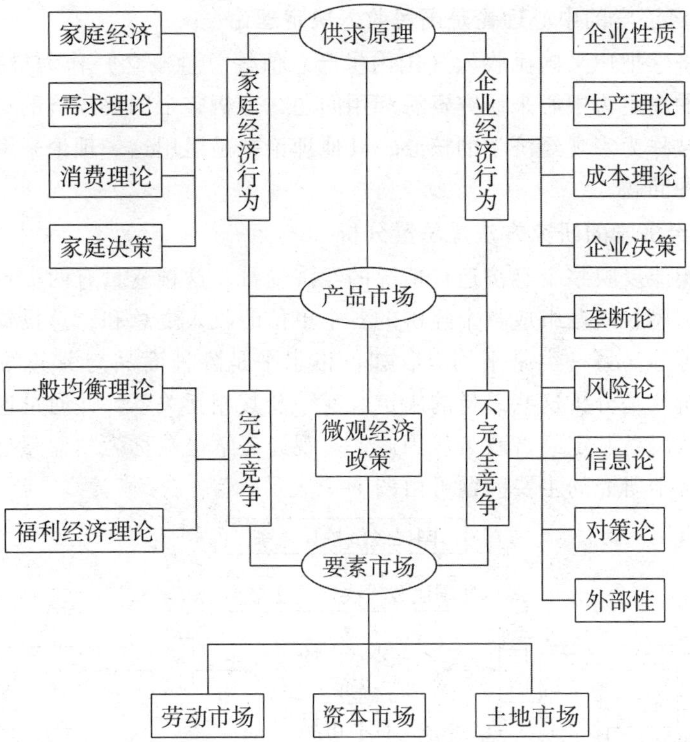

图 1-1 微观经济学分析框架

中几个根本问题：一是已经配置到各个生产部门和企业的经济资源总量的使用情况，决定着一国的总产量或就业量；二是商品市场和货币市场的总供求如何决定着一国的国民收入水平和一般物价水平；三是国民收入水平和一般物价水平的变动与经济周期及经济增长的关系。其中国民收入的决定和变动是一条主线，所以宏观经济学又被称为国民收入决定论或收入分析。它研究的实际上是一国经济资源的利用现状怎样影响着国民经济总体，用什么手段来改善经济资源的利用，实现潜在的国民收入和经济的稳定增长。简言之，宏观经济学研究的是经济资源的利用问题。

宏观经济学一般包括国民收入决定理论、就业理论、通货膨胀理论、经济周期理论、经济增长理论、财政与货币政策理论等。

在理解宏观经济学概念时应注意以下几点：

1. 宏观经济学研究的对象是整个经济

也就是说，宏观经济学所研究的不是经济活动中的各个单位，而是由这些单位所组成的整体。宏观经济学研究整个经济的运行方式与规律，从总体上分析经济问题。

2. 宏观经济学解决的问题是资源利用

宏观经济学把资源配置作为既定的前提，分析现有资源未能得到充分利用的原因，达到充分利用的途径，以及如何增长等问题。

3. 宏观经济学的中心理论是国民收入决定理论

宏观经济学把广义国民收入（国内生产总值等总量概念）作为最基本的总量，以国民收入的决定为中心来研究资源利用问题，分析整个国民经济的运行。国民收入决定理论被称为宏观经济学的核心，其他理论则是运用这一理论来解释整体经济中出现的各种问题。

4. 宏观经济学的研究方法是总量分析

总量是指能反映整个经济运行情况的经济变量。这种变量有两类：一类是个量的总和，如国民收入是组成整个经济的各个单位的收入之总和，总投资是各个企业的投资之和等等。另一类是平均量，如价格水平是各种商品与劳务的平均价格等等。总量分析就是分析这些总量的决定、变动及其相互关系，并通过这种分析说明经济的运行状况，制定经济政策。因此，宏观经济学也被称为“总量经济学”。

宏观经济学研究的主要问题可由图 1-2 表示。

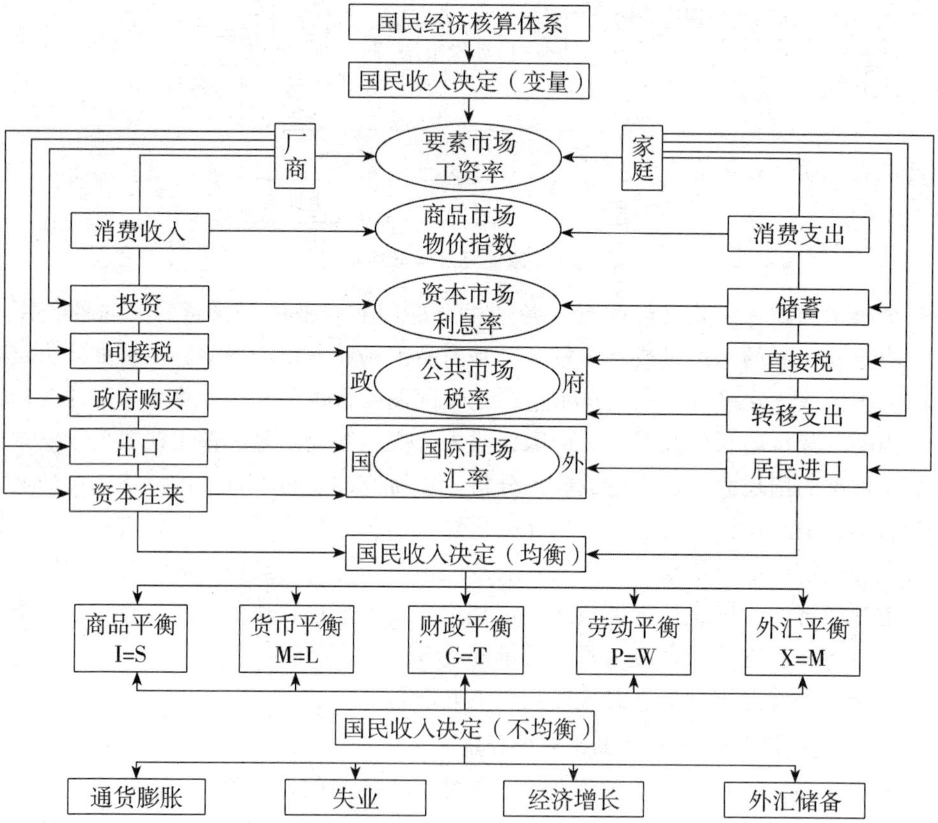

图 1-2　宏观经济学分析框架

1.3.3 微观经济学与宏观经济学的区别与联系

微观经济学和宏观经济学是西方经济学中互为前提、彼此补充的两个分支学科。西方经济学之所以有微观和宏观之分，主要是因为经济目标与方法有着明显差异。

微观经济学和宏观经济学在研究对象、经济行为、研究目标、研究中心和分析方法方面都有所不同（见表1-1）：

表1-1 微观经济学与宏观经济学比较

比较＼项目	微观经济学	宏观经济学
研究对象不同	单个经济单位	整个国民经济
经济行为不同	消费者行为、生产者行为	调节者行为
研究目标不同	资源配置	资源利用
研究中心不同	价格决定理论	国民收入决定理论
分析方法不同	个量分析	总量分析

微观经济学和宏观经济学互相把对方所考察的对象作为自己的理论前提，互相把对方的理论前提作为自己的研究对象。一个经济社会，不仅有资源配置问题，也有资源利用问题，只有把这两方面的问题解决了，才能解决整个社会的经济问题。所以它们是各具功效、彼此补充、不可分离的整体。况且，宏观和微观经济学的界限实际上也不可能泾渭分明。例如，所有的经济总量均是由经济个量加总而成，孤立地考察经济个量就会只见树木不见森林；再如，对同一个经济现象，从一个角度看是宏观经济问题，从另一个角度看就是微观经济问题，全面考察才不至于偏颇。所以近年来，当代西方经济学出现了微观经济学宏观化和宏观经济学微观化的趋势。

1.4 经济学的研究方法

1.4.1 实证分析和规范分析

人们在研究经济学时，会有两种态度和方法，一种是只考察经济现象是什么，即经济现状如何，为什么会如此，其发展趋势会怎样等等，至于这种经济现象好不好，该不该如此，则不作评价。这种研究方法称为实证经济学（positive economics）分析。另一种则是对经济现状及变化作出好不好的评价或该不该如此的判断，这种研究称为规范经济学（normative economics）分析。比如，我国1978年以来，人们的收入差距在不断扩大，对此现象或问题有两种分析方法：一是分析收入差距现状如何，下一步分析变动趋势怎样，造成收入差距扩大的原因是什么，这些就是实证分析；二是研究收入差距扩大好不好、公平不公平等，这就是规范分析。

实证分析要求，一种理论或假说涉及的有关变量之间的因果关系，不仅要能够反映或解释已经观察到的事实，而且要能够对有关现象将来出现的情况作出正确的预测，也就是要能经受将来发生的事件的检验。因此，实证经济学具有客观性，即实证命题有正确和错误之分，其检验标准是客观事实，与客观事实相符者为真，否则就是谬误。简言之，实证经济学的目的在于了解和分析经济是如何运行的。

规范经济学以一定的价值判断作为出发点，提出行为的标准，并研究如何才能符合这些标准。它力求回答应该是什么的问题，即为什么要做这样的选择，而不做另外的选择？它涉及是非善恶、应该与否、合理与否的问题。由于人们的立场、观点、伦理道德标准不同，对同一个经济问题，会有截然不同的看法。例如，房价持续大幅上升时，多数人认为是政府和开发商等有关方面操纵的结果，对经济健康发展和人们的生活水平危害极大，但政府特别是开发商方面则认为，房价升降是市场供求规律发生作用的结果，谈不上公平与危害，这就属于规范分析。因此，规范经济学不具有客观性，即规范命题没有对错之分，不同的经济学家会得出不同的结论。

实证经济学研究经济运行规律，不涉及评价问题，而规范经济学则对经济运行进行评价。少数西方经济学家坚持认为，经济学应该只是一门实证科学，而大多数人则认为经济学既像自然科学一样是一门实证科学，又像一般社会科学一样是一门规范科学。无论是实证经济学还是规范经济学，都与经济目标有关。经济目标是分层次的，目标的层次越低，与经济运行联系就越密切，研究越具有实证性；目标层次越高，越需要对经济运行进行评价，研究越具有规范性。对任何一个经济现象进行研究时，不仅要对经济过程本身进行研究，而且要对经济过程作出价值判断，这样才能说明经济过程的全貌，而不至于走向片面。

1.4.2 制度经济学与数量经济学

制度经济学泛指对社会制度与结构以归纳法进行定性分析的一类经济学。这里制度的含义比经济制度广泛得多，包括心理、思想、习惯、风俗、文化、伦理、道德、权力、利益、技术等几乎所有社会领域，因此远远超出传统经济学的范围，涉及历史学、政治学、社会学、心理学、伦理学、法学等社会科学。制度经济学认为，这些非经济因素对经济因素具有决定作用，应成为经济学的研究对象。早期的制度经济学反对纯经济分析和数量分析，其通过广泛的制度分析，指出资本主义社会的种种弊端，主张政府实行强有力的结构改革和社会统治；近代兴起的新制度经济学，则从“交易费用”出发，研究产权理论、企业理论、委托-代理关系、内部人控制、激励机制等问题，有时也使用数量分析，反对国家的任何干预，因此比新古典学派更加自由。

与制度经济学相比，数量经济学在西方居于主流地位。数量经济学泛指对社会经济运行以演绎法进行定量分析的一类经济学。它将经济学、统计学、数学和计算机技术结合起来，研究经济运行的规律性，包括数理经济学、计量经济学、投入产出经济学、经济控制论、信息经济学、对策论等。

数量经济学并不否认经济与社会的紧密联系，但将一定的社会条件作为基本假设，运用现代数学方法模拟经济运行，深入揭示仅靠分析难以表述的错综复杂的关系及其变动趋势，并指出相应的预测和决策，号称“社会实验室”。

任何事物都有其质和量的规定性，没有无量的质，更没有无质的量。定性分析必须通过定量分析加以深化，定量分析又必须服从和服务于定性分析，两者是互补关系而不是替代关系，必须紧密结合。只强调一方面而忽视另一方面或者企图以一方面代替另一方面，都是片面的。

1.4.3　经济模型

实证经济学所采用的实证分析方法，是通过建立经济模型来进行分析，一个完整的经济模型由定义、假设、假说和预测组成。

定义是指对经济学所研究的各种变量所规定的明确的含义。例如，在需求量与价格的关系中，需求量和价格的定义。变量是指一些可以取不同数值的量。例如，在反映需求量和价格关系的方程式 $Q_d = a - b \cdot P$ 中，Q_d 表示需求量，它是因变量；P 表示价格，它是自变量。经济学中的变量常有内生变量和外生变量、流量和存量之分。内生变量是指“一种理论内所解释的变量”；外生变量是指“一种理论内影响其他变量，但本身由该理论外的因素所决定的变量”。流量是指一定时期发生的变量；存量是指一定时点发生的变量。

假设是指某一理论所适用的条件。任何理论都是有条件的、相对的，所以在理论的形成中假设非常重要。经济学家分析问题总是从假设开始，离开假设条件，分析和结论都是毫无意义的。

假说是指就两个或两个以上的经济变量之间关系的阐述，也就是未经证明的理论。在理论形成过程中，提出假说是十分重要的，这种假说往往是对某些现象或经验的总结，要经过验证才能表明它是否具有普遍意义。

预测是指根据假说对未来进行的经济预见。预测是否正确，是对假说的验证。正确的假说其作用就在于它能正确地预测未来。

经济理论是经济模型的文字表述和概括，是经济模型与现实世界之间的桥梁，是模型的概括。它可以使我们理解并解释过去，以及预测未来。经济理论是在建立与检验经济模型的过程中发展形成的，检验经济模型就是检验它与现实世界中的实际事件是否一致。这就是说，模型要用于对现实世界的预测。模型的预测可能与事实一致，也可能不一致。通过比较模型的预测与事实，我们就可以检验模型，证明理论真理性。

1.4.4　均衡分析

当一个经济体系的所有变量处于平衡状态，没有任何因素使这些变量发生变动时，这个体系就处于均衡状态。经济的均衡应当理解为暂时的，当均衡的双方发生力量变动时，均衡被打破，经济体系的所有变量会处于不均衡状态，但经济体系又会在新的竞争中形成新的均衡。

1. 长期均衡和短期均衡

当所有的变量都保持稳定，即新增流量等于零时，称为长期均衡。当流量稳定，存量有微小变动时，称为短期均衡。

2. 一般均衡和局部均衡

仅就经济体系的某一部分加以观察和分析，而假定其他部分对所观察的部分没有影响时，称为局部均衡。就整个经济体系加以观察和分析，比较全面展示各局部之间的关系时，称为一般均衡。

3. 静态分析和动态分析

仅就均衡状态本身进行分析，称为静态分析。分析达到均衡的过程，称为动态分析。动态分析实际是分析非均衡状态及其变动，即研究在时间推移过程中的关系和规律。

1.5 西方经济学简史

1.5.1 重商主义——西方经济学的萌芽时期

重商主义产生于15世纪，结束于17世纪中期，这是资本主义生产方式的形成与确立时期。重商主义的主要代表人物有英国经济学家威廉·配第、约翰·海尔斯、威廉·斯塔福德、托马斯·曼，法国经济学家安·德·孟克列钦等人。他们的代表作是威廉·配第的《赋税论》和托马斯·曼的《英国得自对外贸易的财富》。

重商主义的基本观点是：金银形态的货币是财富的唯一形态，一国的财富来自对外贸易，增加财富的唯一方法就是扩大出口、限制进口，这样就必须实行国家对经济的干预，即用国家的力量来扩大出口、限制进口。重商主义的这些观点，反映了资本原始积累时期资本主义经济发展的要求。重商主义仅限于对流通领域的研究，其内容也只是一些政策主张，并没有形成一个完整的经济学体系，只能说是经济学的萌芽时期。

1.5.2 古典经济学——西方经济学的形成时期

古典经济学是从17世纪中期开始，到19世纪70年代为止。主要代表人物有英国经济学家亚当·斯密、大卫·李嘉图、马尔萨斯，法国经济学家让·巴蒂斯特·萨伊、布阿吉尔贝尔、西斯蒙第等。最重要、最杰出的代表人物是亚当·斯密，其代表作是1776年出版的《国民财富的性质和原因的研究》（简称《国富论》）。

《国富论》的发表被认为是经济学发展过程中对重商主义的革命。以亚当·斯密为代表的古典经济学家的贡献，是建立了以自由放任为中心的经济学体系。古典经济学研究的中心是如何增加国民财富，他们强调财富是物质产品，要增加国民财富就必须通过增加资本积累和分工来发展生产。因此，他们研究了经济增长、价值、价格和收入分配等广泛的经济问题。古典经济学的政策主张是自由放任，主张通过价格这只“看不见的手”来调节经济的运行，使人们在追逐自己利益的过程中实现社会资源合理而有效的配置。古典经济学自由放任的思想反映了自由竞争时期经济发展的要求。古典经济学家把经济研究从流通领域转到生产领域，使经济学成为一门真正独立的学科。

1.5.3 新古典经济学——微观经济学的形成与发展时期

新古典经济学从19世纪70年代的“边际革命”开始，到20世纪30年代结束。这一时期经济学的中心仍然是自由放任，它是古典经济学的延伸。但由于它用新的方法论述了自由放任思想，并建立了说明价格如何调节经济的微观经济学体系，因而称为新古典经济学。

19世纪70年代初，奥地利经济学家门格尔、英国的杰文斯、瑞士的瓦尔拉斯几乎同时但又各自独立地提出了边际效用价值论，揭开了“边际革命”的序幕。边际效用价值论者认为：效用是价值的源泉，而边际效用是衡量价值的尺度，物品的价值量则是由该物品合理使用时产生的最小效用所决定。这里采用了一种新的分析方法，即边际分析法。正是这种分析方法使经济学进入了一个新的时期，标志着新古典经济学的开始。其后，1890年英国经济学家阿弗里德·马歇尔综合了当时的各种经济理论，出版了《经济学原理》一书。他把边际效用价值论和生产费用论等结合起来，应用供求均衡原理建立了一个以“均衡价格理论”为核心的经济学体系，奠定了现代微观经济学的理论基础。因此，该书被称为新古典经济学理论的代表作，马歇尔则被认为是新古典经济学理论的创始人和主要代表。

虽然新古典经济学的政策主张仍然是自由放任，但他们明确地把资源配置作为经济学研究的中心，论述了价格如何使社会资源配置达到最优化，从而在理论上证明了市场机制的完善性。他们把需求分析与供给分析结合在一起，建立了现代微观经济学的框架体系。由于该体系是以完全竞争为前提的，所以在20世纪初出现垄断后便与现实发生了冲突。1933年，英国经济学家J. 罗宾逊和美国经济学家E. 张伯伦分别出版了《不完全竞争经济学》和《垄断竞争理论》一书，分析了不完全竞争或垄断竞争条件下的资源配置问题，对马歇尔所创立的微观经济学体系作了最重要的补充，为微观经济学确立了完整的理论体系，是对微观经济学的重大发展。

1.5.4 当代西方经济学——宏观经济学的形成与发展时期

当代西方经济学是以20世纪30年代凯恩斯主义的出现为标志的。这一时期，经济学得到了全面而深入的发展，由于各国资本主义发展的特点不同，以及经济学家们的研究角度、理论观点、分析方法与政策主张的不同，形成了许多不同的经济学流派。这一时期的经济学可以分为三个阶段。

第一阶段是凯恩斯革命时期。这一时期从20世纪30年代到50年代之前。1929—1933年资本主义国家所爆发的空前的经济危机，使得新古典经济学论述的市场调节的完善性的神话被打破。传统的经济理论与经济现实发生了尖锐的冲突，经济学面临着它有史以来的第一次危机。在此形势下，1936年英国经济学家J. M. 凯恩斯发表了《就业、利息和货币通论》（简称《通论》）一书。这本书从总需求的角度分析国民收入，并用有效需求不足来解释失业存在的原因。在政策上则提出了国家干预经济的主张，并提出了一整套国家干预经济、进行需求管理的办法。凯恩斯的这些观点被绝大部分西方经济学家所接受，他的政策主张也被西方发达国家的政府采纳，史称凯恩斯革命。这次革命所产生的以国民收入决定理论为中心，以国家干预为基调的理论和政策主张，形成了当代宏观经济学体系。因此，凯恩斯当之无愧地被称为宏观经济学之父。

第二阶段是凯恩斯主义发展时期。这一时期从20世纪50年代到60年代末。第二次世界大战后，西方各国都加强了对经济生活的全面干预，凯恩斯主义得到了广泛的传播与发展。美国经济学家保罗·萨缪尔森等人把凯恩斯主义的宏观经济学与新古典经济学的微观经济学结合起来，建立了一个适合于当代资本主义需要的、既有微观经济理论又有宏观经济理论的新体系，形成了新古典综合派。

第三阶段是自由放任思想复兴时期。这一时期始于20世纪70年代。凯恩斯主义的经济理论和政策在西方各国推行之后，引起了许多问题，出现了经济停滞与失业、通货膨胀并存的“滞胀”局面，导致资本主义经济面临恶化。凯恩斯主义陷入困境，而以美国经济学家米尔顿·弗里德曼为首的货币主义所主张的自由放任思想得以复兴。他们从不同的角度论述了市场机制的完善性，提出了减少国家干预，充分发挥市场机制作用的主张。

20世纪80年代中期以后，新经济自由主义的理论和政策又受到人们的普遍怀疑和非难，国家干预主义又重新抬头。美国一些有主见的中青年学者——新一代凯恩斯主义者，如哈佛大学的曼昆、萨默斯等，他们在继承凯恩斯主义传统和基本学说的基础上，从理论上和分析技术上改进了凯恩斯主义，对宏观经济学的微观基础进行了重新构建，提出了许多新的研究成果和实证结论，形成了“新凯恩斯主义经济学”中的一个学派，在西方经济学界崭露头角并迅速成为影响最大的学派之一。

从经济学发展的历史脉络中，我们可以清楚地看出，经济学是为现实服务的，经济学的形成、确立与发展是与资本主义市场经济的建立与发展相适应的。经济学发展简史如图1-3所示。

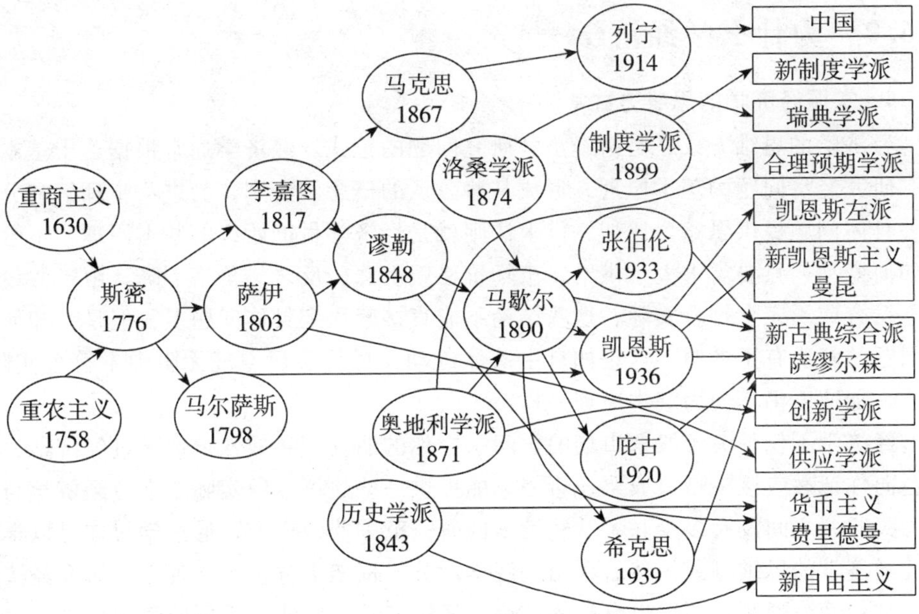

图1-3 经济学发展简史

1.6 对经济学的认识

1.6.1 热情与理智

从亚当·斯密时代以来，经济学已经从一粒小小的橡果长成为一棵繁茂的橡树。在它的各个分支中，我们可以找到关于一系列问题的解释，比如国际贸易的好处，减少失业、抑制通货膨胀的建议，投资退休基金的方式等。可以说，在一个人的一生中，从摇篮到坟墓，都会碰到无情的经济学原理。一个人要想对政府赤字、税收、自由贸易、通货膨胀以及失业等问题作出判断，就必须在掌握经济学基本原理之后，才能得以理解。

热切的心情和冷静的头脑是学好经济学所必须具备的两个条件。千百年的人类历史告诉我们，仅靠热情并不能解决饥饿或治愈疾病。制定经济进程的最佳路径需要冷静的头脑，它可以客观地评估不同方法的成本和收益，尽最大可能保持分析的独立性，不受一厢情愿的空想干扰。为了维持经济的健康运行，政府必须保持人们工作和储蓄的动力，社会可以为失业者提供一定时期的保护，但如果社会保险过于慷慨，人们就会依赖政府。他们会逐渐认为政府应该为他们的生活负责，这就会使进取之剑日益锈蚀。总之，社会必须寻找市场的规则与福利国家的慷慨二者之间的平衡点。只有在充满热情的同时保持清醒的头脑，经济学家才能发挥作用，社会的繁荣和公正才能得到保证。

1.6.2 为什么学经济学

1. 掌握经济学的思维方式

经济学的思维方式，是指经济学研究问题的范式。经济学通常根据若干基本假设，研究经济问题的基本原理，形成某些公认的概念和法则，为进一步理解和分析各种具体问题提供思路。比如，供求法则就是经济学贯彻始终的基本原理，不管供求如何变动，只要需求大于供给，市场价格就上涨，反之，价格下降。由于假设条件不符合或不完全符合实际，这些结论不能直接套用到具体问题上，但是，却使具体问题的解决有了参照。这正如自由落体运动，尽管假设空气无阻力不符合实际，但重力加速度仍不失为基本原理一样。

经济学不仅是关于股票市场的学问。当你的朋友或亲戚知道你学过经济学，他们会向你请教应该买哪只股票，希望你能提供一些建议，但实际上学习经济学与选择购买股票之间没有多少联系。经济学的研究范围非常广泛，通过学习你可以学到一种经济学的思维方式，然后利用经济学的分析框架去分析经济现象，研究经济问题，进行经济预测，并得出自己的结论。经济学是一门非常重要的学问，是一种思维方式，它需要细心的观察，需要建立和应用经济模型对经济事件进行解释，并在这些观察和建模的基础上，对未来的情况作出预测。无论你的专业是什么，你学到的经济学原理都将为你提供在生活中许多方面作出选择的能力，这些原理同样会增加你对企业和政府如何进行决策的理解。

2. 深入理解经济社会

与朋友聊天，打开报纸或网上漫游，大部分都是经济新闻。如果你懂得经济学，就会将这些新闻“立体化”，理解更深，想得更多。例如，国家统计局发布的2014年1月份全国居民消费价格指数（CPI）和工业生产者出厂价格指数（PPI）数据显示，CPI环比上涨1.0%，同比上涨2.5%；PPI环比下降0.1%，同比下降1.6%。2014年2月，美国国际贸易委员会裁定，对从中国大陆和台湾进口的晶体硅光伏产品，将继续进行“双反”调查。这些数字和事件背后究竟意味着什么，只有在你掌握了一定的经济学知识以后才可能深刻地理解。改造社会必须首先认识社会，经济学正是我们认识世界的一把钥匙。

3. 改善经济管理

政府管理、企业经营、家庭理财等等都离不开经济学。如果懂得一点经济学，公司经理就不会看到别人投资别墅赚钱，才想到也去投资别墅，因为届时也许供大于求，不赚反亏。如果懂得一点经济学，家庭主妇也不会把所有积蓄都投入股市，去冒倾家荡产的风险。经济学是学习和从事各种经济管理专业工作的理论基础，懂得经济学，不一定是成功的管理者，但不懂经济学，一定不是成功的管理者。

4. 提升公民文化素养

作为一个普通公民，经济学也是文化素质的重要标志。从积极方面来说，当你了解构建社会主义和谐社会的重要性和紧迫性以后，就能自觉地做一个和谐社会乃至和谐世界的促进者。从消极方面来说，你也不会去理会这样的电话："祝贺您获得大奖！请汇邮递费××元，立即寄上奖品。"因为，"天下没有免费的午餐"是经济学的基本原理。为此，西方的大学乃至中学都把经济学列为必修课或选修课，人们也以脱口而出经济学词汇显示自己的文化品位。

本章小结

1. 经济学作为一门学科存在，是因为我们需要的"东西"并不是无限制供给的。这些"东西"包括（但不只限于）原材料和资源、干净的空气和水以及各种制造品和劳务。如果世界上的每一个人都能得到他们所希望的东西，那么经济学就没有存在的必要了。

2. 经济学是研究社会如何利用稀缺的资源以生产有价值的商品，并将它们分配给不同经济主体的一门学科。

3. 稀缺或稀缺性是指相对于人类无限的欲望而言，可用于满足这种欲望的资源总是有限的。

4. 经济学十大原理包括：人们面临权衡取舍；某种东西的成本是为了得到它而放弃的东西；理性人考虑边际量；人们会对激励作出反应；贸易能使每个人状况更好；市场通常是组织经济活动的一种好方法；政府有时可以改善市场结果；一国的生活水平取决于其生产物品与劳务的能力；当政府发行了过多货币时物价上升；社会面临通货膨胀和失业之间的短期权衡取舍。

5. 微观经济学的主要内容包括价格理论、消费者行为理论、生产理论、成本理论、厂商均衡理论、收入分配理论以及福利经济学和一般均衡分析。宏观经济学一般包括国民收入决定理论、就业理论、通货膨胀理论、经济周期理论、经济增长理论、财政与货币政策理论等。

6. 西方经济学从产生到现在，经历了重商主义、古典经济学、新古典经济学、当代西方经济学四个阶段。第二次世界大战后，以萨缪尔森为首的经济学家把凯恩斯主义的宏观经济学与新古典经济学的微观经济学结合起来，建立了一个适合于当代资本主义需要的、既有微观经济理论又有宏观经济理论的新体系，形成了新古典综合派。

7. 经济学是一种思维方式，它需要细心的观察，需要建立和应用经济模型对经济事件进行解释，并在这些观察和建模的基础上，对未来的情况进行预测，为个人、政府和企业的行动计划提供建议。

关键概念

稀缺性　效率　资源　机会成本　经济学　微观经济学　宏观经济学　实证经济学　规范经济学

本章案例

学过经济学的名人

作为一名大学生，你也许会问：我该修多少门经济学课程？这些内容对我以后的生活有什么用？乍一看，经济学是抽象的，但从本质上说，这门学科是极为实用的，学习经济学在许多不同的职业生涯中都是有用的。以下是大学时就读经济学专业的一些知名人士，有政治家、商人、明星……

罗纳德·里根，美国第40任总统；

乔治·赫伯特·沃克·布什，美国第41任总统；

科菲·安南，联合国第七任秘书长；

阿诺德·施瓦辛格，演员、前加州州长；

泰德·特纳，CNN的创立者和Atlanta Braves的所有者；

本·斯坦，政治评论家、学员、节目主持人；

史蒂夫·鲍尔默，微软公司前CEO；

泰格尔·伍兹，高尔夫球员；

米克·贾格尔，滚石乐队主唱。

本章资料

亚当·斯密

亚当·斯密是经济学的主要创立者。他于1723年出生在苏格兰的克科底，青年时就读于牛津大学。1751—1764年，他在格拉斯哥大学担任哲学教授，在此期间出版了他的第一部著作《道德情操论》，确立了他在知识界的威望。他的不朽名声应主要归功于1776年出版的伟大著作《国民财富的性质和原因的研究》。该书一举成功，使他在余生中享受着荣誉和爱戴。他于1790年在克科底去世。斯密一

生未娶，没有子女。

尽管之前已有其他学者论述了一些经济学思想和原理，但亚当·斯密仍被世人尊称为“经济学之父”。这一称誉并非源于他富有创意的观念或经济学分析技巧，而是源于他将资本主义确立为使每个人的生活得到改善的一种经济制度，斯密是第一位将收益视作来源于更充分的竞争和提倡能够刺激更多竞争的政策的经济学家，他认为政府应减少对经济的干预并应拟定政策来抑制垄断的出现。

在该书中他认为，人们总是依照利己主义来行事的，而且这种个人的利己行为最终会有利于全社会的利益。斯密描绘了这一过程，“当每个人行事时，他想要的只是自己的利益……但……一只无形的手将最终带来一种个人预料不到的结果”。这种没有预料到的结果就是促进全社会的经济增长和人民生活水平的提高。

本章习题

1. 解释名词

经济学　稀缺性　资源　效率　微观经济学　宏观经济学

2. 思考题

1）你是如何理解“经济学是一种思维方式”这句话的？

2）试着讲出在日常生活中让你作出权衡取舍的重要事件，你的父母为了影响你的行为而对你采取的激励措施。

3）怎样从经济学的角度理解“最恶劣的行为是损人不利己”这句话？

4）简述微观经济学与宏观经济学之间的区别。

5）“社会中的贫富分化正日益严重，政府应加大对富人的税收征管，以救济穷人。”这句话属于实证分析还是规范分析？

第2章

需求、供给与市场

学习目标

通过本章的学习，应该做到：

1. 运用文字、表格和图形来定义市场中的需求和供给的含义，理解需求的变动与需求量的变动、供给的变动与供给量的变动之间的区别。

2. 明确需求和供给的表示方法、影响因素，掌握需求定律和供给定律的内容。

3. 理解并掌握需求的价格弹性、需求的收入弹性、需求的交叉价格弹性三者的含义和计算方法，进一步理解供给价格弹性、需求交叉价格弹性和收入弹性的定义，理解价格政策的含义与类型。

4. 理解均衡价格和均衡数量的决定过程。

微观经济学通过对个体经济单位的经济行为的研究，说明现代西方经济社会市场机制的运行和作用以及改善这种运行的途径。价格分析是微观经济学分析的核心，微观经济学也被称为价格理论。在微观经济学中，任何商品的价格都是由商品的需求和供给这两个因素共同决定的。正因为如此，对需求曲线和供给曲线的初步论述，通常被当做微观经济学分析的出发点。本章将简要地考察需求曲线和供给曲线以及相关基本概念。

2.1　需求的基本理论

在市场经济中，价格是经济参与者相互之间联系和传递经济信息的机制，那么价格是如何形成的呢？任何商品的价格都是由需求和供给两方面的因素共同决定的，因此，作为微观经济学分析的起点，本节和下节将分别介绍需求和供给中的两个基本概念，即需求曲线和供给曲线。

2.1.1　需求的含义及条件

一种商品的需求是指消费者在一定时期内在各种可能的价格水平下愿意而且能够购买的该商品的数量。根据定义，如果消费者对某种商品只有购买的欲望而没有购买的能力，就不能视为需求。所以有效需求的条件必须是指消费者既有购买欲望又有购买能力，意愿是需求的前提，支付能力是需求的核心，二者缺一不可。

2.1.2　影响需求数量的因素

一种商品的需求数量是由许多因素共同决定的。其中主要的因素有：该商品的价格、消费者的收入水平、相关商品的价格、消费者的偏好和消费者对该商品的价格预期等。它们各自对商品的需求数量的影响如下：

关于商品的自身价格（P）。一般说来，一种商品的价格越高，该商品的需求量就会越小；相反，价格越低，需求量就会越大。

关于消费者的收入水平（M）。对于大多数商品来说，当消费者的收入水平提高时，就会增加对商品的需求量；相反，当消费者的收入水平下降时，就会减少对商品的需求量。

关于相关商品的价格（P_r）。当一种商品本身的价格保持不变，而与它相关的其他商品的价格发生变化时，这种商品本身的需求量也会发生变化。相关商品之间的关系有两种：一种是互补关系，另一种是替代关系。互补关系是指两种商品互相补充共同满足人们的同一种欲望，如影碟机与影碟，羽毛球与羽毛球拍；替代关系是指两种商品可以互相代替来满足同一种欲望，如猪肉与牛肉，茶与咖啡。由于商品之间的不同关系，导致了相关商品价格的变动引起某种商品需求的变动方向亦不同。一般来说，对于互补品，一种商品（影碟机）的价格上升，消费者对另一种商品（影碟）的需求就会减少；反之亦然，一种商品的价格与其互补品的需求量呈反方向变动。对于替代品，一种商品（猪肉）的价格上升，消费者对另一种商品（牛肉）的需求就会增加；反之亦然，一种商品的价格与其替代品的需求量呈同方向变动。作为理性的消费者总是在寻求用最小的成本来满足同一欲望。

关于消费者的偏好（J）。消费者对某种商品的偏爱程度会对该商品的需求量产生影响，偏爱程度越高，需求量越大；相反，偏爱程度越低，需求量越小。当许多人对某一商品产生相同的偏爱倾向时，就形成了某种消费风尚，将促使消费者在商品价格未发生变化的情况下增加或减少对该商品的需求。例如，美国人较中国人更偏爱喝咖啡，咖啡的需求量大，中国人则偏爱茶叶，茶叶的需求量大。

关于消费者对商品的价格预期（P_e）。当消费者预期某种商品的价格在未来下一期会上升时，就会增加对该商品的现期需求量；当消费者预期某种商品的价格在未来下一期会下降时，就会减少对该商品的现期需求量。

另外，人口数量变动、人口结构变动、政府的经济政策等因素也会对需求量产生影响。一般来讲，人口数量的增减会使需求发生同方向变动，人口结构的变动主要影响需求的结构，政府会通过采取一些鼓励需求或抑制需求的政策来调节需求。

所谓需求函数，就是表示一种商品的需求数量和影响该需求数量的各种因素之间的相互关系的函数。也就是说，在以上的分析中，影响需求数量的各个因素是自变量，需求数量是因变量。一种商品的需求数量是所有影响这种商品需求数量的因素的函数。我们可以用函数公式 $Q^d=f(P, M, P_r, J, P_e, \cdots)$ 来表示。

如果我们对影响一种商品需求量的所有因素同时进行分析，会使问题变得复杂起来。在处理这种复杂的多变量问题时，通常可以先将问题简化，即每次都把注意力集中在某一个影响因素上，而同时假定其他影响因素保持不变。在这里，由于某种商品的价格是决定需求量的最基本的因素，所以，我们假定其他因素保持不变，仅仅分析该种商品自身的价格对其需求量的影响，即把某种商品的需求量仅仅看成是该种商品的价格的函数，于是，需求函数可以简化为：

$$Q^d=f(P)$$

式中，P 表示商品自身的价格；Q^d 表示商品的需求量。

2.1.3 需求定律

需求函数 $Q^d=f(P)$ 表示一种商品的需求量和该商品的价格之间存在着一一对应关系。这种函数关系可以分别用商品的需求表和需求曲线来加以表示。

商品的需求表是表示某种商品的各种价格水平和与该价格水平相对应的该商品需求数量之间关系的数字序列表。

从表 2-1 可以清楚地看出商品价格与需求量之间的函数关系。譬如，当商品价格为 1 元时，商品的需求量为 700 单位；当价格上升为 2 元时，需求量下降到 600 单位；当价格上升为 3 元时，需求量下降到更少的 500 单位，如此等等。

表 2-1 某商品的需求表

价格-需求量组合	A	B	C	D	E	F	G
价格（元）	1	2	3	4	5	6	7
需求量（单位数）	700	600	500	400	300	200	100

商品的需求曲线是根据需求表中商品不同的价格-需求量的组合，在平面坐标图上所绘制的一条曲线（图 2-1 是根据表 2-1 绘制的一条需求曲线）。

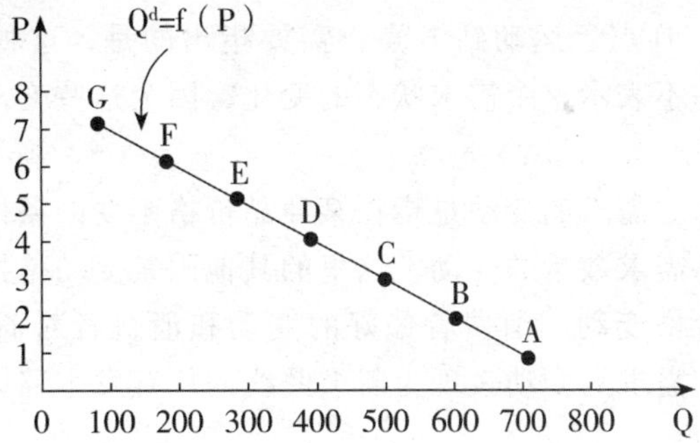

图 2-1 某商品的需求曲线

在图 2-1 中，横轴表示商品的数量，纵轴表示商品的价格。应该指出的是，与数学上的习惯相反，在微观经济学分析需求曲线和供给曲线时，通常以纵轴表示自变量 P，以横轴表示因变量 Q。

图 2-1 中的需求曲线是这样得到的：根据表 2-1 中每一个商品的价格-需求量的组合，在平面坐标图中描绘出相应的点，即图 2-1 中某商品的需求曲线点 A、B、C、D、E、F、G 这 7 个点，然后用光滑的曲线顺次连接这些点，得到需求曲线 Q^d=f（P）。它表示在不同价格水平下消费者愿意而且能够购买的商品数量。所以，需求曲线是以几何图形来表示商品的价格和需求量之间的函数关系的。

微观经济学在论述需求函数时，一般都假定商品的价格和相应的需求量的变化具有无限分割性，即具有连续性。正是由于这一假定，在图 2-1 中才可以将商品的各个价格需求量的组合点 A，B，C，…连接起来，从而构成一条光滑并连续的需求曲线。

建立在需求函数基础上的需求表和需求曲线都反映了商品的价格变动和需求量变动二者之间的关系，即商品的需求量随着商品价格的上升而减少。相应地，需求曲线是向右下方倾斜的，即它的斜率为负值。它们都表示商品的需求量和价格之间呈反方向变动的关系，这就是需求定律。

至于需求曲线为什么一般是向右下方倾斜的，或者说，商品的价格和需求量之间呈反方向变动的具体原因是什么，我们将在第 3 章的效用论中加以深入的分析和说明。

2.1.4 需求量的变动与需求的变动

在西方经济学文献中，需求量的变动和需求的变动都是需求数量的变动，它们的区别在于引起这两种变动的因素是不相同的，而且，这两种变动在几何图形中的表示也是不相同的。

关于需求量的变动。需求量的变动是指在其他条件不变时，由某商品的价格变动所引起的该商品的需求数量的变动。在几何图形中，需求量的变动表现为商品的价格-需求数量组合点沿着一条既定的需求曲线的运动。例如，在图 2-1 中，当商品的价格发生变化，由 2 元逐步上升为 5 元，它所引起的商品需求数量由 600 单位逐步地减少为 300 单位时，商品的价格-需求数量组合由 B 点沿着既定的需求曲线 $Q^d=f(P)$，经过 C、D 点，运动到 E 点。需要指出的是，这种变动虽然表示需求数量的变化，但是并不表示整个需求状态的变化，因为这些变动的点都在同一条需求曲线上。

关于需求的变动。需求的变动是指在某商品价格不变的条件下，由于其他因素变动所引起的该商品需求数量的变动。这里的其他因素变动是指消费者收入水平的变动、相关商品的价格变动、消费者偏好的变动和消费者对商品价格预期的变动等。在几何图形中，需求的变动表现为需求曲线的位置发生移动。

2.1.5 需求弹性

弹性原是物理学名词，是指某个物体对外部力量的反应程度。比如对球来说，弹性就是球弹的高度对拍球所用力量的灵敏度，即在我们稍微多用一点力量拍球时，球会多弹起多少高度。弹得高说明弹性大，否则弹性小。在经济学中，弹性是指经济变量之间存在函数关系时，因变量对自变量变化的反应程度。弹性的大小可用弹性系数来表示。弹性系数是因变量 Y 变动的比率与自变量 X 变动的比率的比值，用 e 来表示，公式为：

$$e=\frac{\frac{\Delta Y}{Y}}{\frac{\Delta X}{X}} \tag{2.1}$$

我们已经知道，当一种商品的价格发生变化时，这种商品的需求量会发生变化。除此之外，当消费者的收入水平或者相关商品的价格等因素发生变化时，这种商品的需求也会发生变化。由此，我们会想到，譬如，当一种商品的价格下降 1%时，这种商品的需求量究竟会上升多少；当消费者的收入水平上升 1%时，商品的需求量究竟增加了多少等等。需求方面的弹性主要包括需求价格弹性、需求交叉价格弹性和需求收入弹性。

本节将以需求的价格弹性为重点，考察与需求有关的几个弹性概念。

1. 需求价格弹性

需求价格弹性表示在一定时期内一种商品的需求量变动对于该商品价格变动的反应程度，或者说表示在一定时期内当一种商品的价格变化 1%时所引起的该商品的需求量变化的百分比。

需求价格弹性可以分为弧弹性和点弹性。

需求价格弧弹性表示某商品需求曲线上两点之间的需求量的变动对于价格变动的反应程度。简单地说，它表示需求曲线上两点之间的弹性。需求的价格弧弹性公式可以表示为：

$$e_d = -\frac{\frac{\Delta Q}{Q}}{\frac{\Delta P}{P}} \tag{2.2}$$

式中，ΔQ 和 ΔP 分别表示需求量的变动量和价格的变动量；P 表示变动前的价格；Q 表示变动前的需求量；e_d 表示需求的价格弹性系数。需要指出的是，在通常情况下，由于商品的需求量和价格是呈反方向变动的，$\frac{\Delta Q}{\Delta P}$为负值，所以，为了便于比较，就在公式（2.2）中加了一个负号，以保证需求的价格弹性系数 e_d 取正值。

一般地，在计算需求曲线上某一段的需求价格弧弹性，而不是具体地强调这种需求的价格弧弹性是作为涨价还是降价的结果，则通常取两点价格的平均值（即变动前与变动后的价格平均值）和两点需求量的平均值（即变动前与变动后的需求量的平均值）来分别代替公式（2.2）中的 P 值和 Q 值，因此，需求的价格弧弹性公式又可以写成：

$$e_d = -\frac{\frac{\Delta Q}{\frac{Q_1+Q_2}{2}}}{\frac{\Delta P}{\frac{P_1+P_2}{2}}} = -\frac{\frac{\Delta Q}{(Q_1+Q_2)}}{\frac{\Delta P}{(P_1+P_2)}} \tag{2.3}$$

该公式被称为需求价格弧弹性的中点公式。

当需求曲线上两点之间的变化量趋于无穷小时，需求的价格弹性要用点弹性来表示。也就是说，它表示需求曲线上某一点上的需求量变动对于价格变动的反应程度。在公式（2.2）的基础上，需求的价格点弹性的公式为：

$$e_d = \lim_{\Delta P \to 0} \frac{\frac{\Delta Q}{Q}}{\frac{\Delta P}{P}} = \frac{\frac{dQ}{Q}}{\frac{dP}{P}} = \frac{dQ}{dP} \cdot \frac{P}{Q} \tag{2.4}$$

比较（2.2）式和（2.4）式可见，需求的价格弧弹性和点弹性的本质是相同的。它们的区别仅在于：前者表示价格变动量较大时的需求曲线上两点之间的弹性，而后者表示价格变动量无穷小时的需求曲线上某一点的弹性。

需求价格弧弹性分为五种类型。在商品的价格变化 1% 的前提下，需求量的变化率可能大于 1%，这时有 $e_d>1$；需求量的变化率也可能小于 1%，这时有 $e_d<1$；需求量的变化率也可能恰好等于 1%，这时有 $e_d=1$。进一步讲，由于 $e_d>1$ 表示需求量的变动率大于价格的变动率，即需求量对于价格变动的反应是比较敏感的，所以，$e_d>1$ 被称为富有弹性。由于 $e_d<1$ 表示需求量的变动率小于价格的变动率，即需求量对于价格变动的反应欠敏感，所以，$e_d<1$ 被称为缺乏弹性。$e_d=1$ 是一种巧

合的情况，它表示需求量和价格的变动率刚好相等。$e_d=1$ 被称为单一弹性或单位弹性。以上这三种类型分别如图 2-2 中的（a）、（b）和（c）所示。需求完全弹性，即 $e_d\to\infty$。需求曲线是一条与横轴平行的线，如图 2-2（d）所示。它表示价格既定时，需求量是无限的，如货币等。需求完全无弹性，即 $e_d=0$。需求曲线是一条与横轴垂直的线，如图 2-2（e）所示。它表示无论价格如何变动，需求量都不改变。例如，一些特殊的药品像胰岛素，对于一些糖尿病人至关重要，无论价格如何上升或下降，他们不会轻易改变购买量。

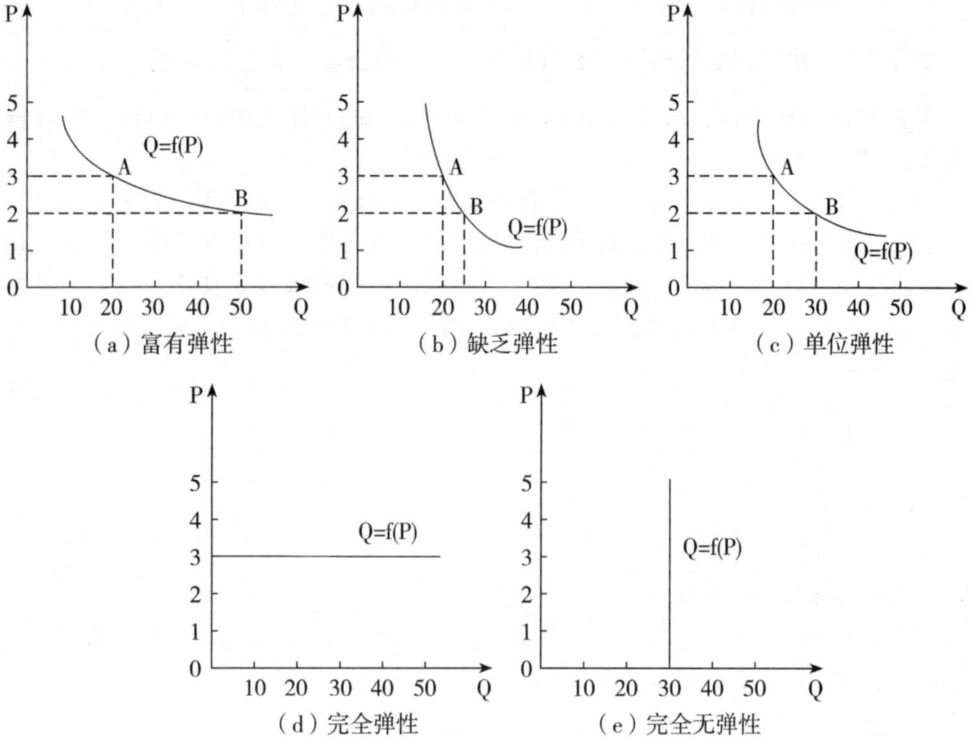

图 2-2　需求价格弧弹性的五种类型

不同商品的需求价格弹性不同，造成这种差异的原因主要是以下几种因素：

第一，消费者对某种商品的需求程度。一般来说，像粮食、油、盐、酱、醋等生活必需品，需求程度大而稳定，这类商品的需求价格弹性较小，而奢侈品、高档消费品的需求价格弹性就较大。

第二，商品的可替代程度。可替代品越多，可替代程度越高，需求价格弹性则越大；反之，则越小。这是因为，价格上升时，消费者会购买其替代品，而价格下降时，消费者会多购买该商品而取代其替代品。

第三，商品消费支出占消费者收入的比重。如果商品消费支出占消费者收入的比重小，商品价格变动对需求的影响就小，需求价格弹性就小，像香皂、盐之类的商品；反之，消费支出占消费者收入比重大的商品，像家用电器、珠宝之类的商品，价格变动对需求的影响大，其需求弹性也大。

第四，商品本身用途的广泛性。一般来讲，用途较广的商品，当其价格上涨时，消费者就会只买较少的数量用于其最重要的用途上，而当其价格下降时，消费者的购买量就会逐渐增加，将商品越来越多地用于其他用途，因而其需求价格弹性就大；相反，用途较窄的商品，其需求价格弹性就小。

第五，商品的使用时间。一般来说，使用时间长的商品，其价格需求弹性较大，因为使用寿命长，降价后消费者愿意多购买；反之，使用寿命短的商品，消费者不愿意多购买，其价格需求弹性较小。

需要指出的是，一种商品需求的价格弹性的大小是各种影响因素综合作用的结果。所以，在分析一种商品的需求价格弹性的大小时，要根据具体情况进行全面的综合分析。

2. 需求收入弹性

需求收入弹性是建立在消费者的收入量和商品的需求量之间关系上的一个弹性概念，它也是一个在西方经济学中被广泛运用的弹性概念。需求收入弹性表示在一定时期内消费者对某种商品的需求量的变动对消费者收入量变动的反应程度。或者说，表示在一定时期内当消费者的收入变化百分之一时所引起的商品需求量变化的百分比。它是商品的需求量的变动率和消费者的收入量的变动率的比值。

假定某商品的需求量 Q 是消费者收入水平 M 的函数，即 Q=f（M），则该商品的需求的收入弹性公式为：

$$e_M=\frac{\frac{dQ}{Q}}{\frac{dM}{M}}=\frac{dQ}{dM}\cdot\frac{M}{Q} \tag{2.5}$$

或

$$e_M=\lim_{\Delta M\to 0}\frac{\frac{\Delta Q}{Q}}{\frac{\Delta M}{M}}=\frac{dQ}{dM}\cdot\frac{M}{Q} \tag{2.6}$$

以上（2.5）式和（2.6）式分别为需求的收入弧弹性和点弹性公式。

根据商品的需求收入弹性系数值，可以给商品分类。首先，商品可以分为两类，分别是正常品和劣等品。其中，正常品是指需求量与收入成同方向变化的商品；劣等品是指需求量与收入成反方向变化的商品。然后，还可以将正常品再进一步区分为必需品和高档商品两类。这种商品分类方法，可以用需求收入弹性来表示。具体来说，$e_M>0$ 的商品为正常品，因为，$e_M>0$ 意味着该商品的需求量与收入水平成同方向变化；$e_M<0$ 的商品为劣等品，因为，$e_M<0$ 意味着该商品需求量与收入水平成反方向变化。一般来说，在正常品中，$e_M<1$ 的商品为必需品，$e_M>1$ 的商品为高档消费品。当消费者的收入水平上升时，尽管消费者对必需品和高档商品的需求量都会有所增加，但对必需品的需求量的增加是有限的，或者说，是缺乏弹性的；而对高档消费品的需求量的增加是较多的，或者说，是富有弹性的。

在需求收入弹性的基础上，如果具体地研究消费者用于购买食物的支出量对于消费者收入量变动的反应程度，就可以得到食物支出的收入弹性。西方经济学中的恩格尔定律指出：在一个家庭或在一个国家中，食物支出在收入中所占的比例随着收入的增加而减少。用弹性概念来表述恩格尔定律可以是：对于一个家庭或一个国家来说，富裕程度越高，则食物支出的收入弹性就越小；反之，则越大。许多国家的经济发展过程表明恩格尔定律是成立的。

3. 需求交叉价格弹性

如前所述，一种商品的需求量受多种因素的影响，相关商品的价格就是其中的一个因素。假定其他的因素都不发生变化，仅仅研究一种商品的价格变化和与其相关商品的需求量变化之间的关系，则需要运用需求交叉弹性的概念。

需求交叉弹性表示在一定时期内一种商品的需求量的变动对与其相关商品的价格的变动的反应程度，或者说，表示在一定时期内当一种商品的价格变化百分之一时所引起的另一种商品的需求量变化的百分比。它是该商品的需求量的变动率和与其相关商品的价格的变动率的比值。

假定商品 X 的需求量 Q_X是它的相关商品 Y 的价格 P_Y的函数，即 $Q_X=f(P_Y)$，则商品 X 的需求交叉价格弧弹性公式为：

$$e_{XY}=\frac{\frac{\Delta Q_X}{Q_X}}{\frac{\Delta P_Y}{P_Y}}=\frac{\Delta Q_X}{\Delta P_Y}\cdot\frac{P_Y}{Q_X} \tag{2.7}$$

式中，ΔQ_X为商品 X 的需求量的变化量；ΔP_Y为相关商品 Y 的价格的变化量；e_{XY}为当 Y 商品的价格发生变化时的 X 商品的需求的交叉价格弹性系数。

当 X 商品的需求量的变化量 ΔQ_X和相关商品的价格的变化量 ΔP_Y均为无穷小时，则商品 X 的需求交叉价格点弹性公式为：

$$e_{XY}=\lim_{\Delta P_Y\to 0}\frac{\frac{\Delta Q_X}{Q_X}}{\frac{\Delta P_Y}{P_Y}}=\frac{dQ_X}{dP_Y}\cdot\frac{P_Y}{Q_X} \tag{2.8}$$

需求交叉价格弹性系数的符号取决于所考察的两种商品的相关关系。

前面已经提到，商品之间的相关关系可以分为两种，一种为替代关系，另一种为互补关系。

若两种商品之间存在着替代关系，则一种商品的价格与它的替代品的需求量之间成同方向的变动，相应的需求交叉价格弹性系数为正值。例如，当大米的价格上升时，人们自然会在减少大米的购买量的同时，增加对大米的替代品如小麦的购买量。

若两种商品之间存在着互补关系，则一种商品的价格与它的互补品的需求量之间成反方向的变动，相应的需求交叉弹性系数为负值。例如，当影碟机的价格上升时，人们会减少对影碟机的需求量，这样，作为影碟机的互补品的碟片的需求量也会因此而下降。

若两种商品之间不存在相关关系，则意味着其中任何一种商品的需求量都不会对另一种商品的价格变动作出反应，相应的需求交叉弹性系数为零。同样的道理，可以反过来根据两种商品之间的需求交叉弹性系数的符号，来判断两种商品之间的相关关系。若两种商品的需求交叉弹性系数为正值，则这两种商品之间为替代关系。若为负值，则这两种商品之间为互补关系。若为零，则这两种商品之间无相关关系。

2.2 供给的基本理论

2.2.1 供给的含义及条件

一种商品的供给是指生产者在一定时期内在各种可能的价格下愿意而且能够提供出售的该种商品的数量。根据上述定义，如果生产者对某种商品只有提供出售的愿望，而没有提供出售的能力，则不能形成有效供给，也不能算作供给。

2.2.2 影响供给数量的因素

一种商品的供给数量取决于多种因素的影响，其中主要的因素有该商品的价格、生产的成本、生产的技术水平、相关商品的价格和生产者对未来的预期。它们各自对商品的供给量的影响如下：

关于商品的自身价格（P）。一般说来，一种商品的价格越高，生产者提供的产量就越大；相反，商品的价格越低，生产者提供的产量就越小。

关于生产的成本（C）。在商品自身价格不变的条件下，生产成本上升会减少利润，从而使得商品的供给量减少；相反，生产成本下降会增加利润，从而使得商品的供给量增加。

关于生产的技术水平（T）。在一般情况下，生产技术水平的提高可以降低生产成本，增加生产者的利润，生产者会提供更多的产量。

关于相关商品的价格（P_r）。在一种商品的价格不变，而其他相关商品的价格发生变化时，该商品的供给量会发生变化。例如，对某个生产小麦和玉米的农户来说，在玉米价格不变和小麦价格上升时，该农户就可能增加小麦的耕种面积而减少玉米的耕种面积。

关于生产者对未来的预期（P_e）。厂商对未来经济持乐观态度，会增加供给；持悲观态度，则会减少供给。例如，如果厂商预期到下个季度某商品的价格将上涨，则会多生产，因而供给增加。

一种商品的供给量是所有影响这种商品供给量的因素的函数。供给函数可以表示为 $Q^s = f(P, C, T, P_r, P_e, \cdots)$。如果假定其他因素均不发生变化，仅考虑一种商品的自身价格变化对其供给量的影响，即把一种商品的供给量只看成是这种商品价格的函数，则供给函数就可以简化为：

$$Q^S = f(P) \tag{2.9}$$

式中，P 为商品的价格；Q^S 为商品的供给量。

2.2.3 供给定律

供给函数 $Q^S = f(P)$ 表示一种商品的供给量和该商品的价格之间存在着一一对应的关系。这种函数关系可以分别用供给表和供给曲线来表示。

商品的供给表是表示某种商品的各种价格和与各种价格相对应的该商品的供给数量之间关系的数字序列表。

表 2-2 **某商品的供给表**

价格-供给数量组合	A	B	C	D	E
价格（元）	2	3	4	5	6
供给量（单位数）	0	200	400	600	800

表 2-2 清楚地表示了商品的价格和供给量之间的函数关系。例如，当价格为 6 元时，商品的供给量为 800 单位；当价格下降为 4 元时，商品的供给量减少为 400 单位；当价格进一步下降为 2 元时，商品的供给量减少为 0。

商品的供给曲线是根据供给表中的商品的价格-供给数量组合在平面坐标图上所绘制的一条曲线。图 2-3 是根据表 2-2 所绘制的一条供给曲线。

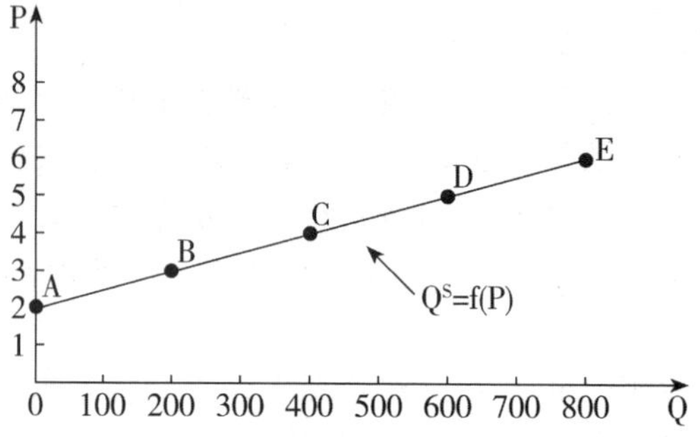

图 2-3 **某商品的供给曲线**

图中的横轴表示商品数量，纵轴表示商品价格。在平面坐标图上，根据供给表中商品的价格-供给数量组合所得到的相应的坐标点 A、B、C、D、E 连接起来的线，就是该商品的供给曲线 $Q^S = f(P)$。它表示在不同的价格水平下生产者愿意而且能够提供出售的商品数量。供给曲线是以几何图形来表示商品的价格和供给量之间的函数关系。和需求曲线一样，供给曲线也是一条光滑并连续的曲线，它是建立在商品价格和相应供给量的变化具有无限分割性即连续性的假设基础上的。

以供给函数为基础的供给表和供给曲线都反映了商品的价格变动和供给量变动二者之间的规律。商品的供给量随着商品价格的上升而增加。相应地，供给曲线表现出向右上方倾斜的特征，即供给曲线的斜率为正值。它们都表示商品的供给量和价格呈同方向变动的规律，即供给定律。

以上描述了关于商品的价格和供给量这两个变量之间相互关系的现象，至于商品的价格和供给量之间呈同方向变动的具体原因，或者说，为什么供给曲线一般是向右上方倾斜的，这将在第 6 章完全竞争市场中深入分析和说明。

2.2.4　供给量的变动与供给的变动

类似于以上关于需求量的变动和需求的变动的区分，供给量的变动和供给的变动都是供给数量的变动，它们的区别在于引起这两种变动的因素是不相同的，而且，这两种变动在几何图形中的表示也是不相同的。

供给量的变动是指在其他条件不变时，由某商品的价格变动所引起的该商品供给数量的变动。在几何图形中，这种变动表现为商品的价格-供给数量组合点的变动。

供给的变动是指在某商品价格不变的条件下，由于其他因素变动所引起的该商品供给数量的变动。这里的其他因素变动可以指生产成本的变动、生产技术水平的变动、相关商品价格的变动和生产者对未来的预期的变动等。在几何图形中，供给的变动表现为供给曲线的位置发生移动。

图 2-3 表示的是供给量的变动，随着价格的上升所引起的供给数量逐步增加，A 点沿着同一条供给曲线逐步运动到 E 点。

2.2.5　供给弹性

供给弹性也称供给的价格弹性，表示在一定时期内一种商品的供给量的变动对于该商品价格变动的反应程度，或者说，表示在一定时期内当一种商品的价格变化百分之一时所引起的该商品的供给量变化的百分比。它是商品的供给量变动率与价格变动率之比。

与需求价格弹性一样，供给的价格弹性也分为弧弹性和点弹性。

供给的价格弧弹性表示某商品供给曲线上两点之间的弹性。供给的价格点弹性表示某商品供给曲线上某一点的弹性。假定供给函数为 $Q=f(P)$，以 e_S 表示供给的价格弹性系数，则供给的价格弧弹性的公式为：

$$e_S=\frac{\frac{\Delta Q}{Q}}{\frac{\Delta P}{P}}=\frac{\Delta Q}{\Delta P}\cdot\frac{P}{Q} \tag{2.10}$$

供给的价格点弹性的公式为：

$$e_S=\frac{\frac{dQ}{Q}}{\frac{dP}{P}}=\frac{dQ}{dP}\cdot\frac{P}{Q} \tag{2.11}$$

在通常情况下，商品的供给量和商品的价格是呈同方向变动的，供给量的变化量和价格的变化量的符号是相同的。

供给的价格弹性根据 e 值的大小也分为五个类型。$e_S>1$ 表示富有弹性；$e_S<1$ 表示缺乏弹性；$e_S=1$ 表示单一弹性或单位弹性；$e_S=\infty$ 表示完全弹性；$e_S=0$ 表示完全无弹性。

在影响供给的价格弹性的众因素中，时间因素是一个很重要的因素。当商品的价格发生变化时，厂商对产量的调整需要一定的时间。在很短的时间内，厂商若要根据商品的涨价及时增加产量或者根据商品的降价及时缩减产量，都存在不同程度的困难，相应地，供给弹性是比较小的。但是，在长期内，生产规模的扩大与缩小，甚至转产，都是可以实现的，供给量可以对价格变动作出比较充分的反应，供给的价格弹性也就比较大了。

2.3 市场均衡理论

我们已经知道，需求曲线说明了消费者对某种商品在每一价格下的需求量是多少，供给曲线说明了生产者对某种商品在每一价格下的供给量是多少。但是，它们都没说明这种商品本身的价格究竟是如何决定的。那么，商品的价格是如何决定的呢？微观经济学中的商品价格是指商品的均衡价格。商品的均衡价格是在商品的市场需求和市场供给这两种相反力量的相互作用下形成的。下面，将需求曲线和供给曲线结合在一起分析均衡价格的形成及其变动。

2.3.1 均衡价格和均衡数量

在西方经济学中，均衡是一个被广泛运用的重要的概念。均衡的一般意义是指经济事物中有关的变量在一定条件的相互作用下所达到的一种相对静止的状态。经济事物之所以能够处于这样一种静止状态，是由于在这样的状态中有关该经济事物的各参与者的力量能够相互制约和相互抵消，也是由于在这样的状态中有关该经济事物各方面的经济行为者的愿望都能得到满足。正因为如此，西方经济学家认为，经济学的研究往往在于寻找在一定条件下经济事物的变化最终趋于相对静止的均衡状态。

在微观经济分析中，市场均衡可以分为局部均衡和一般均衡。局部均衡是就单个市场或部分市场的供求与价格之间的关系和均衡状态进行分析。一般均衡是就一个经济社会中的所有市场的供求与价格之间的关系和均衡状态进行分析。一般均衡假定各种商品的供求和价格都是相互影响的，一个市场的均衡只有在其他所有市场都达到均衡的情况下才能实现。

在西方经济学中，一种商品的均衡价格是指该种商品的市场需求量和市场供给量相等时的价格。在均衡价格水平下，相等的供求数量被称为均衡数量。从几何意义上说，一种商品市场的均衡出现在该商品的市场需求曲线和市场供给曲线相交的交点上，该交点被称为均衡点。均衡点上的价格和相等的供求量分别被称为均衡价格和均衡数量。市场上需求量和供给量相等的状态，也被称为市场出清的状态。

现在把图 2-2 中的需求曲线和图 2-3 中的供给曲线结合在一起，用图 2-4 说明一种商品的市场均衡价格的决定。

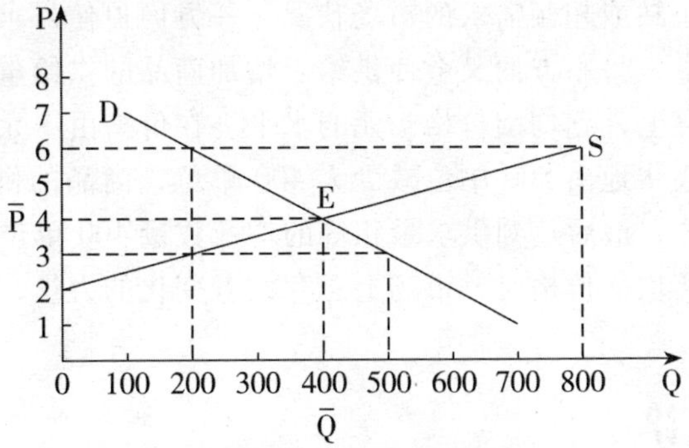

图 2-4　均衡价格的决定

在图 2-4 中，假定 D 曲线为市场的需求曲线，S 曲线为市场的供给曲线。需求曲线 D 和供给曲线 S 相交于 E 点，E 点为均衡点。在均衡点上，均衡价格 $\bar{P}=4$ 元，均衡数量 $\bar{Q}=400$。显然，在均衡价格 4 元的水平，消费者的购买量和生产者的销售量是相等的，都为 400 单位。也可以反过来说，在均衡数量 400 的水平，消费者愿意支付的最高价格和生产者愿意接受的最低价格是相等的，都为 4 元。因此，这样一种状态便是一种使买卖双方都感到满意并愿意持续下去的均衡状态。

均衡价格的决定也可以用与图 2-4 相对应的表 2-3 来说明。由表 2-3 可知，商品的均衡价格为 4 元，商品的均衡数量为 400 单位。

表 2-3　**某商品均衡价格的决定**

价格（元）	6	5	4	3	2
需求量（单位数）	200	300	400	500	600
供给量（单位数）	800	600	400	200	0

商品的均衡价格是如何形成的呢?

商品的均衡价格表现为商品市场上需求和供给这两种相反的力量共同作用的结果，它是在市场供求力量的自发调节下形成的。当市场价格偏离均衡价格时，市场上会出现需求量和供给量不相等的非均衡状态。一般说来，在市场机制的作用下，这种供求不相等的非均衡状态会逐步消失，实际的市场价格会自动地回复到均衡价格水平。

用图 2-4 或相应的表 2-3 来说明均衡价格的形成。当市场的实际价格高于均衡价格且为 6 元时，商品的需求量为 200 单位，供给量为 800 单位。这种供给量大于需求量的商品过剩或超额供给的市场状况，一方面会使需求者压低价格来购买商品，另一方面又会使供给者减少商品的供给量。这样，该商品的价格必然下降，一直下降到均衡价格 4 元的水平。与此同时，随着价格由 6 元下降为 4 元，商品的需求量逐步地由 200 单位增加为 400 单位，商品的供给量由 800 单位逐步减少为 400 单位，从而实现供求量相等的均衡数量 400 单位。相反，当市场的实际价格低于均衡价格为 3 元时，商品的需求量为 500 单位，供给量为 200 单位。面对这种需求量大于供给量的商品短缺或超额需求的市场状况，一方面迫使需求者提高价格来得到他所要购买的商品量，另一方面又会使供给者增加商品的供给量。这样，该商品的价格必然上升，一直上升到均衡价格 4 元的水平。在价格由 3 元上升为 4 元的过程中，商品的需求量逐步地由 500 单位减少为 400 单位，商品的供给量逐步地由 200 单位增加为 400 单位，最后达到供求量相等的均衡数量 400 单位。由此可见，当市场上的实际价格偏离均衡价格时，市场上总存在着变化的力量，最终达到市场的均衡或市场出清。

2.3.2 供求定律

一种商品的均衡价格是由该商品市场的需求曲线和供给曲线的交点所决定的。因此，需求曲线或供给曲线位置的移动都会使均衡价格水平发生变动。下面将先介绍有关需求曲线和供给曲线位置移动的内容，然后再说明这两种移动对均衡价格以及均衡数量的影响，从而得到供求定律。

在供给不变的情况下，需求增加会使需求曲线向右平移，从而使得均衡价格和均衡数量都增加；需求减少会使需求曲线向左平移，从而使得均衡价格和均衡数量都减少。如图 2-5 所示。

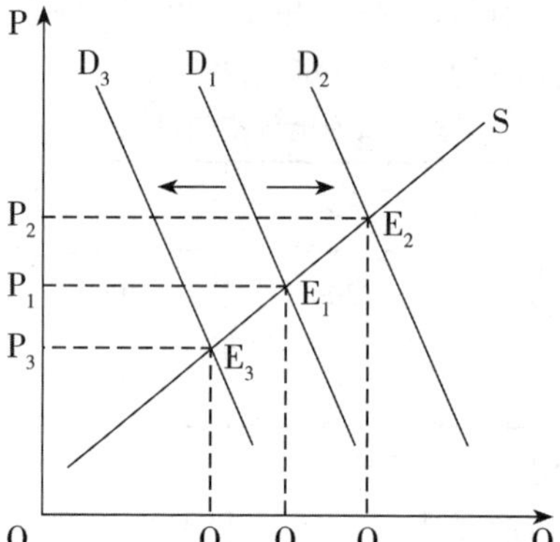

图 2-5　需求的变动和均衡价格的变动

在图 2-5 中，既定的供给曲线 S 和最初的需求曲线 D_1 相交于 E_1 点。在均衡点 E_1，均衡价格为 P_1，均衡数量为 Q_1。需求增加使需求曲线向右平移至曲线 D_2 的位置，曲线 D_2 与曲线 S 相交于 E_2 点。在均衡点 E_2，均衡价格上升为 P_2，均衡数量增加为 Q_2。相反，需求减少使需求曲线向左平移至曲线 D_3 的位置，曲线 D_3 与曲线 S 相交于 E_3 点。在均衡点 E_3，均衡价格下降为 P_3，均衡数量减少为 Q_3。

在需求不变的情况下，供给增加会使供给曲线向右平移，从而使得均衡价格下降，均衡数量增加；供给减少会使供给曲线向左平移，从而使得均衡价格上升，均衡数量减少。如图 2-6 所示。

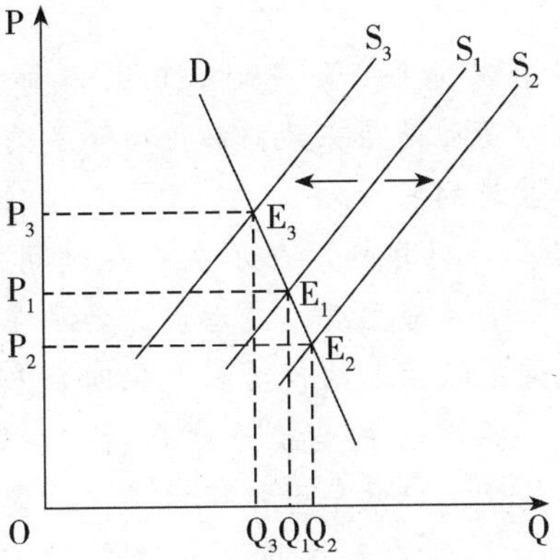

图 2-6　供给的变动和均衡价格的变动

在图 2-6 中，既定的需求曲线 D 和最初的供给曲线 S_1 相交于 E_1 点。在均衡点 E_1，均衡价格和均衡数量分别为 P_1 和 Q_1。供给增加使供给曲线向右平移至曲线 S_2 的位置，并与曲线 D 相交于 E_2 点。在均衡点 E_2，均衡价格下降为 P_2，均衡数量增加为 Q_2。相反，供给减少使供给曲线向左平移至曲线 S_3 的位置，且与曲线 D 相交于 E_3 点。在均衡点 E_3，均衡价格上升为 P_3，均衡数量减少为 Q_3。

综上所述，可以得到供求定理：在其他条件不变的情况下，需求变动分别引起均衡价格和均衡数量的同方向变动；供给变动引起均衡价格的反方向变动，引起均衡数量同方向的变动。

本章小结

1. 一种商品的需求是指消费者在一定时期内在各种可能的价格水平下愿意而且能够购买的该商品的数量。影响一种商品需求数量的主要因素有该商品的价格、消费者的收入水平、相关商品的价格、消费者的偏好和消费者对该商品未来价格的预期等。

2. 需求量的变动是指在其他条件不变时，由某商品的价格变动所引起的该商品需求数量的变动。需求的变动是指在某商品价格不变的条件下，由于其他因素变动所引起的该商品的需求数量的变动。

3. 需求的价格弹性表示在一定时期内一种商品的需求量变动对于该商品的价格变动的反应程度，或者说，表示在一定时期内当一种商品的价格变化百分之一时所引起的该商品的需求量变化的百分比。

4. 一种商品的供给是指生产者在一定时期内在各种可能的价格水平下愿意而且能够提供出售的该种商品的数量。影响一种商品供给数量的主要因素有该商品的价格、生产的成本、生产的技术水平、相关商品的价格和生产者对未来价格的预期。

5. 供给量的变动是指在其他条件不变时，由某商品的价格变动所引起的该商品供给数量的变动。供给的变动是指在某商品价格不变的条件下，由于其他因素变动所引起的该商品的供给数量的变动。

6. 供给弹性也称供给的价格弹性，表示在一定时期内一种商品的供给量的变动对于该商品的价格的变动的反应程度，或者说，表示在一定时期内当一种商品的价格变化百分之一时所引起的该商品的供给量变化的百分比。

7. 在西方经济学中，一种商品的均衡价格是指该种商品的市场需求量和市场供给量相等时的价格。在均衡价格水平下相等的供求数量被称为均衡数量。

关键概念

需求　供给　需求定律　供给定律　需求的价格弹性　需求的收入弹性　需求的交叉价格弹性　需求的变动　需求量的变动　供给的变动　供给量的变动　供给的价格弹性　均衡数量　均衡价格

本章案例

据报道，截至2010年6月底，北京市共拥有各种机动车450万辆。巨大的机动车拥有量给北京市的交通带来了严峻的挑战和威胁，节假日和上下班高峰时间经常出现交通拥挤现象，市民开玩笑说，北京不是首都，而是“首堵”。北京市规划委员会近期组织相关部门针对城市发展进程中的交通问题进行研究，提出了解决北京交通问题的十项策略。其中，“车辆进入旧城要交拥挤费”赫然在列。北京的交通拥堵是出了名的，这些年来，人们为缓解交通拥堵问题想了很多办法。在市中心地区收取拥挤费，这个办法早有人提过，但一直存在争议，赞同者很多，反对者也不少。此次市规划委有意将收拥挤费由政策设想变成现实，确实需要几分勇气。

收取拥挤费有没有用？“拥挤费”是个舶来品。2003年，伦敦市长列文斯顿在市民的拥护和非议声中，在伦敦市中心开征拥挤费：凡是在工作日早7点至晚6点半进入市中心的车辆需交纳拥挤费，每车每天交费5英镑（2005年又涨到了8英镑），违规者要受重罚。有关调查显示，收取拥挤费后，伦敦市中心路面交通流量减少了30%，70%的伦敦市民认为拥挤费对改善市内交通发挥了较大作用。收取拥挤费，说到底就是政府利用价格杠杆调节特定区域车流量的一种方式，其通过改变公共服务价格（使用市中心道路的费用）影响人们出行方式的选择，确实能发挥出分流车辆、缓解市中心交通拥堵的作用。

收取拥挤费合不合理？很多反对者质疑拥挤费的合理性，认为有失公平。政府收取拥挤费，等于让“有车一族”承担了额外的成本，但只要定价合理，这些额外的成本并不会破坏社会公平。第一，与那些步行、骑车和乘坐公共交通工具的人相比，“有车一族”占用的人均公共交通服务份额更多，自然要承担更大的责任，多负担一些“买路钱”也合乎情理。第二，大量小汽车（私车和公务车）的涌入是造成北京交通拥堵日益严重的重要原因。有车一族（包括私家车车主和公务车使用者）在享受方便舒适的同时，却连带其他人时时饱受交通拥挤的苦果。交纳一定的拥挤费，算是有车一族为自己用车行为的“外部性”付了费，否则就真的有点不公平了。

收取拥挤费能不能根治北京的交通问题？拥挤费的确有用，但产生的效果有限。在治理交通拥堵的大舞台上，拥挤费至多只能“暖暖场”，让它“压轴”、当主唱是万万不可的。最重要的“治本”之策是改善公共交通服务。在旧城收取拥挤费，旨在限制车流，但永远也无法限制“人流”——该进旧城的人还是要按时进去，一个也少不了。

收取拥挤费的主要目的是鼓励市民多用公共交通工具出行，但如果公交工具还继续保持目前少、慢、挤和服务态度差的状况，那最后无非有两种结果：一是交通拥挤一时得到缓解，但以大家的生活质量下降为代价；二是有车一族不堪忍受，重新被逼回小车里，分流车辆的目标完全落空。因此，要根本解决北京的交通问题，还必须从扩大公共交通容量、改善公共交通服务质量入手，只有公共交通才能担当“压轴”的角色。即使将来真的收取拥挤费，也要首先将其服务于改善公共交通状况的需要。还是以伦敦为例，每年征收的拥挤费约1亿英镑，政府将其用于伦敦地铁及公共汽车等交通设施的建设，大大优化了公共交通服务，才使得越来越多的市民乐于弃私车，而选择公共交通工具出行。

目前，收取拥挤费，是缓解市中心等特定区域交通拥堵问题的可行之策。不过，要根本解决问题还是要依靠综合治理，只有制定和执行好以改善公交服务为中心的“政策套餐”，公众出行才能舒心、省心、放心。

本章资料

恩格尔和恩格尔定律

恩斯特·恩格尔（Ernst Engel，1821—1896年），德国经济学家和统计学家，社会统计学派中的主要人物。

恩格尔认为，收入是影响需求结构变化的重要因素。一个家庭或国家的收入越低，其总支出中用于食物消费的份额越大。随着收入的上升，食品在总支出中所占的比重是下降的——这就是著名的恩格尔定律（Engel’ law）。从统计结果来看，小至家庭，大至国家，基本上都遵循这一规律。因此，我们常常将恩格尔系数，即食品支出在总支出中所占的比重作为衡量经济发展水平的一个指标（见下表）。

恩格尔系数表

单位:%

家庭类型	各项支出占总支出比例					
	食物	衣服	住宅	燃料	文化	合计
劳动家庭	62	16	12	5	5	100
中等家庭	55	18	12	5	10	100
富裕家庭	50	18	12	5	15	100

在该表中，食物支出随着收入的增加而减少；衣服、住宅、燃料的费用支出随着收入的增加而较小幅度增加或不变；而文化费用的支出则会随着收入的增加而较大幅度地增加。它常被用来衡量一个家庭或一个国家的生活水平与富裕程度。恩格尔系数越小，表明生活水平与富裕程度越高，相反，则表明生活水平与富裕程度越低。

恩格尔系数是衡量一个家庭生活水平高低的标志，根据联合国粮农组织提出的标准，恩格尔系数在59%以上为贫困，50%～59%为温饱，40%～50%为小康，30%～40%为富裕，低于30%为最富裕。由于我国城镇与农村经济发展水平差距较大，以下仅结合我国城镇的实际情况，将城镇居民的恩格尔系数进行了统计见下表。

1981—2010年我国城镇居民家庭恩格尔系数

单位:%

年份	1981	1982	1983	1984	1985	1986	1987	1988	1989	1990
系数	58.66	59.65	60.20	57.96	52.25	52.43	53.47	51.36	52.50	52.24
年份	1991	1992	1993	1994	1995	1996	1997	1998	1999	2000
系数	51.63	50.89	49.45	47.67	48.49	46.21	44.5	42.9	41.9	39.2
年份	2001	2002	2003	2004	2005	2006	2007	2008	2009	2010
系数	37.9	37.7	36.5	37.7	36.7	35.8	36.3	37.9	36.3	35.7

从表中可以看到，我国的恩格尔系数总趋势下降，符合世界经济发展的基本情况。1993年的恩格尔系数为49.45%，从温饱转向小康，1996年恩格尔系数为46.21%，相当于韩国、泰国、马来西亚1960年的水平。2000年恩格尔系数为39.2%，我国城镇居民开始步入富裕状态。

除此以外，根据正常品和劣等品的定义，正常品的收入弹性为正，即其需求量随着收入的上升而上升；而劣等品的收入弹性为负，即需求量随着收入的增加而下降。若以收入作为纵坐标，商品需求量作为横坐标，所画出的商品需求量随着收入变化而变化的曲线即为恩格尔曲线。正常品的恩格尔曲线向右上方倾斜，劣等品的恩格尔曲线则向右下方倾斜。但需要注意，在同一条恩格尔曲线上，消费者偏好和商品价格必须保持不变。

本章习题

1. 解释名词

需求的变动　需求定律　需求曲线　供给定律　供给曲线　均衡价格　需求量的变动　需求价格弹性　供给价格弹性　需求交叉弹性　需求收入弹性　恩格尔定律

2. 单项选择

1）在得出某棉花种植农户的供给曲线时，下列除哪一个因素以外其余均保持为常数(　　)。

A. 土壤的肥沃程度　　B. 技术水平

C. 棉花的种植面积　　D. 棉花的价格

2）在某一时期内彩色电视机的需求曲线向左平移的原因可能是：(　　)。

A. 彩色电视机的价格上升

B. 消费者对彩色电视机的预期价格上升

C. 消费者对彩色电视机的预期价格下降

D. 消费者的收入水平提高

E. 黑白电视机的价格上升

3）假定玉米市场的需求是缺乏弹性的，玉米的产量等于销售量且等于需求量，恶劣的气候条件使玉米产量下降20%，在这种情况下：(　　)。

A. 玉米生产者的收入减少，因为玉米产量下降20%

B. 玉米生产者的收入增加，因为玉米价格上升低于20%

C. 玉米生产者的收入增加，因为玉米价格上升超过20%

D. 玉米生产者的收入减少，因为玉米价格上升低于20%

4）当两种商品中一种商品的价格发生变化时，这两种商品的需求量都同时增加或减少，则这两种商品的需求的交叉价格弹性系数为：(　　)。

A. 正　　B. 负　　C. 0　　D. 1

5）当羽毛球拍的价格下降时，对羽毛球的需求量将(　　)。

A. 减少　　B. 不变

C. 增加　　D. 视具体情况而定

6）当出租车租金上涨后，对公共汽车服务的(　　)。

A. 需求下降　　B. 需求增加　　C. 需求量下降　　D. 需求量增加

7）均衡价格一定随着(　　)。

A. 需求和供给的增加而上升　　B. 需求的增加和供给的减少而上升

C. 需求的减少和供给的增加而上升　　D. 需求和供给减少而上升

8）在其他条件不变的情况下，某种商品的需求（　　）。

A. 随着替代商品价格的提高而减少　　B. 随着替代商品价格的提高而增加

C. 随着偏好的增加而减少　　D. 随着互补品价格的下降而减少

9）对西红柿需求的变化，可能是由于(　　)。

A. 消费者认为西红柿价格太高了　　B. 西红柿的收成增加

C. 消费者预期西红柿将降价　　D. 种植西红柿的技术有了改进

10）某种商品沿着供给曲线运动是由于(　　)。

A. 商品价格的变化　　B. 互补品价格的变化

C. 生产技术条件的变化　　D. 生产这种商品的成本的变化

E. 产量的变化

11）某消费者的收入下降，而他对某商品的需求却增加，该商品为(　　)。

A. 高档商品　　B. 低档商品

C. 替代商品　　D. 互补商品

E. 以上均不正确

12）需求完全无弹性可以用(　　)。

A. 一条与横轴平行的线表示　　B. 一条与纵轴平行的线表示

C. 一条向右下方倾斜的线表示　　D. 一条向右上方倾斜的线表示

E. 一条向左上方倾斜的线表示

13）下列四种商品中哪些商品需求的价格弹性最小(　　)。

A. 食盐　　B. 衣服　　C. 化妆品　　D. 小汽车　　E. 项链

14）在得出某种商品的个人需求曲线时，下列因素除哪一种外均保持为常数(　　)。

A. 个人收入　　B. 其余商品的价格

C. 个人偏好　　D. 所考虑商品的价格

15）保持所有其他因素不变，某种商品的价格下降，将导致(　　)。

A. 需求增加　　B. 需求减少

C. 需求量增加　　D. 需求量减少

16）消费者预期某物品未来价格要上升，则对该物品当前需求会(　　)。

A. 减少　　B. 增加

C. 不变　　D. 上述三种情况都可能

17）下列因素除哪一种以外都会使需求曲线移动(　　)。

A. 购买者收入变化　　B. 商品价格下降

C. 其他有关商品价格下降　　D. 消费者偏好变化

18）如果商品X和商品Y是替代的，则X的价格下降将造成(　　)。

A. X的需求曲线向右移动　　B. X的需求曲线向左移动

C. Y的需求曲线向右移动　　D. Y的需求曲线向左移动

19）一个商品价格下降对其互补品最直接的影响是(　　)。

A. 互补品的需求曲线向右移动　　B. 互补品的需求曲线向左移动

C. 互补品的供给曲线向右移动　　D. 互补品的价格上升

20）如果某种商品供给曲线的斜率为正，在保持其余因素不变的条件下，该商品价格的上升会导致(　　)。

A. 供给增加　　B. 供给量增加

C. 供给减少　　D. 供给量减少

21）生产者预期某物品未来价格要下降，则对该物品当前的供给会(　　)。

A. 增加　　B. 减少

C. 不变　　D. 上述三种情况都可能

22）建筑工人工资提高将使(　　)。

A. 新房子供给曲线左移并使房子价格上升

B. 新房子供给曲线右移并使房子价格下降

C. 新房子需求曲线左移并使房子价格下降

D. 新房子需求曲线左移并使房子价格上升

23）若X和Y两种产品的交叉弹性是-2.3，则(　　)。

A. X和Y是替代品　　B. X和Y是正常商品

C. X和Y是劣质品　　D. X和Y是互补品

24）如果某商品富有需求的价格弹性，则该商品价格上升(　　)。

A. 会使销售收益增加　　B. 该商品销售收益不变

C. 会使该商品销售收益下降　　D. 销售收益可能增加也可能下降

25）政府为了扶持农业，对农产品规定了高于其均衡价格的支持价格。政府为了维持支持价格，应该采取的相应措施是(　　)。

A. 增加对农产品的税收　　B. 实行农产品配给制

C. 收购过剩的农产品　　D. 对农产品生产者予以补贴

26）在需求和供给同时减少的情况下(　　)。

A. 均衡价格和均衡交易量都将下降

B. 均衡价格将下降，均衡交易量的变化无法确定

C. 均衡价格的变化无法确定，均衡交易量将减少

D. 均衡价格将上升，均衡交易量将下降

27）当汽油的价格上升时，对小汽车的需求将(　　)。

A. 减少　　B. 保持不变　　C. 增加　　D. 以上无一正确

28）当咖啡的价格急剧上升时，对茶叶的需求将(　　)。

A. 减少　　B. 保持不变　　C. 增加　　D. 不确定

E. 以上无一正确

29）正常物品的需求曲线是一条(　　)。

A. 向右下方倾斜的曲线　　B. 向左下方倾斜的曲线

C. 垂线　　D. 水平线　　E. 不确定

30）需求不变时供给的变动引起(　　)。

A. 均衡价格和均衡数量同方向变动

B. 均衡价格反方向变动，均衡数量同方向变动

C. 均衡价格与均衡数量反方向变动

D. 均衡价格有可能保持不变

E. 以上无一正确

31）民航机票经常对价格打折促销，这说明飞机旅行需求(　　)。

A. 富有价格弹性　　B. 单位弹性

C. 价格弹性不足　　D. 缺乏收入弹性

32）假定某商品的价格从 3 元降到 2 元，需求量将从 9 单位增加到 11 单位，则该商品卖者的收益将(　　)。

A. 保持不变　　B. 增加　　C. 减少　　D. 增减不确定

3. 判断题

1）商品价格的下降导致需求曲线的位置发生移动，使该商品的需求量上升。(　　)

2）照相机与胶卷是互补品，如果照相机降价，胶卷的需求就会增加。(　　)

3）猪排与牛排是替代品，如果猪排降价，对牛排的需求就会增加。(　　)

4）消费者偏好的改变，引起需求在某条需求曲线上向上或向下移动。(　　)

5）如果观察到面粉价格上升了，那就可以预期到面包的供给曲线将向左移动。(　　)

6）需求的变动会引起均衡价格和均衡数量反方向变动。(　　)

7）一般说来，生活必需品的需求价格弹性比奢侈品的需求价格弹性要小。(　　)

8）当商品的需求价格弹性小于 1 时，降低销售价格会使总收益增加。(　　)

9）需求的价格弹性可以用需求曲线的斜率单独表示。(　　)

10）某种商品越是容易被替代，其需求也就越缺乏弹性。(　　)

11）如果供给富有弹性，那即使需求只有很少增加，对交易量影响也会较大。(　　)

12）垂直的供给曲线表明供给弹性为零。(　　)

13）互补品的交叉价格弹性系数为负值。(　　)

4. 简答题

1）影响需求和供给的因素分别有哪些？

2）需求量的变动与需求的变动的区别。

3）利用图形阐释需求的价格弹性大小与厂商的销售收入之间的关系，并举例加以说明。

4）试用需求价格弹性理论解释薄利多销和谷贱伤农。

5）什么是均衡价格？它是如何形成的？

5. 计算题

1）已知某一时期内商品的需求函数为 $Q_d=50-5P$，供给函数为 $Q_s=-10+5P$。

（1）求均衡价格 P_e 和均衡数量 Q_e，并作出几何图形。

（2）假定供给函数不变，由于消费者收入水平提高，使需求函数变为 $Q_d=60-5P$。求出相应的均衡价格 P_e 和均衡量 Q_e，并作出几何图形。

（3）假定需求函数不变，由于生产技术水平提高，使供给函数变为 $Q_s=-5+5P$。求出相应的均衡价格 P_e 和均衡量 Q_e，并作出几何图形。

（4）利用（1）、（2）和（3），说明需求变动和供给变动对均衡价格和均衡数量的影响。

2）假定下表是需求函数 $Q_d=500-100P$ 在一定价格范围内的需求表：

某商品的需求表

价格（元）	1	2	3	4	5
需求量	400	300	200	100	0

（1）求出价格2元和4元之间需求的价格弧弹性。

（2）根据给出的需求函数，求 P=2 元时需求的价格点弹性。

3）假定下表是供给函数 $Q_s=-2+2P$ 在一定价格范围内的供给表：

某商品的供给表

价格（元）	2	3	4	5	6
供给量	2	4	6	8	10

（1）求出价格3元和5元之间供给的价格弧弹性。

（2）根据给出的供给函数，求 P=3 元时供给的价格点弹性。

4）某种商品原先的价格为1.00元/千克，销售量为1 000千克，该商品的需求弹性系数为2.4，如果降价至0.80元/千克，此时的销售量是多少？降价后总收益是增加了还是减少了？增加或减少了多少？

5）某商品价格为9美元时，需求量为11；价格为11美元时，需求量为9。请计算：（1）$P=9$，$Q_d=11$ 作为基数时的需求弹性。（2）$P=11$，$Q_d=9$ 作为基数时的需求弹性。

6）某人消费商品X的数量与其收入的函数关系是：$M=1\,000Q^2$，请计算当收入 $M=6\,400$ 时的点收入弹性。

7）设需求函数为 $Q=\frac{M}{P^n}$，式中M为收入，P为价格，n为常数，求需求的点收入弹性和价格弹性。

8）在英国，对新汽车需求的价格弹性 $e_d = 1.2$，需求的收入弹性 $e_m = 3.0$，请计算：

（1）其他条件不变，价格提高 3% 对需求的影响。（2）其他条件不变，收入增加 2% 对需求的影响。

9）设汽油的需求价格弹性为 0.15，其价格现为每加仑 1.20 美元，试问汽油价格上涨多少才能使其消费量减少 10%？

10）假定某商品市场上有 100 位消费者，其中，60 位消费者购买该市场 1/3 的商品，且每位消费者的需求的价格弹性均为 3；另外 40 位消费者购买该市场 2/3 的商品，且每位消费者的需求的价格弹性均为 6。请计算：按 100 位消费者合计的需求的价格弹性系数是多少？

11）假定某消费者的需求价格弹性 $e_d = 1.3$，需求收入弹性 $e_m = 2.2$。求：（1）在其他条件不变的情况下，商品价格下降 2% 对需求数量的影响。（2）在其他条件不变的情况下，消费者收入提高 5% 对需求数量的影响。

第3章

消费者行为理论

学习目标

通过本章的学习，应该做到：

1. 掌握效用、边际效用、边际效用递减规律的含义，熟悉基数效用理论和序数效用理论的基本内容与分析工具。

2. 理解边际替代率、无差异曲线和预算线等概念、理解并掌握消费者均衡的含义与实现过程，了解收入效应与替代效应的含义。

3. 了解个人需求曲线和市场需求曲线的推导过程。

第 2 章介绍了需求曲线和供给曲线的基本特征，即需求曲线向右下方倾斜，供给曲线向右上方倾斜，但并没有说明形成这些特征的原因是什么。在微观经济学里，构造需求曲线和供给曲线是分别以对消费者行为和生产者行为的分析作为依据的。作为上一章内容的深入，本章将分析需求曲线背后的消费者行为，并从对消费者行为的分析中推导出需求曲线。本书第 4 章、第 5 章和第 6 章将分析供给曲线背后的生产者行为，即从对生产者行为的分析中推导出供给曲线，并把需求曲线和供给曲线结合在一起，进一步分析产品市场的均衡状态。通过第 3 章到第 6 章的分析，将使得供求曲线的相互作用及其结果（即均衡价格）体现为产品市场中的消费者行为和生产者行为的相互作用及其结果。

3.1 效用论概述

3.1.1 影响消费者行为的因素

消费是人类社会最基本的经济活动之一。人的一生从摇篮到坟墓都要进行消费，每个人都必须面对这样的事实：怎样用口袋中有限的钱，买尽量多的自己所喜欢的东西，以达到最大的满足。

下面我们就来研究决定消费者行为的因素。

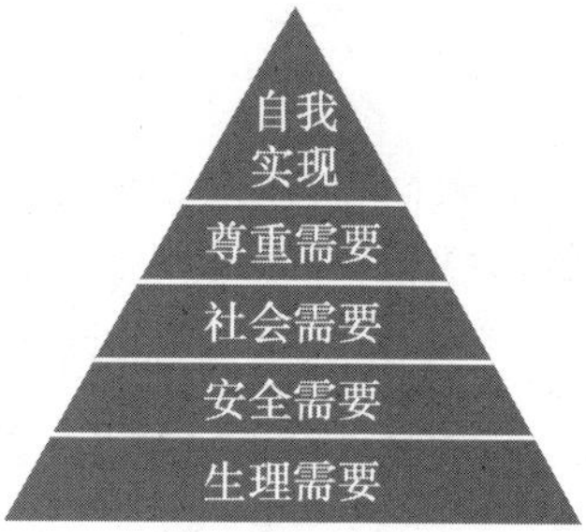

马斯洛需求理论

1. 欲望

人们常说“人有七情六欲”。这“六欲”就是指人的欲望，它是人们为了延续和繁衍生命，以一定的方式适应生存环境而对客观事物的要求，因此，人的欲望，实质上是一种缺乏的感觉与求得满足的愿望。它是一种心理感受。

人的欲望是无限的，它成为推动社会前进的动力，但它又有轻重缓急之分，表现为不同的欲望层次。

美国著名的心理学家 A. 马斯洛把人的欲望划分为五个层次：

第一层次是人的基本生理需要，是指对衣、食、住、行等基本生存条件的需要。这是人类首先要满足的基本欲望。

第二层次是安全需要，是指人类对现在与未来生活保障的需要。这种欲望实际上是生理需要的延伸。

第三层次是社会需要（归属和爱的需要），这是一种作为社会人的精神层次的需要，主要是指在自己的团体里求得一席之地，建立与家人、朋友之间的友情。这种欲望产生于人的社会性。

第四层次是尊重需要，包括自尊与来自别人的尊重。自尊包括对获得信心、能力、本领、成就、独立和自由等的愿望；来自他人的尊重包括威望、承认、接受、关心、地位、名誉和赏识。这是人更高层次的社会需要。

第五层次是自我实现。这种需要包括对真、善、美的追求，对完善自己的追求，以及实现自己理想与抱负的欲望。这是人类最高层次的欲望。

马斯洛认为，人的需要是按这五个从低到高的层次组织起来的，只有当较低层次的需要得到某种程度的满足时，较高层次的需要才会出现并渴望得到满足。

2. 偏好

俗话说"萝卜白菜，各有所爱"，这说明人们的欲望受个体的主观判断影响，这就是偏好，它是指人们通常在产生某种欲望之后，通过某种行为而表现出来的一种内在的心理倾向，它具有一定的趋向性和规律性。这种倾向受多种因素的影响，比如年龄、性别、文化、职业、民族、收入等。

3. 预算约束

在人们按照自己的偏好满足各自的欲望时，由于个人可支配收入的有限性，人们不可能随心所欲。预算约束就是指一个家庭的消费选择要受到其收入水平和所购买的商品与劳务的价格水平限制。

商品的价格由市场决定，家庭购买商品的数量相对于该商品的市场供求数量，总是微不足道的。因此，一个家庭不能改变商品的价格水平，只能是市场价格的被动接受者。家庭用于购买商品与劳务的收入是有限的，这是由资源的稀缺性原理决定的。人们不可能拥有无限的收入，只能在有限的收入条件下，选择自己喜欢的商品与劳务。随着社会经济的发展，人们的家庭收入会增加，但不论如何增加，人们的收入同欲望相比，总是很有限的。

3.1.2　基数效用和序数效用

效用（utility）是指商品满足人的欲望的能力评价，或者说，效用是指消费者在消费商品时所感受到的满足程度。一种商品对消费者是否具有效用，取决于消费者是否有消费这种商品的欲望以及这种商品是否具有满足消费者欲望的能力。效用这一概念与人的欲望是联系在一起的，它是消费者对商品满足自己欲望的能力的一种主观心理评价。

既然效用是用来表示消费者在消费商品时所感受到的满足程度，那么，就产生了对这种"满足程度"即效用大小的度量问题。在这一问题上，西方经济学家先后提出了基数效用和序数效用的概念，并在此基础上，形成了分析消费者行为的两种方法，它们分别是基数效用论者的边际效用分析方法和序数效用论者的无差异曲线分析方法。

基数和序数这两个术语来自数学。基数是指 1，2，3，…基数是可以加总求和的。例如，基数 3 加 9 等于 12，且 12 是 3 的 4 倍等。基数效用论者用尤特尔（utile）表示效用的计量单位。序数是指第一、第二、第三……序数只表示顺序或等级，序数是不能加总求和的。例如，序数第一、第二和第三，可以是 10、20 和 50，也可以是 11、19 和 21。它所要表明的仅仅是第二大于第一，第三大于第二，至于第一、第二和第三本身各自的数量具体是多少，是没有意义的。

在19世纪末期和20世纪初期，西方经济学家普遍使用基数效用的概念。基数效用论者认为，效用如同长度、重量等概念一样，可以具体衡量并加总求和，具体的效用量之间的比较是有意义的。表示效用大小的计量单位被称作效用单位。例如，对某一个人来说，吃一顿丰盛的晚餐和看一场高水平足球赛的效用分别为5效用单位和10效用单位，则可以说这两种消费的效用之和为15效用单位，且后者的效用是前者的效用的2倍。

到了20世纪30年代，序数效用的概念为大多数西方经济学家所使用。序数效用论者认为，效用是一个有点类似于香、臭、美、丑那样的概念，效用的大小是无法具体衡量的，效用之间的比较只能通过顺序或等级来表示。仍就上面的例子来说，消费者要回答的是偏好哪一种消费，即哪一种消费的效用是第一，哪一种消费的效用是第二，或者是说，要回答的是宁愿吃一顿丰盛的晚餐，还是宁愿看一场高水平的足球赛。序数效用论者还认为，就分析消费者行为来说，基数效用的特征是多余的，以序数来度量效用的假定比以基数来度量效用的假定所受到的限制要少，它可以减少一些被认为是值得怀疑的心理假设。

3.2 基数效用论

基数效用论者除了提出效用可以用基数衡量的假定以外，还提出了边际效用递减规律的假定。边际效用递减规律贯穿于基数效用理论，是基数效用论者分析消费者行为，并进一步推导消费者需求曲线的基础。

3.2.1 边际效用与总效用

基数效用论者将效用区分为总效用（total utility）和边际效用（marginal utility），它们的英文简写分别为TU和MU。总效用是指消费者在一定时间内从一定数量的商品的消费中所得到的效用量的总和。边际效用是指消费者在一定时间内增加一单位商品的消费所得到的效用量的增量。假定消费者对一种商品的消费数量为Q，则总效用函数为：

$$TU = f(Q) \tag{3.1}$$

相应的边际效用函数为：

$$MU = \frac{\Delta TU(Q)}{\Delta Q} \tag{3.2}$$

当商品的增加量趋于无穷小，即 $\Delta Q \to 0$ 时，有

$$MU = \lim_{\Delta Q \to 0} \frac{\Delta TU(Q)}{\Delta Q} = \frac{dTU(Q)}{dQ} \tag{3.3}$$

这里要指出的是，在西方经济学中，边际分析方法是最基本的分析方法之一，“边际”概念则是很重要的一个基本概念。边际效用是本书出现的第一个边际概念。在此，我们有必要强调一下，边际量的一般含义是表示一单位的自变量的变化量所引起的因变量的变化量。边际量的定义公式为：

$$边际量=\frac{因变量的变化量}{自变量的变化量}$$

下面我们利用表 3-1 说明总效用和边际效用之间的关系，由表 3-1 可知，当商品的消费量由 0 增加为 1 时，总效用由 0 效用单位增加为 10 效用单位，总效用的增量即边际效用为 10 效用单位（因为 10-0=10）。当商品的消费量由 1 增加为 2 时，总效用由 10 效用单位上升为 18 效用单位，总效用的增量即边际效用下降为 8 效用单位（因为 18-10=8）。依此类推，当商品的消费量增加为 6 时，总效用达到最大值为 30 效用单位，而边际效用已递减为 0（因为 30-30=0）。此时，消费者对该商品的消费已达到饱和点。当商品的消费量再增加为 7 时，边际效用会进一步递减为负值即-2 效用单位（因为 28-30=-2），总效用便下降为 28 效用单位了。

表 3-1　**某商品的效用表货币的边际效用（λ=2）**

商品数量 (1)	总效用 (2)	边际效用 (3)	价格 (4)
0	0		
1	10	10	5
2	18	8	4
3	24	6	3
4	28	4	2
5	30	2	1
6	30	0	0
7	28	-2	

根据表 3-1 所绘制的总效用和边际效用曲线如图 3-1 所示。

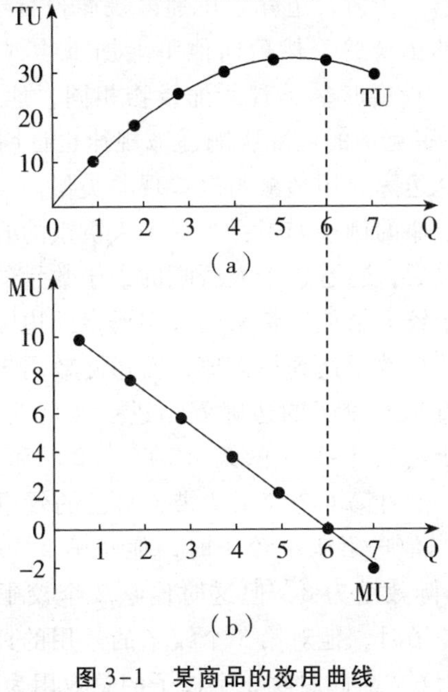

图 3-1　某商品的效用曲线

图中的横轴表示商品的数量，纵轴表示效用量，TU 曲线和 MU 曲线分别为总效用曲线和边际效用曲线。由于边际效用被定义为消费品的一单位的变化量所带来的总效用的变化量，又由于图中的商品消费量是离散的，所以，MU 曲线上的每一个值都显示在相应的两个消费数量的中点上。

在图 3-1 中，MU 曲线是右下方倾斜，TU 曲线以递减的速率先上升后下降。当边际效用为正值时，总效用曲线呈上升趋势；当边际效用递减为零时，总效用曲线达到最高点；当边际效用继续递减为负值时，总效用曲线呈下降趋势。从数学意义上讲，如果效用曲线是连续的，则每一消费量上的边际效用值就是总效用曲线上相应的点的斜率。

3.2.2 边际效用递减规律

在图 3-1 中，MU 曲线是向右下方倾斜的，它反映了边际效用递减规律。边际效用递减规律的内容是：在一定时间内，在其他商品的消费数量保持不变的条件下，随着消费者对某种商品消费量的增加，消费者从该商品连续增加的每一消费单位中所得到的效用增量即边际效用是递减的。

为什么在消费过程中会呈现出边际效用递减规律呢？据基数效用论者解释，边际效用递减规律成立的原因，可以是由于随着相同消费品的连续增加，从人的生理和心理角度分析，从每一单位消费品中所感受到的满足程度和对重复刺激的反应程度是递减的，还可以是由于在一种商品具有几种用途时，消费者总是将第一单位的消费品用在最重要的用途上，第二单位的消费品用在次重要的用途上，如此等等。这样，消费品的边际效用便随着消费品的用途重要性的下降而递减。由于效用是一种心理感受，所以经济学家认为，边际效用递减规律得自于“内省”。例如，把一个人的眼睛蒙住，请他伸出臂膀，然后向他手上加重物，开始他会感到重物的增加，但当重物增加到一定程度时，尽管所加重物相同，他的感觉是增加的（即边际的）重物较小。韦伯-费克纳的边际影响递减规律也证明了声音、光线和其他感觉都存在这种递减现象。边际效用递减与这些现象类似。

通常被用来体现该规律的例子如下：当一个人饥饿的时候，吃第 1 个饺子给他带来的效用是很大的，以后，随着这个人所吃的饺子数量的连续增加，虽然总效用是不断增加的，但每一个饺子给他所带来的效用增量即边际效用却是递减的。当他完全吃饱的时候，饺子的总效用达到最大值，而边际效用却降为零。如果他还继续吃，就会感到不适，这意味着饺子的边际效用进一步降为负值，总效用也开始下降。具体地，可以进一步用表 3-1 中的第（1）、（2）和（3）栏来说明。譬如，这个人吃第 1 个饺子时，他对第 1 个饺子所带给自己的效用的评价为 10，即第 1 个饺子的边际效用为 10。当他吃第 2 个饺子时，他对第 2 个饺子的效用的评价下降为 8，即第 2 个饺子的边际效用为 8，但这时他吃 2 个饺子的总效用为 10+8=18。类似地，当他吃第 3 个饺子时，他对第 3 个饺子的效用的评价进一步下降为 6，即第 3 个饺子的边际效用为 6，而此时吃 3 个饺子的总效用为 10+8+6=24……依此类推，直至他吃第 6 个饺子时，边际效用递减为零，总效用达最大值 30，而到吃第 7 个饺子时，边际效用递减为-2，总效用开始下降为 30-2=28。

3.2.3　消费者均衡

消费者均衡是研究单个消费者如何把有限的货币收入分配在各种商品的购买中以获得最大的效用。也可以说，它是研究单个消费者在既定收入下实现效用最大化的均衡条件。这里的均衡是指消费者实现最大效用时既不想再增加，也不想再减少任何商品购买数量的这么一种相对静止的状态。

在基数效用论者那里，消费者实现效用最大化的均衡条件是：如果消费者的货币收入水平是固定的，市场上各种商品的价格是已知的，那么，消费者应该使自己所购买的各种商品的边际效用与价格之比相等，或者说，消费者应使自己花费在各种商品购买上的最后一元钱所带来的边际效用相等。

假定：消费者用既定的收入 I 购买 n 种商品；P_1，P_2，…，P_n分别为 n 种商品的既定价格；λ 为不变的货币的边际效用；X_1，X_2，…，X_n分别表示 n 种商品的数量；MU_1，MU_2，…，MU_n分别表示 n 种商品的边际效用。那么，上述的消费者效用最大化的均衡条件可以用公式表示为：

$$P_1X_1+P_2X_2+\cdots+P_nX_n=I \tag{3.4}$$

$$\frac{MU_1}{P_1}=\frac{MU_2}{P_2}=\cdots=\frac{MU_n}{P_n}=\lambda \tag{3.5}$$

（3.4）式是限制条件，（3.5）式是在限制条件下消费者实现效用最大化的均衡条件。（3.5）式表示消费者应选择最优的商品组合，使得自己花费在各种商品上的最后一元钱所带来的边际效用相等，且等于货币的边际效用。

下面以消费者购买两种商品为例，具体说明消费者效用最大化的均衡条件。

与（3.4）式和（3.5）式相对应，在购买两种商品情况下的消费者效用最大化的均衡条件为：

$$P_1X_1+P_2X_2=I$$

$$\frac{MU_1}{P_1}=\frac{MU_2}{P_2}=\lambda$$

为什么只有当消费者实现了$\frac{MU_1}{P_1}=\frac{MU_2}{P_2}=\lambda$的均衡条件时，才能获得最大的效用呢？或者说，该均衡条件的经济含义是什么呢？

当$\frac{MU_1}{P_1}<\frac{MU_2}{P_2}$时，说明对于消费者来说，同样的 1 元钱购买商品 1 所得到的边际效用小于购买商品 2 所得到的边际效用。这样，理性的消费者就会调整这两种商品的购买数量：减少对商品 1 的购买量，增加对商品 2 的购买量。在这样的调整过程中，一方面，在消费者用减少 1 元钱的商品 1 的购买来相应地增加 1 元钱的商品 2 的购买时，由此带来的商品 1 的边际效用的减少量是小于商品 2 的边际效用的增加量的，这意味着消费者的总效用是增加的；另一方面，在边际效用递减规律的作

用下，商品 1 的边际效用会随其购买量的不断减少而递增，商品 2 的边际效用会随其购买量的不断增加而递减。当消费者一旦将其购买组合调整到同样 1 元钱购买这两种商品所得到的边际效用相等时，他便得到了由减少商品 1 购买和增加商品 2 购买所带来的总效用增加的全部好处，即消费者此时获得了最大的效用。

相反地，当$\frac{MU_1}{P_1}>\frac{MU_2}{P_2}$时，这说明对于消费者来说，同样的 1 元钱购买商品 1 所得到的边际效用大于购买商品 2 所得到的边际效用。同样道理，理性消费者会进行与前面相反的调整过程，即增加对商品 1 的购买，减少对商品 2 的购买，直至$\frac{MU_1}{P_1}=\frac{MU_2}{P_2}$，从而获得最大的效用。

同样地，只有当$\frac{MU_i}{P_i}=\lambda$时，消费者用 1 元钱购买的商品所得到的边际效用正好等于所付出的这 1 元钱的边际效用，此时消费者才能获得最大的效用。

3.2.4　消费者剩余

在消费者购买商品时，一方面，我们已经知道，消费者对每一单位商品所愿意支付的最高价格取决于这一单位商品的边际效用。由于商品的边际效用是递减的，所以，消费者对某种商品所愿意支付的最高价格是逐步下降的，但是，另一方面，需要区分的是，消费者对每一单位商品所愿意支付的最高价格并不等于该商品在市场上的实际价格。事实上，消费者在购买商品时是按实际的市场价格支付的。于是，在消费者愿意支付的最高价格和实际的市场价格之间就产生了一个差额，这个差额便构成了消费者剩余的基础。例如：某种面包的市场价格为 3.00 元，某消费者在购买第一个面包时，根据这个面包的边际效用，他认为值得支付 5.00 元去购买这个面包，即他愿意支付的最高价格为 5.00 元。于是，当这个消费者以市场价格 3.00 元购买这个面包时，就创造了额外的 2.00 元的剩余。在以后的购买过程中，随着面包的边际效用递减，他为购买第二个、第三个、第四个面包所愿意支付的最高价格分别递减为 4.50 元、4.00 元和 3.50 元。这样，他为购买 4 个面包所愿意支付的最高总金额 = 5 + 4 + 4 + 3.5 = 17.00 元，但他实际按市场价格支付的总金额 = 3×4 = 12.00 元。两者的差额 = 17 − 12 = 5.00 元，这个差额就是消费者剩余，也正是从这种感觉上，他认为购买 4 个面包是值得的，是能使自己的状况得到改善的。由此可见，消费者剩余是消费者在购买一定数量的某种商品时愿意支付的最高总价格和实际支付的总价格之间的差额。

消费者剩余可以用几何图形来表示。简单地说，消费者剩余可以用消费者需求曲线以下、市场价格线之上的阴影部分的面积（如图 3-2 所示）来表示。在图3-2中，需求曲线以反需求函数的形式 $P=f(Q^d)$ 给出，它表示消费者对每一单位商品所愿意支付的最高价格。假定该商品的市场价格为 P_0，消费者的购买量为 Q_0。那么，根据消费者剩余的定义，我们可以推断，在产量 0 到 Q_0 区间，需求曲线以下的面积表示消费者为购买 Q_0 数量的商品所愿意支付的最高总金额（即总价格），即相当于图中的面积 AOQ_0B，而实际支付的总金额（即总价格）等于市场价格 P_0 乘以购买量 Q_0，即相当于图中的矩形面积 P_0OQ_0B。这两块面积的差额即图中的阴影部分面积 AP_0B，就是消费者剩余。

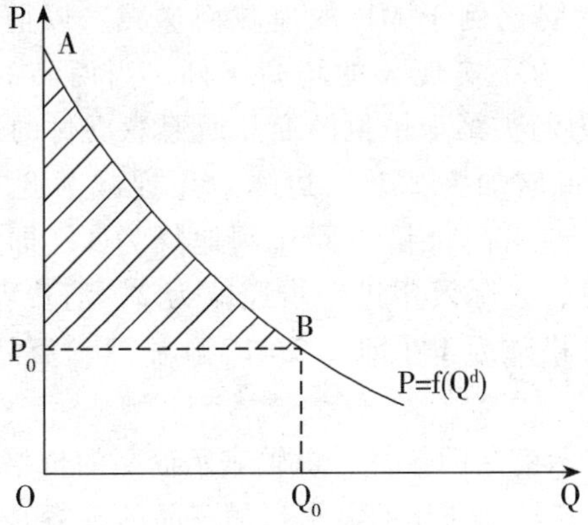

图 3-2 消费者剩余

我们利用单个消费者的需求曲线得到了单个消费者剩余，这一分析可以扩展到整个市场。相类似地，我们可以由市场的需求曲线得到整个市场的消费者剩余，市场的消费者剩余可以用市场需求曲线以下、市场价格线以上的面积来表示。最后需要指出的是，消费者剩余是消费者的主观心理评价，它反映消费者通过购买和消费商品所感受到的状态的改善，因此，消费者剩余通常被用来度量和分析社会福利问题。

3.2.5 需求曲线的推导

基数效用论者以边际效用递减规律和建立在该规律上的消费者效用最大化的均衡条件为基础推导消费者的需求曲线。

商品的需求价格是指消费者在一定时期内对一定量的某种商品所愿意支付的最高价格。基数效用论者认为，商品的需求价格取决于商品的边际效用。具体地说，如果某一单位的某种商品的边际效用越大，则消费者为购买这一单位的该种商品所愿意支付的最高价格就越高；反之，如果某一单位的某种商品的边际效用越小，则消费者为购买这一单位的该种商品所愿意支付的最高价格就越低。由于边际效用递减规律的作用，随着消费者对某一种商品消费量的连续增加，该商品的边际效用是递减的，相应地，消费者为购买这种商品所愿意支付的最高价格即需求价格也是越来越低的，这意味着，建立在边际效用递减规律上的需求曲线是向右下方倾斜的。

我们进一步地联系消费者效用最大化的均衡条件进行分析。考虑消费者购买一种商品的情况，那么，上述的消费者均衡条件可以写为：

$$\frac{MU}{P}=\lambda \tag{3.6}$$

它表示：消费者对任何一种商品的最优购买量应该是使最后 1 元钱购买该商品所带来的边际效用和所付出的这 1 元钱货币的边际效用相等。该式还意味着：对于任何一种商品来说，随着需求量的不断增加，边际效用 MU 是递减的，于是，为了保证（3.6）式均衡条件的实现，在货币的边际效用 λ 不变的前提下，商品的需求价格 p 必然同比例于 MU 的递减而递减。以前面的表 3-1 为例来说明，假定表中的 $\lambda=2$，为了实现 λ 的均衡条件，当商品的消费量为 1 时，边际效用为 10，则消费者为购买第 1 单位的商品所愿意支付的最高价格为 5（即 $10\div2=5$）。当商品的消费量增加为 2 时，边际效用递减为 8，则消费者为购买第 2 单位的商品所愿意支付的最高价格也同比例地降为 4（即 $8\div2=4$）……直至商品的消费量增加为 5 时，边际效用进一步递减为 2，消费者为购买第 5 单位的商品所愿意支付的最高价格降为 1（即 $2/2=1$）。显然，商品的需求价格同比例于 MU 的递减而递减。

图 3-3 中的横轴表示商品的数量，纵轴表示商品的价格，需求曲线 $Q^d=f(P)$ 是向右下方倾斜的。它表示：商品的需求量随商品的价格的上升而减少，随着商品的价格的下降而增加，即商品的需求量与商品的价格成反方向的变动。

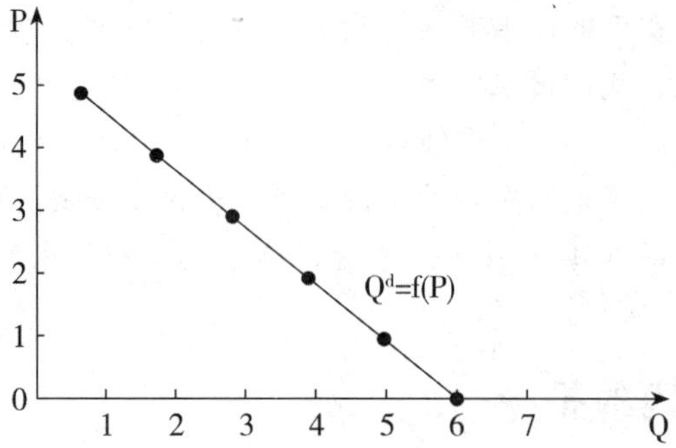

图 3-3 单个消费者的需求曲线

就这样，基数效用论者在对消费者行为的分析中，运用边际效用递减规律的假定和消费者效用最大化的均衡条件，推导出了单个消费者的需求曲线，同时，解释了需求曲线向右下方倾斜的原因，而且说明了需求曲线上的每一点都是满足消费者效用最大化均衡条件的商品的价格-需求量组合点。

3.3 序数效用论

3.3.1 关于偏好的假定

序数效用论者认为，商品给消费者带来的效用大小应用顺序或等级来表示。为此，序数效用论者提出了消费者偏好的概念。前面已经提到过，偏好是指人们通常在产生某种欲望之后，通过某种行为而表现出来的一种内在的心理倾向，就是爱好或喜欢的感觉，它具有一定的趋向性和规律性。序数效用论者认为，对于各种不同的商品组合，消费者的偏好程度是有差别的，正是这种偏好程度的差别，反映了消费者对这些不同的商品组合的效用水平的评价。具体地讲，给定 A、B 两个商品组合，如果某消费者对 A 商品组合的偏好程度大于 B 商品组合，那也就是说，这个消费者认为 A 组合的效用水平大于 B 组合，或者说，A 组合给该消费者带来的满足程度大于 B 组合。

序数效用论者提出了关于消费者偏好的三个基本假定：

第一个假定是偏好的完全性。偏好的完全性指消费者总是可以比较和排列所给出的不同商品组合。换言之，对于任何两个商品组合 A 和 B，消费者总是可以作出，而且也仅仅只能作出以下三种判断中的一种：对 A 的偏好大于对 B 的偏好；或者对 B 的偏好大于对 A 的偏好；或者对 A 和 B 的偏好相同（即 A 和 B 是无差异的）。偏好的完全性假定保证了消费者对于偏好的表达方式是完备的，消费者总是可以把自己的偏好评价准确地表达出来。

第二个假定是偏好的可传递性。可传递性指对于任何三个商品组合 A、B 和 C，如果消费者对 A 的偏好大于对 B 的偏好，对 B 的偏好大于对 C 的偏好，那么，在 A、C 这两个组合中，消费者必定有对 A 的偏好大于对 C 的偏好。偏好的可传递性假定保证了消费者偏好的一致性，因而也是理性的。

第三个假定是偏好的非饱和性。该假定指如果两个商品组合的区别仅在于其中一种商品的数量不相同，那么，消费者总是偏好于含有这种商品数量较多的那个商品组合。这就是说消费者对每一种商品的消费都没有达到饱和点，或者说，对于任何一种商品，消费者总是认为数量多比数量少好。此外，这个假定还意味着，消费者认为值得拥有的商品都是“好的东西”，而不是“坏的东西”。在这里，“坏的东西”指诸如空气污染、噪音等只能给消费者带来负效用的东西。在我们以后的分析中，不涉及“坏的东西”。

3.3.2 无差异曲线

为了简化分析，假定消费者只消费两种商品。这样，我们就可以直接在两维平面图上讨论无差异曲线。

无差异曲线（indifference curve）是用来表示两种商品的不同数量的组合给消费者带来的相同效用水平的一条曲线，如图 3-4 所示。

无差异曲线具有以下三个基本特征：

第一个特征，由于通常假定效用函数是连续的，所以，在同一坐标平面上的任何两条无差异曲线之间，存在有无数条无差异曲线。可以这样想像：我们画出无数条无差异曲线，以至覆盖整个平面坐标图。所有这些无差异曲线之间的相互关系是：离原点越远的无差异曲线代表的效用水平越高，离原点越近的无差异曲线代表的效用水平越低。

第二个特征，在同一坐标平面图上的任何两条无差异曲线不会相交，如图 3-5 所示。

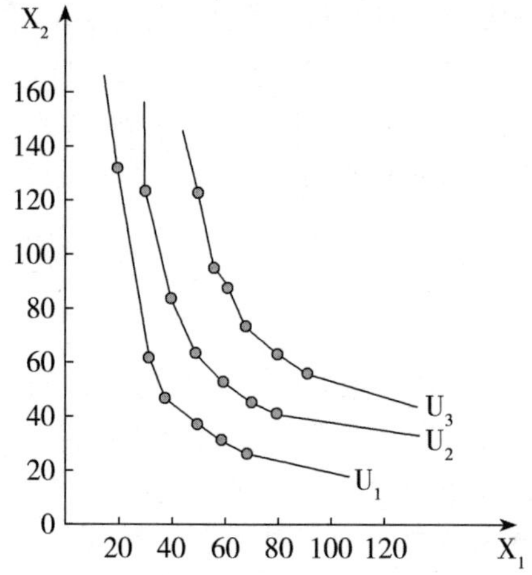

图 3-4　某消费者的无差异曲线

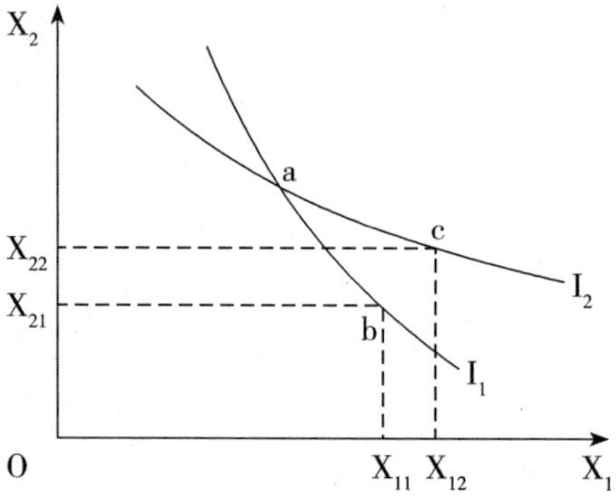

图 3-5　违反偏好假定的无差异曲线

图 3-5 中，两条无差异曲线相交于 a 点，这种画法是错误的。其理由在于：根据无差异曲线的定义，由无差异曲线 I_1 可得 a、b 两点的效用水平是相等的，由无差异曲线 I_2 可得 a、c 两点的效用水平是相等的。于是，根据偏好可传递性的假定，必定有 b 和 c 这两点的效用水平是相等的，但是，观察和比较图中 b 和 c 这两点的商品组合，可以发现 c 组合中的每一种商品的数量都多于 b 组合，于是，根据偏好的非饱和性假定，必定有 c 点的效用水平大于 b 点的效用水平。这样一来，矛盾就产生了：该消费者在认为 b 点和 c 点无差异的同时，又认为 c 点要优于 b 点，这就违背了偏好的完全性假定。由此证明：对于任何一个消费者来说，两条无差异曲线相交的画法是错误的。

第三个特征，无差异曲线是凸向原点的。这就是说，无差异曲线不仅向右下方倾斜，即无差异曲线的斜率为负值，而且，无差异曲线是以凸向原点的形状向右下方倾斜的，即无差异曲线的斜率的绝对值是递减的。

两种商品的数量组合会不断地发生变化，而效用水平却保持不变。这就说明，在维持效用水平不变的前提条件下，消费者在增加一种商品的消费数量的同时，必然会放弃一部分另一种商品的消费数量，即两种商品的消费数量之间存在着替代关系。由此，经济学家建立了商品的边际替代率（英文缩写为 MRS）的概念。在维持效用水平不变的前提下，消费者增加 1 单位某种商品的消费数量时所需要的放弃的另一种商品的消费数量，被称为商品的边际替代率。商品 1 对商品 2 的边际替代率的定义公式为：

$$MRS_{12} = -\frac{\Delta X_2}{\Delta X_1} \tag{3.7}$$

式中，ΔX_1 和 ΔX_2 分别为商品 1 和商品 2 的变化量。由于 ΔX_1 是增加量，ΔX_2 是减少量，两者的符号肯定是相反的，所以，为了使 MRS_{12} 的计算结果是正值，也便于比较，就在公式中加了一个负号。

当商品数量的变化趋于无穷小时，商品的边际替代率公式为：

$$MRS_{12} = \lim_{\Delta X_1 \to 0} -\frac{\Delta X_2}{\Delta X_1} = -\frac{dX_2}{dX_1} \tag{3.8}$$

显然，无差异曲线上某一点的边际替代率就是无差异曲线在该点的斜率的绝对值。

3.3.3 消费预算线

无差异曲线描述了消费者对不同的商品组合的偏好，它仅仅表示了消费者的消费愿望。这种愿望构成分析消费者行为的一个方面。另一方面，消费者在购买商品时，必然会受到自己的收入水平和市场上商品价格的限制，这就是预算约束。预算约束可以用消费预算线来说明。

消费预算线又称为预算约束线、消费可能线或价格线，都简称为预算线。预算线表示：在消费者的收入和商品的价格给定的条件下，消费者的全部收入所能购买到的两种商品的各种组合。假定某消费者的 1 笔收入为 $I=120$ 元，全部用来购买商品 1 和商品 2，其中，商品 1 的价格 $P_1=4$ 元，商品 2 的价格 $P_2=3$ 元。那么，全部收入用来购买商品 1 可得 30 单位，全部收入用来购买商品 2 可得 40 单位。由此作出的预算线为图 3-6 中的线段 AB。

图 3-6 中预算线的横截距 OB 和纵截距 OA 分别表示全部收入用来购买商品 1 和商品 2 的数量。预算线的斜率是两商品的价格之比的相反数即 $-\frac{p_1}{p_2}$，因为，预算线的斜率可以写为：

$$-\frac{OA}{OB} = -\frac{\frac{120}{p_2}}{\frac{120}{p_1}} = -\frac{p_1}{p_2}$$

下面，我们由以上的具体例子转向对预算线的一般分析。

假定以 I 表示消费者的既定收入，以 P_1 和 P_2 分别表示商品 1 和商品 2 的价格，以 X_1 和 X_2 分别表示商品 1 和商品 2 的数量，那么，相应的预算等式为：

$$P_1X_1 + P_2X_2 = I \tag{3.9}$$

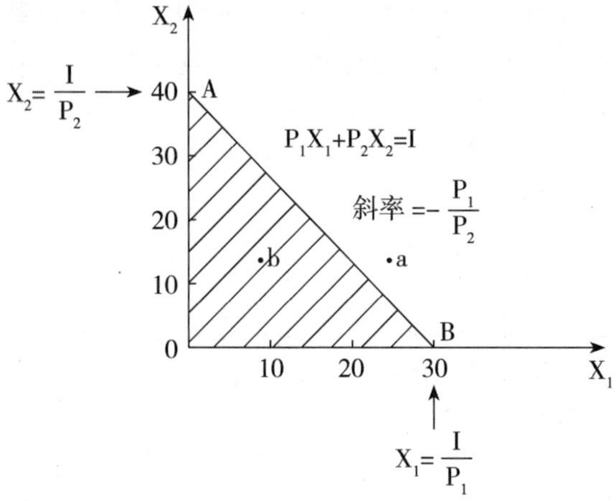

图 3-6 预算线

该式表示：消费者的全部收入等于他购买商品 1 和商品 2 的总支出，而且，可以用$\frac{I}{P_1}$和$\frac{I}{P_2}$来分别表示全部收入仅购买商品 1 或商品 2 的数量，它们分别表示预算线的横截距和纵截距。此外，（3.9）式可以改写成如下形式：

$$X_2=-\frac{p_1}{p_2}X_1+\frac{I}{P_2} \tag{3.10}$$

（3.10）式的预算线方程告诉我们，预算线的斜率为$-\frac{p_1}{p_2}$，纵截距为$\frac{I}{P_2}$。

除此之外，从图 3-6 中还可以看到，预算线 AB 把平面坐标图划分为三个区域：①预算线 AB 以外的区域中的任何一点，如 a 点，是消费者利用全部收入都不可能实现的商品购买的组合点。②预算线 AB 以内的区域中的任何一点，如 b 点，表示消费者的全部收入在购买该点的商品组合以后还有剩余。③唯有预算线 AB 上的任何一点，才是消费者的全部收入刚好花完所能购买到的商品组合点。图中的阴影部分区域（包括直角三角形的三条边），被称为消费者的预算可行集或预算空间。

预算线的变动可以归纳为以下四种情况：

第一种情况，两商品的价格 P_1 和 P_2 不变，消费者的收入 I 发生变化。这时，相应的预算线的位置会发生平移。其理由是，P_1 和 P_2 不变，意味着预算线的斜率$-\frac{p_1}{p_2}$保持不变。于是，I 的变化只能使得预算线的横、纵截距发生变化，如图 3-7 (a)所示。

第二种情况，消费者的收入 I 不变，两种商品的价格 P_1 和 P_2 同比例同方向发生变化。这时，相应的预算线的位置也会发生平移。其理由是，P_1 和 P_2 同比例同方向的变化，并不影响预算线的斜率$-\frac{p_1}{p_2}$，而只能使预算线的横、纵截距发生变化，如图 3-7（b）所示。

第三种情况，当消费者的收入 I 不变，商品 1 的价格 P_1 发生变化而商品 2 的价格 P_2 保持不变。这时，预算线的斜线 $-\frac{p_1}{p_2}$ 会发生变化，预算线的横截距 $-\frac{I}{P_2}$ 也会发生变化，但是，预算线的纵截距 $\frac{I}{P_2}$ 保持不变。如图 3-7（c）所示。

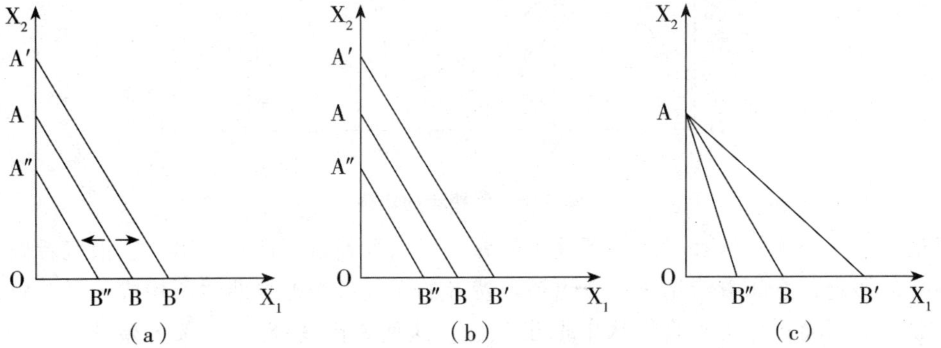

图 3-7 预算线的变动

第四种情况：消费者的收入 I 与两种商品的价格 P_1 和 P_2 都同比例同方向发生变化。这时预算线不发生变化。其理由是，此时预算线的斜率 $-\frac{p_1}{p_2}$，以及预算线的横截距和纵截距都不会发生变化。它表示消费者的全部收入用来购买任何一种商品的数量都未发生变化。

3.3.4 消费者均衡

在已知消费者的偏好和预算线约束的前提下，就可以分析消费者对最优商品组合的选择。具体的做法是，把前面考察过的消费者的无差异曲线和预算线结合在一起，来分析消费者追求效用最大化的购买选择行为。

消费者的最优购买行为必须满足两个条件：第一，最优的商品购买组合必须是消费者最偏好的商品组合，也就是说，最优的商品购买组合必须是能够给消费者带来最大效用的商品组合。第二，最优的商品购买组合必须位于给定的预算线上。

关于第二点，只要再看一下图 3-8 中被预算线所分割的三个区域，马上就可以明白。那就是：预算线左边的区域中的任何一个商品组合都是不可取的，因为消费者的收入尚未花完，消费者应该将其全部收入都用于实现效用最大化的目标上。预算线右边的区域中的任何一个商品组合对于消费者来说都是不现实的，或者说，都是无力购买的。所以，最优的购买组合只能出现在预算线上。

下面，利用图 3-8 来具体说明消费者的最优购买行为。

首先，把要分析的问题准确表述如下：假定消费者的偏好给定，再假定消费者的收入和两种商品的价格给定，那么，消费者应该如何选择最优的商品组合，以获

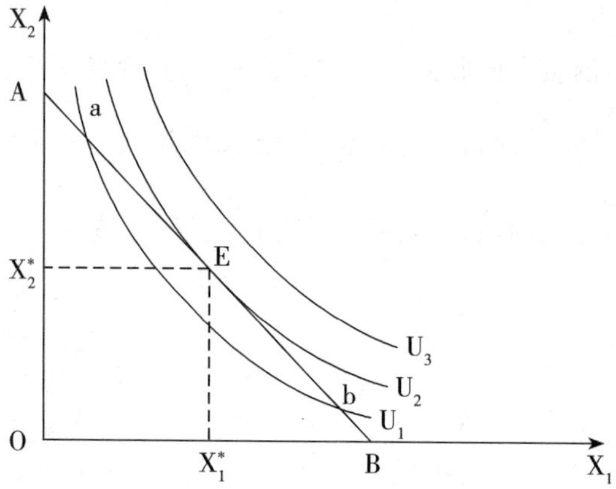

图 3-8 消费者的均衡

得最大的效用呢？认真考虑一下这个问题，可以得到以下两点：第一，消费者偏好给定的假定，意味着给定了一个由该消费者的无数条无差异曲线所构成的无差异曲线簇。为了简化分析，我们从中取出三条，这便是图 3-8 中三条无差异曲线 U_1、U_2 和 U_3的由来。第二，消费者的收入和两个商品价格给定的假定，意味着给定了该消费者的一条预算线，这便是图 3-8 中唯一的一条预算线 AB 的由来。然后，在图 3-8 中找出该消费者实现效用最大化的最优商品组合。面对图 3-8 中的一条预算线和三条无差异曲线，我们说，只有预算线 AB 和无差异曲线 U_2 的相切点 E，才是消费者在给定的预算约束下能够获得最大效用的均衡点。在均衡点 E 处，相应的最优购买组合为（X_1^*，X_2^*）。

为什么唯有 E 点才是消费者效用最大化的均衡点呢？这是因为，就无差异曲线 U_3来说，虽然它代表的效用水平高于无差异曲线 U_2，但它与既定的预算线 AB 既无交点又无切点。这说明消费者在既定的收入水平下无法实现无差异曲线 U_3上的任何一点的商品组合的购买。就无差异曲线 U_1来说，虽然它与既定的预算线 AB 相交于 a、b 两点，这表明消费者利用现有收入可以购买 a、b 两点的商品组合。但是，这两点的效用水平低于无差异曲线 U_2，因此，理性的消费者不会用全部收入去购买无差异曲线 U_1 上 a、b 两点的商品组合。事实上，就 a 点和 b 点来说，若消费者能改变购买组合，选择 AB 线段上位于 a 点右边或 b 点左边的任何一点的商品组合，则都可以达到比 U_1 更高的无差异曲线，以获得比 a 点和 b 点更大的效用水平。这种沿着 AB 线段由 a 点往右和由 b 点往左的运动，最后必定在 E 点达到均衡。显然，只有当既定的预算线 AB 和无差异曲线 U_2 相切于 E 点时，消费者才在既定的预算约束条件下获得最大的满足，因此，E 点就是消费者实现效用最大化的均衡点。

最后，找出消费者效用最大化的均衡条件。在切点 E，无差异曲线和预算线两者的斜率是相等的。我们已经知道，无差异曲线的斜率的绝对值就是商品的边际替代率 MRS_{12}，预算线的斜率的绝对值可以用两商品的价格之比$\frac{p_1}{p_2}$来表示。

由此，在均衡点 E 有：

$$MRS_{12}=\frac{p_1}{p_2} \tag{3.11}$$

这就是消费者效用最大化的均衡条件。它表示：在一定的预算约束下，为了实现最大的效用，消费者应该选择最优的商品组合，使得两商品的边际替代率等于两商品的价格之比。也可以这样理解：在消费者的均衡点上，消费者愿意用一单位的某种商品去交换的另一种商品的数量（即 MRS_{12}），应该等于该消费者能够在市场上用一单位的这种商品去交换得到的另一种商品的数量（即$\frac{p_1}{p_2}$）。

3.3.5　价格-消费曲线与需求曲线

在其他条件均保持不变时，一种商品价格的变化会使消费者效用最大化的均衡点的位置发生移动，并由此可以得到价格-消费曲线。价格-消费曲线是在消费者的偏好、收入以及其他商品价格不变的条件下，与某一种商品的不同价格水平相联系的消费者效用最大化的均衡点的轨迹。价格-消费曲线的形成如图 3-9 所示。

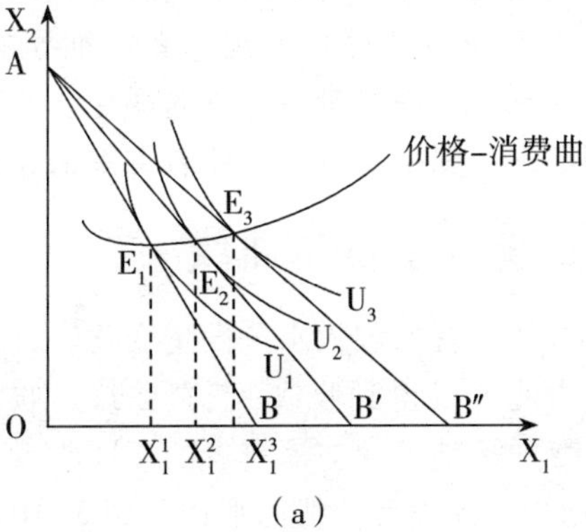

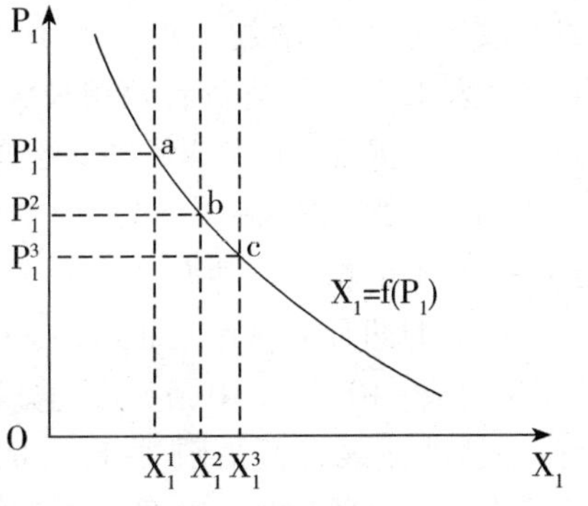

图 3-9　价格-消费曲线和消费者需求曲线

在图 3-9 中，假定商品 1 的初始价格为 P_1^1，相应的预算线为 AB，它与无差异曲线 U_1 相切于效用最大化的均衡点 E_1。如果商品 1 的价格由 P_1^1 下降为 P_1^2，相应的预算线由 AB 移至 AB′，于是，AB′与另一种较高无差异曲线 U_2 相切于均衡点 E_2。如果商品 1 的价格再由 P_1^2 继续下降为 P_1^3，相应的预算线由 AB′移至 AB″，于是，AB″与另一条更高的无差异曲线 U_3 相切于均衡点 E_3……不难发现，随着商品 1 的价格的不断变化，可以找到无数个诸如 E_1、E_2 和 E_3 那样的均衡点，它们的轨迹就是价格-消费曲线。

由消费者的价格-消费曲线可以推导出消费者的需求曲线。

分析图 3-9（a）中价格-消费曲线上的三个均衡点 E_1、E_2 和 E_3，可以看出，在每一个均衡点上，都存在着商品 1 的价格与商品 1 的需求量之间一一对应的关系。根据商品 1 的价格和需求量之间的这种对应关系，把每一个 P_1 数值和相应的均衡点上的 X_1 数值绘制在商品的价格-数量坐标图上，便可以得到单个消费者的需求曲线。这便是图 3-9（b）中的需求曲线 $X_1=f(P_1)$。在图（b）中，横轴表示商品 1 的数量 X_1，纵轴表示商品 1 的价格 P_1。图 3-9（b）中需求曲线 $X_1=f(P_1)$ 上的 a、b、c 点分别和图（a）中的价格-消费曲线上的均衡点 E_1、E_2、E_3 相对应。

至此，我们介绍了序数效用论者如何从对消费者经济行为的分析中推导出了对消费者的需求曲线。由图 3-9 可见，序数效用论者所推导的需求曲线一般是向右下方倾斜的，它表示商品的价格和需求量成反方向变化。尤其是，需求曲线上与每一价格水平相对应的商品需求量都是可以给消费者带来最大效用的均衡数量。

3.3.6 收入-消费曲线与恩格尔曲线

在其他条件不变而仅有消费者的收入水平发生变化时，也会改变消费者效用最大化的均衡量的位置，并由此可以得到收入-消费曲线。收入-消费曲线是在消费者的偏好和商品的价格不变的条件下，与消费者的不同收入水平相联系的消费者效用最大化的均衡点的轨迹。收入-消费曲线的形成如图 3-10 所示。

在图 3-10（a）中，随着收入水平的增加，预算线由 AB 移至 A′B′，再移至 A″B″，于是，形成了三个不同收入水平下的消费者效用最大化的均衡点 E_1、E_2 和 E_3。如果收入水平的变化是连续的，则可以得到无数个这样的均衡点的轨迹，这便是图 3-10（a）中的收入-消费曲线。图 3-10（a）中的收入-消费曲线是向右上方倾斜的，它表示：随着收入水平的增加，消费者对商品 1 和商品 2 的需求量都是上升的，所以，图 3-10（a）中的两种商品都是正常品。

在图 3-10（b）中，采用与图 3-10（a）中相类似的方法，随着收入水平的连续增加，描绘出了另一条收入-消费曲线，但是图 3-10（b）中的收入-消费曲线是向后弯曲的，它表示：随着收入水平的增加，消费者对商品 1 的需求量开始是增加的，但当收入上升到一定水平之后，消费者对商品 1 的需求量反而减少了。这说明，在一定的收入水平上，商品 1 由正常品变成了劣等品。我们可以在日常经济生活中找到这样的例子。譬如，对某些消费者来说，在收入水平较低时，土豆是正常品；而在收入水平较高时，土豆就有可能成为劣等品。因为，在他们变得较富裕的

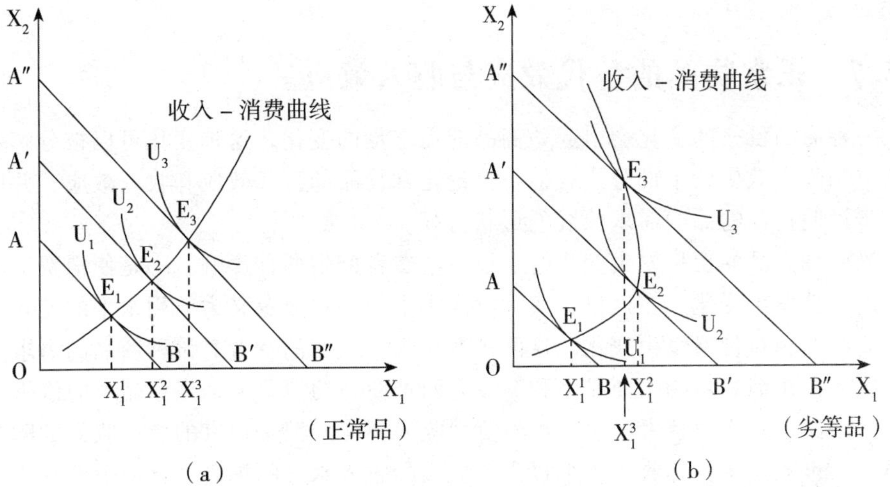

图 3-10 收入-消费曲线

时候，他们可能会减少对土豆的消费量，而增加对其他肉类与食物的消费量。

由消费者的收入-消费曲线可以推导出消费者的恩格尔曲线。

恩格尔曲线表示消费者在每一收入水平对某商品的需求量。与恩格尔曲线相对应的函数关系为 X=f（I），其中，I 为收入水平；X 为某种商品的需求量。图 3-10 中的收入-消费曲线反映了消费者的收入水平和商品的需求量之间存在着一一对应的关系：以商品 1 为例，当收入水平为 I_1 时，商品 1 的需求量为 X_1^1；当收入水平增加为 I_2 时，商品 1 的需求量增加为 X_1^2；当收入水平再增加为 I_3 时，商品 1 的需求量变动为 X_1^3……把这种一一对应的收入和需求量的组合描绘在相应的平面坐标图中，便可以得到相应的恩格尔曲线，如图 3-11 所示。

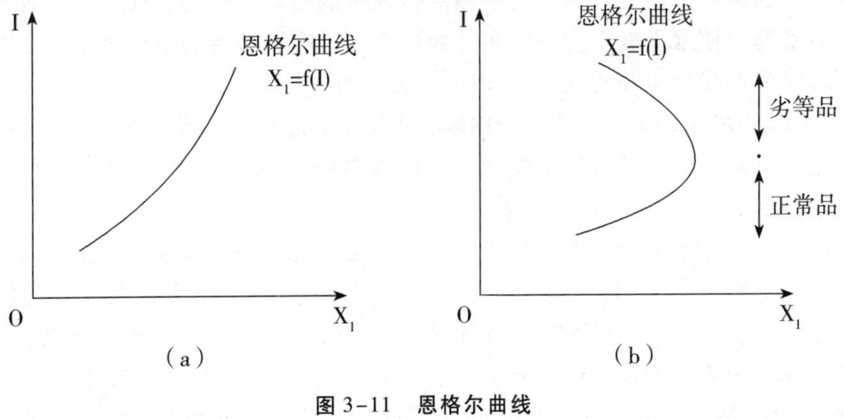

图 3-11 恩格尔曲线

图 3-11（a）和图 3-10（a）是相对应的，图中的商品 1 是正常品，商品 1 的需求量 X_1 随着收入水平 I 的上升而增加，在一定的收入水平上，图中的商品 1 由正常品转变为劣等品，或者说，在较低的收入水平范围，商品 1 的需求量与收入水平成同方向的变动；在较高的收入水平范围，商品 1 的需求量与收入水平成反方向

的变动。

3.3.7 正常物品的替代效应与收入效应

一种商品价格的变化会引起该商品的需求量的变化，这种变化可以被分解为替代效应和收入效应两个部分。我们将讨论正常物品的替代效应和收入效应，并以此进一步说明正常物品的需求曲线的形状特征。

当一种商品的价格发生变化时，会对消费者产生两种影响：一是使消费者的实际收入水平发生变化。在这里，实际收入水平的变化被定义为效用水平的变化。二是使商品的相对价格发生变化。这两种变化都会改变消费者对该种商品的需求量。

例如，在消费者购买商品 1 和商品 2 两种商品的情况下，当商品 1 的价格下降时，一方面，对于消费者来说，虽然货币收入不变，但是现有的货币收入的购买力增强了，也就是说实际收入水平提高了。实际收入水平的提高，会使消费者改变对这两种商品的购买量，从而达到更高的效用水平，这就是收入效应。另一方面，商品 1 价格的下降，使得商品 1 相对于价格不变的商品 2 来说，较以前便宜了。商品相对价格的这种变化，会使消费者增加对商品 1 的购买而减少对商品 2 的购买，这就是替代效应。显然，替代效应不考虑实际收入水平变动的影响，所以，替代效应不改变消费者的效用水平。当然，也可以同样地分析商品 2 的价格提高时的替代效应和收入效应，只是情况刚好相反罢了。

综上所述，一种商品价格变动所引起的该商品需求量变动的总效应可以被分解为替代效应和收入效应两个部分，即总效应=替代效应+收入效应，其中，由商品的价格变动所引起的实际收入水平的变动，进而由实际收入水平变动所引起的商品需求量的变动，称为收入效应；由商品的价格变动所引起的商品相对价格的变动，进而由商品的相对价格变动所引起的商品需求量的变动，称为替代效应。收入效应表示消费者的效用水平发生变化，替代效应则不改变消费者的效用水平。正常物品价格下降时的替代效应和收入效应如图 3-12 所示。

图 3-12 中的横轴 OX_1 和纵轴 OX_2 分别表示商品 1 和商品 2 的数量，其中，商品 1 是正常物品。在商品价格变化之前，消费者的预算线为 AB，该预算线与无差异曲线 U_1 相切于 a 点，a 点是消费者效用最大化的一个均衡点。在 a 均衡点上，相应的商品 1 的需求量为 OX_1'。现假定商品 1 的价格 P_1 下降使预算线的位置由 AB 移至 AB′。新的预算线 AB′，与另一条代表更高效用水平的无差异曲线 U_2 相切于 b 点，b 点是商品 1 的价格下降以后消费者的效用最大化的均衡点。在 b 均衡点上，相应的商品 1 的需求量为 OX_1''。比较 a、b 两个均衡点，商品 1 的需求量的增加量为 $X_1'X_1''$，这便是商品 1 的价格 P_1 下降所引起的总效应。这个总效应可以被分解为替代效应和收入效应两个部分。

先分析替代效应。在图 3-12 中，由于商品 1 的价格 P_1 下降，消费者的效用水平提高了，消费者的新的均衡点 b 不是在原来的无差异曲线 U_1 上，而是在更高的无差异曲线 U_2 上。为了得到替代效应，必须剔除实际收入水平变化的影响，使消

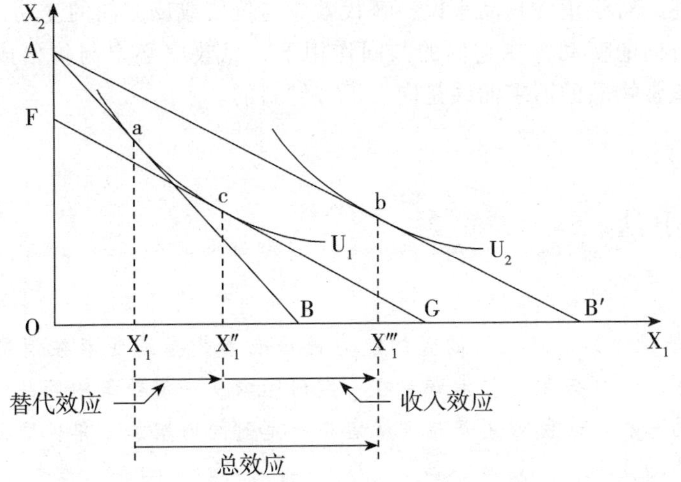

图 3-12 正常物品价格下降时的替代效应和收入效应

费者回到原来的无差异曲线 U_1 上去。其具体的做法是：做一条平行于预算线 AB′，且与无差异曲线 U_1 相切的补偿预算线 FG。这种做法的含义是：补偿预算线 FG 与无差异曲线 U_1 相切，表示假设的货币收入的减少（用预算线的位置由 AB′，向左平移到 FG 表示）刚好能使消费者回到原有的效用水平。补偿预算线 FG 与预算线 AB′平行，则以这两条预算线的相同斜率，表示商品 1 价格和商品 2 价格的一个相同的比值$\frac{p_1}{p_2}$，而且，这个商品的相对价格$\frac{p_1}{p_2}$是商品 1 的价格 P_1 变化以后的相对价格。补偿预算线 FG 与无差异曲线 U_1 相切于均衡点 c，与原来的均衡点 a 相比，需求量的增加量为 $X_1'X_1''$，这个增加量就是在剔除了实际收入水平变化影响以后的替代效应。

进一步地，由 a 点到 c 点的商品 1 的需求量的增加量 $X_1'X_1''$，便是 P_1 下降的替代效应。它显然归因于商品相对价格的变化，它不改变消费者的效用水平。在这里，P_1 下降所引起的需求量的增加量 $X_1'X_1''$，是一个正值，即替代效应的符号为正。也就是说，正常物品的替代效应与价格成反方向的变动。

再分析收入效应。收入效应是总效应的另一个组成部分。设想一下，把 FG 再推回到 AB′的位置上去，于是，消费者的效用最大化的均衡点就会由无差异曲线 U_1 上的 c 点回复到无差异曲线 U_2 上的 b 点，相应的需求量的变化量 $X_1''X_1'''$就是收入效应。这是因为，在上面分析替代效应时，是为了剔除实际收入水平的影响，才将预算线 AB′移到 FG 的位置。所以，当预算线由 FG 的位置再回复到 AB′的位置时，相应的需求量的增加量 $X_1''X_1'''$必然就是收入效应。收入效应显然归因于商品 1 的价格变化所引起的实际收入水平的变化，它改变了消费者的效用水平。

在这里，收入效应 $X_1''X_1'''$是一个正值。这是因为，当 P_1 下降使得消费者的实际收入水平提高时，消费者必定会增加对正常物品商品 1 的购买。也就是说，正常物品的收入效应与价格成反方向的变动。

综上所述，对于正常物品来说，替代效应与价格成反方向的变动，收入效应也与价格成反方向的变动，在它们的共同作用下，总效应必定与价格成反方向的变动。因此，正常物品的需求曲线是向右下方倾斜的。

本章小结

1. 效用是指商品满足人的欲望的能力评价或者是指消费者在消费商品时所感受到的满足程度。总效用是指消费者在一定时间内从一定数量的商品的消费中所得到的效用量的总和。边际效用是指消费者在一定时间内增加一单位商品的消费所得到的效用量的增量。

2. 边际效用递减规律，是指在一定时间内其他商品的消费数量保持不变的条件下，随着消费者对某种商品消费量的增加，消费者从该商品连续增加的每一消费单位中所得到的效用增量即边际效用是递减的。

3. 无差异曲线是用来表示消费者偏好相同的两种商品的所有组合的，它是能够给消费者带来相同的效用水平或满足程度的两种商品的所有组合的点的轨迹。

4. 预算线表示在消费者的收入和商品的价格给定的条件下，消费者的全部收入所能购买到的两种商品的各种组合。

5. 消费者剩余是消费者在购买一定数量的某种商品时愿意支付的最高总价格和实际支付的总价格之间的差额。

6. 收入效应，是指由商品的价格变动所引起的实际收入水平变动，进而由实际收入水平变动所引起的商品需求量的变动。替代效应，是指由商品的价格变动所引起的商品相对价格的变动，进而由商品的相对价格变动所引起的商品需求量的变动。对于正常物品来说，替代效应与价格成反方向的变动，收入效应也与价格成反方向的变动，在它们的共同作用下，总效应必定与价格成反方向的变动。

7. 消费者效用最大化的均衡条件，是指在一定的预算约束下，为了实现最大的效用水平，消费者应该选择最优的商品组合，使得两种商品的边际替代率等于两种商品的价格之比。

关键概念

效用　边际效用　总效用　边际效用递减规律　消费者剩余　无差异曲线　预算线　收入效应　替代效应

本章案例

我们消费的目的是为了获得满足，生活的目的是为了追求幸福。对于幸福的标准可谓仁者见仁，智者见智，美国经济学家萨缪尔森用“幸福方程式”来概括幸福，即：幸福=效用/欲望，从这个方程式中我们可以看出，幸福与效用成正比，与欲望成反比，也就是说在效用一定的情况下，人的欲望越小越幸福，欲望越大越不幸福。我们知道，人的欲望是无限的，那么多大的效用不也等于零吗？因此我们在分析消费者行为理论的时候，我们要假定人的欲望是一定的。那么我们在离开分析效用理论时，再来思考萨谬尔森提出的“幸福方程式”真是觉得他对幸福与欲望关系的阐述太精辟了，难怪他是诺贝尔经济学奖的获得者。

在社会生活中关于幸福，不同的人有不同的理解，政治家把实现自己的政治理想和抱负作为最大的幸福；企业家把赚到更多的钱作为最大的幸福；我们教师把学生喜欢听自己的课作为最大的幸福；老百姓往往把平平淡淡、衣食无忧的生活作为最大的幸福。幸福是一种感觉，自己认为幸福就是幸福的。无论是什么人，如果仅仅把拥有财富的多少作为衡量幸福的标准，那么他的欲望水平与实际水平之间的差距会越来越大，他就越痛苦；反之，他就越幸福。从“幸福方程式”我们想到了“阿Q精神”。鲁迅笔下的阿Q形象，是用来唤醒中国老百姓的那种逆来顺受的劣根性的，而我们要说的是人生如果连一点“阿Q精神”都没有，就会感到不幸福，因此“阿Q精神”在一定条件下是人生获取幸福的手段。市场经济发展到今天，贫富差距越来越大，如果穷人欲望过高，那只会给自己增加痛苦，倒不如用知足常乐的“阿Q精神”来降低自己的欲望，使自己虽然生活辛苦却也感觉幸福自在。富人比穷人更看重财富，他会追求更多财富用来满足自己的欲望，如果得不到预期的目标，他也会感到不幸福。“知足常乐”、“适可而止”、“随遇而安”、“退一步海阔天空”、“该阿Q时就阿Q”，这些说法有着深刻的经济学含义，我们每个人都有必要为自己的幸福最大化作出理性的选择。

本章资料

研究消费者行为的用途

对消费者行为的研究与企业的营销活动是密不可分的，它对于提高营销决策水平、增强营销策略的有效性有着重要意义。具体来说，有以下几个方面的用途：

1. 品牌形象及品牌管理

通过对消费者行为的研究，在了解各品牌的知名度、消费者忠诚度、转换率、品牌在消费者心目中的形象和地位等方面的基础上，有针对性地制定出品牌的发展策略。

2. 产品定位

只有了解产品在目标消费者心目中的位置，了解其产品是否被消费者所接受，才能制定切实有效的营销策略。

3. 市场细分

市场细分是制定大多数营销策略的基础。企业细分市场的目的，就是为了找到适合企业进入的目标市场，并且根据目标市场的需求特点，制定有针对性的营销方案，使目标市场的消费者某种独特的需要得到更充分的满足。

4. 新产品开发

通过了解消费者的需求，了解消费者对产品各种属性的评价，企业可以据之以开发新产品。可以说，消费者行为研究既是新产品构思的重要来源，也是检验新产品各方面特性，如产品性能、包装、口味、颜色、规格等能否被接受和应在哪些方面进一步完善的重要途径。

5. 产品定价

产品定价如果与消费者的承受能力或与消费者对产品价值的认知脱节，再好的产品也难以打开市场。

6. 分销渠道的选择

消费者喜欢到哪些地方，以及如何购买到产品，也可以通过对消费者行为的研究了解到。

7. 广告和促销策略的制定

对消费者行为的透彻了解，是制定广告和促销策略的基础。通过对消费者行为的研究，可以了解他们获得信息的途径、了解他们对广告和促销行为的态度及评价，以及广告和促销行为对他们消费行为的影响等，从而制定出合理、有效的广告或促销策略。

本章习题

1. 解释名词

效用　总效用　边际效用　消费者均衡　消费者剩余　商品的边际替代率　消费预算线　替代效应　收入效应　无差异曲线　边际效用递减规律　价格-消费曲线　收入-消费曲线

2. 单项选择

1）当总效用增加时，边际效用应该(　　)。

A. 为正值，且不断增加　　B. 为正值，但不断减少

C. 为负值，且不断增加　　D. 为负值，且不断减少

2）当某消费者对商品 X 的消费达到饱和点时，则边际效用 MU_X 为(　　)。

A. 正值　　B. 负值

C. 零　　D. 不确定，需视具体情况而定

3）正常物品价格上升导致需求量减少的原因在于(　　)。

A. 替代效应使需求量增加，收入效应使需求量减少

B. 替代效应使需求量增加，收入效应使需求量增加

C. 替代效应使需求量减少，收入效应使需求量减少

D. 替代效应使需求量减少，收入效应使需求量增加

4）消费者均衡的条件是(　　)。

A. $MU_x/P_x<MU_y/P_Y$　　B. $MU_x/P_x>MU_y/P_Y$

C. $MU_x/P_x=MU_y/P_Y$　　D. 以上都不对

5）以下哪种情况指的是边际效用(　　)。

A. 张某吃到了第二个面包，满足程度从 10 个效用单位增加到了 15 个效用单位，增加了 5 个效用单位

B. 张某吃了两个面包，共获得满足 15 个效用单位

C. 张某吃了两个面包，平均每个面包带给张某的满足程度为 7.5 个效用单位

D. 以上都不对

6）已知商品 X 的价格为 2 元，商品 Y 的价格为 1 元。如果消费者在获得了最大满足时，商品 Y 的边际效用是 30 元，那么商品 X 的边际效用是(　　)。

A. 20　　B. 30　　C. 45　　D. 60

7）根据序数效用理论，消费者均衡是(　　)。

A. 无差异曲线与预算约束线的相切之点

B. 无差异曲线与预算约束线的相交之点

C. 离原点最远的无差异曲线上的任何一点

D. 离原点最近的预算约束线上的任何一点

8）某消费者逐渐增加某种商品的消费量，直至达到了效用最大化，在这个过程中，该商品的(　　)。

A. 总效用和边际效用不断增加

B. 总效用不断下降，边际效用不断增加

C. 总效用不断增加，边际效用不断下降

D. 总效用和边际效用同时下降

E. 总效用增加，边际效用不变

9）同一条无差异曲线上的不同点表示(　　)。

A. 效用水平不同，但所消费的两种商品组合比例相同
B. 效用水平相同，但所消费的两种商品组合比例不同
C. 效用水平不同，两种商品的组合比例也不相同
D. 效用水平相同，两种商品的组合比例也相同

10）预算线反映了（　　）。
A. 消费者的收入约束　　B. 消费者的偏好
C. 消费者人数　　D. 货币的购买力

11）下列哪种情况不属消费者均衡的条件（　　）。
A. $MU_x/P_x = MU_y/P_y = MU_z/P_z = \cdots = \lambda$　　B. 货币在每种用途上的边际效用相等
C. $MU_n = \lambda P_n$　　D. 各种商品的边际效用相等

12）消费者剩余是消费者的（　　）。
A. 实际所得　　B. 主观感受
C. 没有购买的部分　　D. 消费剩余部分

13）消费者预算线发生平移时，连接消费者诸均衡点的曲线称为（　　）。
A. 需求曲线　　B. 价格-消费曲线
C. 收入-消费曲线　　D. 恩格尔曲线

14）消费品价格变化时，连接消费者诸均衡点的曲线称为（　　）。
A. 收入-消费曲线　　B. 需求曲线
C. 价格-消费曲线　　D. 恩格尔曲线

15）需求曲线从（　　）导出。
A. 价格-消费曲线　　B. 收入-消费曲线
C. 无差异曲线　　D. 预算线

3. 判断题

1）如果一种商品满足了一个消费者坏的欲望，就说明该商品具有负效用。（　　）

2）如果你有一辆需要四个轮子才能开动的汽车，它已经有了三个轮子，那么当你拥有第四个轮子时，这第四个轮子的边际效用超过了第三个轮子的边际效用。（　　）

3）如果边际效用递减，则总效用相应会下降。（　　）

4）无差异曲线表示不同的消费者消费两种商品的不同数量组合所得到的效用是相同的。（　　）

5）在同一条预算线上，消费者的货币收入是不变的。（　　）

6）预算线的平行移动说明消费者收入发生变化，商品价格没有发生变化。（　　）

7）在消费者均衡点上，消费者所消费的各种商品的边际效用相等。（　　）

4. 简答题

1）用图说明序数效用论者对消费者均衡条件的分析以及在此基础上对需求曲

线的推导。

2）用图分析正常物品的替代效应和收入效应，并进一步说明这类物品的需求曲线特征。

3）无差异曲线的特征有哪些?

4）无差异曲线凸向原点的原因有哪些?

5. 计算题

1）已知一件衬衫的价格为 80 元，一份肯德基快餐的价格为 20 元，在某消费者关于这两种商品的效用最大化的均衡点上，一份肯德基快餐对衬衫的边际替代率 MRS 是多少?

2）请把下表的空格补充完整，并总结总效用与边际效用之间的关系。

消费的单位数	总效用	边际效用
0	0	
1	10	10
2		8
3	25	
4	30	
5		3
6	34	

3）假设某消费者的均衡如下图所示，其中，横轴 OX_1 和纵轴 OX_2 分别表示商品 1 和商品 2 的数量，线段 AB 为消费者的预算线，曲线 U 为消费者的无差异曲线，E 点为效用最大化的均衡点，已知商品 1 的价格 $P_1=2$ 元。

（1）求消费者的收入；

（2）求商品 2 的价格 P_2；

（3）写出预算线方程；

（4）求预算线的斜率；

（5）求 E 点的 MRS_{12} 的值。

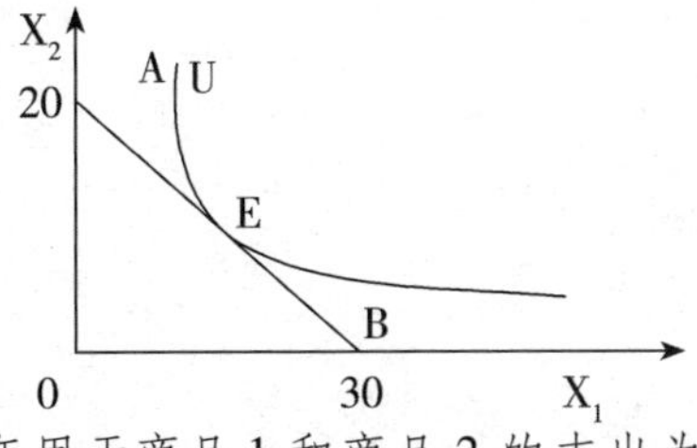

4）已知某消费者每年用于商品 1 和商品 2 的支出为 540 元，两商品的价格分别为 $P_1=20$ 元和 $P_2=30$ 元，该消费者的效用函数为 $U=3X_1X_2^2$，该消费者每年购买这两种商品的数量各应是多少? 每年从中获得总效用是多少?

5）某消费者赵某的收入为 270 元，他在商品 x 和 y 的无差异曲线上斜率为 $\frac{dy}{dx}=\frac{-20}{y}$的点上实现均衡。已知 x、y 的价格分别为 $P_x=2$ 元，$P_y=5$ 元，那么此时赵某将消费多少 x 和 y？

6）假定效用函数为 $U=Q^{0.5}+2M$，Q 为消费的商品量，M 为收入。求：(1) 需求函数；(2) 反需求函数。

7）设无差异曲线为 $U=x^{0.4}y^{0.6}=9$，$P_x=2$，$P_y=3$，求：(1) X、Y 的均衡消费量；(2) 效用等于 9 时的最小支出。

8）假定某消费者的效用函数为 $U=X_1^{0.5}X_2^{0.5}$，两商品的价格分别为 P_1，P_2，消费者的收入为 M。分别求该消费者关于商品 1 和商品 2 的需求函数。

9）假定某消费者的效用函数为 $U=X_1^{\frac{3}{8}}X_2^{\frac{5}{8}}$，两商品的价格分别为 P_1、P_2，消费者的收入为 M。分别求该消费者关于商品 1 和商品 2 的需求函数。

第4章 生产理论

学习目标

通过本章的学习，应该做到：

1. 掌握生产函数的概念及形式。

2. 理解总产量、平均产量、边际产量等概念，掌握三种产量曲线之间的相互关系。

3. 理解边际报酬递减规律、等产量线、等成本线和边际技术替代率等重要概念。

上一章中我们介绍了消费者行为理论，从本章开始我们来研究经济体中的另一个主体即生产者的行为。在经济学中，商品市场的生产者往往被称为“企业”或“厂商”。企业是指能够独立作出经济决策的经济单位。生产者行为理论是通过对企业经济行为的分析来说明商品供给是如何决定的。在市场经济中，企业追求的目标是利润最大化，如何实现利润最大化是生产者行为理论的核心问题。一般来说，生产者行为理论包括三个问题：一是从实物角度分析投入的生产要素与产量之间的关系，即在企业内部实现有限资源的最优配置，这被称作生产理论；二是从货币角度分析生产中投入的成本与收益之间的经济关系，这被称作成本理论；三是企业在不同的市场条件下，应该如何确定自己的产量和价格，这被称作企业均衡理论。

本章将研究生产理论，我们从生产函数出发，将企业的生产分为短期和长期两个过程，并在此基础上研究企业在利润最大化目标的驱动下，如何使自己有限的资源得到有效配置。

4.1 企业与生产函数

4.1.1 企业

1. 企业的定义

从最一般的定义出发，企业（enterprise）是为了一定目的从事某种经济活动的、独立的经营单位。在市场经济中，企业的独立性表现在两个方面：第一，企业作为一个整体，以独立的生产者的面目和其他企业发生关系，而这种联系的基础就是市场。第二，企业内部的各个组成部分是非独立的，联系各个组成部分的是企业决策者的计划；各组成部分和外界的关系，同样受企业决策者的计划支配。企业的这种独立性来自产权的界定，一定的产权关系规定了企业经营活动的范围，因此，一家企业并不一定只有一家工厂或一家商店等，它可以是同一资本支配的各种经济活动单位的集合。企业一般有三个基本要素。

第一个要素是雇主。雇主是企业的所有者，也是企业的决策者，企业经营的好坏与雇主的决策正确与否息息相关。在一个企业里，雇主处于支配地位，具体体现在雇主决定如何使用劳动并任意处置劳动成果，这种控制权又被称为剩余控制权。这种剩余控制权对雇主的收益不加限制，因此，在支付了劳动报酬和其他成本后的一切收益，不论盈亏，都属于雇主，这就意味着雇主在享受企业收益一切剩余的同时还要承担企业经营的风险。

第二个要素是雇员。雇员受聘于雇主，因此在企业中，雇员处于从属地位。雇员在雇主的管理下劳动，按照与雇主合约的规定得到报酬，这种报酬一般是相对稳定的，与企业经营的好坏不直接相关，因此，雇员对企业的经营风险不承担任何责任。

第三个要素是组织。现代社会中，企业的组织形式是多样化的，企业的规模可以大到资产上千亿美元的巨型跨国集团，也可以小到街头摆地摊的小商小贩，它们的组织形式完全不同。

2. 企业的组织形式

市场经济中的生产活动发生在多种多样的企业组织之中，不同的行业或不同产品的生产适用于不同的企业组织形式。一般来说，主要包括三种基本组织形式：业主制（proprietorship）、合伙制（partnership）和公司制（corporation）。

业主制企业指个人独资经营的企业组织形式。个人业主同时是企业的所有者和经营者。个人业主独资经营，自担风险，对企业有无限清偿责任。业主制企业利润动机明确、强烈，决策自由、灵活；企业规模小，易于管理。但个人企业往往资金有限，限制了企业的发展，而且，也较易于破产。这种企业的数目很多，但在经济体系中的总销售份额很小。小型零售商店、农场、家庭工厂等都属于这类企业。

合伙制企业指两个或两个以上所有者合资经营、共担风险的企业组织形式。相对个人企业而言，合伙制企业的资金较多，规模较大，比较易于管理，分工和专业化得到加强。但由于多人所有和多人参与管理，不利于协调和统一；资金和规模仍有限，在一定程度上不利于生产的进一步发展；合伙人之间的契约关系欠稳定；每个所有者对于企业都具有无限清偿责任。一般而言，合伙制企业的风险比较高。大多数会计师事务所、律师事务所和投资银行都属于这类企业。

公司制企业指按公司法建立和经营的具有法人资格的企业组织形式。现代大型企业一般都采取公司制的组织形式，它的产生使雇主和雇员这两个概念发生了质的变化。从雇主来看，投资人作为雇主，仅仅是企业的所有者，不再是经营者，经营者的功能由专门阶层——经理来承担。企业所有者往往只关心投资的报酬，对企业的经营承担有限责任。从雇员角度来看，经营者（经理）是企业的特殊雇员，一方面他们受雇于所有者，按照合同领取固定报酬，不必为企业经营承担责任；另一方面，他们又是企业经营的决策者，他们的个人能力决定了企业经营的好坏，因此，他们同时又必须为企业经营风险付出一定的代价（如个人声誉等）。

3. 企业的本质

简单地说，交易费用就是为了完成交易而发生的费用。按照具体的交易活动所涉及的程序，可将交易费用分为：寻找和发现交易对象的成本、了解交易价格的成本、讨价还价的成本、订立交易合约的成本、履行合约的成本、监督合约的履行和制裁违约行为的成本。交易费用对企业来说是一种外部成本，如果原来的交易双方合并成一个企业，那么原来的外部成本内部化了，从而减少了交易费用。因此，交易费用理论认为，市场的运行是有成本的，通过形成一个组织，并允许某个权威（一个企业家）来支配资源，就能节约某些市场运行成本。从这个意义上来说，企业实际上是一种不同于市场的交易组织，企业作为市场的替代能够降低市场交易费用，这正是企业的本质。

企业将外部成本内部化的过程就是用企业内部计划机制来替代市场价格机制的过程，也就是用企业内部上下级的权威关系来替代市场的平等交易关系的过程。在这一过程中，企业内部的管理成本有可能增加，但关键降低了交易费用，因而有可能使原来不能完成的市场交易通过企业内部交易实现。比如，汽车厂通过合并把发动机厂纳入企业组织的内部，所有的交易都内部化为企业内部的交易，从而节约了交易费用。与市场交易比较，首先可以节约发现交易对象的成本。既然交易在企业内部进行，也就不需要再去寻找交易对象了；同样，了解交易价格的成本也演变为企业内部转移价格的确定，测算这种成本就变得相对简单了；而且，双方的合约转化为企业的内部计划，监督合约的履行和制裁违约的成本也都没有必要存在了。

事实上，不论任何类型的企业合并都能在不同程度上降低交易费用，提高生产效率。在市场经济中，企业是按市场提供的信息作出决策，而市场信息是不完全的，或者收集信息需要成本，因而企业是在不确定的环境中生存与发展。市场交易内部化就能够减少不确定因素，降低企业经营成本。如果合并是横向合并，那么有助于企业根据市场需求安排生产；如果合并为纵向联合，则有助于原材料、中间产品的供给得到保证，并有助于中间产品的生产单位按最终产品生产单位的需求安排生产。交易成本与企业数量正相关，因此，从交易费用理论出发，企业的本质就是降低交易费用。

4. 企业的目标

传统经济学理论假定，尽管企业的组织形式多种多样，但都有一个共同的目标——利润最大化，即尽可能使企业的总收益减去总成本的差值最大化。这一假定是理性经济人的假定在生产理论中的具体化，也是我们分析生产者行为的基本前提。当然，在现实生活中，企业的目标可能是多元的，企业有时并不一定选择实现最大利润的决策。

在信息不完全的条件下，企业所面临的市场需求可能是不确定的，而且，企业也有可能对产量变化所引起的生产成本的变化情况缺乏准确了解，于是，企业长期生存的经验做法也许就是实现销售收入最大化或市场销售份额最大化，以此取代利润最大化的决策。

在现代公司制企业组织中，企业的所有权和经营权分离，存在委托-代理风险。由于信息的不对称性，经理会在一定程度上偏离企业利润最大化的目标，而追求其他一些有利于自身利益的目标。譬如，经理会追求自身效用最大化，他们并不一定很努力工作，而是追求豪华舒适的办公环境，讲究应酬和其他排场。他们也可能追求销售收入最大化和销售收入持续增长，一味扩大企业规模，以此来扩张自己的特权和增加自己的收入，并提高自身的社会知名度。他们也可能只顾及企业的短期利益，而牺牲企业的长期利润目标等等。

追求利润最大化，是传统经济学对企业目标的一个基本假定。随着现代社会经济的发展，经济学家、管理学家和社会学家越来越普遍地认识到，企业在创造利润、对股东利益负责的同时，还要承担对员工、对社会和环境的社会责任，包括遵守商业道德、安全生产、职业健康、保护劳动者合法权益、保护环境、节约资源等，这就是企业的社会责任。

4.1.2 生产函数

1. 生产和生产函数

所谓生产，从经济学的角度来说，是指一切能够创造或增加效用的人类活动。生产离不开生产要素。生产要素是指在生产中投入的各种经济资源。传统的生产三要素包括：劳动、土地和资本。劳动是指人类为了进行生产而进行的体力和脑力劳动。土地是一个广义的概念，包括狭义的土地、河流、山川、矿藏等一切自然资源。资本是指由人类劳动创造出来并被用于下一次生产过程的一切资源。英国经济学家马歇尔在其著作《经济学原理》中又提出了第四种生产要素——企业家才能，这就是所谓的“生产四要素”说。通过对这些生产要素的运用，厂商可以提供各种实物产品，如房屋、食品、机器、日用品等，也可以提供各种无形产品即劳务，如理发、医疗、金融服务、旅游服务等。

通常，我们把投入与最大产出之间的关系称之为生产函数。生产函数表示在一定时期内，在技术水平不变的情况下，生产中所使用的各种生产要素的数量与所能生产的最大产量之间的关系。假定 X_1，X_2，…，X_n 分别表示某产品生产过程中所使用的 n 种生产要素的投入数量，Q 表示所能生产的最大产量，则生产函数可以写成以下形式：

$$Q=f(X_1, X_2, \cdots, X_n) \tag{4.1}$$

该生产函数表示在一定时期内，在既定的生产技术水平下的生产要素组合（X_1，X_2，…，X_n）所能生产的最大产量为 Q。

在经济学的分析中，为了简化分析，通常假定生产中只使用劳动和资本这两种主要生产要素。通常以 L 表示劳动投入数量，以 K 表示资本投入数量，则生产函数写为：

$$Q=f(L, K) \tag{4.2}$$

正确全面理解生产函数的概念，需要注意以下几个问题：

（1）生产函数中的产量，是指一定的投入要素组合所能生产出来的最大产量，也就是说，生产函数所反映的投入与产出关系是以企业的投入要素都得到充分利用为假定条件的。

（2）生产函数取决于技术水平。生产技术的改进，可能会改变投入要素的比例，导致新的投入产出关系，即新的生产函数。例如，我国农业科学家袁隆平发明了杂交水稻，使水稻每亩单产达到了 400 多千克。

（3）生产一定量某种产品所需要的各种生产要素配合比例在一定条件下是可以改变的。例如，在农业中可以多用劳动少用土地进行粗放式经营，也可以少用劳动多用土地进行集约式经营。在工业生产中也有劳动密集型技术与资本密集型技术之分。

2. 柯布-道格拉斯生产函数

柯布-道格拉斯（Cobb-Douglas）生产函数是由数学家柯布和经济学家道格拉斯于20世纪30年代初提出来的。柯布-道格拉斯生产函数被认为是一种很有用的生产函数，这是因为，该函数以其简单的形式描述了经济学家所关心的一些问题，它在经济理论的分析和实证研究中都具有重要的意义。该生产函数的一般形式，即：

$$Q=AL^{\alpha}K^{\beta} \tag{4.3}$$

式中，Q为产量；L和K分别为劳动和资本投入量；A、α和β为三个参数。柯布-道格拉斯生产函数中的参数α和β的经济含义是：当$\alpha+\beta=1$时，α和β分别表示劳动和资本在生产过程中的相对重要性，α为劳动所得在总产量中所占的份额，β为资本所得在总产量中所占的份额。根据柯布和道格拉斯两人对美国1899—1922年期间有关经济资料的分析和估算，α值约为0.75，β值约为0.25。它说明，在这一期间的总产量中，劳动所得的相对份额为75%，资本所得的相对份额为25%。此外，根据柯布-道格拉斯生产函数中的参数α与β之和，还可以判断规模报酬的情况。若$\alpha+\beta>1$，则为规模报酬递增；若$\alpha+\beta=1$，则为规模报酬不变；若$\alpha+\beta<1$，则为规模报酬递减。

3. 短期和长期

微观经济学的生产理论可以分为短期生产理论和长期生产理论。所谓短期（short-run）是指至少有一种生产要素的数量固定不变的时期。所谓长期（long-run）是指全部生产要素的数量都可以变动的时期。

在短期内，生产要素投入可以区分为不变投入和可变投入：生产者在短期内无法进行数量调整的那部分要素投入是不变要素投入，如机器设备、厂房等。生产者在短期内可以进行数量调整的那部分要素投入是可变要素投入，如劳动、原材料、燃料等。

在长期，生产者可以调整全部的要素投入。例如，生产者根据企业的经营状况，可以缩小或扩大生产规模，甚至还可以加入或退出一个行业的生产。由于在长期所有的要素投入量都是可变的，因而也就不存在可变要素投入和不变要素投入之间的区分问题。

可见，这里的长期和短期的划分并不是以一个具体的时间标准来划分的，而是以生产要素是否全部可变为依据，因此，我们不能说1年或者1个月就是短期，也不能说10年或者20年就是长期。如果在1个月的时间里，企业全部的生产要素都是可变的，那么这就是一个长期，而如果在10年的时间里，企业至少有一种生产要素的数量没有发生变化，那么10年也是一个短期。

4. 短期生产函数和长期生产函数

短期生产函数研究在其他要素投入不变时，一种生产要素的投入和产量之间的关系以及这种可变生产要素的合理投入量是多少。例如假设资本投入量不变，用表示，劳动投入量可变，用L表示，则生产函数Q可以表示为：

$$Q=f(L,\bar{K}) \quad (4.4)$$

这就是通常采用的一种可变生产要素生产函数的形式，它也被称为短期生产函数。它反映了既定资本投入量下，一种劳动要素投入量与所能生产的最大产量之间的相互关系。

长期生产函数研究多种要素投入组合和产量之间的关系，即考察企业如何把既定的成本用于多种生产要素的购买，以实现利润最大化。在生产理论中，通常以两种生产要素的生产数量来考察长期生产问题。假定企业使用的劳动和资本都是可变的，则生产函数可以表示为：

$$Q=f(L,K) \quad (4.5)$$

这种生产函数可称为长期生产函数，它表示在技术水平不变的条件下，由两种生产要素的投入组合所能生产的最大产量。

4.2 短期生产理论：一种可变要素的生产函数

4.2.1 总产量、平均产量与边际产量的含义

短期生产函数假定只有一种生产要素的投入，其余要素投入是固定的。本章研究的是在资本投入不变的情况下，劳动——一种可变要素投入与产出之间的关系，则我们所讨论的生产函数的形式为：

$$Q=f(L,\bar{K}) \quad (4.6)$$

式中，$\bar{K}$表示固定的资本投入。我们借助一种要素投入的生产函数来讨论产出变化与投入变化之间的关系。

1. 劳动的总产量

劳动的总产量TP_L指与一定的可变要素劳动的投入量相对应的最大产量。它的公式为：

$$TP_L=f(L,\bar{K}) \quad (4.7)$$

2. 劳动的平均产量

劳动的平均产量AP_L指平均每一单位可变要素劳动的投入量所生产的产量。它的公式为：

$$AP_L=\frac{TP_L(L,\bar{K})}{L} \quad (4.8)$$

3. 劳动的边际产量

劳动的边际产量MP_L指增加一单位可变要素劳动投入量所增加的产量。它的公式为：

$$MP_L=\frac{\Delta TP_L}{\Delta L}=\frac{dTP_L}{dL} \quad (4.9)$$

下面以表4-1为例说明总产量、平均产量和边际产量之间的关系。

表 4-1 **劳动投入的总产量、平均产量和边际产量**

资本投入量 (K)	劳动投入量 (L)	总产量 (TP_L)	平均产量 (AP_L)	边际产量 (MP_L)
1	0	0	0	
1	1	100	100	100
1	2	240	120	140
1	3	390	130	150
1	4	520	130	130
1	5	610	122	90
1	6	660	110	50
1	7	660	94.3	0
1	8	640	80	-20

利用表 4-1 中的数据可绘出如图 4-1 所示的总产量、平均产量和边际产量曲线。

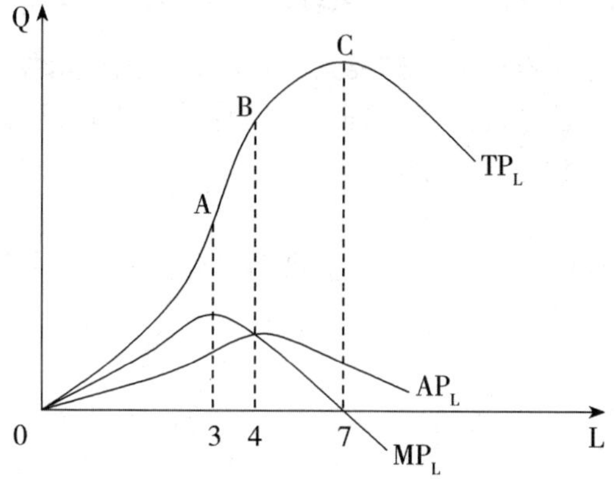

图 4-1 一种可变生产要素的生产函数的产量曲线

首先看总产量曲线。在我们的例子中，资本的投入始终不变，为 1 个单位。劳动的投入连续发生变化。随着劳动投入的变化，总产量也随之变化，直到劳动投入为 6 个单位之前，总产量一直是上升的。当劳动投入从 6 个单位增加到 7 个单位时，总产量保持不变，为 660 个单位。当劳动投入增加到 7 个单位时，若再增加劳动投入，总产量将不会增加，反而会下降。例如当劳动投入从 7 个单位增加到 8 个单位时，总产量从 660 个单位降低到 640 个单位。这说明在生产过程中，当某种要素投入增加到一定点后，不应再增加该种要素的投入，否则不仅不会使总产量增加，反而会使总产量减少。

再看平均产量曲线和边际产量曲线。随着劳动投入的增加，平均产量先上升，当劳动投入达到 4 个单位时，平均产量开始下降。同样，边际产量也是先上升，后下降，当劳动投入为 7 时，总产量达到最大值，边际产量为 0，此时继续增加劳动投入，边际产量为负。

4.2.2　总产量、平均产量与边际产量之间的关系

在图 4-1 的基础上我们进一步分析三个产量之间的关系。

1. 边际产量和总产量的关系

（1）MP_L 是 TP_L 斜率，即过 TP_L 曲线任何一点的切线的斜率就是相应的 MP_L 值。

（2）当 MP_L 为零时，TP_L 达最大值。当 $MP_L>0$ 时，TP_L 曲线的斜率为正，TP_L 曲线上升；当 $MP_L<0$ 时，TP_L 曲线的斜率为负，TP_L 曲线下降；当 $MP_L=0$ 时，TP_L 曲线的斜率为 0，TP_L 曲线达到极大值点。

（3）MP_L 曲线的最大值点对应 TP_L 曲线的拐点（TP_L 二阶导数为 0）。

2. 平均产量和总产量的关系

（1）TP_L 曲线上任何一点和坐标原点的连线的斜率，就是相应的 AP_L 值。

（2）AP_L 曲线达最大值时，对应 TP_L 曲线上的点和坐标原点的连线恰好是 TP_L 曲线的切线。

3. 边际产量和平均产量的关系

MP_L 以下降趋势经过 AP_L 曲线的最高点。

在交点左侧，MP_L 曲线高于 AP_L 曲线；在交点右侧，MP_L 曲线低于 AP_L 曲线。这是因为只要边际量大于平均量，将平均量拉上；只要边际量小于平均量，将平均量拉下。

当 $MP_L>AP_L$ 时，AP_L 曲线是上升的；当 $MP_L<AP_L$ 时，AP_L 曲线是下降的；当 MP_L 曲线和 AP_L 曲线相交时，AP_L 曲线必达最大值。

4.2.3　边际报酬递减规律

西方经济学家指出，在生产中普遍存在这么一种现象：在技术水平不变的条件下，在连续等量地把某一种可变生产要素增加到其他一种或几种数量不变的生产要素上去的过程中，当这种可变生产要素的投入量小于某一特定值时，增加该要素投入所带来的边际产量是递增的；当这种可变要素的投入量连续增加并超过这个特定值时，增加该要素投入所带来的边际产量是递减的。这就是边际报酬递减规律。边际报酬递减规律是短期生产的一条基本规律。

边际报酬递减规律存在的原因是：在生产过程中，可变生产要素投入量和固定生产要素投入量之间存在着一个最佳的组合比例。开始时，由于可变要素的投入量为零，而不变要素的投入量是固定的，因此，生产要素的组合比例远远没有达到最佳状态。随着可变要素投入量的逐渐增加，生产要素的组合越来越接近最佳组合比例。在这一过程中，可变要素的边际产量必然呈递增趋势。一旦生产要素的组合达

到最佳组合比例时，可变要素的边际产量达到最大值。在这之后，随着可变要素投入量的继续增加，生产要素的组合将越来越偏离最佳组合的比例，可变生产要素的边际产量便呈现递减趋势。

4.2.4 生产要素的合理投入区间

生产要素的合理投入区间如图4-2所示，第Ⅰ阶段（劳动投入在0～L_2之间）是平均产量递增阶段。在这一阶段，劳动的平均产量始终是增加的，当劳动投入从0增加到L_2时，平均产量从0到最大。劳动的边际产量大于劳动的平均产量，劳动的总产量也是增加的。这说明：在这一阶段，可变要素劳动的投入量相对过少。生产者只要增加可变要素劳动的投入量，就可以增加总产量。因此，任何理性的生产者都不会在这一阶段停止生产，而是连续增加可变要素劳动的投入量，以增加总产量。

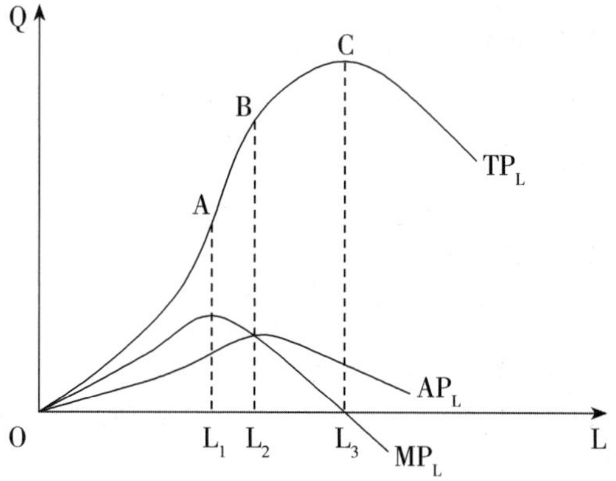

图4-2 短期生产的三个阶段

第Ⅱ阶段（劳动投入在L_2～L_3之间）是平均产量递减阶段。在这一阶段，劳动的平均产量开始减少，劳动的边际产量小于劳动的平均产量，劳动的总产量继续增加，达到最大值。这说明，在这一阶段，增加劳动投入量仍然可以使边际产量大于零，从而使总产量增加。

第Ⅲ阶段（劳动投入大于L_3）是总产量递减阶段。在这一阶段，劳动的边际产量为负，劳动的总产量开始递减。这说明：在这一阶段，劳动的投入量相对过多。这时，即使劳动要素是免费的，理性的生产者也会减少劳动投入量，从而增加总产量。

由此可见，任何理性的生产者既不会将生产停留在第Ⅰ阶段，也不会将生产扩张到第Ⅲ阶段，所以，生产只能在第Ⅱ阶段进行。在生产的第Ⅱ阶段，生产者可以得到由第Ⅰ阶段增加可变要素投入所带来的全部好处，又可以避免将可变要素投入增加到第Ⅲ阶段而带来的不利影响，因此，第Ⅱ阶段是生产者进行短期生产的决策区间，但应在第Ⅱ阶段的哪一点，还要取决于生产要素的价格等成本因素。

4.3　长期生产理论：两种可变生产要素的生产函数

与短期不同，长期中所有的生产要素都能够发生变化。本节将介绍长期生产理论。我们以两种可变生产要素的生产函数，来讨论长期生产中可变生产要素的投入组合和产量之间的关系。假定生产者使用劳动和资本两种可变生产要素来生产一种产品，则两种可变生产要素的长期生产函数表述为：

$$Q=f(L, K) \tag{4.10}$$

式中，L 为可变要素劳动的投入量；K 为可变要素资本的投入数量；Q 为产量。

4.3.1　等产量线

1. 等产量线

等产量线表示在技术水平不变的条件下，生产同一产量的两种能相互替代的可变生产要素投入量的各种不同组合的轨迹。

如图 4-3 所示，横轴代表劳动投入数量 L；纵轴代表资本投入数量 K；Q_1 和 Q_2 分别代表等产量线。

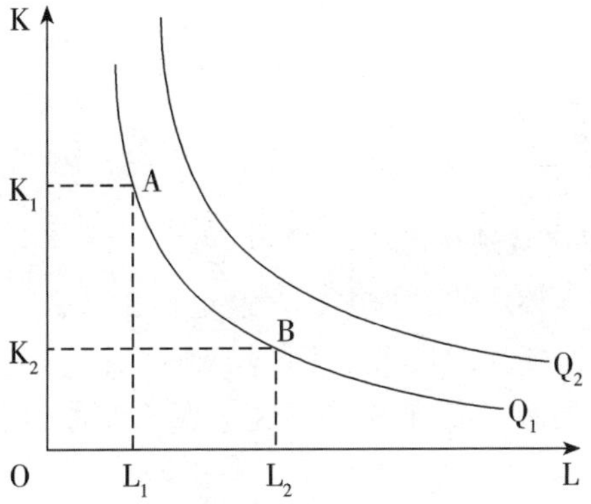

图 4-3　等产量线

2. 等产量线的特征

（1）等产量线是一条由左上方向右下方倾斜的曲线，其斜率为负值。这是因为，要维持原有的产量，增加一种要素的投入量时，必须减少另一种要素的投入量。

（2）在同一平面图上，可以有无数条等产量线，离原点越远的等产量线所代表的产量水平越高，离原点越近的等产量线所代表的产量水平越低。

（3）在同一平面图上，任意两条等产量线不能相交。

（4）等产量线凸向原点。

3. 边际技术替代率

与等产量线相联系的一个概念是边际技术替代率。等产量线表示一个既定的产量水平可以由两种可变要素的各种不同数量的组合生产出来。这意味着，生产者可以通过对两种要素之间的相互替代，来维持一个既定的产量水平，即两种要素之间具有可替代性。我们用边际技术替代率来表示这种替代关系：在维持产量水平不变的条件下，增加一单位某种生产要素投入量时所减少的另一种要素的投入数量，被称为边际技术替代率。

劳动对资本的边际技术替代率的定义公式为：

$$MRTS_{LK}=-\frac{\Delta K}{\Delta L} \tag{4.11}$$

显然，等产量曲线上某一点的边际技术替代率就是等产量曲线在该点斜率的绝对值。

边际技术替代率还可以表示为两要素的边际产量之比。对于任意一条给定的等产量曲线来说，当用劳动投入去替代资本投入时，在维持产量水平不变的前提下，由增加劳动投入量所带来的总产量的增加量和由减少资本量所带来的总产量的减少量必定是相等的，即：

$$|\Delta L\cdot MP_L|=|\Delta K\cdot MP_K| \tag{4.12}$$

整理得：

$$-\frac{\Delta K}{\Delta L}=\frac{MP_L}{MP_K} \tag{4.13}$$

即：$$MRTS_{LK}=-\frac{\Delta K}{\Delta L}=\frac{MP_L}{MP_K} \tag{4.14}$$

4. 边际技术替代率递减规律

在两种生产要素相互替代的过程中，普遍地存在这么一种现象：在维持产量不变的前提下，当一种生产要素的投入量不断增加时，每一单位的这种生产要素所能替代的另一种生产要素的数量是递减的。这一现象被称为边际技术替代率递减规律，如图 4-4 所示。

边际技术替代率递减的主要原因在于：任何一种产品的生产技术都要求各要素投入之间有适当的比例，这意味着要素之间的替代是有限制的。简单地说，以劳动和资本两种要素投入为例，在劳动投入量很少和资本投入量很多的情况下，减少一些资本投入量可以很容易地通过增加劳动投入量来弥补，以维持原有的产量水平，即劳动对资本的替代是很容易的，但是，在劳动投入增加到相当多的数量和资本投入量减少到相当少的数量情况下，再用劳动去替代资本就将是很困难的。

4.3.2 等成本线

长期分析中厂商的成本用等成本线来表示。等成本线也称为企业的预算线，是在企业成本和生产要素既定的条件下，生产者所能购买的两种生产要素数量最大的各种组合点的轨迹。假定厂商既定的成本支出为 C，要素市场上劳动的价格用工资

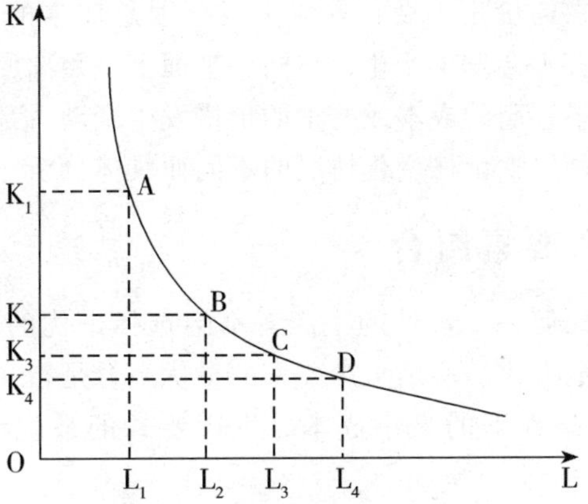

图 4-4 边际技术替代率递减

率 w 表示，资本的价格用利息率 r 表示，则成本方程为：

$$C = wL + rK \tag{4.15}$$

这一方程也可表示为：

$$K = -w/r \times L + C/r \tag{4.16}$$

根据上式可得到等成本线，如图 4-5 所示：

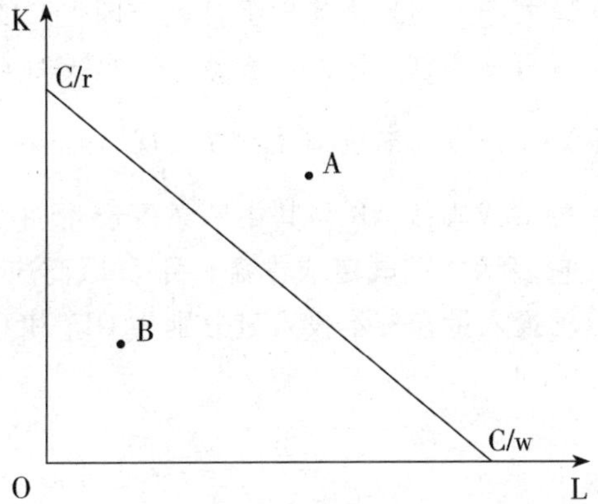

图 4-5 等成本线

由于（4.16）式的成本方程式是线性的，所以，等成本线必定是一条直线。图 4-5 中横轴上的点 C/w 表示既定的全部成本都购买劳动时的数量，纵轴上的点 C/r 表示既定的全部成本都购买资本时的数量，连接这两点的线段就是等成本线。它表示既定的全部成本所能购买到的劳动和资本的各种组合。根据（4.16）式，等成本线的纵截距为 C/r，等成本线的斜率为-w/r，即为两种生产要素价格之比的负值。

图 4-5 中，在等成本线以内的区域，其中的任意一点（如 B 点）表示既定的总成本没有用完；等成本线以外的区域，其中的任意一点（如 A 点）表示既定的成本不够购买该点的劳动和资本的组合；等成本线上的任意一点表示既定的全部成本刚好能购买的劳动和资本的组合。

如果两种生产要素的价格不变，等成本线可因总成本的增加或减少而平行移动。等成本线的斜率就不会发生变化，在同一平面上，距离原点越远的等成本线代表成本水平越高。如果厂商的成本或要素的价格发生变动，都会使等成本线发生变化。其变化情况依两种要素价格变化情况的不同而具体分析。

4.3.3 最优生产要素组合

在长期生产中，任何一个理性的生产者都会选择最优的生产要素组合进行生产，从而实现利润的最大化。所谓生产要素的最优组合是指在既定的成本条件下的最大产量或既定产量条件下的最小成本。生产要素的最优组合也称为生产者的均衡。

1. 既定成本下的产量最大化

假定在一定的技术条件下厂商用两种可变生产要素劳动和资本生产一种产品，且劳动的价格 w 和资本的价格 r 是已知的，厂商用于购买这两种要素的全部成本 C 是既定的。如果企业要以既定的成本获得最大的产量，那么，它应该如何选择最优的劳动投入量和资本投入量的组合呢？

把厂商的等产量曲线和既定的等成本线画在同一个平面坐标系中，就可以确定厂商在既定成本下实现最大产量的最优要素组合点，即生产的均衡点。

在图 4-6 中，有一条等成本线 AB 和三条等产量曲线 Q_1、Q_2 和 Q_3。等成本线 AB 的位置和斜率决定于既定的成本量 C 和既定的已知的两要素的价格比例 $-\frac{w}{r}$。由图 4-6 中可知，唯一的等成本线 AB 与其中一条等产量曲线 Q_2 相切于 E 点，该点就是生产的均衡点。它表示：在既定成本条件下，厂商应该按照 E 点的生产要素组合进行生产，即劳动投入量和资本投入量分别为 OL_1 和 OK_1，这样，厂商就会获得最大的产量。

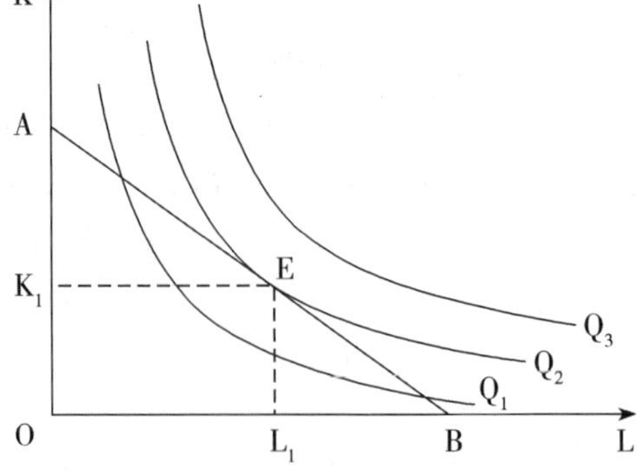

图 4-6 既定成本下的产量最大化

2. 既定产量下的成本最小化

假定在一定的技术条件下厂商用两种可变生产要素劳动和资本生产一种产品，且劳动的价格 w 和资本的价格 r 是已知的，生产者的产量 Q 是既定的。

如果企业要为既定的产量选择最小的生产成本，那么，它应该如何选择最优的劳动投入量和资本投入量的组合呢？

把厂商的等成本曲线和既定的等产量线画在同一个平面坐标系中，就可以确定厂商在既定成本下实现最大产量的最优要素组合点，即生产的均衡点。

在图 4-7 中，有一条等产量线 Q 和三条等成本曲线 C_1、C_2 和 C_3。等成本线的斜率决定于既定的已知两要素的价格比例 $-\frac{w}{r}$。由图 4-7 中可知，唯一的等产量线 Q 与其中一条等成本线 C_2 相切于 E 点，该点就是生产的均衡点。它表示：在既定产量条件下，厂商应该按照 E 点的生产要素组合进行生产，即劳动投入量和资本投入量分别为 OL_1 和 OK_1，这样，厂商就会获得最小的成本。

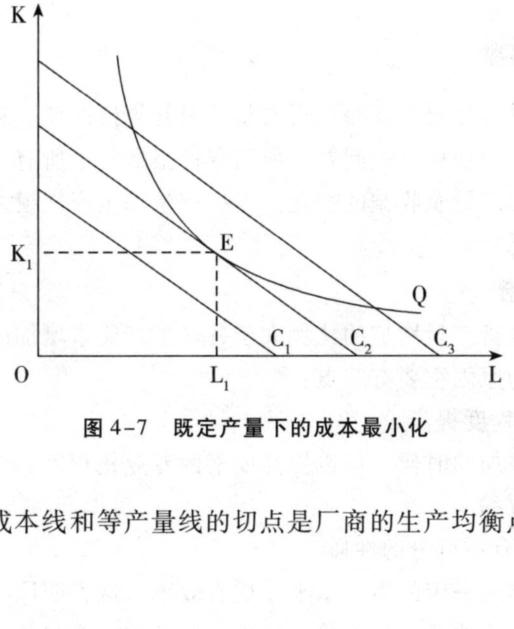

图 4-7　既定产量下的成本最小化

3. 均衡条件

在图 4-8 中等成本线和等产量线的切点是厂商的生产均衡点。

在点 E 有：

$$MRTS_{LK}=\frac{w}{r} \tag{4.17}$$

它表示：为了实现既定成本条件下的最大产量，厂商必须选择最优的生产要素组合，使得两要素的边际技术替代率等于两要素的价格比例。这就是两种要素的最优组合原则。

进一步，可以有：

$$\frac{MP_L}{w}=\frac{MP_K}{r} \tag{4.18}$$

它表示：厂商可以通过对两要素投入量的不断调整，使得最后一单位的成本支出无论用来购买哪一种生产要素所获得的边际产量都相等，从而实现既定成本条件

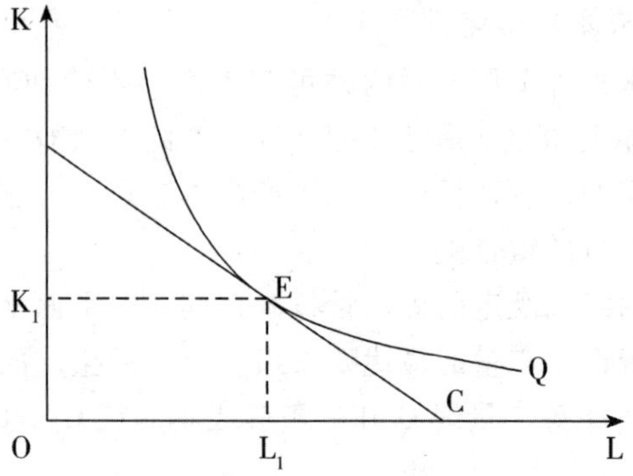

图 4-8　生产者均衡

下的最大产量。

4.4　规模报酬、规模经济与范围经济

4.4.1　规模报酬

长期中，厂商对两种要素同时进行调整，引起规模改变。随着规模的变化，产量也相应发生变化，即规模报酬问题。所谓规模报酬是指所有生产要素同时按同比例增加时，所引起的产量及收益的变化。根据产量和生产规模之间的关系，规模报酬分为以下几种情况：

1. 规模报酬递增

规模报酬递增是指产量增加的比例大于各种生产要素增加的比例。

规模报酬递增的原因主要有三点：

1）生产专业化程度提高

生产要素同时增加的时候，可以提高要素的专业化程度，例如劳动分工如果更细，将会提高劳动效率。

2）生产要素具有不可分的性质

有些要素必须达到一定的生产水平才更有效率。这表明原有生产规模有扩大生产的潜力。例如，一个快递员每天给一个地区发送 100 个包裹，现在有 2 000 个包裹需要发送时，也许只增加 2 个人或 3 个人就够用了，并不需要增加到 20 个人。

3）管理更有效率

生产规模扩大后，容易实行现代化管理，从而充分发挥各要素的组合功能，提高生产效率。

2. 规模报酬不变

产量增加的比例等于各种生产要素增加的比例。规模报酬不变的原因一般来说是因为生产要素组合的调整受到了技术的限制，各要素的比例已经达到最佳状态。

3. 规模报酬递减

产量增加的比例小于各种生产要素增加的比例。

规模报酬递减的原因主要是规模过大造成管理效率的下降。表现为管理过程中内部机制难以协调，决策信息传递迟缓等。

一般说来，在长期生产过程中，企业的规模报酬的变化呈现出如下规律：当企业从最初较小的生产规模开始逐步扩大的时候，企业面临的是规模报酬递增的阶段，当企业得到了由生产规模扩大所带来的产量递增的全部好处以后，一般会继续扩大生产规模，将生产保持在规模报酬不变的阶段，这个阶段有可能比较长。经历过这些以后，企业若继续扩大生产规模，就会进入一个规模报酬递减的阶段。

需要说明的是，规模收益反映的是所有的生产要素同比例变化时投入与产出变量之间的比较关系，属于长期生产过程中的问题，而我们以前研究过的边际收益递减问题反映的是一种可变要素变化与产出变量之间的关系，属于短期生产问题。

4.4.2 规模经济

规模经济（economies of scale）是指由于生产专业化水平提高等原因，企业的单位成本下降，从而形成企业的长期平均成本随着产量的增加而递减的经济现象，具体表现为长期平均成本曲线向下倾斜；反之，则称之为规模不经济，具体表现为长期平均成本曲线向上倾斜。

规模经济与规模报酬递增有所不同，区别在于：第一，规模报酬递增侧重考察产出数量与企业规模变化的关系，而规模经济侧重考察产量变动过程中的成本变动情况。第二，前者表示在扩大生产规模时，各种要素投入数量增加的比例可能相同也可能不同；而后者表示在扩大生产规模时，各种要素投入数量增加的比例是相同的。但一般说来，规模报酬递增时，对应的是规模经济阶段；规模报酬递减时，对应的是规模不经济阶段。

4.4.3 范围经济

企业生产过程中除了存在规模经济现象之外还存在范围经济的现象。范围经济（economies of scope）是指由企业的生产范围扩大带来的生产有效率的情况，即当企业同时生产两种产品的费用低于分别生产每种产品时，这种状况就被称为范围经济。只要把两种或更多的产品合并在一起生产比分开来生产的成本要低，就会存在范围经济。范围经济出现的根本原因在于生产要素的多种用途。例如银行业存在范围经济，扩大银行业务范围，允许银行适度混业经营，可以提高银行的收益率和绝对收益水平。

本章小结

1. 企业又称厂商，是一种将劳动、资本和土地等生产要素集合起来，从而生产并销售某种产品或服务以获得利润的组织。企业的目标是追求利润最大化。

2. 微观经济学的生产理论可以分为短期生产理论和长期生产理论。所谓短期是指至少有一种生产要素的数量固定不变的时期；所谓长期是指全部生产要素的数量都可以变动的时期。

3. 短期生产的基本规律是边际报酬递减规律：在技术水平不变的条件下，在连续等量地把某一种可变生产要素增加到其他一种或几种数量不变的生产要素上去的过程中，当这种可变生产要素的投入量小于某一特定值时，增加该要素投入所带来的边际产量是递增的；当这种可变要素的投入量连续增加并超过这个特定值时，增加该要素投入所带来的边际产量递减。

4. 短期生产可分为三个阶段，其中第二阶段是企业合理投入阶段。

5. 等产量线表示在技术水平不变的条件下，生产同一产量的两种能相互替代的可变生产要素投入量的各种不同组合的轨迹。等产量曲线上某点斜率的绝对值称为边际技术替代率，是指在维持产量水平不变的条件下，增加一单位某种生产要素投入量时所减少的另一种要素的投入数量。

6. 等成本线也称为企业的预算线，是指在企业成本和生产要素既定的条件下，生产者所能购买的两种生产要素数量的最大的各种组合点的轨迹。

7. 等成本线和等产量线的切点是厂商的生产均衡点。它表示：为了实现既定成本条件下的最大产量，厂商必须选择最优的生产要素组合，使得两要素的边际技术替代率等于两要素的价格比例。

8. 规模报酬是指，所有生产要素同时同比例增加时所引起的产量及收益的变化。根据产量和生产规模之间的关系，规模报酬分为三种情况：规模报酬递增、规模报酬递减及规模报酬不变。

9. 规模经济（economies of scale）是指由于生产专业化水平提高等原因，企业的单位成本下降，从而形成企业的长期平均成本随着产量的增加而递减的经济现象，具体表现为长期平均成本曲线向下倾斜；反之，我们称之为规模不经济，具体表现为长期平均成本曲线向上倾斜。

关键概念

生产函数　总产量　平均产量　边际产量　边际报酬递减规律　等产量线　边际技术替代率　等成本线　生产者均衡　规模报酬递增　规模报酬递减　规模报酬不变　规模经济

本章案例

粮食产量能达到亩产10万斤吗?

在1958年的大跃进，随着一颗颗卫星上天，亩产5万斤、10万斤的神话不断出现，这些神话不但违背自然规律，而且违背经济规律。有一些人企图在固定数量的土地上，通过无限密植或无限增加投入来增加产量，这是不可能做到的。根据边际报酬递减规律，在其他要素投入量不变的前提下，不断地增加一种要素的投入量，每一单位新增要素的产量超过一定点后，一定会递减。随着化肥使用量的增加，一开始产量会增加，如第1千克化肥，会使产量增加20千克，第2千克的化肥所增加的产量也许比20千克还多。但是，如果不断地增加化肥，总会有一个点，一旦超过了这个点，化肥的边际产量必定会下降。如果在1亩土地上，一次性地使用200千克化肥，庄稼不但没增产，反而会减产，而且过多的化肥会影响土地的质量。可以想象，把1 000千克化肥一次性用到1亩地里，可能会颗粒无收。因此，亩产10万斤的目标，只是一种妄想。当然，那些亩产上万斤的神话的炮制者，他们自己最清楚产量是假的，他们之所以知假造假，是因为这样做可以投领袖之所好，进而在仕途上节节高升。从这个角度讲，职位越高的领导越要具备基本的科学和经济学知识，越要遵循经济和社会发展的规律，越要具有判断真假的能力，否则后果很严重，经济损失不可挽回。

本章资料

企业的组织成本

作为一个组织，企业通常是由一些不同的部分组成的，而作为一个营利性的经营单位，企业又要追求利润最大化。如果说企业的本质是对市场机制的替代，那么，这种替代产生的一个必要条件就是内部交易的成本要低于市场交易的成本。企业内部交易的成本就是企业的组织成本。

我们所考虑的组织成本是指企业作为市场的替代而产生的企业组织内部交易的成本，并不包括企业原有的生产成本。企业内部组织成本与交易成本不同，它是一种组织管理的成本。汽车厂和发动机厂在合并前，它们的关系是通过市场交易协调的，合并后，则是通过企业内部计划协调，如何协调它们之间的关系，构成了企业组织成本的来源。这种组织成本可能是原先交易成本中的一部分的转化形式，也可能是在新的机制下产生的成本，这在很大程度上取决于企业内部的管理体制。按照现代企业组织的流行做法，汽车公司通常是将发动机厂作为汽车公司的一个相对独立的事业部或分公司，是一个利润中心或成本中心。当分公司独立性较强时，企业内部转移价格的确定，一方面与工厂的实际生产成本有关，另一方面也要参考产品的市场价格以作为组织内部激励机制的依据。但不论采取何种具体形式，汽车公司与发动机厂之间主要通过组织内部的计划、协调来维持生产的正常运行。此时，生产计划的制定、生产计划执行情况的监督或计划未能顺利完成时的惩罚等，都成为组织内部交易的成本。一般来讲，由于发动机的生产设备具有较强的资产专用性，企业内部的交易成本要低于市场交易的成本。

需要指出的是，企业通过合并扩张的最大困难并不在于物质资产重组，而在于人力资源的整合。一个企业能够很容易地收购一家与自己产品有关联的企业，并把这家企业并入自己的生产体系，但是却很难将其并入自己的管理体系当中。这是因为，当一家企业收购另一家企业时，只是收购它的物质资产，并没有收购这家企业的人力资源。它有可能雇用新的管理人员来经营这家企业，也可能使用原有的人员。前者将管理人员派到一个并不熟悉的环境，容易造成管理上的不和谐，而后者使管理人员有被“收编”的感觉，也会影响生产积极性的发挥，这些都是增加新的组织成本的因素。

从根本上说，企业的组织成本又是由企业内部信息交换的不完全引起的。这种信息不完全主要来自于两个方面：

一方面是内部信息的质量。在企业管理组织中，自下而上的信息传递使上级管理层了解企业的生产经营状况，自上而下的信息传递使企业决策得以实现。信息的质量指的是这两种信息的完整性，这种完整性不可避免地随着各级管理幅度和管理层次的增加而受损。管辖对象的增加使信息量增加，管理者要掌握的信息量越多，则他对每一信息细节的了解就越少，这便产生一种“失控”现象。随着企业规模扩大，失控就越积越多，管理也就越来越没有效率。即使各级管理阶层目标相同，信息质量也总是与企业规模负相关的。而如果下级和上级管理阶层目标不一致的话，下级有可能向上级传递有利于自己的虚假信息，如隐瞒实际生产能力，从而使上级决策失误，最终导致生产能力得不到充分利用，或者通过对上级决策阳奉阴违来增加自身的利益。企业规模越大，上级对下级的监督越困难，下级会倾向于选择一条轻松的道路——在报酬不变的情况下减少工作量，而不愿选择另一条艰苦的道路——降低成本以增加企业效益，因此失控现象会越来越严重。

另一方面是内部信息传递速度，包括自下而上反映情况和自上而下传递决策的速度，通常是以各级管理人员完成自身工作所需时间来衡量。信息传递速度也和管理层次、各级管理机构管辖的对象负相关，从而也与企业规模负相关。可见，组织成本和企业规模正相关，也就是说，企业规模越大，组织成本就越高。

总之，组织的层级制度仍是现代企业的一个基本特点。除了规模非常小的那些业主制企业之外，大多数企业都是一种层级制组织。因此，规模越大的企业，其组织层次就越多，而组织层次越多，管理的难度就越大，组织成本也就会相应上升。

本章习题

1. 解释名词

生产函数　固定投入比例生产函数　生产的短期　生产的长期　总产量 平均产量　边际产量　边际报酬递减规律　等产量曲线　边际技术替代率递减规律　等成本线　等斜线　扩展线　规模报酬

2. 选择题

1）生产函数表示(　　)。

A. 一定数量的投入至少能生产多少产品

B. 生产一定数量的产品，最多要投入多少生产要素

C. 投入与产出的关系

D. 以上都对

2）如果连续地增加某种生产要素，在总产量达到最大值时，边际产量与(　　)相交。

A. 平均产量曲线　　B. 纵轴　　C. 横轴　　D. 总产量曲线

3）在总产量、平均产量和边际产量的变化过程中，下列(　　)首先发生？

A. 边际产量下降　　B. 平均产量下降

C. 总产量下降　　D. B 和 C

4）边际收益递减规律发生作用的前提条件是(　　)。

A. 连续地投入某种生产要素而保持其他生产要素不变

B. 生产技术不变

C. 按比例同时增加各种生产要素

D. A 和 B

5）当总产量下降时(　　)。

A. AP 为零　　B. AP 为负　　C. MP 小于零　　D. MP 递减

6）等产量线(　　)。

A. 说明了为生产一个给定的产量而可能进行的各种投入要素的组合

B. 除非得到了所有要素的价格，否则不能画出该曲线

C. 表明了投入与产出的关系

D. 表示了无论投入数量怎样变化，产量都是一定的

7）生产的第二阶段（　　）开始于 APL 开始下降的地方。

A. 总是　　B. 绝不是　　C. 经常是　　D. 有时是

8）等产量线上某一点的切线的斜率等于（　　）。

A. 预算线的斜率　　B. 等成本线的斜率

C. 边际技术替代率　　D. 边际报酬

9）若厂商增加使用一个单位劳动，减少两个单位的资本，仍能生产相同产量，则 $MRTS_{Lk}$ 是（　　）。

A. 1/2　　B. 2　　C. 1　　D. 4

10）在生产的有效区域里，等产量线（　　）。

A. 凸向原点　　B. 不能相交　　C. 负向倾斜　　D. 以上都对

11）等成本线向外平行移动表明（　　）。

A. 产量提高了

B. 成本增加了

C. 生产要素价格按相同的比例上升了

D. 以上都正确

12）等成本曲线绕着它与纵轴 Y 的交点向外移动意味着（　　）。

A. 生产要素 Y 的价格下降了　　B. 生产要素 X 的价格上升了

C. 生产要素 X 的价格下降了　　D. 上述说法都不正确

13）在以横轴表示生产要素 X、纵轴表示生产要素 Y 的坐标系中，等成本曲线的斜率等于 2，这表明（　　）。

A. $Px/Py = 2$　　B. $Qx/Qy = 2$　　C. $Py/Px = 2$　　D. 上述都不正确

14）已知等成本曲线与等产量曲线既不相交也不相切，此时，要达到等产量线所表示的产出水平，应该（　　）。

A. 增加投入　　B. 保持原投入不变

C. 减少投入　　D. 或 A 或 B

15）若等成本线与等产量线相交，表明要生产等产量线所表示的产量水平（　　）。

A. 还可以减少成本支出　　B. 不能再减少成本支出

C. 应该再增加成本支出　　D. 上述都不正确

16）规模收益递减是在下述情况下发生的（　　）。

A. 连续地投入某种生产要素而保持其他生产要素不变

B. 按比例连续增加各种生产要素

C. 不按比例连续增加各种生产要素

D. 上述都正确

17）当某厂商以既定的成本生产出最大产量时，它(　　)。

A. 一定获得了最大利润　　B. 一定没有获得最大利润

C. 是否获得了最大利润，还无法确定　D. 经济利润为零

18）已知在等产量曲线的某一点上，以生产要素 X 替代 Y 的边际替代率是 2，这意味着(　　)。

A. $MP_y/MP_x=2$　　B. $MP_x/MP_y=2$

C. $AP_y/AP_x=2$　　D. $Q_y/Q_x=2$

E. $P_x/P_y=2$

19）当生产函数 $Q=f(L, K)$ 的 AP_L 为正且递减时，MP_L 可以是(　　)。

A. 递减且为正　B. 递减且为负　C. 为零　D. 以上均正确

20）生产函数为 $Y=L+2K+5$，则有（　　）。

A. 规模报酬递增　　B. 规模报酬不变

C. 规模报酬递减　　D. 劳动的边际产量递减

21）若生产函数为 $Q=100L^{0.4}K^{0.6}$，则 L 对 K 的边际技术替代率为(　　)。

A. 2K/3L　B. 3K/2L　C. 2L/3K　D. 3L/2K

22）如果规模报酬不变，增加 20% 的劳动量，但保持资本数量不变，则总产量将(　　)。

A. 增加 20%　　B. 减少 20%

C. 增加大于 20%　　D. 增加小于 20%

3. 判断题

1）生产函数指的是要素投入量和最大产出量之间的一种函数关系，通常分为固定比例生产函数和可变比例生产函数。(　　)

2）随着生产技术水平的变化，生产函数也会发生变化。(　　)

3）可变要素的报酬总是递减的。(　　)

4）边际产量可由总产量线上的任一点的切线的斜率来表示。(　　)

5）边际产量总是小于平均产量。(　　)

6）边际技术替代率为两种投入要素的边际产量之比，其值为负。(　　)

7）产出增加时，总成本亦上升，即为规模不经济。(　　)

8）如果连续地增加某种生产要素的投入量，总产量将不断递增，边际产量开始时递增然后递减。(　　)

9）只要总产量减少，边际产量一定是负数。(　　)

10）只要边际产量减少，总产量一定也在减少。(　　)

11）随着某生产要素投入量的增加，边际产量和平均产量增加到一定程度将同时趋于下降。(　　)

12）边际产量线一定在平均产量线的最高点与它相交。(　　)

13）边际产量线与平均产量线的交点，一定在边际产量曲线向右下方倾斜的

部分。 （ ）

14）利用等产量线上任意一点所表示的生产要素组合都可以生产出同一数量的产品。 （ ）

15）生产要素的价格一旦确定，等成本曲线的斜率随之确定。 （ ）

16）等成本曲线的斜率等于纵轴表示的生产要素 Y 的价格与横轴表示的生产要素 X 的价格之比。 （ ）

17）假如以生产要素 X 代替 Y 的边际技术替代率等于 3，这意味着这时增加 1 个单位 X 所增加的产量，等于减少 3 个单位 Y 所减少的产量。 （ ）

18）生产要素的边际技术替代率递减是边际收益递减规律造成的。 （ ）

4. 简答题

1）写出柯布-道格拉斯生产函数 $Q=AL^{\alpha}K^{1-\alpha}$ 关于劳动的平均产量和劳动的边际产量的生产函数。

2）如果企业处于 $MRTS_{LK}>(w/r)$ 或 $MRTS_{LK}<(w/r)$ 时，企业应该分别如何调整劳动和资本的投入量，以达到最优的要素组合？

3）试述消费者理论中的边际替代率和生产者理论中的边际技术替代率的异同。

4）简述等产量线的特征。

5. 论述题

1）用图说明短期生产函数 $Q=f(L,\bar{K})$ 的 TP_L 曲线，AP_L 曲线和 MP_L 曲线的特征及其相互之间的关系。

2）用图说明厂商在既定成本条件下是如何实现最大产量的最优要素组合的。

3）用图说明厂商在既定产量条件下是如何实现最小成本的最优要素组合的。

4）生产的三阶段是如何划分的？为什么厂商只会在第Ⅱ阶段生产？

5）什么是等产量线？等产量线与无差异曲线在性质上有何异同？

6. 计算题

1）已知某企业的生产函数 $Q=L^{\frac{2}{3}}K^{\frac{1}{3}}$，劳动的价格 $w=2$，资本的价格 $r=1$，计算：

（1）当成本 $C=3\ 000$ 时，企业实现最大产量时的 L、K 和 Q 的值。

（2）当产量 $Q=800$ 时，企业实现最少成本时的 L、K 和 C 的值。

2）已知生产函数 $Q=-L^3+24L^2+240L$，计算在生产的三个阶段上，L 的投入量分别应为多少？

3）已知生产函数 $Q=KL-0.5L^2-0.32K^2$，若 $K=10$，计算：

（1）劳动的平均产量函数和边际产量函数。

（2）分别计算当总产量、平均产量和边际产量达到极大值时，劳动的投入量。

（3）证明当 AP_L 达到极大值时，$AP_L=MP_L$。

4）下面是一张一种可变生产要素的短期生产函数的产量表。

（1）在表中填空。

(2) 该生产函数是否表现出边际报酬递减？如果是，是从第几单位的可变要素投入量开始的？

可变要素的数量	可变要素的总产量	可变要素的平均产量	可变要素的边际产量
1		2	
2			10
3	24		
4		12	
5	60		
6			6
7	70		
8			0
9	63		

5) 已知生产函数 $Q=f(L,\ \bar{K})=2KL-0.5L^2-0.5K^2$，假定厂商目前处于短期生产，且 K=10，计算：

(1) 写出在短期生产中该厂商关于劳动的总产量 TP_L 函数、劳动的平均产量 AP_L 函数和劳动的边际产量 MP_L 函数。

(2) 分别计算当总产量 TP_L、劳动平均产量 AP_L 和劳动边际产量 MP_L 各自达到极大值时的厂商劳动的投入量。

(3) 什么时候 $AP_L=MP_L$？它的值又是多少？

6) 已知生产函数为 Q=A。判断：

(1) 在长期生产中，该生产函数的规模报酬属于哪一种类型？

(2) 在短期生产中，该生产函数是否受边际报酬递减规律的支配？

7) 已知某企业的生产函数为 $Q=L^{\frac{2}{3}}K^{\frac{1}{3}}$，劳动的价格 w=2，资本的价格 r=1。计算：

(1) 当成本 C=3 000 时，企业实现最大产量时的 L、K 和 Q 的均衡值。

(2) 当产量 Q=800 时，企业实现最小成本时的 L、K 和 C 的均衡值。

8) 令生产函数 $f(L,\ K)=a_0+a_1(L\cdot K)1/2+a_2K+a_3L$，其中 $0\leqslant a_i\leqslant 1$，i=0，1，2，3。

(1) 当满足什么条件时，该生产函数表现出规模报酬不变的特征？

(2) 证明：在规模报酬不变的情况下，相应的边际产量是递减的。

第5章

成本与收益理论

学习目标

通过本章的学习，应该做到：

1. 掌握机会成本的概念，区分经济成本和会计成本。

2. 掌握短期成本和长期成本的概念与曲线以及各种成本曲线之间的关系。

3. 掌握各种收益的概念，重点掌握企业利润最大化原则。

成本是企业、政府乃至消费者个人进行经济决策的重要因素。企业的利润最大化理论也是以成本分析为基础的。本章将从企业决策的角度讨论成本理论，并在成本的基础上结合收益分析研究企业的利润最大化问题。

5.1　成本的概念与分类

5.1.1　显（性）成本与隐（性）成本

成本是经济学最基本的概念之一。就最一般的意义来说，所谓成本，就是为了达成某种目的或获得某种商品和服务所付出的代价。

提到企业的成本，在通常人眼里就是企业的各项货币支出，但经济学意义上的成本并不止于此。在经济学中，更有意义的是影响厂商决策的成本。例如，假定某人靠开一家小杂货店为生，店面每月租金为 1 000 元，进货总金额为 3 000 元，月销售额为 5 000 元。如果算一下会计账，成本包括两项：每月租金和进货成本。这类成本在经济学上称为显成本，也就是会计成本，因为他必须付出这么多的货币才能得到所需要的投入，相应地，他的会计利润为 1 000 元。然而，经济学家的观察还会更深一步，发掘显成本之外的经营成本。

既然此人自己兼任小店经理和店员，他所付出的劳动也是一种成本，虽然此处不必有一份雇用合同，也不必支付工资。这一类成本为隐成本，通常是厂商自己拥有的一些要素的投入。由于隐成本不涉及实际的市场交易，就带来这样一个问题：如何测算隐成本？从店主自己的角度来说，自己经营店铺的劳动成本是他放弃的在别处工作的收入。假定如果他选择别的工作，最多能给他带来 800 元的月收入，那么 800 元就构成了他自营店铺的隐成本。

从这个例子可以看出，为什么要把隐成本包括在经营成本中，因为我们的目的是解释成本是如何影响厂商的决策的。这位店主在决定是否继续开店时不会满足于一月 1 000 元的会计利润，如果某家公司愿出 1 500 元的月新聘用这位店主，他一定愿意关上店铺去那家公司高就。

对许多小规模工商企业来说，隐成本所占比重相当高，包括厂商自己投入劳动应得的报酬、厂商投入自己的资金应得的利息、厂商用自己的房产作为经营场地应得的租金等等。如果忽略这些因素，就不能得出正确的结论。试想，如果那位店主的店面房产权是属于自己的，他就会比较将房子出租和自己开店哪个更合算。

对现代大型企业来说，最主要的隐成本就是自身投入的资金的应得利息。在一个企业股份化的现代社会中，企业自己的资本事实上是属于股票持有者的，股票持有者从股票中得到红利和资本收益，如果投资于别处可获得 10% 的年收益率，那么如果该企业的股票不能提供 10% 的收益（此处暂不考虑风险因素），股东就会在证券市场上抛售这种股票而投资于高收益率领域。所以，实际生活中，企业不得不把社会上通行的投资回报率作为企业经营成本核算的一部分。

由此可见，在经济学分析中，生产成本是显成本和隐成本的总和，而会计成本只包括前者。

5.1.2 机会成本和经济成本

机会成本是经济学分析中一个十分有用和重要的概念。某种资源用于某种用途的机会成本，指的是这种资源用于“次佳”用途所具有的价值，也就是所放弃的其他各种用途中所能带来的最大收益。对厂商决策者来说，当厂商选定了某种资源的某种用途时，也就放弃了这种资源从其他用途中可能得到的收益，那么，这种收益就构成了厂商使用这种资源的机会成本，尽管从会计学意义上来讲这个成本并不存在。在前面的例子中，如果店主选择了到公司上班，那么他自己开店所能得到的利润 1 000 元就构成了他成为公司雇员的机会成本，因此从经济学角度来讲，他每月上班所能得到的“净收入”并不是 1 500 元，而是 1 500-1 000=500 元。

严格地说，机会成本通常并不是实际发生的成本，而是在选择资源用途时所产生的观念上的成本，观念上的成本往往影响着人们的决策行为。从厂商决策来看，企业对某一项目投入一笔资金时，不仅要考虑资金的回报率，而且要考虑这笔资金用于其他用途产生的收益。如果这笔钱存入银行的利息率要大于这个项目的投资回报率，那么厂商宁愿把钱存入银行而不会进行项目投资。不仅厂商决策要考虑机会成本，个人决策也要考虑机会成本。

每一种单项资源都有机会成本，而一个厂商的经营往往需要使用多种资源，由于每一项资源都有机会成本，都会有其他不同的选择，因此，厂商经营的总成本就是实际使用的所有资源的机会成本的总和。为明确起见，我们把如此计算出来的总成本称为厂商经营的生产成本或经济成本。因此，从经济成本的角度出发，厂商显成本与隐成本之和应该正好等于投入要素的机会成本。再回到前面店主的例子，假定店主拥有店铺的房产权和用自有资金进货，那么，从机会成本概念出发，店主的生产成本或经济成本仍然由三部分组成：一是放弃将房子出租产生的租金收入（固定投入的机会成本）；二是放弃将自有资金用于其他投资项目得到的收入（资金的机会成本）；三是放弃在别处工作的收入（可变投入的机会成本）。如果店主有“经济头脑”的话，那么，他在决策中一定会考虑这三个因素。

总之，在经济学分析中，应该了解生产成本不仅是货币支出，而是作出一种选择而牺牲的其他选择。即使厂商投入的某些要素并不是花钱买来的，经济成本仍然存在，因为厂商牺牲了这些要素若用于别的用途可能带来的收益。

5.1.3 会计利润和经济利润

一般来讲，厂商的利润等于厂商的收益减去成本，收入总是等于产量与价格的乘积，但由于成本概念不同，而使用不同的成本概念就能得到不同的利润概念：

会计利润=收益-会计成本

经济利润=收益-经济成本

从上面的分析可知，由于经济学家对成本的考虑比会计师涉及的范围更广，经济成本就会高于会计成本，因为通常的会计成本仅仅考虑显成本，而经济成本不仅包括显成本，而且包括隐成本，因此，经济利润就会比会计利润小。在一般的情况下，把经济成本超过会计成本的部分称为正常利润，也就是厂商投入经营活动的各项资源的机会成本超过会计成本的部分。

在经济学分析中，正常利润通常是指社会通行的投资回报率，或者资金的平均收益率，这种平均收益率是厂商使用资金的机会成本，也就是厂商如果将资金投资于其他领域所得到的正常收益。因此，正常利润包括在经济成本之中，因为它是机会成本的组成部分。当厂商的会计利润恰好等于正常利润的时候，其经济利润等于零，厂商正好补偿投入要素的全部机会成本，包括投入资金的正常回报率。因此，如果说厂商的利润为零，并不是说该厂商没有盈利，而是指它处在一种正常的经营状况之中。因此，当厂商的会计利润超过正常利润时，其会计利润为正时，就说厂商获得了超额利润；而当厂商的会计利润低于正常利润时，这一厂商在经济学意义上就是亏损的。本书提到利润时，除特别指出之外，都是指经济利润。

5.2 短期成本分析

在短期中，由于生产要素分为固定投入和可变投入，因此短期中的成本相应地区分为固定成本、变动成本。

5.2.1 短期总量成本——总固定成本、总变动成本和总成本

1. 总固定成本（total fixed cost）

它是指那些短期内无法改变的固定投入所带来的成本，这部分成本不随产量的变化而变化。一般包括厂房和资本设备的折旧费、地租、利息、财产税、广告费、保险费等项目支出。即使在企业停产的情况下，也必须支付这些费用。

变动规律：当产量为0时，也必须付出这些成本，产量增加这部分成本仍不变，因此曲线为水平线。

2. 总变动成本（total variable cost）

它是指短期内可以改变的可变投入的成本，它随产量的变化而变化，如原材料、燃料、动力支出、雇佣工人的工资等。当产量为零时，变动成本也为零，产量越多，变动成本也越多。它是从原点开始的不断向右上方上升的曲线。

变动规律：初期随着产量增加先递减上升，到一定阶段后转入递增上升。

3. 总成本（total cost）

它是指短期内生产一定产量所付出的全部成本，是总固定成本与总变动成本之和。由于TVC是产量的函数，因此TC也是产量的函数。用公式表示为：

$$TC(Q)=TFC+TVC(Q) \tag{5.1}$$

变动规律：由于TFC值不变，所以TC与TVC任一点的垂直距离始终等于

TFC，且变动规律与 TVC 的变动规律一致，只是不从原点出发。

总成本、总固定成本、总变动成本的相互关系如图 5-1 所示。

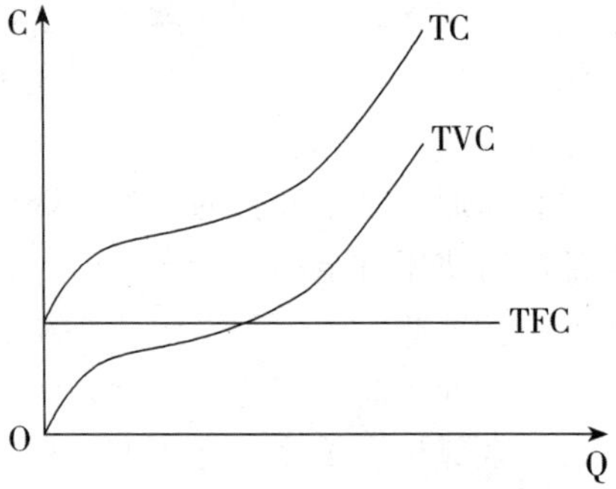

图 5-1　总固定成本、总变动成本和总成本

图 5-1 中：TFC 是一条水平线，表明 TFC 与产量无关。TVC 与 TC 曲线形状完全相同，都是先以递减的速度上升，再以递增的速度上升。不同的是 TVC 的起点是原点，而 TC 的起点是 TFC 与纵坐标的交点。因为总成本是由总固定成本和总变动成本加总而成的，而总固定成本是一常数，所以任一产量水平的 TC 与 TVC 之间的距离均为 TFC。

5.2.2　短期平均成本——平均固定成本、平均变动成本、平均成本

1. 平均固定成本（average fixed cost）

它是指企业短期内平均生产每一单位产品所消耗的固定成本。其公式为：

$$AFC=\frac{TFC}{Q} \tag{5.2}$$

变动规律：AFC 曲线随产量的增加一直呈下降趋势。这是因为短期中总固定成本保持不变，随 Q 增加，平均固定成本递减，但 AFC 曲线不会与横坐标相交，这是因为短期中总固定成本不会为零。

2. 平均变动成本（average variable cost）

它是指企业短期内平均生产每一单位产品所消耗的总变动成本。公式为：

$$AFC=\frac{TVC}{Q} \tag{5.3}$$

变动规律：初期随着产量增加而不断下降，产量增加到一定量时，AVC 达到最低点，而后随着产量继续增加开始上升（呈“U”形）。

3. 平均成本（average cost）

它是指企业短期内平均生产每一单位产品所消耗的全部成本。公式为：

$$AC=\frac{TC}{Q} \tag{5.4}$$

由 TC = TFC+TVC 得：

$$AC=\frac{TC}{Q}=\frac{TFC+TVC}{Q}=\frac{TFC}{Q}+\frac{TVC}{Q}$$

即：AC=AFC+AVC　(5.5)

上式说明平均成本由平均固定成本和平均变动成本构成。

变动规律：初期随着产量的增加，不断下降，产量增加到一定量时，AC 达到最低点，而后随着产量的继续增加，AC 开始上升。

AC 与 AVC、AFC 的相互关系如图 5-2 所示：

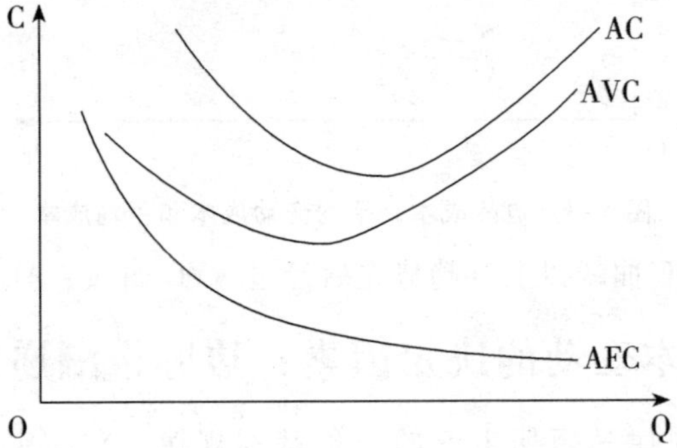

图 5-2　平均固定成本、平均变动成本和平均成本

AC 一定在 AVC 的上方，两者的差别在于垂直距离永远等于 AFC。当 Q 无穷大时，AC 与 AVC 无限接近，但永不重合，不相交。

AC 与 AVC 最低点不在同一个产量上，而是 AC 最低点对应的产量较大，即 AVC 已经达到最低点并开始上升时，AC 仍在继续下降，原因在于 AFC 是不断下降的。只要 AVC 上升的数量小于 AFC 下降的数量，AC 就仍然会下降。

5.2.3　边际成本

边际成本（marginal cost）是指厂商在短期内增加一单位产量所引起的总成本的增加。公式为：

$$MC=\frac{\Delta TC}{\Delta Q} \quad (5.6)$$

当 $\Delta Q\to 0$ 时，

$$MC=\lim_{\Delta Q\to 0}\frac{\Delta TC}{\Delta Q}=\frac{dTC}{dQ} \quad (5.7)$$

从公式可知：MC 是 TC 曲线上相应点的切线的斜率。

变动规律：MC 随着产量的增加，初期迅速下降，很快降至最低点，而后迅速上升，上升的速度快于 AVC、TC。MC 的最低点在 TC 由递减上升转入递增上升的拐点的产量上。

由于 TC = FC +VC，而 FC 始终不变，因此 MC 的变动与 FC 无关，MC 实际上等于增加单位产量所增加的可变成本。即：

MC=dTC/dQ = dVC/dQ（因为 dTC=dVC+dFC，而 dFC=0）

MC 与 AC、AVC 之间的关系如图 5-3 所示。

AC、AVC、MC 曲线都是“U”形。AC 曲线在 AVC 曲线的上方，它们之间的

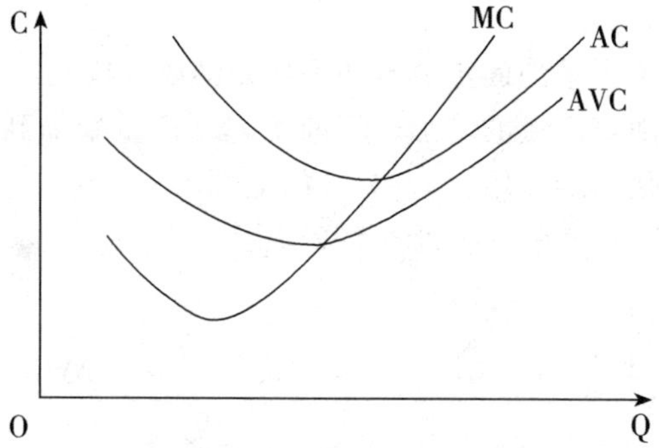

图 5-3 边际成本、平均变动成本和平均成本

距离相当于 AFC。MC 曲线以上升趋势先后经过 AVC 曲线、AC 曲线的最低点。

5.2.4 短期成本变动的决定因素：边际报酬递减规律

边际报酬递减规律是短期生产的一条基本规律，它决定了短期成本曲线的特征。

边际报酬递减规律是指在短期生产过程中，在其他条件不变的前提下，随着一种可变要素投入量的连续增加，它所带来的边际产量先是递增的，达到最大的值以后再递减。关于这一规律，我们也可以从产量变化所引起的边际成本变化的角度来理解：假定生产要素的价格是固定不变的，在开始时的边际报酬递增阶段，增加一单位可变要素投入所产生的边际产量递增，则意味着，在这一阶段增加一单位产量所需要的边际成本是递减的；在以后的边际报酬递减阶段，增加一单位可变要素投入所产生的边际产量递减，则意味着，在这一阶段增加一单位产量所需要的边际成本是递增的。

显然，边际报酬递减规律作用下的短期边际产量和短期边际成本之间存在着一定的对应关系：在短期生产中，边际产量的递增阶段对应的是边际成本的递减阶段，边际产量的递减阶段对应的是边际成本的递增阶段，与边际产量的最大值相对应的是边际成本的最小值。正因为如此，在边际报酬递减规律作用下的边际成本 MC 曲线表现出先降后升的 U 形特征。从边际报酬递减规律所决定的 U 形的 MC 曲线出发，可以解释 AC 曲线和 AVC 曲线同样具有 U 形的特征。

5.3 长期成本分析

在长期，企业有足够的时间来调整各种生产要素的投入，以便用最低的成本进行生产。也就是说，在长期里，所有的要素投入都可变。因此，长期成本没有不变和可变之分，只有三个成本概念：长期总成本、长期平均成本和长期边际成本。

5.3.1 长期成本概念

1. 长期总成本

长期总成本是指厂商在长期中各种产量水平上的最低总成本。生产要素投入的变动意味着规模的调整。长期中所有生产要素都是可变的，意味着厂商可以任意调整生产规模。因此长期中厂商总是可以在每一个产量水平上选择最优的生产规模进行生产。长期总成本函数公式为：

$$LTC = LTC(Q) \tag{5.8}$$

2. 长期平均成本

长期平均成本是指厂商在长期内按产量平均计算的最低成本。它等于长期总成本与产量之比，长期平均成本函数公式为：

$$LAC = \frac{LTC}{Q} \tag{5.9}$$

3. 长期边际成本

长期边际成本是指长期中增加一单位产量所增加的最低总成本。长期边际成本公式为：

$$LMC = \frac{\Delta LTC}{\Delta Q} \tag{5.10}$$

当 $\Delta Q \to 0$ 时，

$$LMC = \lim_{\Delta Q \to 0} \frac{\Delta LTC}{\Delta Q} = \frac{dLTC}{dQ} \tag{5.11}$$

5.3.2 长期平均成本曲线

1. 长期平均成本曲线推导

以长期平均成本为例，我们来推导长期平均成本曲线。

长期成本与短期成本的区别在于企业可以根据不同的产量选择最优的生产规模，因此，长期平均成本表示在每一个可选择的规模水平下，每一个产量水平上的最低平均成本。

假设可供企业选择的生产规模只有三种：SAC_1、SAC_2、SAC_3，如图5-4所示，规模大小依次为SAC_3、SAC_2、SAC_1。假定企业生产Q_1的产量水平，比较三种生产规模，企业选择SAC_1进行生产，此时的成本OC_1是生产Q_1产量的最低成本。如果生产Q_2产量，SAC_2的成本较低，企业会选择SAC_2曲线进行生产，其成本为OC_2。如果生产Q_3，则企业会选择SAC_3曲线所代表的生产规模进行生产。由此可以得出只有三种可供选择的生产规模时的LAC曲线，即图5-4中SAC曲线的实线部分。

假定存在无数个可供厂商选择的生产规模，从而有无数条SAC曲线，于是得到如图5-5所示的长期平均成本曲线。

LAC曲线是无数条SAC曲线的包络线。在每一个产量水平上，都有一个LAC

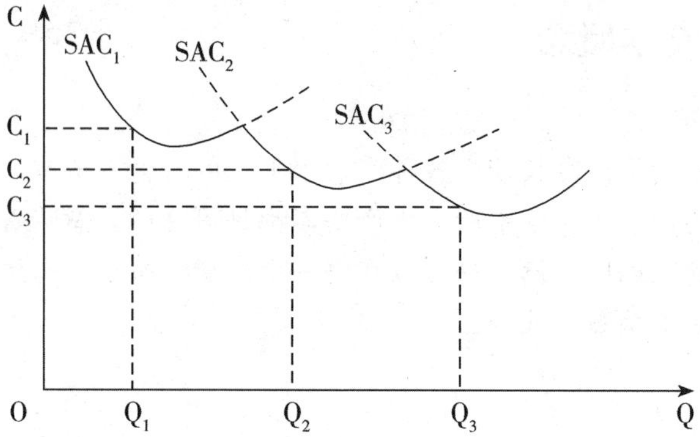

图 5-4 长期平均成本（a）

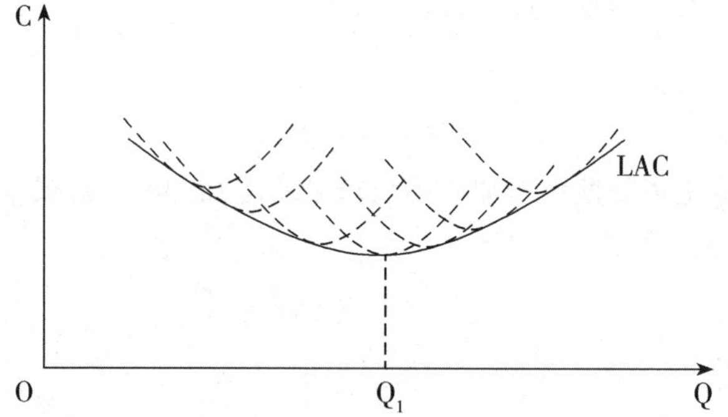

图 5-5 长期平均成本（b）

与 SAC 的切点，切点对应的平均成本就是生产相应产量水平的最低平均成本，SAC 曲线所代表的生产规模则是生产该产量的最优生产规模。

LAC 曲线先下降后上升。LAC 曲线最低点与某一特定 SAC 曲线最低点相切，其余之点，LAC 并不切于 SAC 最低点，而是 LAC 最低点左侧，相切于 SAC 最低点左侧，LAC 最低点右侧，相切于 SAC 最低点右侧。

2. 长期平均成本曲线 U 形特征的原因

长期平均成本 U 形特征是由长期生产中内在的规模经济与规模不经济所决定的。

规模经济是指厂商由于扩大生产规模而使经济效益得到提高，此时产量增加倍数大于成本增加倍数，企业长期平均成本下降；反之称为规模不经济。在企业生产规模由小到大扩张过程中，往往先出现规模经济，产量增加倍数大于成本增加倍数，因而 LAC 下降；然后再出现规模不经济，产量增加倍数小于成本增加倍数，LAC 上升。由于规模经济与规模不经济的作用，LAC 曲线呈 U 形。

5.4 收　益

企业从事生产的目的是追求利润最大化，而利润等于企业收益与成本的差额。

前面已经分析了企业的成本，本节介绍企业收益的概念。

收益是指企业销售商品或劳务所获得的货币收入。与产量和成本概念类似，收益也有三个重要的概念：总收益、平均收益、边际收益。

1. 总收益

总收益（total revenue）是指企业生产并销售一定数量商品和劳务所获得的货币收入总额，也即全部的销售收入。总收益公式为：

$$TR = P \cdot Q \tag{5.12}$$

式中，P 表示价格；Q 表示销售量。经济学分析中假定企业能顺利地出售产品，即销售量等于产量，且销售量也正是市场对该产品的需求量。

2. 平均收益

它是指企业平均出售每一单位的商品和劳务所能得到的货币收入。平均收益公式为：

$$AR = \frac{TR}{Q} = \frac{P \cdot Q}{Q} = P \tag{5.13}$$

当所有商品按同一价格销售时，平均收益就是每一单位商品的售价。实际上，在任何情况下，平均收益总是等于该销售量下的单位商品价格。

3. 边际收益

它是指厂商增加销售每一单位的商品和劳务所引起的总收益的变动量。边际收益公式为：

$$MC = \frac{\Delta TR}{\Delta Q} \tag{5.14}$$

如果 $\Delta Q \to 0$，则

$$MC = \lim_{\Delta Q \to 0} \frac{\Delta TR}{\Delta Q} = \frac{d\ (TR)}{dQ} \tag{5.15}$$

由上式可知，每一销售水平上的边际收益值就是相应的总收益曲线的斜率。当价格为既定时，边际收益等于既定价格。

从企业的收益概念看，企业收益取决于两个因素：价格 P 和产量 Q。产量 Q 可根据企业的生产函数和所投入的要素数量来确定；而 P 与 Q 之间的关系则是由市场需求曲线确定的。因此，企业收益从根本上取决于企业面对的需求曲线，而需求曲线又是由市场结构确定，在不同市场结构下，企业面对的需求曲线不同，企业的收益函数也不同。

5.5 利润最大化原则

如果用 π 表示厂商的利润，可表示为：$\pi = TR - TC$。因为 TR 与 TC 都是产量的函数，都随产量的变化而变化，所以 π 是产量的函数。厂商要实现利润最大化，就是要确定一个适当的产量，在这一产量水平上，函数 π 取得极大值。用 π_{max} 表示最大利润，Q_0 表示此时的产量水平，则：

$$\pi_{max}=TR(Q_0)-TC(Q_0) \quad (5.16)$$

由$\frac{d\pi}{dQ}=0$可得利润最大化的条件①：

即：$\frac{d\pi}{dQ}=\frac{d(TR-TC)}{dQ}=\frac{dTR}{dQ}-\frac{dTC}{dQ}=0$

而 $\frac{dTR}{dQ}=MR$，$\frac{dTC}{dQ}=MC$，所以：

$$MR=MC \quad (5.17)$$

即厂商利润最大化的必要条件是 MR＝MC。如果 MR>MC，则厂商每增加一单位产量所带来的收益大于生产这一单位产量的成本，所以厂商增加产量有利于厂商利润总额的提高；反之，如果 MR<MC，则厂商每增加一单位产量所能带来的收益小于生产这一单位产量的成本，所以厂商增加产量将导致利润总额减少；只有当 MR＝MC 时，虽然最后一单位产量的收支相似，无利润可赚，但以前生产的产量使总利润达到最大程度。因此，MR＝MC 是厂商利润最大化的基本原则。

假设某商品价格不变。如图 5-6 所示，MR＝AR，它是一条水平线，MC 曲线先下降后上升，两线交点 E，为厂商利润最大化的均衡点。

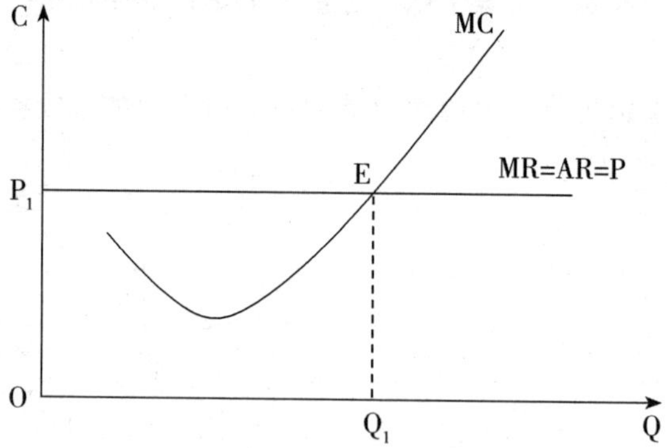

图 5-6 利润最大化

图 5-6 中 E 点，MR＝MC，在 E 点的左边，MR>MC，表示增加单位产量可使增加的收益大于增加的成本，从而增加厂商的利润，厂商将扩大产量，使利润进一步增加；而在 E 点的右边，MR<MC，此时增加单位产量使得成本的增加大于收益的增加，利润下降，厂商会减少产量。只有在 E 点，MR＝MC，才是利润最大化的均衡点。

本章小结

1. 成本，通常来说它是指企业为了得到一定数量的商品或服务所付出的代

① 求函数条件极值的二阶条件证明略。

价。也就是企业在生产过程中耗费的生产要素的总价格。在经济学中，企业的一切生产成本都是从机会成本的角度来考虑的。一般地，企业生产某种商品的机会成本是指生产者所放弃的使用相同的生产要素在其他生产用途中所能得到的最高收入。

2. 企业生产的机会成本包括显成本和隐成本。显成本是指企业在生产要素市场上购买或租用他人所拥有的生产要素的实际货币支出。隐成本是指企业自己所拥有的并且被用于该企业生产过程的那些生产要素的总价格。

3. 成本理论分为短期和长期两个部分。短期成本有七种：总固定成本、总变动成本、总成本、平均固定成本、平均变动成本、平均成本、边际成本。注意理解曲线特征及相互关系。短期边际成本、短期平均成本呈“U”形的原因是短期生产存在边际产量递减规律。

4. 长期成本有三种：长期总成本、长期平均成本、长期边际成本。注意理解曲线特征及相互关系。长期平均成本呈“U”形的原因是长期生产中存在规模经济和规模不经济的现象。

5. 收益是指企业销售商品或劳务所获得的货币收入。与产量和成本概念类似，收益也有三个重要的概念：总收益、平均收益、边际收益。

6. 企业实现利润最大化的条件是：MR=MC，即生产最后一个单位产品带来的边际收益要等于其边际成本。

关键概念

机会成本　显成本　隐成本　经济成本　经济利润　总固定成本　总变动成本　总成本　平均固定成本　平均变动成本　平均成本　边际成本　长期总成本　长期平均成本　长期边际成本　总收益　平均收益　边际收益

本章案例

在“下海”的浪潮中，某服装公司处长小王与夫人用自己的20万元资金创办了一个小型服装厂。一年之后，会计拿来了收支报表。当小王正看报表时，他的一个朋友经济学家小李来了。小李看完报表后说，我的算法和你们会计的算法不同。小李也列出一份收支报表。这两份报表如下：

两份报表的比较

收支表单位：万元

会计的报表（会计成本）		经济学家小李的报表（经济成本）	
销售收益	100	销售收益	100
设备折旧	3	设备折旧	5
厂房租金	3	厂房租金	3
原材料	60	原材料	60
电力	3	电力	3
工资	10	工资	10
贷款利息	15	贷款利息	15
		小王和夫人应得的工资	4
		自有资金利息	2
总成本	94	总成本	102
利润	6	利润	-2

会计报表中的总成本是实际支出的会计成本，经济学家小李报表中的总成本是经济成本。会计所算出的利润是会计利润，经济学家所算出的利润是经济利润。在企业作出决策时，了解会计成本与经济成本之间的差别是十分重要的。

所谓会计成本指的是厂商在生产中按市场价格直接支付的一切费用。这些费用一般要反映到厂商的会计账目上去，是企业已支出的货币的记录，因此也叫做历史成本。在会计报表中，用于设备折旧、厂房租金、原材料、电力、工人工资和利息的支出等（94 万元）是会计成本。销售成本（100 万元）减去会计成本（94 万元），就是会计利润（6 万元）。会计成本的信息不足：第一，会计成本往往只能说明过去，不能说明将来；第二，会计成本往往含有一些人为的因素；第三，会计成本不能准确反映厂商生产的实际代价。

经济成本是在会计成本上加了机会成本，即经济成本等于会计成本与机会成本之和。因此，了解这两种成本差别的关键是机会成本。

所谓机会成本，从企业来说，指的是由于使用某一投入要素而必须放弃的这一要素其他用途的最高代价，从要素所有者来说，则是指这一要素在其他可能的机会中所能获得的最高报酬。机会成本可以用价值量来表示，也可以用实物量来表示。机会成本的前提条件：（1）资源本身有多种用途；（2）资源可以自由流动而不受任何限制；（3）资源得到了充分利用。简言之，机会成本就是为了得到某种东西所必须放弃的东西。例如，你手头有 20 万元，可用于存银行获利息 2 万元，又或者拿去炒股获利 4 万元。你把这 20 万元用于炒股获得 4 万元时就放弃了存银行的 2 万元利息。所以，没有反映在会计报表中，它是一种观念上的损失。

经济成本中包括机会成本，它与会计成本的差别有以下三点：

第一，机会成本包括小王与夫人自己办厂，不用向自己支付的工资。会计成本中没有这一项。但从机会成本的角度来看，他们如果不自己办厂，则可以去上班，赚到工资，所以，他们不上班而放弃的工资收入就是把自己的时间与精力用于办厂的机会成本。我们假设小王及其夫人上班时每年工资收入为4万元，所以，自己办厂的机会成本之一就是放弃的这4万元收入。

第二，机会成本包括小王办厂自有资金所放弃的利息。会计成本中也没有这一项。小王办厂中部分是自有资金（20万元），并不用给自己支付利息，会计报表中当然没有记录，但如果把这笔钱存入银行，可获得2万元利息。把20万元用于办厂而放弃的利息是机会成本之一。

第三，会计报表与经济学家报表中都有设备折旧一项，但会计成本与机会成本的计算方法不同，因此数值不同。会计是按线性折旧计算的，即全部设备为15万元，设备使用期限为5年，平均每年折旧3万元，所以，设备折旧为3万元。经济学家是按设备资产的现值来计算折旧的。小王去年买的设备，现在如果拿出去卖只值10万元，即设备资产的价值减少了5万元。这就是用机会成本来计算的折旧。这两种方法计算出的折旧差别为2万元。（应该注意的是，用机会成本的方法计算折旧，如果资产升值了，折旧就为负的，例如把房产作为设备时，房产升值，折旧就可能是负的，但从会计角度来看，折旧绝不可能是负的）

这三项机会成本加在一起共为8万元，所以，经济成本为102万元，减去销售收益100万元，实际上还亏了2万元，即经济利润为-2万元。

小李在向小王解释这一切之后告诉他：从会计师的角度看你赚了6万元，但从经济学家的角度看你赔了2万元。放着好好的处长不当，当什么私人老板呢？何况，当老板比处长辛苦得多，社会地位也远不如处长。如果把这些也作为机会成本，你的损失就更大了。小王听后恍然大悟，决定“上岸”回机关。小王的夫人特别感谢小李，因为这一年来她太累了，如果不是小李讲了机会成本的道理，小王还以为赚了6万元，会一直干下去呢。

小王的例子告诉我们，当我们面临一个决策时，不仅要考虑得到什么，还要考虑为此而放弃了什么。只有考虑到机会成本的经济利润最大化才是真正的最大化。懂得了这一点，作出是否“下海”或其他决策就相对容易了。

本章资料

成本效益分析

成本效益分析是通过比较一个项目的全部成本和效益来评估该项目价值的一种方法。成本效益分析作为一种经济决策方法，将成本收益分析法运用于政府部门的计划决策之中，以寻求在投资决策上如何以最小的成本获得最大的收益。

成本效益分析法的基本原理，就是针对某项目标，提出若干实现该目标的方案，运用一定的技术方法，计算出每种方案的成本和效益，通过比较方法，并依据一定的原则，选择出最优的决策方案。

成本效益分析法虽然常用于评估需要量化社会效益的公共事业项目的价值，但是非公共行业的管理者也可采用这种方法对某一大型项目的无形收益进行分析。在该方法中，某一项目或决策的所有成本和收益都将被一一列出，并进行量化。

成本效益分析方法的概念首次出现在 19 世纪法国经济学家朱乐斯·帕帕特的著作中，被定义为“社会的改良”。其后，这一概念被意大利经济学家帕累托重新界定。1940 年，美国经济学家尼古拉斯·卡尔德和约翰·希克斯对前人的理论加以提炼，形成了“成本-效益”分析的理论基础即卡尔德-希克斯准则。也就是在这一时期，“成本-效益”分析开始渗透到政府活动中，如 1939 年美国的洪水控制法案和田纳西州泰里克大坝的预算。70 多年来，随着经济的发展，政府投资的项目不断增多，使得人们日益重视投资，重视项目的经济和社会效益。这就需要找到一种能够比较成本与效益关系的分析方法。以此为契机，成本-效益分析方法在实践方面得到了迅速发展，被世界各国广泛采用。

在激烈竞争的经济环境下，成本控制成为每个企业关注的焦点问题。如何科学分析企业的各项成本构成及影响利润的关键要素，找到成本控制的核心思路和关键环节，使企业更好地应对竞争压力下的成本控制问题，对企业的生存与发展至关重要。

成本控制绝不仅仅是单纯的压缩成本费用，它需要与宏观经济环境、企业的整体战略目标、经营方向、经营模式等有效结合，需要建立起科学合理的成本分析与控制系统，让企业的管理者全面、清晰地掌握影响公司业绩的核心环节，全面了解企业的成本构架、盈利情况，从而把握正确的决策方向，从根本上改善企业成本状况，真正实现有效的成本控制。

本章习题

1. 解释名词

机会成本　显（性）成本　隐（性）成本　经济利润　正常利润　规模经济　规模不经济　外在经济　外在不经济

2. 选择题

1）经济学分析中所说的短期是指(　　)。

A. 1 年之内

B. 2 年之内

C. 全部生产要素都可随产量调整的时期

D. 只能根据产量调整可变成本的时期

E. 以上均不正确

2）固定成本是指(　　)。

A. 厂商在短期内必须支付的不能调整的生产要素的费用

B. 厂商要增加产量所要增加的费用

C. 厂商购进生产要素时所要支付的费用

D. 厂商支付的工资

3）下列项目中可称为可变成本的是(　　)。

A. 高层管理者的薪金　　B. 生产工人的工资

C. 厂房和机器设备的折旧　　D. 库存费用

E. 原料、燃料方面的支出

4）已知产量为 9 单位时，总成本为 95 元，产量增加到 10 单位时，平均成本为 10 元，由此可知边际成本为(　　)。

A. 5 元　　B. 10 元　　C. 15 元　　D. 20 元

E. 以上均不正确

5）如果生产 10 单位产品的总成本是 100 美元，第 11 单位的边际成本是 21 美元，那么(　　)。

A. 第 11 单位产品的总变动成本是 21　　B. 第 10 单位的边际成本是 21

C. 第 11 单位的平均成本是 11　　D. 第 12 单位的平均成本是 12

6）下列因素中不属于固定成本的是(　　)。

A. 土地的租金　　B. 折旧

C. 高层管理者的工资支出　　D. 原材料和生产的辅助材料

7）随着产量的增加，短期固定成本(　　)。

A. 增加　　B. 不变　　C. 减少

D. 有可能增加，有可能减少　　E. 以上均不正确

8）随着产量的增加，短期平均固定成本(　　)。

A. 在开始时减少，然后趋于增加　　B. 一直趋于减少

C. 一直趋于增加　　D. 不变

E. 在开始时增加，然后趋于减少

9）随着产量的增加，短期平均可变成本(　　)。

A. 先减少后增加　　B. 先增加后减少

C. 按一定的固定比率在增加　　D. 保持不变

E. 不按一定的固定比率在增加

10）短期边际成本曲线与短期平均成本曲线相交之后(　　)。

A. 边际成本等于平均成本　　B. 边际成本大于平均成本

C. 边际成本小于平均成本　　D. $MC'>MP'$

E. 以上任何一种情况都有可能

11）假如增加一单位产量所带来的边际成本大于产量增加前的平均可变成本，

那么在产量增加后，平均可变成本一定(　　)。

A. 减少　　B. 增加　　C. 不变

D. 处于最低点　　E. 以上都不正确

12) 当 AC 达到最低点时，下列哪一条是正确的(　　)。

A. AVC = FC　　B. MC = AC　　C. P = AVC

D. P = MC　　E. MR = MC

13) 假定两个人一天可以生产 60 单位产品，4 个人一天可以生产 100 单位产品，那么(　　)。

A. AVC 是下降的　　B. AVC 是上升的　　C. $MP_L < AP_L$

D. $MP_L = 40$　　E. AP_L 是下降的

14) 已知产量为 10 单位时，总成本为 500；产量为 11 单位时，平均成本为 51，那么边际成本为(　　)。

A. 51　　B. 50　　C. 52

D. 61　　E. 1

15) 当边际收益递减规律发生作用时，总成本曲线开始(　　)。

A. 以递增的速率下降　　B. 以递增的速率上升　　C. 以递减的速率下降

D. 以递减的速率上升　　E. 先递减后上升

16) 一个企业短期内在以下哪种情况下应该停止营业(　　)。

A. 价格低于 AVC　　B. 价格小于 AC

C. 发生亏损　　D. AC>AR

17) 从原点出发与 TC 曲线相切的直线的斜率是(　　)。

A. AC 的最低点　　B. 等于 MC

C. 是 AVC 与 AFC 之和　　D. 以上都成立

18) 企业使其利润最大化意味着(　　)。

A. 使其亏损最小化

B. 使总收益和总成本之间的差额最大

C. 根据边际收益和边际成本相等来决定产出水平

D. 以上都是

19) 经济成本与经济利润具有以下特征(　　)。

A. 经济成本比会计成本大，经济利润比会计利润小

B. 经济成本比会计成本小，经济利润比会计利润大

C. 两者都比相应的会计成本和会计利润小

D. 两者都比相应的会计成本和会计利润大

20) 某机器原来生产产品 A，利润收入为 200 元，现在改为生产产品 B，所花的人工、材料费为 1 000 元，则生产产品 B 的机会成本是(　　)。

A. 200 元　　B. 1 200 元　　C. 1 000 元　　D. 800 元

3. 判断题

1）经济学分析中所说的短期是指1年以内。（ ）

2）在短期内，所有生产要素均不能调整。（ ）

3）厂商增加一单位产量时所增加的可变成本等于边际成本。（ ）

4）在长期中无所谓固定成本与可变成本之分。（ ）

5）短期总成本曲线与长期总成本曲线都是从原点出发向右上方倾斜的一条曲线。（ ）

6）短期边际成本曲线和短期平均成本曲线一定相交于平均成本曲线的最低点。（ ）

7）停止营业点就是短期边际成本曲线与平均可变成本曲线的交点。（ ）

8）长期平均成本实际上就是平均可变成本。（ ）

9）平均收益就是单位商品的价格。（ ）

10）边际收益等于边际成本时，厂商的利润为零。（ ）

11）当边际成本递增时，平均成本也是递增的。（ ）

12）MC开始递减是因为生产中的边际收益递增引起的。（ ）

13）LAC曲线的上升是由边际收益递减规律引起的。（ ）

14）固定成本与产量的变动无关。（ ）

15）在总收益等于总成本时，厂商的正常利润为零。（ ）

16）只要总收益小于总成本，厂商就会停止生产。（ ）

17）由于固定成本不随产出的变化而变化，因而AFC也不随产出的变化而变化。（ ）

18）如果生产要素A的边际实物产量MP_a与A的使用量之积总是等于要素B的边际实物产量MP_b与B的使用量之积，那么，如果A的价格是B的两倍，则一个追求成本最小化的企业，应该使用两倍于A的B要素量。（ ）

19）可变要素的边际成本总是递增的。（ ）

20）LAC曲线相切于SAC曲线的最低点。（ ）

21）短期总成本总是大于长期总成本。（ ）

22）如果产量减少到零，短期内总成本也将为零。（ ）

23）企业运用生产要素A和B生产商品X，如果$MP_a=10$，$MP_b=7$，$P_a=4$，$P_b=3$，企业就应该增加B的使用量。（ ）

4. 简答题

1）某人决定暑假去参加一个计算机培训班，这样，他就不能去打工赚2 000元。参加这个培训班学费2 000元，书本费200元，生活费1 400元。参加这个培训班的机会成本是多少？

2）短期成本曲线和长期平均成本曲线都是U形，请解释它们成U形的原因有何不同？

3）分析为何SAC的最低点一定在AVC的最低点的右侧？

4）已知厂商的生产函数，如何推导其成本函数？

5）说明 AVC 和 AP_L，MC 和 MP_L 之间的关系。

6）说明 AC、AVC 和 MC 之间的关系。

7）用图说明短期成本曲线相互之间的关系。

8）下表是一张关于短期生产函数 Q=f（L,）的产量表。

产量表

L	1	2	3	4	5	6	7
TP_L	10	30	70	100	120	130	135
AP_L							
MP_L							

（1）在表中填空。

（2）根据（1）在一张坐标图上作出 TP_L 曲线，在另一张坐标图上作出 AP_L 曲线和 MP_L 曲线。

（3）根据（1）并假定劳动的价格 w=200，完成下面的短期生产的成本表。

短期生产的成本表

L	Q	TVC= w_L	AVC=	MC=
1	10			
2	30			
3	70			
4	100			
5	120			
6	130			
7	135			

（4）根据上表，在一张坐标图上作出 TVC 曲线，在另一张坐标图上作出 AVC 曲线和 MC 曲线。

（5）根据（2）、（4），说明短期生产曲线和短期成本曲线之间的关系。

9）下面是一张某厂商的 LAC 曲线和 LMC 曲线图。分别在 Q_1 和 Q_2 的产量上画出代表最优生产规模的 SAC 曲线和 SMC 曲线。

10）试用图从短期总成本曲线推导长期总成本曲线，并说明长期总成本曲线的经济含义。

11）试用图从短期平均成本曲线推导长期平均成本曲线，并说明长期平均成本曲线的经济含义。

12）试用图从短期边际成本曲线推导长期边际成本曲线，并说明长期边际成本曲线的经济含义。

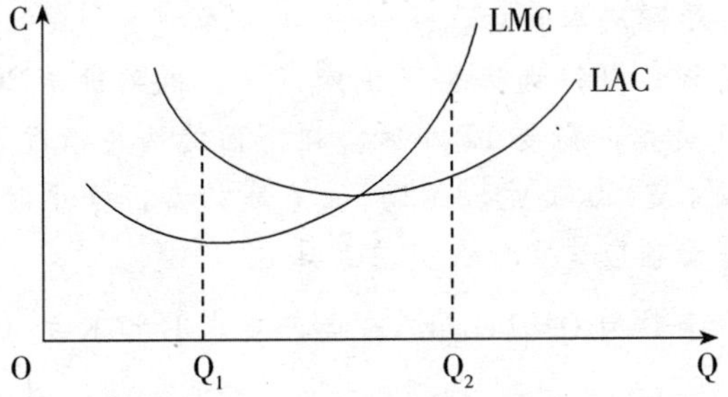

5. 计算题

1）假定某企业的短期成本函数是 $TC=Q^3-10Q^2+17Q+66$，计算：

（1）指出该成本函数中的可变成本部分和固定成本部分；

（2）写出下列函数：TVC、AC、AVC、AFC、MC。

2）已知某企业的短期总成本函数是 $STC=0.04Q^3-0.8Q^2+10Q+5$，计算最小的平均可变成本值。

3）一个企业每周生产100单位产品，成本状况如下：机器200元，原料500元，抵押租金400元，保险费50元，工资750元，废料处理费100元。计算企业总固定成本和平均可变成本。

4）假定某厂商短期生产的边际成本函数 $SMC(Q)=3Q^2-8Q+100$，且已知当产量 $Q=10$ 时的总成本 $STC=2\,400$，计算相应的STC函数、SAC函数和AVC函数。

5）假定一企业的平均成本函数 $AC=(160/Q)+5-3Q+2Q^2$，计算边际成本函数。

6）设某厂商的需求函数为 $Q=6\,750-50P$，总成本函数为 $TC=12\,000+0.025Q^2$，计算：

（1）利润最大化时的产量和价格；

（2）最大利润。

7）某公司用两个工厂生产一种产品，其总成本函数为 $C=2Q_1^2+Q_2^2-Q_1\cdot Q_2$。其中，$Q_1$ 表示第一个工厂生产的产量；Q_2 表示第二个工厂生产的产量。

计算：当公司生产的产量为40时能够使得公司生产成本最小的两工厂的产量组合。

8）李、王二人想合写一本书，他们的生产函数是 $Q=L^{\frac{1}{2}}\cdot W^{\frac{1}{2}}$。其中，Q是写完的书的页数；L、W分别表示李和王的工作小时数。李每工作1小时的价格是3元，他已花了900小时用来写草稿；王每工作1小时的价格是12元，他将修改李的草稿并完成该书。计算：

（1）王为完成150页、300页和450页书稿分别得花多少时间？

（2）完成150页、300页和450页的边际成本分别是多少？

9）已知生产函数 $Q=A^{\frac{1}{4}}L^{\frac{1}{4}}K^{\frac{1}{2}}$；各要素价格分别为 $P_A=1$，$P_L=1$，$P_K=2$；假定厂商处于短期生产，且K的投入量固定为16。

推导计算：该厂商短期生产的总成本函数和平均成本函数；总可变成本函数和

平均可变成本函数；边际成本函数。

10）从甲地到乙地，可以选择坐飞机或汽车。机票价是200美元，飞行2小时。汽车票价是100美元，需要12小时。在下面的两种情况下，（1）一位企业家，每小时的时间成本是50美元。（2）一家庭妇女，每小时的时间成本是5美元。企业家和家庭妇女各应选择什么交通工具？

11）厂商的生产函数为$Q=24L^{\frac{1}{2}}K^{\frac{2}{3}}$；生产要素L和K的价格分别为$P_L=1$和$P_K=2$，计算：

（1）厂商的生产要素最优组合；

（2）如果资本的数量K=27，厂商的短期成本函数；

（3）厂商的长期成本函数。

12）已知某厂商的生产函数为$Q=0.5L^{\frac{1}{3}}K^{\frac{2}{3}}$；当资本投入量K=50时资本的总价格为500，劳动的价格$P_L=5$，计算：

（1）劳动的投入函数L=L（Q）；

（2）总成本函数、平均成本函数和边际成本函数；

（3）当产品的价格P=100时，厂商获得最大利润的产量和利润各是多少？

13）假定某厂商的边际成本函数$MC=3Q^2-30Q+100$，生产10单位产品时的总成本为1 000。计算：

（1）固定成本值；

（2）总成本函数、总可变成本函数、平均成本函数、平均可变成本函数。

第6章 市场结构理论

学习目标

通过本章的学习，应该做到：

1. 理解完全竞争市场、完全垄断市场、竞争垄断市场和寡头垄断市场的定义和基本特征。

2. 掌握各种市场结构下行业和厂商的需求曲线，特别要了解完全竞争行业的需求曲线向右下方倾斜，而完全竞争厂商的需求曲线是一条水平线。完全垄断厂商的需求曲线就是完全垄断行业的需求曲线。

3. 理解各种市场结构下厂商的短期利润与长期利润的不同，完全竞争厂商和垄断竞争厂商在短期的利润可能为正，而长期利润为零；完全垄断厂商的长期利润可以为正，即完全垄断厂商可以长期维持超额利润。

前面几章讨论了消费者行为和生产者行为，即分析了消费者如何在收入既定的条件下，根据自己的偏好和各种消费品的价格，来购买消费品以实现效用最大化；分析了生产者如何在既定成本和生产要素价格的前提下，用一定的成本达到最大的产量。成本函数只是表明了企业为可能生产的各种产量所支付的最低成本，并没有说明企业如何确定产品价格和产量来实现利润最大化。

企业利润最大化决策不仅取决于内部的成本条件，而且取决于企业所面临的外部市场结构。在不同的市场结构下，企业面临的需求曲线、收益曲线和供给曲线是不同的，因而实现市场均衡的条件也就不同。

任何一种交易物品都有一个市场，市场是指从事物品买卖的交易场所或接洽点。一个市场可以是一个有形的买卖物品的交易场所，也可以是利用现代化通讯工具进行物品交易的接洽点。从本质上讲，市场是物品买卖双方相互作用并得以决定其交易价格和交易数量的一种组织形式或制度安排。

在经济分析中，根据不同的市场结构的特征，将市场划分为完全竞争市场、垄断竞争市场、寡头垄断市场和完全垄断市场四种类型（见表6-1）。决定市场类型划分的主要因素有以下四个：第一，市场上厂商的数量；第二，厂商所生产的产品的差异程度；第三，单个厂商对市场价格的控制程度；第四，厂商进入或退出一个行业的难易程度。

表6-1　　四种市场的基本特征比较

市场结构类型	厂商数量	产品差异程度	单个厂商对价格的控制能力	进出一个行业的难易程度	接近的行业
完全竞争	极多	无差异	没有（价格接受者）	很容易	农业
垄断竞争	很多	有一些差异	有一些（价格寻求者）	比较容易	家电业、零售业
寡头垄断	几个	有差异或无差异	较大（价格影响者）	比较困难	汽车制造业
完全垄断	一个	唯一产品，无替代品	很大（价格制定者）	很困难，几乎不可能	煤气、电力、自来水等公用事业

6.1 完全竞争市场

完全竞争市场在现实中非常少见，之所以讲完全竞争市场，更多的是它的理论价值。在讲授市场结构时，完全竞争和完全垄断市场是两个极端情况，它们是参照物，学习了解这两种市场结构有利于理解现实中普遍存在的垄断竞争和寡头垄断两种市场。

6.1.1　完全竞争市场的含义与特点

简单地说，完全竞争市场是指不存在任何垄断因素的市场。要想全面深刻地理解完全竞争市场，就要了解完全竞争市场的四个基本特征：

第一，市场上有大量的买者和卖者。由于市场上存在大量的、相互独立的买者和卖者，任何一个买者所购买的数量和任何一个卖者所销售的数量都只占整个市场总额中极小的一部分，任何买者和卖者都不会对市场的价格水平产生任何影响。完全竞争市场上商品的价格由买方的总需求和卖方的总供给共同决定，每一个买方或卖方只是市场价格的接受者。

第二，市场上每一个厂商提供的产品是完全同质或无差异的。产品同质不仅指产品的质量、规格、商标等完全相同，还包括销售条件、销售区域和售后服务等也完全相同。比如，同是丰田汽车，在两个城市销售，其中一个城市有汽车信贷服务而另一个城市没有，则我们认为丰田汽车对两个城市的消费者来说构成了产品差异，因为销售的信贷条件不同。

第三，厂商可以自由地进入或退出市场。也就是说，厂商进入或退出一个市场是完全自由和毫无困难的，当厂商意识到市场中存在超额利润时，它就会迅速进入这个市场，而当市场中的超额利润消失后，市场外的厂商会停止进入，市场内的厂商会退出该市场。从长期来看，完全竞争市场中厂商的超额利润趋近于零。

第四，信息充分。所有买者和卖者都具有充分的知识，完全掌握现在和将来的价格信息，这样就排除了由于信息不畅通而可能导致的一个市场同时按照不同的价格进行交易的情况。

完全竞争市场描述的是一种非常理想化的情况，更多的是一种理论上的假设，现实生活中几乎不存在完全相符的情况，但现实中存在一些比较接近的市场，例如农产品市场。有了完全竞争市场，我们就有了一把尺子，为政府制定微观经济政策提供了基本思路。

6.1.2　完全竞争厂商的需求曲线与收益曲线

1. 厂商的需求曲线

厂商的需求曲线是指单个厂商的消费者对其产品的需求曲线，描述了价格与需求量之间的对应关系。在完全竞争市场中，厂商是市场价格的接受者，对产品的价格没有影响力，所以厂商面临的需求曲线就是在既定市场价格上的一条水平线，这一既定价格是由完全竞争市场的市场需求与市场供给所决定的，如图6-1所示。

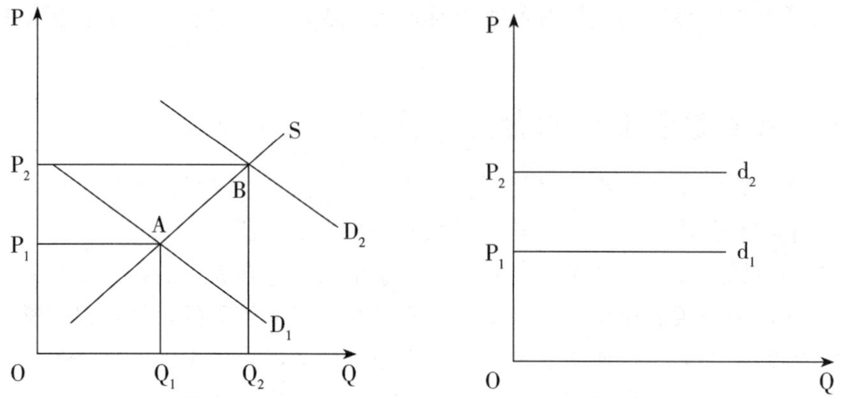

（a）　　　　　　　　　　（b）

图 6-1　完全竞争市场均衡和厂商的需求曲线

图 6-1（a）说明了整个市场的供求如何决定价格。市场需求曲线 D_1 和市场供给曲线 S 决定了均衡点（P_1，Q_1），此时市场价格水平为 P_1。图 6-1（b）为单个厂商的需求曲线。当市场处于均衡状态时，厂商面对既定价格 P_1，在这个价格下，市场对任何单个厂商的需求是无限的，因此，单个厂商的需求曲线是在既定价格 P_1 下的一条水平线 d_1。

虽然厂商在完全竞争市场下是市场价格的接受者，它没有能力去影响市场价格的变化，但是这并不意味着完全竞争市场产品的价格是固定不变的。市场价格是由市场上的供给曲线与需求曲线共同决定的。当市场需求与供给中的任何一方发生改变时，市场价格将发生变化，此时单个厂商的需求曲线也相应发生变化。如图 6-1，假定市场供给曲线不变，市场需求曲线从 D_1 移动到 D_2，那么市场价格就从 P_1 上升到 P_2，单个厂商的需求曲线随之改变，由 d_1 移动到 d_2。

2. 厂商的收益曲线

厂商收益是指厂商销售其产品所取得的货币收入，有三个基本的收益概念。

1）总收益（total revenue，TR）

它是指厂商出售一定数量产品后所得到的全部收入，它等于产品单价（P）乘以销售数量（Q），用公式表示为：

$$TR = P \cdot Q \tag{6.1}$$

2）平均收益（average revenue，AR）

它是指厂商销售每单位产品所得到的平均收入，它等于总收益除以总销量，也就是单位产品的市场价格，用公式表示为：

$$AR = TR/Q = P \cdot Q/Q = P \tag{6.2}$$

公式（6.2）的含义是在任何市场条件下，平均收益都等于价格。

3）边际收益（marginal revenue，MR）

它指每增加或减少一个单位产品的销售所引起的总收益的变动量，用公式表示为：

$$MR=\Delta TR/\Delta Q，或 MR=dTR/dQ \quad (6.3)$$

现在举一个例子说明三个收益概念及其相互关系。

假定总收益函数为 $TR=f(Q)=-Q^3+6Q^2+8Q$，计算 Q=5 时的 TR、AR 和 MR 的方法如下：

$TR(5)=-125+6\times25+8\times5=65$

$AR(5)=TR/Q=-Q^2+6Q+8=-25+6\times5+8=13$

$MR(5)=dTR/dQ=-3Q^2+12Q+8=-3\times25+12\times5+8=-7$

完全竞争市场的特点之一是厂商是市场价格的接受者，也就是说，对于厂商来说，价格是既定的，即价格 P 是一个常数，记为 C。在价格为常数的条件下，厂商的总收益、平均收益和边际收益有下面的关系：

$TR=P\cdot Q$

$AR=TR/Q=P\cdot Q/Q=P=C$

$MR=\Delta TR/\Delta Q=dTR/dQ=d(P\cdot Q)/dQ=C\cdot dQ/dQ=C$

从以上的公式推导过程中，可以得到 MR=AR=P，即在完全竞争市场条件下，市场价格、边际收益和平均收益三者是相等的关系，表现在坐标系里就是厂商的需求曲线、边际收益曲线和平均收益曲线三线合一。

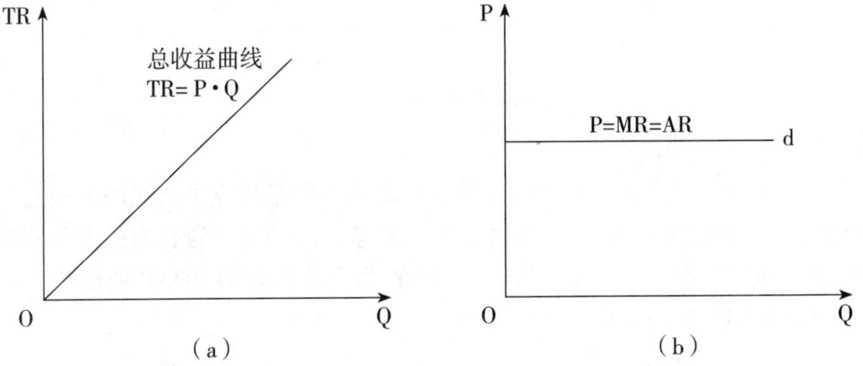

图 6-2 完全竞争厂商 TR、MR 和 AR 的图形关系

图 6-2（a）表示的是完全竞争市场中厂商的总收益曲线，它是一条从原点出发向右上方倾斜的射线，总收益曲线的斜率是市场价格 P。图 6-2（b）表示的是厂商的平均收益曲线、需求曲线和边际收益曲线。

6.1.3 完全竞争厂商的短期均衡

在短期内，厂商只能调整部分生产要素，而且市场中厂商数量与生产规模都保持不变。所谓均衡是指实现利润最大化的状态，均衡的决定就是要寻求实现利润最大化目标所需的产量与价格。厂商要获得最大利润，必须遵循边际成本等于边际收益（MR=MC）的原则。我们将这一原则应用到完全竞争市场，会出现四种情况。

1. 厂商存在超额利润的情况

厂商存在超额利润的条件是市场价格 P 高于平均成本 AC。

如图 6-3 所示，当 P>AC 时，根据厂商利润最大化原则 MR=MC，厂商的产品价格 P_1，其均衡产量为 Q_1。图 6-3 中的 A 点是厂商的短期均衡点，即需求曲线 d 与短期边际成本曲线的交点，B 点是 AQ_1 与短期平均成本曲线 SAC 的交点，P_2B 平行于 P_1A，矩形 P_1OQ_1A 面积表示总收益，矩形 P_2OQ_1B 的面积表示总成本。此时，矩形 P_1P_2BA 的面积就是厂商的超额利润。

注意：当厂商获得最大利润时，AC 不一定最低，这是因为 AC 的最低点为 MC 与 AC 的交点，B 点不一定是平均成本的最低点。

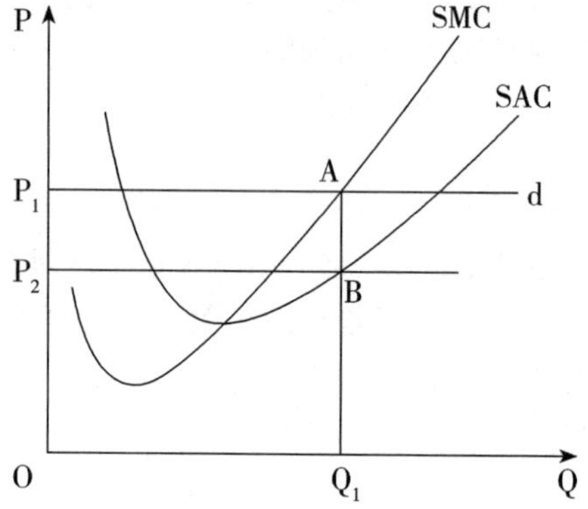

图 6-3　短期厂商有超额利润的均衡图

2. 厂商存在亏损的情况

完全竞争市场厂商出现亏损的原因是厂商的短期平均成本曲线的位置高于平均收益曲线 AR。如图 6-4 所示，根据边际成本等于边际收益的利润最大化原则，厂商获得最大利润的产量为 OA。此时，厂商的总收益为矩形 BOAE 的面积，厂商的总成本为矩形 FOAD 的面积。

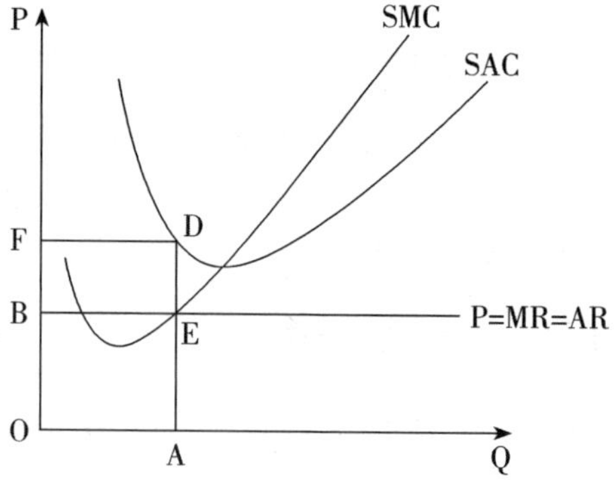

图 6-4　短期存在亏损的厂商均衡

由于总成本大于总收益，厂商的利润为负，即厂商存在亏损，亏损额为矩形 FBED 的面积。

在 MR=MC 的条件下，厂商可以获得最大利润，但最大利润可能是负的，这主要是因为在短期内，厂商不能及时调整各种生产要素的数量，但是只要根据边际收益等于边际成本来确定产量，那么即使厂商亏损，亏损也一定是最小的。

3. 既不存在超额利润，也不存在亏损的情况

这种情况是指厂商的平均成本曲线和需求曲线相切于平均成本曲线的最低点，也就是说，市场价格等于平均成本的最小值，如图 6-5 所示。此时，总收益和总成本均为矩形 BOAE 的面积，此时最大利润在平均成本的最低点实现。

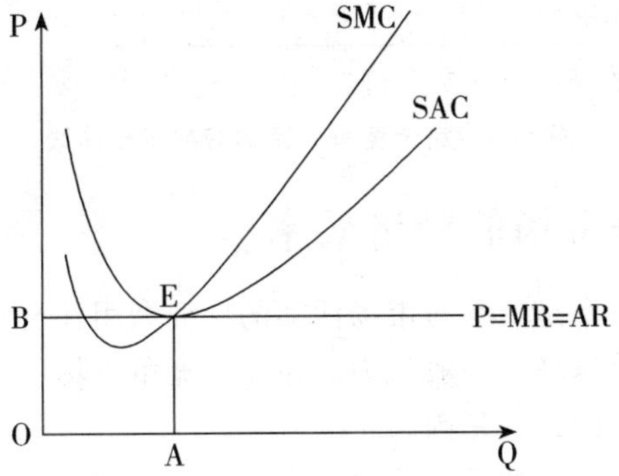

图 6-5　短期厂商既没有超额利润也没有亏损

在短期，由于厂商不能随时调整生产要素，所以以上三种情况都是存在的。

4. 短期厂商停止生产的情况

由于在短期，厂商不能退出该市场，因为存在购买不变生产要素的固定成本，当生产的产量等于零即不生产时，厂商仍然要支付固定成本，也就是说，厂商由于某种特定的市场条件而不生产任何产品时，厂商仍然要支付固定成本。

在短期，如果厂商停止生产，则失去了出售产品所得到的全部收益，但它节省了生产产品的变动成本，因此，如果厂商生产这些产品所得到的收入小于生产的变动成本，厂商就会停止生产。

如果平均收益小于平均变动成本，即 AR<AVC，厂商停止生产。由于平均收益是总收益除以产量，在完全竞争市场中，平均收益等于边际收益等于价格，即 MR=AR=P，因此，厂商生产与不生产的分界点是：P≤AVC。

当 P=AVC 时厂商生产或者不生产都只能收回变动成本，当 P<AVC 时，厂商生产出一定数量的产品，出售后连全部变动成本都没法收回，所以生产就变得没有任何意义。如果市场上产品的价格低于平均变动成本，厂商选择停止生产。这个标准的一般理解是：在选择生产与不生产时，厂商比较每单位产品所得到的价格与生产该产品所支付的平均变动成本，如果价格不能弥补平均变动成本，则选择不生产；如果条件改变，价格高于平均变动成本，则厂商选择重新生产。所以，在短期完全竞争市场中的厂商的供给曲线是边际成本曲线 MC 高于 AVC 最低点 B 以上的部分，如图 6-6 所示。

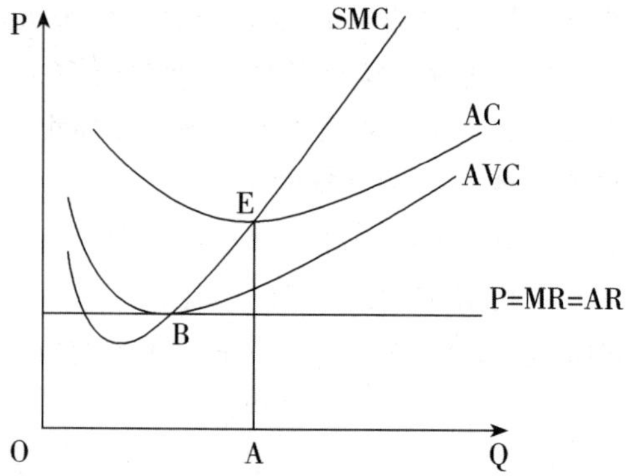

图 6-6 完全竞争厂商的短期供给曲线

6.1.4 完全竞争市场的经济效率

市场运行的经济效率是指参与市场活动的厂商利用社会资源的程度。资源利用得越充分，经济效率就越高。一般认为，在完全竞争市场上，厂商处于长期均衡状态时，市场是最有效率的，这是因为：

第一，在完全竞争市场的长期，边际成本等于价格，即 MC = P。MC 度量了社会多生产一单位产品耗费的资源成本，而市场价格则衡量了消费者愿意支付的价格，它反映了增加一单位产品给消费者增加的福利，MC = P 说明最后一单位产品所耗费的资源价值等于该单位产品的社会价值。同时，在完全竞争市场，消费者只要用等于 MC 的价格就可买到产品，消费者支付的市场价格最低，所以说竞争的好处归消费者。

第二，从平均成本等于市场价格来看，在完全竞争市场，需求曲线是一条水平线，当厂商处于长期均衡状态时即获得最大利润时，厂商的 MR = AR = P = AC = MC，此时，平均成本最低，这说明厂商使用现有技术使得在生产过程中所耗费的平均成本最低，因而完全竞争厂商在生产技术使用方面是有效率的。如果全社会所有厂商都能在平均成本曲线的最低点组织生产，则社会稀缺资源的消耗最小。

第三，由于在完全竞争市场中，长期不存在超额利润，因而市场上不存在短缺的现象，也不存在亏损，所以不存在过剩挤压的现象。市场的供求是平衡的，不存在资源的浪费。

第四，完全竞争市场长期均衡是通过市场供求关系的变动来实现的，当消费者的偏好和收入等因素发生变化时，市场便可以作出反应，使得厂商及时调整生产经营决策。

6.2 完全垄断市场

6.2.1 完全垄断市场概述

完全垄断是指市场上只存在一个厂商的市场结构。垄断（monopoly）一词来自于希腊文，意为单个生产者面对众多的消费者。从理论上讲，完全垄断市场具有以下特点：

第一，在一种产品市场上，该产品的全部销售量只由一家厂商或企业提供，企业就是行业。市场上没有任何可与之替代的产品存在，因而它不面临任何别的企业的竞争威胁。

第二，垄断企业是价格的制定者，它可自行决定自己的产量和销售价格，并因此使自己利润最大化。

第三，垄断企业可根据获取利润的需要在不同销售条件下实行不同的价格，即实行差别价格或者说价格歧视。

在现实经济中完全垄断是很少存在的。一个地区的自来水企业、电力行业、石油行业等，它们都近似于完全垄断行业。除了文物、古董等少数产品外，大多数产品在某种程度上都可以找到替代品，因而很难在一个行业中只存在一个供给者。一般认为，垄断是一个相对的概念，而不是绝对的概念。如南非的德比尔斯（DeBears）公司是钻石市场的垄断者，它的产量占全世界钻石产量的80%以上。

同完全竞争市场一样，虽然在现实经济中很少存在，完全垄断市场也为理解其他市场结构提供了参照系。垄断企业如何能将其他企业排斥在外，从而保持自己的垄断地位，原因可归纳为以下四点：

1. 自然垄断

当一个企业能以低于两个或更多企业的成本为整个市场提供一种商品和劳务时，这个行业就是自然垄断（natural monopoly）。当一个行业具有规模经济时，它的平均成本会随着产量的扩大而降低，也就是说，它生产得越多，它的平均成本就越低。这样，由多个企业同时生产，每个企业的平均成本就会大于所有产量由一个企业生产的平均成本。在一个行业内，只要有一个企业能够比别的企业提供更多的产量，那么它的平均成本就会低于其他企业，这个企业就能在不断扩大生产的同时降低产品的价格，最终使其他企业在本行业无利可图，从而该行业被这个企业所垄断。由规模经济所形成的垄断，一般称为自然垄断。

2. 原材料控制

企业对某些生产要素的控制，将使它成为某一行业的完全垄断者。例如，一个钢铁企业完全控制了某地区的铁矿石资源，那么该企业将成为该地区钢铁行业的完全垄断者。

3. 专利权

独家厂商拥有生产某种商品的专利权，这就使得独家厂商可以在国家法律的保护下，在一定的时期内垄断该产品的生产。

4. 行政垄断

为便于管理和控制，维护公共利益等目的，政府通常会授予某个企业对某个行业的独家经营权，如铁路运输部门、供电、供水等部门。

6.2.2 完全垄断厂商的需求曲线、平均收益曲线和边际收益曲线

1. 垄断厂商的需求曲线

由于垄断市场中只有一个厂商，所以市场的需求曲线就是垄断厂商所面临的需求曲线。在垄断市场中，厂商具有制定价格的能力，当垄断厂商把市场价格抬高时，就会减少对产品的需求量；当垄断厂商提高产量时，市场价格就会由于供给的增加而降低，所以垄断厂商面临的是一条向右下方倾斜的需求曲线。

在这几种市场结构中，除了完全竞争市场外，完全垄断市场、垄断竞争市场和寡头垄断市场中厂商所面临的需求曲线都是向右下方倾斜的，这反映了这三种市场中的厂商具有不同程度的价格制定能力。

2. 平均收益曲线和边际收益曲线

在任何市场条件下，平均收益就是单个产品的价格，即任何时候 $AR=P$，所以平均收益曲线和厂商的需求曲线是重合的。

在完全垄断市场中，边际收益曲线是需求曲线以下一条向右下方倾斜的曲线，且随着产量的增加，价格大于边际收益，即 $P=AR>MR$，推导如下：

设反需求函数为 $P=f(Q)$，由于需求曲线向右下方倾斜，其斜率为负，即 $f'(Q)=\frac{dP}{dQ}<0$；总收益为 $TR=PQ=f(Q)Q$；边际收益为 $MR=\frac{d(TR)}{dQ}=\frac{d(PQ)}{dQ}=f(Q)+Qf'(Q)=P+Qf'(Q)$，其中，$f'(Q)<0$ 并且 P 和 Q 均为正数，所以 $MR<P$，并且随着产量 Q 的增加，MR 与 P 之间的差距越来越大。

下面以线性需求曲线为例，通过图形说明平均收益曲线、边际收益曲线和需求曲线之间的关系（如图 6-7 所示）。在完全竞争市场中，如果垄断厂商的需求曲线是线性的，那么它的边际收益曲线的斜率总是需求曲线斜率的两倍，或者说边际收益曲线的横截距是需求曲线横截距的两倍。线性需求曲线与边际收益曲线的这个关系可以拓展到垄断竞争市场和寡头垄断市场。

6.2.3 完全垄断厂商的短期均衡

同完全竞争厂商一样，垄断厂商也追求利润最大化。根据利润最大化原则，垄断厂商会按照边际收益等于边际成本的原则来确定产量，并同时决定价格。在短期，由于有些生产要素的数量不能调整，所以垄断厂商的均衡存在三种情况。

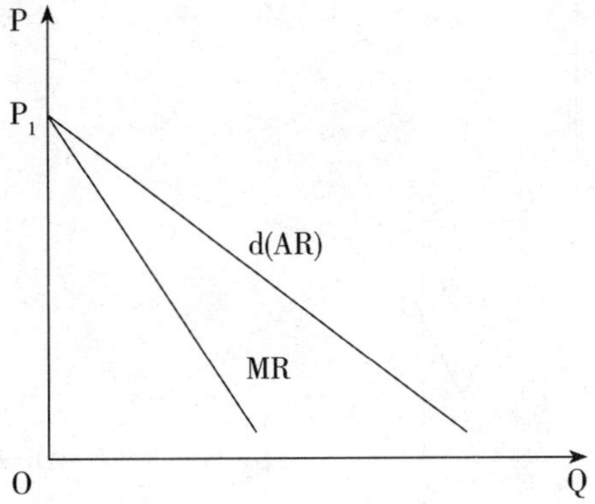

图 6-7　完全垄断厂商的需求曲线、边际收益曲线和平均收益曲线

1. 垄断厂商获得超额利润

如图 6-8 所示，E 点为边际收益曲线与边际成本曲线的交点。根据利润最大化的条件 MR = MC，确定最佳产量为 OQ_1，此时平均收益为 Q_1D，平均成本为 Q_1C，总收益为矩形 AOQ_1D 的面积，总成本为矩形 BOQ_1C 的面积，超额利润为矩形 ABCD 的面积。

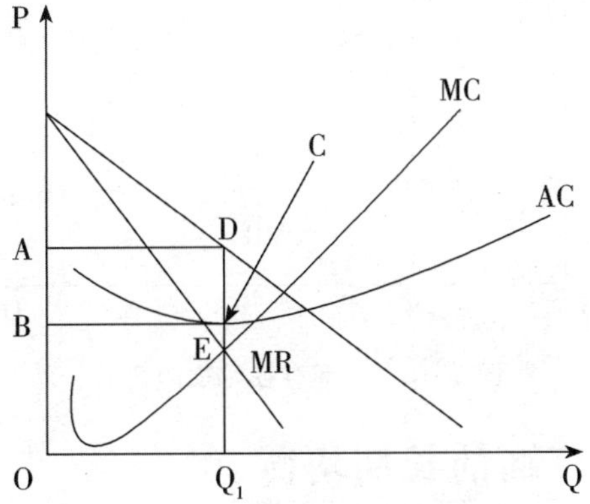

图 6-8　垄断厂商存在超额利润的情况

2. 垄断厂商获得正常利润

如图 6-9 所示，E 点为边际收益曲线与边际成本曲线的交点。在边际收益等于边际成本的原则下，厂商确定的最佳产量为 OB，在这个产量水平上，平均成本曲线与需求曲线相切，平均成本 AC = AR = P，此时，总收益和总成本都是矩形 AOBC 的面积，TR = TC，厂商的超额利润为零，厂商只能获得正常利润。

3. 垄断厂商存在亏损

如图 6-10 所示，E 点为边际收益曲线与边际成本曲线的交点。此时，直观上看，平均成本曲线位于平均收益曲线的上方，经济含义是平均成本大于平均收益，所以厂商必然存在亏损，总收益为矩形 DOBF 的面积，总成本为矩形 AOBC 的面积，亏损额为矩形 ADFC 的面积。

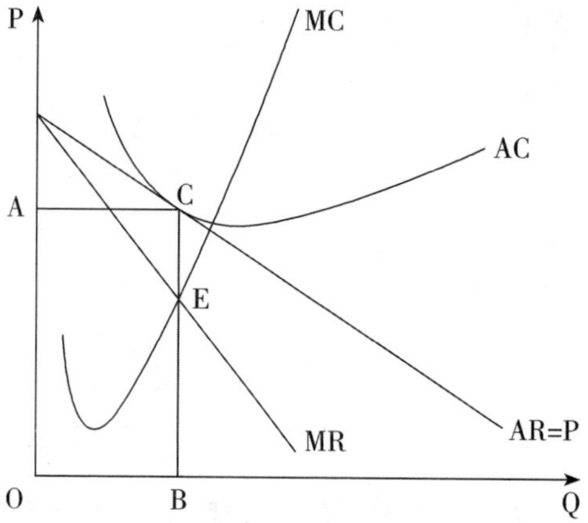

图 6-9 厂商只能获得正常利润的情形

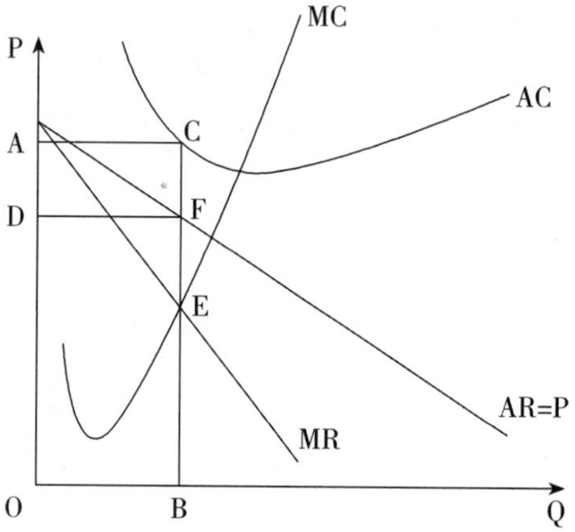

图 6-10 厂商存在亏损的情形

6.2.4 完全垄断厂商的长期均衡

在长期，垄断厂商可以调整全部生产要素的数量，由于完全垄断市场只有一家厂商，没有竞争对手，因此垄断厂商可以通过控制产量的方法把价格定在一个非常有利于自己的位置，因而垄断厂商在长期一般存在超额利润，这一点跟完全竞争厂商是不同的（如图 6-11 所示）。

6.2.5 价格歧视

前面的分析中我们都假定垄断厂商对所有购买者制定了单一价格，但在现实生活中，完全垄断厂商为了获得更大的利润，它可以针对不同的消费者和不同的销售量实行差别价格。所谓价格歧视（price discrimination），是指垄断者在同一时期内，对同一成本的产品向不同的购买者收取不同的价格，或是对不同成本的产品向不同的购买者收取相同的价格。

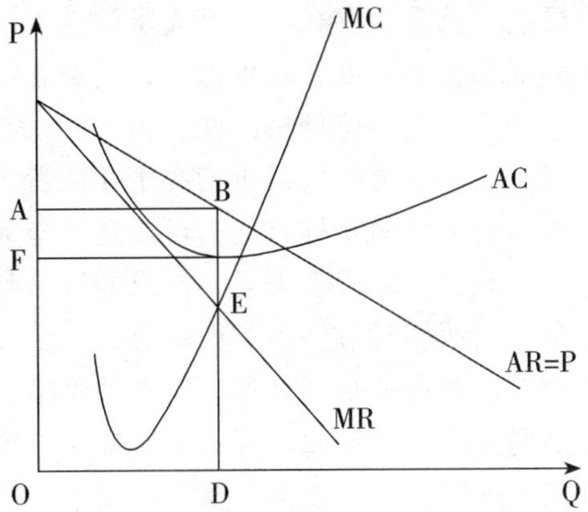

图 6-11 完全垄断厂商的长期均衡

实行价格歧视，一般要具备两个基本条件：

第一，各个市场对同种产品的需求弹性不同。需求弹性的不同可以是由获得替代品的难易程度不同、购买者的收入水平不同，或者是对产品的偏好不同等因素引起的。在需求弹性小的市场，完全垄断者可以确定高价格，以获得垄断利润，例如供电企业把用电分为企业用电和居民用电两类，相对于企业而言，通常居民对电的依赖性比较小，因此居民的电力消费的需求弹性要小于企业，因此，企业用电的价格通常要高于居民用电的价格。

第二，不存在转售的可能性。如果人们能从价格低的市场购买商品，然后在价格高的市场出售商品，这种转售行为的发生将使垄断者的价格歧视策略失效。如超市采取会员卡制度，消费者如果拥有会员卡将享受优惠价格，而没有会员卡将按照正常价格付费。假如消费者之间可以无成本的借用会员卡，都来享受优惠价格，那么超市采取的价格歧视策略就没有太大的价值。

价格歧视具体有三种表现：一是垄断者可以对市场进行分割，对不同团体的顾客收取不同的价格，如根据顾客的类别定价，对军人、妇女、儿童实行优惠等。二是对给定的消费者，依据其购买数量的多少来确定价格水平，这称为多重价格，如根据产品销量定价，对成批购买者实行优惠。三是一种极端的例子，即垄断者对每一个消费者所购买的每一单位的产品分别定价，这称为完全差别定价。

市场分割的价格歧视，是指垄断者把不同类型的购买者分割开来，形成各个子市场，然后把总销量分配到各子市场销售，根据各子市场的需求价格弹性分别制定不同的销售价格。例如，我们可以假定，垄断者可以把消费者分为两类，正如航空公司可以在一条飞机航线上，把它的乘客划分为商务乘客和旅游休假乘客，然后对这两类乘客分别制定不同的价格。要实现市场分割，需要两个条件：第一，垄断者能够把不同市场或市场的各个部分有效地分割开来。否则，不仅全部顾客会集中于低价市场进行采购，而且低价市场的顾客很可能会将低价购得的产品转向高价市场再出售。第二，各子市场或消费团体，必须具有不同的需求价格弹性。如果两个市场的需求弹性相同，价格歧视就不会存在。只有需求弹性不同时，垄断者才能在需求弹性较大的市场制定较低的价格，因为定价过高，消费者就不买了。在需求弹性较小的市场制定较高的价格，因为即使价格高些，消费者也不得不买。

一般来说，航空公司对商务人员的机票价格高于休假者。休假者往往比商务人员对价格更敏感，他们可以更灵活地安排时间，可以选择坐火车而不是乘飞机，也可以待在家里粉刷房子，因此，对休假者来说，需求的价格弹性很高。但是，商务乘客却没有太多的选择余地，他们对价格不是很敏感，一个重要的商务会议需要他们无条件地飞往另一个地方，对商务乘客来说，需求的价格弹性很低。

航空公司是怎样区别商务人员和度假者呢？穿着并不能说明问题，商务人员很容易换下西装并穿上鲜艳的休闲衬衫与短裤，从而与度假者在穿着上一致。航空公司用的一种方法是“周末夜间旅行者”。商务人员喜欢在工作日旅行，他们重视周六晚上与家庭或朋友在一起的时间，而度假者则通常不介意延长一两天的旅行而将时间推迟到周六晚上，而且他们往往都希望在周末去旅行。因此，度假者与不介意周六夜间旅行的人有极大的相关性。因此，进行价格歧视的一个办法是，对周六夜间待在旅行目的地的乘客收取较低的费用，而对不希望这样做的乘客收取较高的价格。一般来讲，价格歧视在服务业比制造业普遍。

6.2.6 竞争和垄断的利弊分析

通常认为，与垄断相比，竞争有更高的经济效率，因为垄断厂商是在价格高于边际成本处生产，从而垄断产量比竞争产量低，而垄断价格比竞争价格高，于是垄断使消费者利益受到了损失。在现实生活中，确实也存在这种现象。例如，1998年前加拿大电话被几个大公司控制，国内外话费异常昂贵，如著名的贝尔公司的线路，打到中国的话费每分钟 1.2 加元（当时合人民币 6.72 元/分钟）。后来，加拿大引入竞争机制，几家公司竞相降价争夺客源，贝尔公司无奈地推出话费新方案，话费从每分钟 1.2 加元最终下降到 0.08 加元，可见，竞争增加了消费者福利。

如果认为垄断就绝对不如完全竞争，那就错了。

首先，大企业垄断市场的局面有利于发挥规模经济的优势，因而使产品价格下降而不是提高。大批量生产的企业与小批量生产的企业相比，成本更低，质量更稳定，这是众所周知的。

其次，技术进步的需要也许是垄断存在的一个更重要的理由。正如美国经济学家约瑟夫·熊彼特所说，经济发展的本质在于创新，而垄断实际上是资本主义经济技术创新的源泉。这是因为，投资于开发和研究常常有很大风险，只有大企业才能承担这种风险，才有能力筹措投资所需要的巨额资金。当然，它们必须有权利在一段时间内独享技术创新的成果，这就是专利权之所以成为导致垄断存在的一个重要因素。在熊彼特看来，垄断的缺陷即产量不足，完全可以通过用垄断利润来进行的研究和开发所带来的好处得到弥补。

总之，对垄断和竞争的利弊分析不能作简单的结论，应当具体问题具体分析。

6.3 垄断竞争市场

6.3.1 垄断竞争市场概述

美国经济学家爱德华·张伯伦在20世纪30年代提出的垄断竞争模型最初是用来解释差异化产品市场的厂商行为的，之所以称作垄断竞争，就是因为它是垄断与竞争的混合体。垄断竞争市场就像完全竞争市场一样，拥有许多厂商且其可以自由进入与退出，但是也像完全垄断市场一样，每家厂商面临着向右下方倾斜的产品需求曲线。

如果一个垄断竞争厂商提高价格，则对其产品的需求数量就会减少，但不会像完全竞争厂商那样锐减到零。例如，如果耐克提高跑鞋的价格，它就会把一部分销售额让给锐步，但它仍会卖出相当数量的跑鞋，因为有些人更喜欢耐克这个品牌。耐克跑鞋和锐步跑鞋对许多消费者来说都是差异化产品。

垄断竞争市场是一种商品有许多买卖者，并且卖者的商品之间有一定差别从而形成不完全竞争格局的市场结构。它是介于完全竞争市场和完全垄断市场之间的一种竞争与垄断兼而有之的市场结构，其具有以下基本特征：

1. 存在产品差异

存在产品差异即同一类产品有不同之处或者说基本功能相同的产品之间存在的差异。产品差异形成的原因主要有以下几点：①同类产品之间内在品质不同，即由于技术或原料等方面的不同所产生的物理或化学性能上的差异。②同类产品外观形象不同，主要表现在包装、商标等方面的差异。③同类产品销售方法的差异，如销售区域不同、广告不同、售后服务不同以及服务态度等多方面的不同导致的差异。④消费者主观上的差异，每个人对同一产品的主观评价是不相同的，他会选择自己偏好的产品，这也会形成产品差异。

2. 厂商进出行业比较容易，从而厂商数量较多

在垄断竞争市场内，产品的性质决定了厂商的规模一般不是很大，投资建厂所需资金也不是太多，市场内存在着大量的厂商，这意味着单个厂商不能决定其他厂商对自己行为的反应。

3. 厂商是价格的影响者

由于厂商数量很多，且产品之间具有较强的替代性，因此单个厂商不能决定产品的价格，但又由于产品之间具有差异性，厂商可以根据这种差异来使产品的定价与其他厂商的产品价格略有不同。因此，垄断竞争厂商能够依靠其垄断性有一定的定价权，竞争性又使厂商的定价权十分有限，垄断竞争厂商是价格的影响者。

垄断竞争厂商一般存在于日用品、食品工业、零售商业和手工业等行业中。

6.3.2 垄断竞争厂商的短期均衡

垄断厂商的产品与其他厂商的产品既有一定的差别，又有很大替代性。同时，由于厂商进出行业比较容易，因此，一个垄断竞争厂商面临的需求曲线很可能比一个完全竞争厂商面临的需求曲线弹性要小，同时它又很可能比完全垄断厂商面临的需求曲线弹性要大，即垄断竞争厂商面临着一条向右下方倾斜但斜率比完全垄断厂商需求曲线要平坦的需求曲线。

垄断竞争厂商同样追求利润最大化，其最佳产量的确定同样遵循边际成本等于边际收益的原则。在短期，垄断竞争厂商均衡的状态与完全垄断厂商非常相似，如果价格高于平均成本则有超额利润；如果价格低于平均成本，则出现亏损。这两种情况分别如图 6-12 和图 6-13 所示。

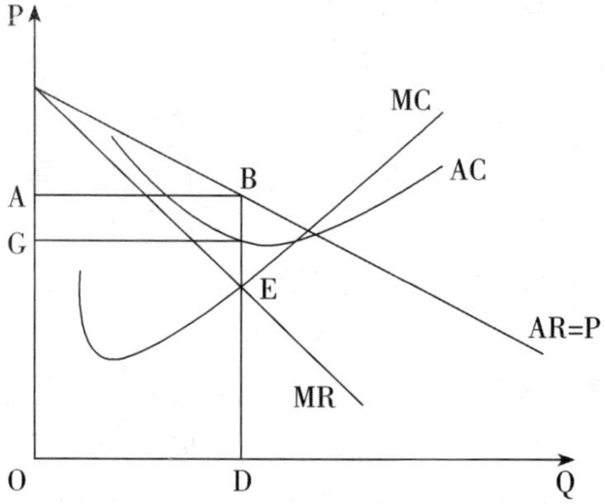

图 6-12 垄断竞争厂商存在超额利润的情形

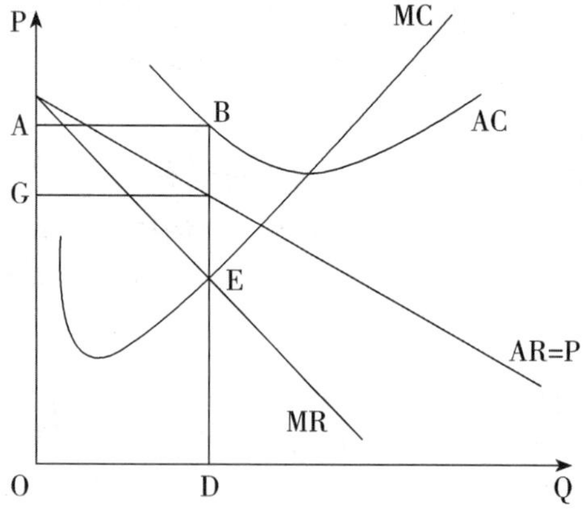

图 6-13 垄断竞争厂商出现亏损的情形

总之，在短期均衡中，垄断竞争厂商可能获得超额利润、收支相抵或亏损的情况，这取决于均衡价格大于、等于或小于平均成本最低点。

6.3.3 垄断竞争厂商的长期均衡

在长期内，垄断竞争厂商进出行业比较自由，如果获利，则有新厂商进入行业，提供相替代的产品与原来的厂商竞争，使得原来厂商的市场份额减少，产品价格下降，直到超额利润消失；如果出现亏损，则行业内一些厂商逐渐退出，未退出的厂商的市场份额增加，产品价格上升，直到不亏损为止。因此，垄断竞争厂商达到长期均衡时，其产品价格和平均成本相等，如图6-14所示。

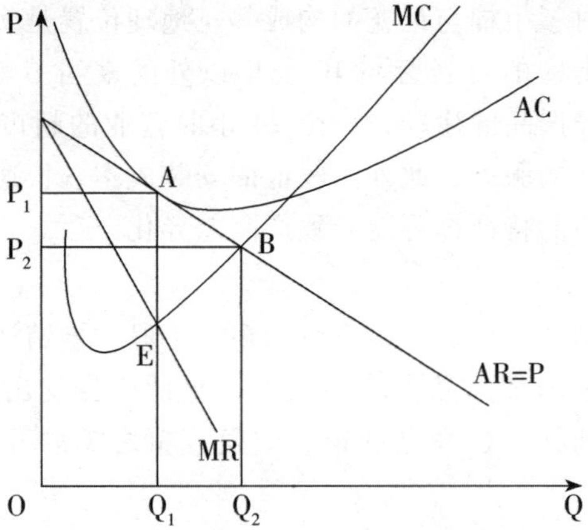

图6-14 垄断竞争厂商的长期均衡

从图6-14可以看出，垄断竞争厂商长期均衡时，不但要求MR=LMC，而且要求P=LAC，而对于完全垄断厂商来说，完全有可能在P>LAC的情况下实现长期均衡，因为它独占了市场。

从图6-14还可以看出，垄断竞争厂商长期均衡必然处于平均成本曲线最低点的左侧，即A点处于B点的左侧，而完全竞争厂商长期均衡时P=LAC。也就是说，如果该厂商要按完全竞争厂商均衡点那样行动，则均衡点应当在B点而不是A点，即价格应是P_2而不是P_1，产量应是Q_2而不是Q_1。从Q_1到Q_2的这段长度，表现出垄断竞争厂商没有被利用的“超额生产能力”，它是价格超过边际成本而造成的效率损失。与完全竞争市场相比较，这是垄断竞争市场结构的一个缺陷，然而，这种缺陷或损失可以看做是垄断竞争市场上的消费者为产品差别带来的多样化所付出的代价。

6.3.4 非价格竞争

由于垄断竞争厂商的产品之间有一定的替代性，这样垄断竞争厂商控制产品价格的能力就受到一定的限制，表现为需求曲线比较平坦，厂商自由定价的幅度比较小，因而价格竞争利益不大，这促使垄断竞争厂商更重视产品质量、服务竞争及广告竞争等非价格竞争。

1. 产品差异化

产品变异是非价格竞争的重要手段之一。产品变异指通过变换产品的颜色、款式、质地、做工和附带的服务等来改变原有的产品，以形成产品差别，影响市场均衡。产品变异会影响产品成本和产量，但关键是要看经过变异，能否形成较大的需求从而给垄断竞争厂商带来更多的超额利润。如果经过变异之后，在新的均衡条件下超额利润高于原来均衡时的超额利润，这种变异就是优化的变异。

产品差异化的主要方法有，改变产品的物理特征，比如小刀的锋利程度、运动饮料的卡路里含量和衬衫中棉与尼龙的构成等。地理位置是实现产品差异化的重要途径，在消费者所在街区的麦当劳与 10 公里以外的麦当劳就是非常不同的产品。时间也是一种产生差异产品的途径，一个 24 小时营业的超市与一个只在白天营业的超市提供的就是不同的服务。此外，较低的安装成本、快速的送货服务、大量的存货及消费信贷等方面的特征都可能导致产品差异化。

2. 推销活动

推销活动的竞争是又一种非价格竞争的重要手段。推销活动会引起销售成本的变化，销售成本是用来增加产品需求的成本，包括广告支出、各种形式的推销活动，如送货上门、陈列样品、举办展销、散发订单之类的开支，其中以广告最为重要。

3. 广告

与完全竞争和完全垄断市场不同，广告对垄断竞争厂商具有十分重要的作用，它是垄断竞争厂商扩大产品销量的重要手段。产品差异化是广告存在的主要原因，如果所有产品都是同质的，那么广告也就没有意义了。广告一方面会增加产品的销量，另一方面也会增加销售成本，因此是否做广告以及花费多少费用做广告是垄断竞争厂商必须充分考虑的事情。对于广告在经济中的作用，经济学家争论了许多年。许多人对由广告引起的浪费感到很担忧，因为有些广告使人们产生了产品差异化的感觉却没有了解产品间的真正差别，浪费了用于广告的资源。

6.3.5 垄断竞争市场的效率

垄断竞争市场的效率介于完全竞争和完全垄断市场之间，在垄断竞争厂商处于长期均衡时，由于市场价格高于厂商的边际成本、等于厂商的平均成本但高于平均成本的最低点，这就决定了垄断竞争市场的效率低于完全竞争市场。从程度上来看，垄断竞争市场又比完全垄断市场有效率。总的说来，垄断竞争市场具有较高的效率。

从生产者角度来看，垄断竞争市场的优势在于：垄断竞争市场最有利于技术进步。在完全竞争市场上，由于缺乏对技术创新的保护而不存在企业技术创新的动力，在完全垄断的市场结构中，由于没有竞争，缺乏技术创新的压力。而在垄断竞争市场，既存在对技术创新的保护如专利等，又存在着同类产品的激烈竞争，因而具有较大的外部压力，所以垄断竞争市场被认为是最有利于技术进步的。

垄断竞争市场的劣势在于，由于在长期不可能在平均成本的最低点实现利润最大化，因而其资源利用效率比完全竞争市场要低，存在一定的资源浪费。

6.3.6 识别垄断竞争

在识别垄断竞争市场并将其与完全竞争、寡头垄断和完全垄断市场相区别时，必须考虑一些因素，因素之一是市场被少数厂商控制的程度。为了测量这一市场特征，经济学家使用了测量集中度的两个指数，分别是四企业集中率和赫芬达尔-赫希曼指数。

四企业集中率是指某一行业中最大的四家企业的销售额在整个市场中所占的百分比。集中率的取值范围很广，在完全竞争市场几乎为零，在完全垄断市场为100%。寡头垄断和垄断竞争市场的划分以40%为界。当四企业集中率低于40%时，则认为该行业是垄断竞争市场。

赫芬达尔-赫希曼指数简称HHI，是指一个市场中最大的50家企业的市场份额的平方和（如果该市场的企业数少于50家，则把市场中所有企业的市场份额的平方相加）。假如一个市场中有4家企业，每家企业的市场份额分别是50%、25%、15%和10%，则赫芬达尔-赫希曼指数为$50^2+25^2+15^2+10^2=3\ 450$。

在完全竞争市场中，HHI很小。例如，如果一个行业中最大的50家企业的市场份额均为0.1%，则HHI为$0.1^2\times 50=0.5$。在完全垄断市场中一个企业拥有100%的市场份额，所以HHI为$100^2=10\ 000$。

在20世纪80年代，美国司法部使用这一指数进行市场分类，因此，HHI成为衡量市场竞争度的普遍标准。HHI小于1 000的市场被认为是竞争性的，并可视为垄断竞争的一个实例。HHI介于1 000和1 800之间的市场被认为是中度竞争性的，它很可能属于垄断竞争的实例。但是当一个市场的HHI超过1 800时，它就被认为是非竞争性的了。

具有高集中度或HHI较大，市场依然可以是竞争性的，因为如果一个行业很容易进入，则市场中仅有的几家企业将面对来自很多新进入企业的竞争，当存在经济利润时，这些新企业就蜂拥而入。

6.4 寡头垄断市场

6.4.1 寡头垄断市场概述

寡头垄断市场是一种介于完全竞争和完全垄断之间的市场类型，是指少数厂商垄断了某一行业的市场，控制了这一行业的供给，其产量在该行业总供给中占有很大比重的市场结构。其基本特征主要有：

1. 厂商数量较少

行业中只有几家厂商，并且它们的产量占整个行业供给量的很大部分。规模经济、专利或特殊技术及企业的策略性行为都可以成为进退障碍。较高的进退障碍有效地维护了寡头企业的垄断地位。

2. 产品差异可有可无

在寡头垄断市场中，各个厂商生产的产品可能有差异，如汽车行业、电视机行业等；也可能基本无差异，如钢铁行业、石油行业等。

3. 厂商之间的决策相互依存

由于寡头垄断市场中厂商数目很少，一个厂商在采取行动时必须考虑其他厂商的反应，因为这种反应会对该厂商的决策产生影响。在完全竞争市场，厂商的行为是完全独立的，彼此井水不犯河水，根本没有必要去考虑其他厂商的反应。在完全垄断市场，垄断厂商垄断了整个行业，也根本不存在对其行动反应的对手。在垄断竞争市场，虽然厂商之间也存在一定程度的相互依存性，但由于厂商数量众多，每个厂商都只占很小的市场份额，因此其他厂商的反应可以忽略不计。寡头垄断厂商之间存在着可以觉察的相互依赖关系，以致每个厂商在作出决策时必须注意或考虑这一决策对其他厂商的影响，每一个厂商价格和产量的变动都会影响到其他对手的销售量和利润水平。

4. 厂商行为具有不确定性

由于厂商之间相互依存，因而厂商不能像完全竞争、垄断竞争和完全垄断厂商那样独立决策。任何一个厂商作出决策，其结果是自己不能左右，而取决于竞争对手的反应，而这种反应是厂商无法预测的，所以寡头垄断厂商的行为具有不确定性。

寡头垄断市场在现实生活中普遍存在，如石油的生产与销售、钢铁行业、化工行业等，一般来说，重工业、能源工业、航空运输汽车制造业和有色金属冶炼等都属于典型的寡头垄断市场。

寡头垄断厂商最难决策的就是产量的确定，寡头垄断厂商的决策有时是独立或者非合作来进行的，有时又是相互合作或相互勾结来进行的，以下简要介绍相互合作或相互勾结的寡头垄断厂商决策模型。

6.4.2 寡头垄断模型

1. 卡特尔

由于寡头垄断市场中的厂商数量极少，并且相互依存。如果它们相互之间展开竞争，势必两败俱伤，因此厂商之间会产生互相勾结的动机。

卡特尔（cartel）就是寡头垄断厂商用公开或正式的方式进行勾结的一种形式。它是一个行业的独立厂商之间通过就有关价格、产量和市场划分等事项达成明确的协议而建立的垄断组织。卡特尔的主要任务有两项：一是为各成员厂商的产品规定统一的价格；二是在各成员厂商之间分配总产量。

卡特尔制定统一价格的原则是使整个卡特尔的利润最大化，因此，必须使边际收益 MR 等于边际成本 MC，为此，卡特尔要根据有关资料确定在每一可能的价格水平上对该行业产品的需求量，以确定卡特尔的需求曲线，从中计算出边际收益曲线，同时，将各厂商的边际成本曲线水平加总形成卡特尔边际成本曲线，MR 和 MC 曲线的交点所确定的产量水平和价格水平即卡特尔利润最大化的均衡产量和价格。如图 6-15 所示，D 是卡特尔的需求曲线，MR、MC 分别是从各个厂商的边际收益曲线和边际成本曲线求出的卡特尔的边际收益曲线和边际成本曲线。MR 和 MC 的交点确定了卡特尔的总产量 Q_0 和统一的价格 P_0。

卡特尔的价格和产量的决定同完全垄断厂商的价格和产量的决定是一样的，事实上，在这里可以把卡特尔看成是一个完全垄断厂商。

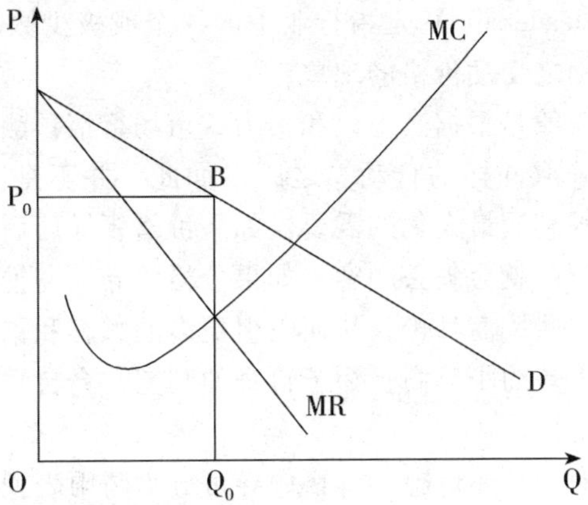

图 6-15 卡特尔的价格和产量的决定

卡特尔在统一了产品价格以后，通常要规定生产限额，以支持该价格。卡特尔分配产量定额的原则是使各个厂商的边际成本与卡特尔均衡产量水平的边际成本相等，这只是一种理论上的非常理想的分配方式，在现实中很难实现。事实上，卡特尔内部成员厂商之间产量的分配受到各厂商的市场地位、竞争能力、现有的生产能力和销售规模以及地区划分等多种因素的影响。由于卡特尔整体的利益往往与各个厂商的个体利益并不相同，有时甚至是相反的，因此各个厂商都有超过分配定额进行生产的动机，个别厂商经常避开卡特尔的产量规定另做手脚，并进而导致卡特尔的不稳定。世界上比较稳定的卡特尔的著名例子是欧佩克（OPEC）。

寡头垄断市场中的厂商希望能够达成价格一致的协议，在这一价格下，使它们联合的利益最大化。在美国和其他多数国家，卡特尔是非法的，它们只能秘密活动，于是经常出现寡头垄断厂商窜谋的情况。窜谋经常是失败的。

小资料：

OPEC（Organization of Petroleum Exporting Countries）

欧佩克是 1960 年 9 月 14 日在伊拉克首都巴格达成立的，创始成员国有伊朗、伊拉克、科威特、沙特阿拉伯和委内瑞拉五个国家。1962 年 11 月 6 日，欧佩克在联合国秘书处备案，成为正式的国际组织。

截至2009年年底，欧佩克共有11个成员国，其中非创始成员国分别是阿尔及利亚、印度尼西亚、利比亚、尼日利亚、卡塔尔和阿拉伯联合酋长国等六个国家。

欧佩克组织条例要求该组织致力于石油市场的稳定与繁荣，因此，为使石油生产者与消费者的利益都得到保证，欧佩克实行石油生产配给制。如果石油需求上升，或者某些产油国减少了石油产量，欧佩克将增加石油产量，以阻止石油价格的飙升。为阻止石油价格下滑，欧佩克也有可能依据市场形势减少石油的产量。

2. 价格领导

公开勾结和协议在许多国家被认为是非法的，因此寡头垄断厂商更多采取暗中默契的非公开方式相互勾结，价格领导就是其主要形式之一。

价格领导（price leadership）是指行业中的一个或极少数几个大厂商开始变动价格，其他厂商也都随之变动价格的现象。

价格领导的厂商一般是根据其地位和实力或市场行情预测能力来确定或变动价格，其他厂商则随之采取同样的行动。之所以如此，并不是因为它们之间存在合谋，而是出于各自追求利润最大化的需要。如果价格领导厂商推出降价措施，而其他厂商不降价，这些厂商就会失去顾客；如果价格领导厂商推出涨价措施，其他厂商不涨价，就相当于这些厂商降价，从而吸引更多的顾客和销售更多的产品。一些竞争能力弱或预测能力差的小厂商，为了自身的利益，会自觉不自觉地接受价格领导厂商确定或变动的价格。

根据价格领导厂商的具体情况，价格领导可分为晴雨表型的价格领导和支配型的价格领导。

晴雨表型的价格领导是指晴雨表型厂商根据市场行情首先宣布能够合理而准确反映整个行业成本和需求情况变化的价格，其他厂商则按照这一价格对自己的价格进行调整。晴雨表型厂商并不一定是行业中规模最大、效率最高的厂商，但它熟悉市场行情，能反映其他厂商的愿望和要求，因而其他厂商愿做它的追随者。

支配型的价格领导是指销售占市场容量较大比重、地位稳固、具有支配力量的大厂商，根据自己利润最大化的需要和其他厂商希望销售的全部产量确定和变动价格，其他中小厂商则以这一价格作出它们的需求曲线，并按照边际成本等于边际收益的原则确定均衡产量。在这种情况下，中小厂商可以出售它们所能提供的一切产量，市场需求量与小厂商的差额完全由支配型厂商提供。

6.5 博弈论和信息经济学

完全垄断和完全竞争的市场结构在现实生活中绝无仅有，而普遍情况是垄断竞争和寡头垄断。后两种情况下厂商之间都存在着较密切的相互依存关系。这种依存关系其实存在于现代市场经济体系中的任何经济活动主体之间，如生产者之间、生产者与消费者之间、政府和公民之间以及国家与国家之间等。相互依存的经济主体在作经济决策时必须考虑自己的决策会给对手造成什么影响，对手会作出什么反应，自己又该如何应对，好像下棋时每走一步都要考虑对方可能作出什么反应一样。经济学家越来越重视利用博弈论来研究相互依存的经济主体的决策行为，而这种决策又离不开对信息的分析和利用。

6.5.1　博弈论与传统经济学

博弈论与传统经济学中的决策理论有重大区别。在传统理论中，经济主体作决策时并不考虑自己的决策对别人的影响，也不考虑别人的选择对自己的影响。例如，在传统经济学里，任何消费者的选择都是在给定商品价格和自己收入约束条件下最大化自己的效用，任何厂商的决策都是在给定生产技术和成本约束条件下最大化自己的利润。消费者效用函数和生产者利润函数只依赖于自己的选择，不依赖于他人的选择。尽管在这里经济作为一个整体，其中每个人的选择是相互作用的，但对单个消费者和生产者来说，所有其他经济主体的行为都被总结在一个参数中。经济学在这样的前提下研究理性人如何根据一定约束条件来实现效用、利润或收入最大化，从而进行稀缺资源的配置。博弈论本质上也是研究理性的经济主体的最大化行为的，但比传统经济学更进一步，认为自己的效用、利润或收入函数不仅依赖于自己的决策，也依赖于他人的决策。

对于博弈论与传统经济学的关系，可以通过考察传统的新古典经济学的两个基本假设而获得更深刻的认识。在新古典经济学中有两个基本假设：一是市场是充分竞争的。二是局中人之间信息充分，不存在信息不对称现象。但是，在现实经济生活中，这两个假设均难满足：第一，市场是不完全竞争的，市场中的经济主体往往是相互影响的，因此，一方在决策时必须考虑对方的反应，而这一扩张恰恰是博弈论的主题。第二，现实市场中的经济主体之间信息通常是不充分的。在信息不对称条件下，要作一项有效的制度安排，就必须满足“激励相容”和“个人理性约束”条件，而这一扩张又恰恰是信息经济学的研究范畴。可见，传统经济学必须引入博弈论和信息经济学，才能真正成为符合现实生活的现代经济学。

6.5.2　信息经济学

1. 信息完全与不完全

信息经济学是一门研究信息不完全条件下的市场行为及其对资源配置影响的一门学科。所谓信息不完全，是指经济活动主体不能充分了解所需要的一切信息。与信息不完全相联系的是信息不对称，它是指经济交易双方对有关信息了解和掌握得不一样多。信息不完全和信息不对称都是信息不充分，产生信息不充分的原因是多方面的。

第一，认识能力有限。人们不可能知道在任何时候、任何地方发生的或即将发生的任何情况，尤其在社会分工越来越细的时代，每个人只从事某一方面的工作，不可能成为什么都知道的“百科全书”。

第二，掌握信息的成本太高。人们要把与自己经济活动有关的信息都掌握并非不可能，但与掌握这些信息后的收益相比，成本太高了。例如，保险公司要时刻弄清参加保险的汽车司机是否小心开车，就必须派人整天跟着汽车走，然而这样做的成本太高了。

第三，信息商品特殊。信息商品与普通商品不同，无法事先了解其价值。人们之所以愿花钱买信息，是因为不知道它，一旦知道它，就再也不愿花钱买了。因此，信息出售者不可能让买者在购买之前就充分了解所售信息。

第四，机会主义倾向。交易双方在信息掌握上一般处于不对称地位，卖者掌握较多信息，买者则掌握较少信息。为了自己的利益，卖方往往故意隐瞒一些信息。

2. 委托-代理理论

信息经济学把博弈论中拥有私人信息的局中人称为代理人，不拥有私人信息的局中人称为委托人。所谓私人信息是指被一些局中人自己知道，而不被其他局中人知道的信息。信息经济学的所有理论模型都可以在委托-代理理论的框架下进行分析。委托-代理理论的基本模型大致可以分为四类：逆向选择模型、道德风险模型、信息传递模型、信号显示与信息甄别模型。

逆向选择是指，在信息不对称条件下，参与交易的一方隐藏只有自己所掌握的信息（私人信息）而导致对自己有利而对方受损的现象。由于隐藏信息发生在交易合同签订之前，因此，逆向选择也可以说是合同签订前的不对称信息所产生的欺诈。例如，在人寿保险市场上，投保人对自己健康状况的信息要比保险公司掌握的多得多，而保险公司向投保人所要的保险费却是建立在投保人身体健康水平的平均值基础上的。如果最想购买保险的人是最不健康的人，亚健康者次之，最健康者最不想买保险，保险公司面临的风险就要大大高于与保费相对应的风险水平。保险公司的亏损会导致下一轮保费的上升，可能使一些亚健康者也退出保险市场，最终市场交易会趋于零，保险市场走向瓦解。旧车交易市场是逆向选择的另一著名例子。假定若干质量不同的旧车主在市场上出售，车主知道自己车的质量，质量好的索价高些，质量差的索价低些。但买主不知道每辆车的质量如何，仅大约知道各类质量在所售旧车中所占比例，比方说好差各占一半。于是，他们至多只肯按好车和差车索价的加权平均价来购买。于是，好车就会退出市场，差车留在市场中。一旦发生这种情况，买车人只愿出更低的价格来购买。于是，质量差的旧车中质量稍好一些的车又退出市场，直至旧车交易无法展开。可见，信息不对称会导致市场失灵。

道德风险不同于逆向选择。道德风险是交易合同签订以后交易一方的行为不容易为另一方觉察而导致另一方利益受损的现象。在这里，不易为另一方觉察的行为也是私人信息，是私人行为信息。掌握私人行为信息的一方隐藏了自己行为信息来欺骗交易的另一方，是一种损人利己的行为。这种情况之所以称为道德风险，是因为受损者的风险是交易合同成立后由隐藏行为造成一些参与人的行为变得不道德、不合理引起的。例如，买了车险的人不再非常当心保管自己的车子，买了医疗保险的人总要医生多开些不必要的贵重药品。道德风险同样会导致市场失灵。

可以这样说，由信息不对称而产生的逆向选择和道德风险问题在经济生活中经常出现并且阻碍了市场对资源的优化配置。例如，企业向银行申请贷款时，很难弄清楚每个借贷者的还贷能力，怎么办？一个办法是提高利率以补偿一部分贷款得不到偿还的损失。这样，就会使一些信用好、风险低的借款人退出信贷市场，这就是逆向选择。银行提高利率的行为还会诱使一些借款人选择有更高收益但同时有更高风险的投资项目，这就是道德风险。结果都会使银行的平均风险上升，降低预期收益。在这样的情况下，银行宁愿采用另一个办法，选择给那些只愿接受较低利率但风险较小的客户放贷，而不选择在高利率水平上满足所有借款人的申请，这就是所谓信贷配给。

信息不对称所引起的逆向选择问题如何解决？一种办法是信息较多一方向信息较少一方提供有关信息，这就是信息传递。在信息不对称的情况下，拥有信息的一方通过某种能观察到的情况或行为向缺乏信息的一方传递一定信息，这就是“信号显示”或发信号，并要使对方识别真假，即甄别信息。例如，旧车市场高质量车卖主乐意买主试车；优质产品设置防伪标记，或向消费者作出“产品质量有问题可包退、包修、包换的‘三包’”承诺；人才应聘市场上应聘者显示自己学历证书、资格证书以及经历证书等，都属于信号显示。品牌、声誉等无形资产也是重要的信号显示器。

3. 激励相容和机制设计

如果说信息传递和信号显示是对付逆向选择的，那么，设计一些满足“激励相容”的制度则主要是为了解决道德风险问题。由于道德风险是事后隐藏行动引起的，因此，要解决道德风险问题，缺乏信息的一方（委托人）需要在事先设计出一些有效的制度，来激励掌握私人行动信息的一方（代理人）克服道德风险倾向，即不发生败德行为或不合理、不道德的行为。例如，为防止参加车险后用车人不用心保管和使用车子问题，保险公司可设计和实行一种由保险公司和车主双方共同承担事故损失的保险合同。再如，为了克服股份公司中经理人员损害股东利益的“内部人控制”，可设计和建立一种机制，使经理人员为自己利益所付出的努力也正好满足委托人（投资者）的利益和要求，这就是所谓“激励相容”的机制。此外，还可设计和实行多种多样使经理人员的收入与公司经营业绩挂钩的制度，如工资奖金制度和股票期权制度等。

激励相容是委托-代理理论中一个重要概念，其基本意思是指，委托人要设计和选择一种办法或者制度，使代理人能选择一种使委托人利益最大化的行为。激励相容必须同时满足委托人和代理人的个人理性约束条件，在这里就是指经理人员签订这样一份制度性合同以后，照了去做所得利益比不签订这样的合同或不按合同去做能得到的利益肯定要大，否则就不足以激励代理人（经理人员）去努力，也约束不了他们的行为。这就是说，一份合同或一项制度，必须既满足委托人的最大利益要求，又满足代理人的最大利益要求，才会是一种真正有效率的机制设计。激励相容就是交易双方的利益都能满足。显然，这种激励相容其实就是博弈均衡的条件。事实上，健康、正常的市场经济制度就是一种最重要、最根本的激励相容的制度。商品生产者为了在经营中能取得最大的利润，必须生产出能让购买者最满意的产品，这不是激励相容吗?

还可以认为，所有合同或者契约从某种意义上说，都是用来对付信息不对称所可能造成的不确定后果的一种制度设计。例如，一份有关贸易的合同，之所以在商品名称、品质规格、数量、包装、价格、运送方式、交货期限、付款方式、检验、索赔、仲裁等各方面作出明确规定，就是因为交易双方深恐在信息不完全、不对称情况下不按谈判时的承诺行事。合同既是克服不确定性的一种制度安排，也是防止和克服信息不对称的一个途径。

本章小结

1. 市场结构分为四种基本类型：完全竞争、完全垄断、垄断竞争和寡头垄断市场。

2. 在完全竞争市场下，厂商的需求曲线、平均收益曲线和边际收益曲线重合且为一条水平线。完全竞争市场下，厂商实现短期均衡的条件是MR=MC，当厂商处于短期均衡时，厂商可能盈利，可能利润为零，也可能亏损。一般认为，在完全竞争市场上，厂商处于长期均衡状态时，市场是最有效率的。

3. 完全垄断市场是指整个行业处于一家厂商的控制之下。自然垄断、专利和原料控制、行政垄断等因素是厂商维持完全垄断地位的保证，也是新厂商进入面临的主要障碍。

4. 完全垄断厂商的需求曲线是一条需求量与价格反方向变动的向右下方倾斜的曲线，边际收益曲线是需求曲线以下一条向右下方倾斜的曲线，且随着产量的增加，产品价格P大于边际收益MR。完全垄断厂商短期均衡条件是MR=MC。当均衡价格大于、小于或等于平均成本时，厂商出现盈利、亏损或盈亏相抵的情况。

5. 价格歧视是指垄断者在同一时期内，对同一成本的产品向不同的购买者收取不同的价格，或是对不同成本的产品向不同的购买者收取相同的价格。

6. 垄断竞争市场是一个竞争与垄断兼而有之的市场结构，并且竞争因素多于垄断因素，厂商对价格只有影响作用。产品差异是功能基本相同的产品之间的差异，包括产品自身物理或化学性能的差异，也包括销售条件、售后服务等方面的差异。

7. 经济学家使用测量集中度的两个指数，即四企业集中率和赫芬达尔-赫希曼指数，来识别一个市场是不是垄断竞争市场。

8. 寡头垄断市场是指少数厂商垄断了某一行业的市场，控制了这一行业的供给。垄断竞争市场中，厂商数量较少且相互依赖。

9. 卡特尔是寡头垄断厂商用公开或正式的方式进行勾结的一种形式，它是一个行业的独立厂商之间通过就有关价格、产量和市场划分等事项达到明确的协议而建立的垄断组织。卡特尔的主要任务有两项：一是为各成员厂商的产品规定统一的价格；二是在各成员厂商之间分配总产量。

关键概念

完全垄断市场　价格歧视　寡头垄断市场　卡特尔

本章案例

国际航空快递市场

国际航空快递是一种特殊物流服务，它不仅要运输传送物品，而且对运输服务的快速性和便捷性有较高的要求。它起源于1969年发生在美国旧金山的一起偶然事件。有一天，一个年轻人到一家往返于加利福尼亚和夏威夷之间的船运公司去探望朋友，当时这家公司有条货船已到夏威夷港口，可是海运提单还没有从加利福尼亚寄出，利用邮寄方式递送需要大约一周时间，因而会产生一笔很大的滞港费损失。看到他的朋友很着急，这位年轻人自告奋勇，乘飞机将运单送到目的地夏威夷，以较小成本避免了较大损失。受到这件事情启发，三位美国人 Dalsey、Hillblom 和 Lynn 创造出一种运输方式，以满足客户对这类时效性很强的物品的运输和递送需求，并于1969年9月建立了以他们三人名字第一个字母组合——DHL 命名的快递公司。该公司在百慕大注册，经营总部设在欧洲的布鲁塞尔，现已经发展成全球最大的快递公司之一。

航空快递服务对象有以下特点：第一，它提供商务文件、样品及小件货物的运输服务。第二，它是一种门到门的服务。“上门取件，送件到门”。第三，提供查询服务。顾客如果想知道自己快件目前递送状况，可以通过快件公司客户服务部门查询。第四，时间限制。服务起止时间有比较严格的限制。其中，“门到门”服务、查询服务和时限性，是传统邮政服务所不具备和难以企及的，正是基于服务属性的这些关键性差异，快递服务形成了与传统邮政不同的劳务产品，在需求对象层面把自己区分开来，并独树一帜地不断发展。

从供给方面看，实现上述服务功能必然要求航空快递公司具有一个覆盖全球的服务网络，以便将货物安全准确地投递到收件人。由于建立一个庞大的国际运输网络需要大规模的固定投资，所以这一行业的规模经济很强。以DHL公司为例，它的递送网络遍布世界228个国家和地区的635 000个城市，拥有260架飞机、

17 000部运输车辆、36个大型分拨中心和275个航空口岸。一般小公司要想进入这一市场和提供类似服务非常困难，供给方面的特点造成了很大的进入障碍。经过三十多年发展，在世界上形成四大快件公司，即DHL、TNT、FEDEX（联邦快递）、UPS（联合包裹），形成全球航空快递市场的寡头垄断局面。

在国际范围内，上述四家航空快递公司成立了快件联合会，主要任务是共同商讨快件领域共同面临的市场准入、海关关务和其他法律问题，同时在市场变化时商讨共同策略。然而，协调并不能避免竞争。20世纪80年代末，四家快递公司共同商讨为应对运营成本上升提高收费价格，最终达成协议，DHL作为市场领导者先提高价格，然而其他几家公司没有按照协议要求提高各自价格，从而导致DHL市场份额受到损失，另外几个快递公司则得到好处。美国“9·11”事件后，各国对旅客及货物安全监察系统提出更高要求，导致航空快递公司运营成本提高。个别公司曾提出通过加收附加费来弥补损失。然而，由于有前车之鉴，没有一家公司敢首先采取行动。

本章资料

卡特尔

如果寡头垄断市场中的主要厂商通过明确的、通常是正式的协议来协调其各自的产量、价格或其他诸如销售地区分配等事项，它们就形成一个所谓的卡特尔。卡特尔是一种正式的串谋行为，它能使一个竞争性市场变成一个垄断市场，属于寡头垄断市场的一个特例。

在欧美一些国家，卡特尔曾经是法律所允许的，因而也是较普遍的。后来各国相继采取措施，公开的卡特尔销声匿迹。美国早在1890年就已通过《谢尔曼法》对公开的或秘密的串谋行为加以限制，因此，美国不存在公开的卡特尔，厂商进行暗中串通要冒受到法律制裁的风险。如果成员厂商能够结成牢固的联盟，卡特尔就可以像一个垄断者那样来追求整体总利润的最大化。假定各家成员厂商生产相同的产品，但成本状况并不完全相同，此时卡特尔需对市场需求曲线及卡特尔作为一个整体的边际成本曲线作出估算，然后确定一个统一的“垄断价格”和相应的总产量，并将总产量在各成员厂商之间进行分配。

理论上，卡特尔按照“等边际成本”原理来进行总产量分配，实践中的产量分配则取决于建立卡特尔时达成的协议所作出的安排。由于各厂商都是从自身利益出发，或者对分配结果不满，或者在已经获取较多利润的情况下期望更多的利润，这就使得卡特尔的协议及相应的分配结果往往是不稳定的。

卡特尔不稳定的根本原因在于内部每一个厂商都有强烈的欺骗动机。卡特尔的高价格是通过限制产量来实现的，但每个成员厂商都希望只享受卡特尔的好处——

高价格，而不付出代价——限制产量。如果只有一家厂商偷偷违反协定，那么总产量超出限定产量不多，价格还能维持在高水平，但这家厂商的利润会有很大的增长。如果卡特尔的某个成员厂商暗中采取降价行动，而其他厂商又维持原价格不变，那么该厂商面对的将是富有弹性的需求曲线，该厂商的降价行为可以使销售量大幅度增加，从而获取更多的利润。

由于卡特尔的协议往往并不受到法律的保护，在美国更是受到法律的禁止，因此各成员厂商在最大利润的驱使下很容易走上"背叛"之路。而一旦有某个成员违反协议，因为市场中厂商个数较少，其行动很容易被其他厂商察觉，从而引起"连锁反应"，最终导致卡特尔的崩溃。

在现实中，较成功的卡特尔大多是国际卡特尔，各国的法律对此鞭长莫及。例如，一个国际卡特尔从 1878 年到 1939 年一直垄断着碘市场；从 1928 年到 1970 年代早期，一个被称为水银欧洲的国际卡特尔一直将水银价格保持在接近于垄断的水平；20 世纪 70 中期，国际铝矾土联合会成功地将铝矾土的价格提高了 3 倍。最成功的国际卡特尔要数石油输出国组织——欧佩克。1974 年以来，世界石油市场基本上由欧佩克所控制，当年欧佩克的石油出口量大约占世界总产量的 2/3。通过对石油产量的控制，欧佩克成功地将世界石油价格提升到远远高于竞争价格的水平，从而直接导致了震惊世界的石油危机。

石油危机以后，人类告别了低油价岁月，迎来了高油价时代，欧佩克让世人领教了卡特尔的威力。欧佩克作为一个成功的卡特尔的特例，有以下几个得天独厚的条件。

石油的需求弹性在短期内是很低的。在相当长的时期内，石油非常低廉，人们从没认真考虑过节约能源。当油价一夜暴涨，生产者和消费者无法马上改变已有的高耗能的汽车、取暖设备、生产设备等，所以欧佩克的限产政策就会带来价格大幅度上扬。

欧佩克成员国数量不多，却控制了世界石油产量的 1/3 以上。这给欧佩克带来两个有利条件：一是非欧佩克国家石油供给弹性很小，在 20 世纪 70 年代，其他地区的油田基本上已经负荷运行，而开发新油田需要一定的时间，所以外来厂商进入的威胁并不大。二是成员国不多，核心国更少，其中 4 个核心国家（沙特阿拉伯、科威特、伊朗和委内瑞拉）占欧佩克国家石油储量的 3/4 以上，卡特尔内部协调问题不难解决。再加上这是一个有政府做后盾的合法卡特尔，其稳定性非私人、地下卡特尔可比。

石油这种产品产量的可控性很强。石油埋在地下，不会消失，不会腐烂，产量多少完全可以控制，即使开采出来，运输、储藏成本也不太高，出口量也很容易控制。从这一点，大家就可以明白，为什么受欧佩克成功和鼓舞而成立的中美洲香蕉卡特尔就不那么成功了。

本章习题

1. 解释名词

完全竞争市场　完全垄断市场　价格歧视　寡头垄断市场

2. 简答题

1）决定市场类型划分的主要因素有哪四个？市场结构分为哪四种类型？

2）在完全竞争市场下，厂商是市场价格的接受者，这是否意味着市场价格是恒定不变的？为什么？

3）完全竞争市场的基本特征有哪些？

4）形成或产生完全垄断市场的原因有哪些？

5）完全垄断厂商有很强的市场力量和定价能力，是否意味着完全垄断厂商就一定盈利？

6）什么是价格歧视？厂商实行价格歧视，一般要具备哪两个基本条件？

7）垄断竞争市场的特征有哪些？在这样一个市场中，如果一个厂商推出一种新型的产品，对均衡价格和产量会产生怎样的影响？

8）什么是卡特尔？寡头垄断市场的基本特征有哪些？

3. 选择题

1）假如某厂商的平均收益曲线从水平线变为向右下方倾斜的曲线，这说明(　　)。

A. 既有厂商进入也有厂商退出该行业

B. 完全竞争被不完全竞争所取代

C. 新的厂商进入了市场

D. 原有厂商退出了该行业

2）在完全竞争市场上，厂商短期均衡的条件是(　　)。

A. P=AVC　　B. P=TC　　C. P=MC　　D. P=AC

3）完全竞争市场上厂商总收益曲线的斜率为(　　)。

A. 固定不变　　B. 经常变动　　C. 1　　D. 0

4）对一个完全竞争厂商来说，平均收益曲线(　　)。

A. 和厂商的需求曲线一样，边际收益曲线在厂商的需求曲线之下

B. 在厂商的需求曲线之上，边际收益曲线在厂商的需求曲线之下

C. 在厂商的需求曲线之上，边际收益曲线与厂商的需求曲线相同

D. 和边际收益曲线与厂商的需求曲线都相同

5）在短期中，厂商所能出现的最大经济亏损是(　　)。

A. 零　　B. 其总成本

C. 其可变总成本　　　　　　　　D. 其固定总成本

6）利润最大化的垄断厂商绝不会达到的产量水平是(　　)。

A. 在这种产量水平时产生亏损　　B. 这时边际收益小于价格

C. 这时平均成本大于边际成本　　D. 在其需求曲线的缺乏弹性区间

7）垄断市场一般具有的特征是(　　)。

A. 整个行业的产品只有一个供给者　B. 这种物品没有近似的替代品

C. 其他厂商进入极为困难或不可能　D. 以上全对

8）以下哪一种不是垄断竞争行业的特征(　　)。

A. 厂商面临着向右下方倾斜的需求曲线

B. 厂商以利润最大化为目标

C. 有进入障碍

D. 厂商生产有差别的产品

9）以下都是垄断竞争市场的特征，其中不是完全竞争市场的特征的是(　　)。

A. 有许多厂商　　　　　　　　B. 厂商生产差别产品

C. 厂商以利润最大化为目标　　D. 自由进入

10）下面都是垄断竞争市场的特征，其中不是寡头垄断市场的特征的是(　　)。

A. 每个厂商面临向右下方倾斜的需求曲线

B. 厂商以利润最大化为目标

C. 一个厂商的销售量对其他厂商影响较小

D. 在该行业中不止一家厂商

4. 判断题

1）如果厂商在现有产量水平时 MR>MC，那么增加产量就可以增加利润或减少亏损。(　　)

2）自然垄断产生的原因之一是规模经济。(　　)

3）垄断总可以获得经济利润。(　　)

4）完全竞争厂商与垄断竞争厂商的差别之一是后者可以影响产品的价格。(　　)

5）在一个完全竞争市场中，没有一个厂商能对物品的市场价格有任何重要的影响。(　　)

6）一个完全竞争市场的厂商所面临的需求曲线是完全无弹性的，需求曲线是一条垂线。(　　)

7）如果厂商的经济利润为零，就实现了收支相抵。(　　)

8）如果价格低于 AVC，厂商就会停止生产。(　　)

9）在一个完全竞争行业中，对于进入该行业不存在限制。(　　)

10）在长期均衡中，完全竞争行业中的每个厂商的经济利润为零。(　　)

5. 计算题

1）已知完全竞争市场的需求函数和供给函数分别为 $Q_d=50\,000-2\,000P$ 和 $Q_s=40\,000+3\,000P$，计算：

（1）市场的均衡价格和产量；

（2）厂商的需求函数。

2）已知某完全竞争市场的单个厂商的短期成本函数为 $STC=0.1Q^3-2Q^2+15Q+10$。计算：

（1）当市场上产品的价格为 $P=55$ 时，厂商的短期均衡产量和利润；

（2）当市场价格下降为多少时，厂商必须停产。

3）完全垄断厂商的成本函数为 $TC=Q^2-3Q$，需求函数为 $P=12-4Q$，计算：

（1）利润最大化时的产量和价格；

（2）若政府限价，使之与完全竞争时的产量一样，限价应为多少？

（3）若政府对每单位产品征收产品税 3 单位，新的均衡点如何？

4）已知某垄断厂商的成本函数为 $TC=0.6Q^2+3Q+2$，反需求函数为 $P=8-0.4Q$，计算：

（1）利润最大化时的产量、价格、收益和利润；

（2）厂商收益最大化时的产量、价格、收益和利润；

（3）比较（1）和（2）的结果。

第7章

生产要素价格与收入分配

学习目标

通过本章的学习，应该做到：

1. 理解生产要素需求的特性和边际生产力的概念。

2. 掌握劳动这种生产要素供给的一般决定因素。

3. 理解并掌握衡量收入不平等的洛伦兹曲线和基尼系数。

4. 理解利息理论和地租理论。

前面几章我们分析的都是产品或服务的均衡产量与价格的决定，而任何产品或服务的提供都需要一定的生产要素的投入：当我们惬意地享受从一个城市乘坐飞机到另一个城市的快捷服务时，需要投入机场所占用的土地、航空公司购买的飞机和乘务人员等生产要素；我们所享用的美食最初是由农民驾驶着现代化的农业机械在土地上辛勤耕作生产出来的……生产要素作为一种特殊的商品，有其自身的特殊性。

7.1 生产要素的需求

在经济学中，生产要素是指具有生产能力的资源，包括资本、劳动、土地和企业家才能，其中企业家才能是在19世纪末才被作为第四生产要素的，在19世纪西方经济学家习惯于把生产要素分为资本、劳动和土地三类。在发达的市场经济中，生产要素主要是由社会上的个人所占有，在市场上通过商品交换的方式，出售给厂商。生产要素的需求来自厂商，与消费者购买产品或服务不同，厂商购买生产要素不是为了满足自己的消费需要，而是为了满足生产上的需要。能直接满足消费者需要的是各种产品和服务，它们是在产品市场上进行交换的。要生产出各种产品和服务就必须要运用生产要素，而生产要素是通过生产要素市场进行交易的。

7.1.1 生产要素需求的特性

1. 派生需求

如果消费者不需要各种可供消费的产品或服务，生产者就不会需要生产要素了，因此，对生产要素的需求是由对消费产品的需求派生出来的，因而是一种派生需求。比如，消费者购买面包是为了直接食用，是一种直接的需求；而一家食品厂商根据市场上对面包的需求情况生产面包以获得利润，因此在生产要素市场对面粉和劳动等要素产生需求，这种需求是由消费者的需求而引起的间接需求。

2. 联合需求

联合需求是指生产要素之间所具有的相互依赖关系或共同性。由于技术原因的限制，任何生产行为所需要的都不是一种生产要素，而是多种生产要素，就是说在生产过程中，生产要素具有相互依存的关系。在一般情况下，我们不应该说某一种投入独立创造了产出，而应该说产出是由不同要素的相互作用所产生。威廉·配第曾做过一个形象而深刻的比喻：劳动是财富之父，土地是财富之母。这就是说，对生产要素的需求不能单独考虑，必须同时考虑对其他生产要素的需求情况，从联合的角度分析对生产要素的需求。

3. 决定要素需求变化的因素

一般而言，决定要素需求变化的因素有三方面：对产品的需求、生产要素的价格和生产技术。由于要素需求是引致的需求，所以在产品市场上对某种产品的需求变化一定会导致对生产这种产品的生产要素的需求产生影响。通常情况下，如果市场对某种产品的需求增大，意味着生产该产品有利可图，那么企业就会相应增加对生产该产品所需要的生产要素的需求。

生产要素的价格也会影响要素的需求，如果生产要素的价格过高，厂商就会适当地减少对该要素的需求，反之则增加要素的需求。生产技术也在一定程度上决定了对某种生产要素的需求大小，随着社会的不断发展与进步，生产技术取得了飞速的发展，表现为资本对劳动的替代，即对技术的需求在增加而对劳动的需求在减少。

7.1.2 边际生产力

边际生产力（marginal productivity）又称边际生产率，是由美国经济学家克拉克在19世纪末首先提出来的。所谓边际生产力，就是在其他条件不变时，每增加一个单位的要素投入所增加的产量，即边际物质产品（marginal physical product，MPP）带来的生产率的提高。从实物形态上看，就是在其他条件不变时，增加一个单位的要素投入所增加的实物产量。这一概念的提出被认为有助于解决由于多种生产要素相互作用共同生产产品时，各种生产要素在生产中究竟作出了多少贡献，从而应当分配到多少收入这样一个难题。表7-1说明了在其他条件不变时，随着劳动这一要素的增加引起的总产量的增加和边际生产力的变化。从表7-1可直观地看出，随着一种要素投入量不断增加，而其他要素不变，可变要素的边际产量在一个时期内可以增加或保持不变，但是最终还是会递减，这个规律称为边际生产力递减规律。

表7-1 **可变生产要素与边际生产力**

劳动人数	总产量	边际生产力（边际生产率）
1	60	60
2	130	70
3	250	120
4	450	200
5	700	250
6	1 000	300
7	1 270	270
8	1 520	250
9	1 700	180
10	1 800	100

由于厂商所追求的是货币利润最大化，所以他是用货币而不是产品来支付工资和红利的，这样就需要一个概念来衡量每一单位要素投入所能增加的货币收入，于是就有了边际收益产品这个概念。

7.1.3 生产要素的需求

边际收益产品（marginal revenue product，MRP）是指增加一单位某种生产要素投入带来的产量所增加的收益，它等于要素的边际物质产品和边际收益的乘积，即 MRP=MPP×MR。在完全竞争条件下，因为 P=MR，所以对一种要素 i 来说，$MRP_i = P \times MPP_i$，即边际收益产品=价格×边际物质产品。

对于追求利润最大化的厂商而言，一方面，只要一种要素投入的边际收益产品大于追加该投入的成本，厂商就能通过不断追加这种生产要素使利润最大化；另一方面，只要一种生产要素的边际收益产品小于该投入的成本，厂商就能通过不断减少这种要素使利润最大化。因此，厂商对生产要素的需求遵循最小成本法则，即当每一美元投入的边际产品收益都相等时，成本就达到最小。这个法则对于完全竞争和不完全竞争条件下的产品市场上的厂商都同样适用。

也可以从另一个角度理解生产要素的需求。最小成本法则的一个推论是替代法则，即当一种投入要素价格上升而其他要素价格不变时，更多地使用其他要素以代替那个价格上升的要素，厂商将会从中获利。以劳动和资本两种生产要素为例，当劳动的价格 P_l 上升时，会导致 MP_l/P_l 的下降，这时厂商将会减少雇佣劳动的数量，而增加资本的投入，直到每一美元这两种投入的边际产品再次相等为止，这样就降低了对劳动的需求而提高了对资本的需求。

厂商在决定使用多少生产要素投入时，必须考虑成本和收益的比较，即追加 1 单位生产要素所获得的收益 MRP 能否补偿它为使用该单位要素所需支付的成本。这种成本即增加 1 单位投入要素所增加的成本支出可称为边际要素成本（marginal factor cost，MFC）。同使用要素的收益情况相类似，MFC 的变化也取决于要素的市场结构。如果要素市场是完全竞争的市场，则 MFC 不变且等于要素的价格；如果该要素市场为不完全竞争的市场，则 MFC 将随要素需求量的增加而递增且总大于要素价格。总的来说，在其他条件不变的情况下，出于利润最大化的目的，厂商对某种生产要素的需求量将会被确定在这样的水平，在该水平上，最后增加使用的那个单位生产要素所带来的收益恰好等于为使用它所支付的成本，即 MRP=MFC。

7.2 工资理论

7.2.1 劳动的供给

一般而言，劳动给劳动者带来痛苦或负效用，而与劳动相对应的闲暇给劳动者带来快乐，所以当劳动者在闲暇和劳动之间作出选择时，事实上是在各种商品和闲暇之间作出选择，劳动者在要素市场上表现出来的经济行为就是通过这种选择以便使自身的效用最大化。

影响劳动供给的主要因素是劳动的价格，即工资率，劳动者的劳动供给量取决于工资率的高低，工资变动会产生替代效应和收入效应。

工资率变动的替代效应是指工资率变动对于劳动者消费闲暇与其他商品之间的替代关系所产生的影响。较高的工资率意味着闲暇变得相对昂贵，因而，当工资率提高时，劳动者倾向于消费其他商品来代替闲暇，所以工资率提高的替代效应使得劳动者减少闲暇时间，增加劳动时间；当工资率降低时，劳动者倾向于多消费闲暇来代替其他商品，所以工资率降低的替代效应使得劳动者增加闲暇时间，减少劳动时间。

工资率变动的收入效应是指工资率变动对于劳动者的收入从而对劳动时间所产生的影响。如果劳动者的工作时间保持不变，那么工资率的提高使得劳动者的收入提高，收入的提高将使得劳动者能购买更多的商品，其中包括购买更多闲暇时间，这意味着劳动时间的减少。

一般来说，工资率较低时，工资率提高对于劳动者的收入影响不大，工资率提高的收入效应小于替代效应，因此劳动供给曲线向右上方倾斜。但是，当工资率上升到一定程度后，工作较少的时间就可以维持较高的生活水平，此时，工资率提高的收入效应超过替代效应，从而使得劳动供给曲线向左上方倾斜。因此，劳动供给曲线开始时向右弯曲（如图 7-1 所示），在工资低于 W_1 时，劳动的供给随着工资的提高而提高，此时，替代效应小于收入效应；在工资高于 W_1 时，工资的增加反而使劳动的供给减少，此时，收入效应小于替代效应。

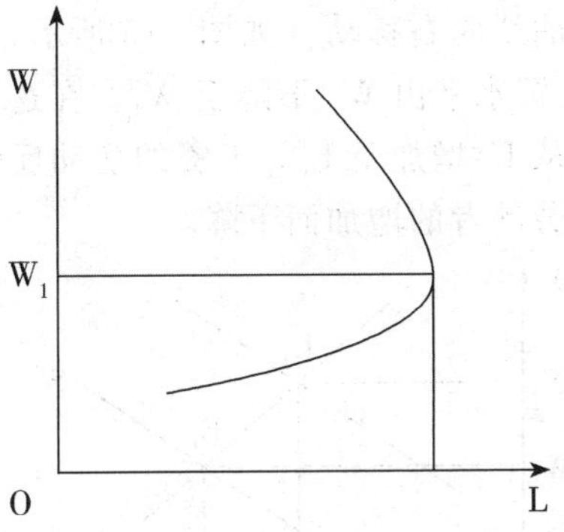

图 7-1　劳动的供给曲线

7.2.2　工资的决定和变动

1. 工资的决定

劳动市场的均衡工资率是由劳动的需求和劳动的供给相互作用的结果（如图 7-2所示），在劳动市场上，劳动市场需求曲线与供给曲线的交点决定均衡的工资率 W_1，如果现行市场价格高于均衡的工资率 W_1，此时，劳动力供给大于需求，于是有一些愿意工作的劳动者找不到工作，他们就会以更低的工资提供劳动，从而使得工资下降。反之，如果市场上工资水平小于均衡工资率 W_1，工资率趋于上升。

只有当工资率恰好使得劳动的供给量等于劳动的需求量时，劳动市场才处于均衡，由此决定市场上均衡的工资率 W_1 和均衡的劳动就业量 L_1。

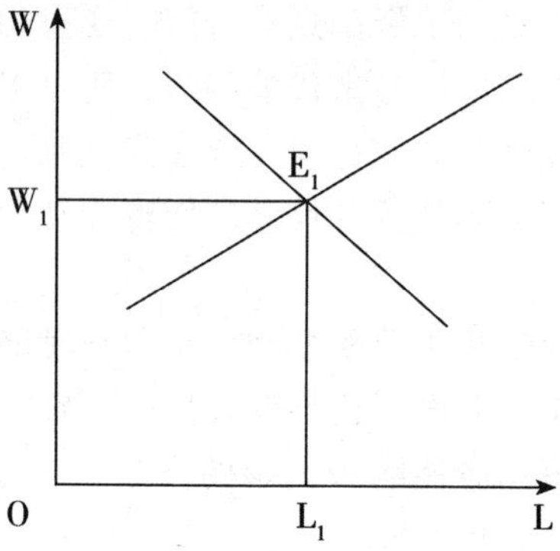

图 7-2 劳动市场的均衡

2. 工资的变动

同产品市场一样，劳动的价格即工资也是由劳动的供求关系决定的。劳动的供给取决于劳动所获得的报酬，而劳动的需求取决于劳动的边际生产力。在劳动市场上，还存在着使劳动的供给曲线和需求曲线移动的因素。

第一，劳动供给曲线的移动。

假定由于人口规模的扩大或农民工大量流入城市等因素增加了愿意工作的劳动者的数量，则劳动的供给曲线向右移动（如图 7-3 所示），当劳动的供给曲线由 S_2 移至 S_1 时，市场均衡的工资水平由 W_2 下降至 W_1。在这种较低的工资水平下，劳动的雇佣数量增加，就业从 L_2 增加至 L_1。工资的变动反映了劳动的边际生产力的变动，即边际生产力随着劳动者的增加而下降。

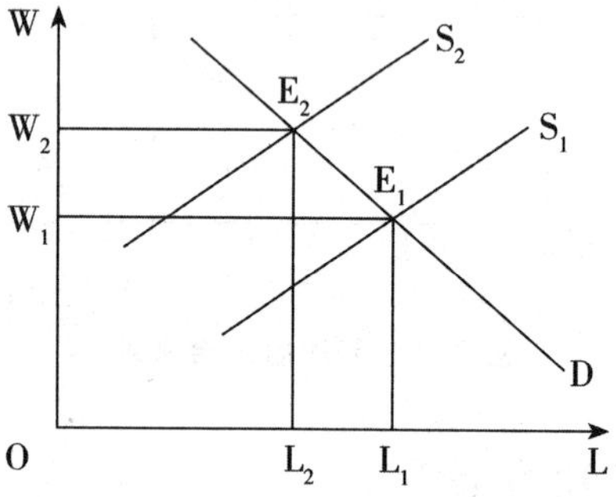

图 7-3 劳动供给曲线的移动

劳动的供给曲线由 S_2 移至 S_1，此时，劳动供给的增加使工资有下降的压力，造成工资下降。工资下降使厂商多使用劳动力变得有利可图，促使厂商用劳动力代替其他生产要素，从而增加劳动的需求。随着厂商使用劳动力的数量的增加，劳动的边际生产力下降，因此，当新的均衡产生时，工资和劳动的边际产量都下降，且低于以前的水平。

第二，劳动需求曲线的移动。

假定厂商生产的产品受到市场的广泛欢迎，需求量增加，从而价格上升，作为反应，厂商决定多生产一些产品以满足消费者的需要。产品价格的上升并没有改变既定劳动者人数和边际产量，但它提高了劳动的边际收益产品，此时，雇佣更多的劳动者从事生产，变得有利可图（如图 7-4 所示）。

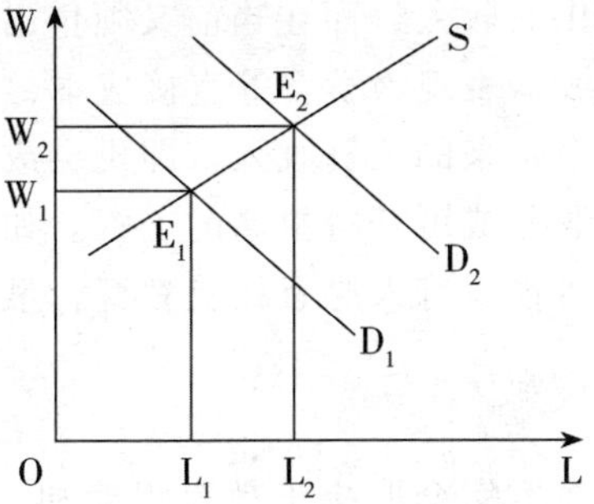

图 7-4 劳动需求曲线的移动

当劳动的需求曲线由 D_1 移至 D_2 时，均衡的工资水平从 W_1 上升至 W_2，就业量从 L_1 增加至 L_2，工资与劳动的边际生产力同时变动。

一般来说，某行业中的厂商与其劳动者往往是荣辱与共的，当厂商生产的产品销路好的时候，需求量的增加导致价格提高，劳动者的工资也增加了；反之，当厂商生产的产品出现滞销时，厂商被迫降价，劳动者的工资也会减少。

7.2.3 工资差异与教育

1. 工资水平的差异

由劳动需求曲线和劳动供给曲线所决定的均衡工资是一个统一的市场均衡总体工资水平，但是在现实中，不同地区、不同行业或不同部门之间的工资水平存在着较大差异，造成这种差异的主要因素有三个：

1）等同性工资差异

当一个人选择职业的时候，工资水平是一个重要的考虑因素，但并不是唯一的因素。除了工资之外，如果人们普遍觉得某些工作本身就比其他工作更具有吸引力，那么供给和需求的力量就会产生差异，这些差异称为等同性工资差异，因为吸引力小的职业（如脏、累、差的工种）必须用更高的工资才能吸引到雇员，使这种职业在劳动者的心目中与其他职业等同。

例如，有一些寻求职业者各方面水平、能力都完全相同，有文员和警察两种职业可供他们选择。如果两者的工资相同，因为警察面临的人身安全风险较大，所以除了极个别特别喜爱刺激、冒险的人以外，绝大多数人会选择做文员。警察局为了招募到雇员，被迫提高工资水平，直到有足够数量的人愿意当警察为止。所以，货币工资的差异是为了使“真实工资”（包括非货币因素）在求职者心目中等同。

2）人力资本投资的差异

人力资本是指体现在个人身上的可以得到收益的价值。一个人可以从自身得到收益的价值即从事生产性活动的能力并不是固定不变的，而是可以通过教育、培训和经验来提高边际生产力，因而获得较高的工资水平。人们提高赚钱能力的过程就是人力资本投资，教育、培训等也是一种投资，因为它们跟别的投资一样，能在未来获得更高产出或收入，而在当前又须付出成本。

人力资本投资的当前成本表现为学费等直接成本，更重要的成本是因上学或接受培训而损失的就业机会带来的工资收入，即机会成本。这种投资的未来收益表现为可进入更高层次的职业或可获得更高的工资。如果工资水平不因人力资本的差异而存在差异的话，将很少有人愿意接受教育，事实上，教育在工资差异中扮演着极其重要的角色。

3）能力的差异

一个人的劳动生产力并不完全取决于教育程度和工作经历，还取决于个性、天赋和智力因素等。不同的人的身高、力量、耐力、外表魅力、心理平衡能力、逻辑思维能力、想象力和创造力都不相同，他们适合的工作也会不同。有些人无论怎么努力、接受多少训练也成不了足球明星，有些人无论接受多少教育也成不了物理学家，因为他们缺乏必要的天赋，而只靠后天努力是不够的。一般说来，拥有某种特殊才能的人与一般劳动者相比稀缺程度要高得多，因而工资也高得多。

4）市场的不完全竞争

在现实生活中，劳动市场往往是不完全竞争的，这也会造成工资上的差异。例如人们由于对不同职业收入差异的信息缺乏了解，由于乡土观念较重，担心迁移的费用和在新环境生活的不便，以及对进入条件的限制等原因，造成劳动者在不同地区、不同行业之间的流动受阻，也造成工资水平不同。

2. 教育与人力资本

产生工资水平差异的一个重要根源是人力资本的差别，而这种差异主要来自劳动者受教育程度的高低。对不少国家的实证分析表明，一般来说，受教育程度与工资水平的高低呈正相关关系，即受过教育的劳动者的工资水平要高于未受过教育的劳动者。工资的高低还与年龄有很密切的关系，一般来讲，年龄较小时，工资上升较快，以后工资上升趋于平稳，而到快退休时，工资开始下降。在一定年龄阶段，接受的教育越多，劳动者的工资也越高，受教育程度的高低导致了整个劳动市场工资水平的差异。

人力资本投资是个人对自己的投资，或是父母对子女的投资。通过支付教育费用和技能培训费用，个人在未来就能以更高的工资形式获得收益。从劳动需求角度来看，人力资本的投资提高了劳动者的边际生产力，在同样的条件下给厂商带来了更多的收益，因此厂商愿意为此支付报酬；从劳动供给角度来看，人力资本的投资增加了劳动者的支出，因此劳动者要求更高的工资待遇以弥补用于人力资本投资的支出。这样，教育作为人力资本投资在供求两个方面共同作用于劳动市场，使劳动市场的均衡工资水平出现了差异。

人力资本投资也经常成为企业增加利润的方式。家长把自己的孩子送到学校接受教育，厂商对其所雇用的劳动者进行培训，都是进行人力资本的投资。前者是通过厂商支付劳动者更多的报酬来实现，是厂商的一种间接投资；而后者则能使企业在未来产生更多的利润，是厂商的一种直接投资。对人力资本进行直接投资，可以在未来的阶段提高企业利润，从这一点上来说，企业的人力资本投资和实物投资的结果是一致的。

7.2.4 工资刚性

在现实的经济生活中，工资和福利有一个特点，即只能提高，不能下降或者工资福利增加时容易，降低时则非常难，这就是工资刚性。

经济学家一般认为工资刚性有三种解释：第一，由于政府法规和工会的压力，厂商可能无法或很难降低工资；第二，工资下降会导致劳动者工作积极性下降，进而导致利润下降；第三，由于通货膨胀的普遍存在，即使维持工资不变，工资的购买力实际已经下降，所以更谈不上降低工资。

1. 工会、合同和法规

第一，工会合同。工会通常为工资合同进行谈判。在某些行业，劳动工会的力量可以解释工资刚性。当劳资双方的合同所确定的高工资使一个行业缺乏活力时，工会与资方都有责任。即使在就业减少的情况下，工会也坚持高工资。资方发现，满足工会的要求尽管对厂商长期发展不利，但总比持续不断的磋商或罢工要好一些。

第二，工资调整。即使工会不能使它们的成员长期获得更高的工资，面对已经变化了的经济形势，它们很可能成功地减弱工资调整的进程，如三年期的合同。如果经济衰退始于合同签订之后不久，新的经济形势反映到工资上可能需要两年的时间，直到新合同进行谈判的时候。而到那时，经济可能正处于恢复之中，所以工人就他们得到的工资而言，在很大程度上不受经济衰退的影响。如果预期在随后的几年中存在通货膨胀，他们甚至可能预定一个工资增长计划。

第三，隐含合同。雇员与雇主之间的关系并非只是由正式的合同决定，随着时间推移而在企业与雇主和工人之间发展起来许多默契，其被称为隐含合同。

工人一般是回避风险的，在其他情况相同时，他们力图避免收入的波动，许多工人有固定的资金负担，他们不希望工资随着劳动供求关系的变化而变化。相对而言，企业承受市场风险和价格波动的能力要强一些，一方面，企业的所有者比较富有，另一方面，企业容易从金融机构贷到资金以应对所需。企业为其工人至少提供了一些间接的保险，工人也愿意为一个可信赖的企业工作。企业在不景气的时候支付给工人的工资要高一些，作为回报，工人在经济不景气的时候仍留在企业，尽管他们得到的工资比他们在其他地方得到的工资可能更低。

2. 效率工资理论

有些企业可能发现，通过支付给工人更高的工资，它们能获得更多的利润。如果所支付的高工资能提高工人的积极性，使生产率提高，那么更高的工资可能会提高企业的利润。

效率工资理论认为，生产率取决于工资。

企业愿意支付高工资的理由包括，工资影响劳动者队伍的质量，影响劳动者的努力程度，并且影响劳动者的流动率。

第一，工资影响劳动队伍的质量。当一个企业对工人的需求降低时，它担心如果削减了所有工人的工资，最好的雇员将最有可能离去，因为这些工人更有信心能在原来工资或高于原来工资的水平上找到新工作。较低的工资导致劳动者队伍整体质量的下降。

第二，工资影响工人的努力程度。如果所有企业都支付高于市场出清的工资水平，努力工作对任何人来讲都是不合算的，因为不存在对偷懒工人的惩罚或处罚的力度较小。当部分企业执行高于市场出清水平的工资时，这些企业就引进了对偷懒的惩罚机制，这是因为：如果该企业的工人在偷懒的时候被抓住并开除，这些工人将不得不接受其他企业所提供的较低的工资；在高工资下，企业作为一个整体将雇佣较少的工人，一个因为偷懒被开除的工人所面临失业的可能性更大，其为偷懒所付出的成本过大，这就形成了对偷懒的惩罚机制。

第三，工资影响劳动者的流动率。降低工资使工人辞职的比率增大，而雇用新工人、发现他们的才能以及培训都是需要成本的，因此企业通过提供较高的工资就可以降低劳动者的流动率。

7.2.5 最低工资法

最低工资法是由国家通过立法所规定的雇主必须支付的最低劳动力价格。美国国会 1938 年第一次以《公平劳动标准法》确定了最低工资，以保证工人适当生活水平。随着时间的推移，最低工资不得不上升。1938 年的最低工资为每小时 0.25 美元，1984 年的最低工资为每小时 3.35 美元，1996 年最低工资为每小时 4.75 美元。最低工资法会对劳动的需求和供给产生怎样的影响，如图 7-5 所示。横轴表示劳动数量，纵轴表示实际工资率。如果没有最低工资法的限制，劳动供给曲线 S 与劳动需求曲线 D 的交点就是劳动的均衡点，此时的劳动数量是 L_0，工资率是 W_0。当政府规定了最低工资以后，企业支付给工人的最低工资率是 W_{min}，由此引起劳动的供给和需求的变化。在最低工资率 W_{min} 的水平下，劳动的供给量是 L_s，劳动的需求量是 L_d，二者之差 L_s-L_d 就是失业量。可见，最低工资法提高了工人的实际工资，但减少了对工人的需求量。也就是说，在最低工资法的影响下，有工作的工人的收入增加是以减少失去工作的那些工人的收入为代价的。

最低工资法的影响取决于工人的技能和经验。经济不是只有一个劳动市场，

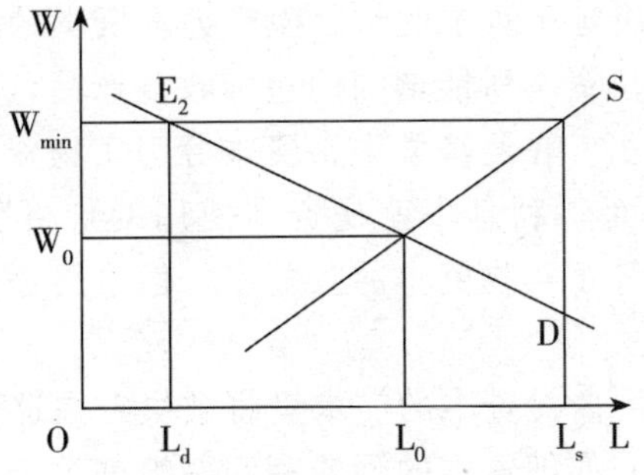

图 7-5 最低工资法的影响

而是包括许多不同类型工人的垄断劳动市场。熟练技术工人的工资相对于刚参加工作的工人是很高的，他们工资水平之高超过了最低工资法所规定的最低工资，因此他们的工资不受最低工资法的影响。那些年轻非熟练工人的工资可能低于最低工资，所以他们受最低工资法的影响比较大。最低工资法一方面使得年轻的非熟练工人的一部分得到的工资收入高于他们的边际收益产品，另一方面又使得这些人中的一部分失业。许多经济学家比较了多年来最低工资的变动与青年工人就业变动之间的关系，其中有代表性的研究发现，最低工资每上升 10%，会使青年就业减少 1% ~3%。

最低工资法历来是一个存在争议的问题。支持者认为，这项政策是增加贫穷工人收入的一种方法。他们指出，那些赚取最低工资的工人只能勉强度日。在 1994 年的美国，当最低工资是每小时 4.25 美元时，一年中每周工作 40 小时的两个领取最低工资的成年人一年的总收入只有 17 680 美元，这远低于中产家庭收入的一半。许多支持最低工资法的人承认最低工资法造成或加剧了失业，但这些影响并不大，考虑到所有情况之后，较高的最低工资可以使穷人的生活状况得到一定程度的改善。

最低工资法的反对者认为，这不是解决贫穷问题的最好方法。他们指出，较高的最低工资引起或加剧了失业问题，鼓励青少年退学，并使一些非熟练技术工人无法得到他们所需要的在职培训。并且，最低工资法是一种目标欠妥的政策，并不是所有的最低工资领取者都是竭力帮助自己家庭摆脱贫穷的家长。

7.3 利息理论与地租理论

7.3.1 利息理论

利息是厂商在一定时期内为利用资本的生产力所支付的代价，或者说是资本所有者在一定时期内因让渡资本使用权，承担风险所取得的报酬。利息与本金的比率就是利息率，利息率就是资本使用的价格，它是由使用资本的供求关系决定的。

厂商对资本的需求决定于资本的边际生产力。资本的边际生产力是指其他生产要素不变，增加 1 单位资本所能增加的边际收益产品，它等于资本的边际产量和产品的边际收益的乘积。在经济学中，资本分为实物资本和金融资本两种，机器和厂房是实物资本，而“利息率就是资本使用的价格”里的金融资本。金融资本的收益率并不一定等于实物资本的收益率，但最终还是取决于实物资本的收益率。

如果利息率既定，厂商对资本的需求量将被决定在这样的水平上：在该水平上，资本的边际生产力，亦即资本的预期利润率恰好等于利息率。比如，在市场利息率为 8% 时，厂商借入 1 单位资本的预期利润率假定为 10%，那表明厂商借入 1 单位资本即可获利 2%，从而增加资本投入对厂商来说是有利的。但是，由于要素报酬递减规律的作用，资本投入的增加必然降低其预期利润率，因此，当预期利润率与利息率相等时，厂商将不再增加或减少资本的投入。将所有单个厂商对资本的需求曲线汇总即形成资本的市场需求曲线，例如可假定是图 7-6 所示的 D 曲线。

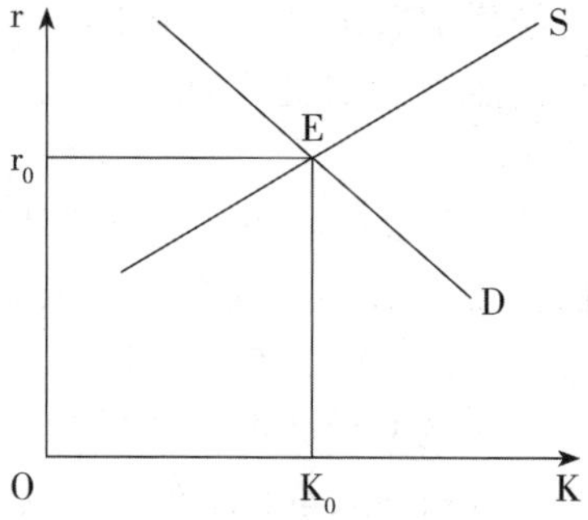

图 7-6　利息率的决定

纵轴表示利息率，横轴表示资本。资本的供给，就是资本的所有者在各个不同的利息率水平上愿意而且能够提供的资本数量。资本供给主要取决于让渡资本的机会成本及风险成本，只有借出资本所获得的利息报酬可以补偿这些成本，资本供给才会成为现实。西方经济学家认为，资本来源于节欲，来源于对当前消费的抑制。抑制当前的消费所形成的资本供别人使用，是为了获取利息，因此，对于提供资本的人来说，利息是对他们抑制或推迟眼前消费的一种补偿。利息率越高，这种补偿越高，人们愿意提供的资本就越多，因而资本的供给与利息率同方向变化，正如图 7-6 中的 S 曲线。

D 曲线与 S 曲线相交于 E 点，此点所对应的 r_0 为均衡利息率，K_0 为资本的均衡供求量。

在现实经济生活中，利息率常常不止一个水平。根据借贷时间，长期利息率同短期利息率不同，即使是相同期限，利息率也随风险、资本用途不同等原因而有所差别。此外，资本市场上常常存在不完全竞争的情况，这对利息率的决定也有影响。

7.3.2　地租理论

经济学上的土地是一个广泛的概念，它不仅指地面，也指地下、空中、水面上的一切自然资源。地租是在一定时期内利用土地的生产力所支付的代价或土地这一生产要素提供服务的报酬。

1. 均衡地租和级差地租

地租是由土地的供给和需求共同决定的。土地的需求取决于土地的边际生产力，随着社会对土地需求量的增加，人们只能使用越来越差的土地，因而每增加 1 单位土地使用所增加的收益即土地的边际收益是递减的，从而对土地的需求曲线，如同其他生产要素的需求曲线那样，呈现为一条向右下方倾斜的曲线，如图 7-7（a）所示的 D 曲线。

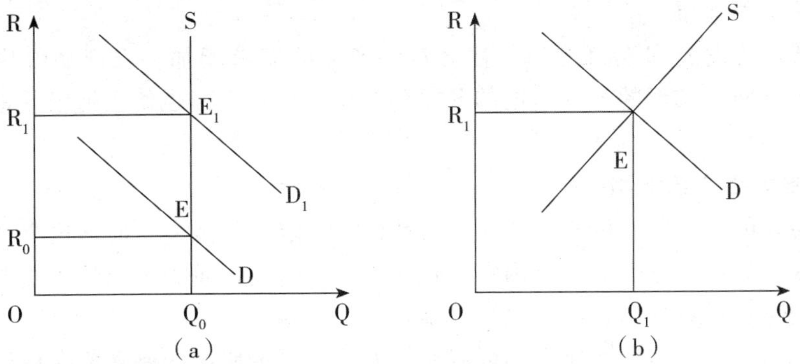

图 7-7　均衡地租的决定

土地这一生产要素具有稀缺性、不能流动、不能再造等特点。就一个国家或一个地区而言，土地的全部供给量是固定的，其供给曲线为一条垂直线，如图 7-7（a）中的 S 曲线所示，不管地租如何变化，土地总供给量始终是 Q_0。图中土地需求曲线 D 和土地供给曲线 S 的交点 E 是土地市场的均衡点。该均衡点表示，在土地数量为固定不变的 Q_0 情况下，均衡地租为 R_0。假定社会对土地的需求增加，需求曲线上升，将会平行地从 D 向右移动到 D_1，与不变的供给曲线交于 E_1，均衡地租会相应地上升到 R_1。这就是说，由于土地供给量为既定常数，因而地租高低只取决于土地的需求曲线，与土地需求的高低同方向变化。

上述垂直的土地供给曲线是仅就一国的全部土地而言。如果从某行业的角度来看土地供给，则土地的使用量或供给量是会随着地租水平的变化而发生变化的。例如，当土地用来建筑住宅可以产生较高的报酬，即可以支付较高的地租时，用于种植或其他用途的土地就会被转用于建筑用途。因此，从一个行业来说，土地的供给是可变的。土地的供给与使用土地的机会成本有关。如果一块土地使用于某种用途比使用于别的用途所取得的收益高，即该用途可以取得较高的地租，这种用途的土地的供给量就会增加，即通过减少其他用途的土地量来增加该用途的土地供给量。图 7-7（b）表明，从一个特定行业来看，地租的上升可以引起土地供给量的增加，土地需求曲线和土地供给曲线相交处决定均衡地租。

土地有肥瘠之分，矿藏也有贫富之分，再加上地理位置、气候条件等的差别，可以把土地分为不同的等级。一般来说，对土地的利用，会根据土地上产品需求的大小，自优至劣依次进行。土地产品的价格必须不低于使用劣等地进行生产所耗费的平均成本。这成本中包括使用劣等地也必须支付的地租，否则，劣等地所有者就不会出让土地使用权。使用同样大小面积的土地，在土地上投入同样多的资本和劳动，劣等地上收获的农产品数量要比中等地和优等地上收获的少，因而劣等地上每单位产品的成本消耗要高一些，或者说，那些肥沃程度高、交通便利的土地，其产品生产成本低于劣等地产品的平均成本。而农产品市场价格是由劣等地产品的成本决定的，这样，经营中等地、优等地的生产者就会获得超额利润。这一超额利润通过租种优等地和中等地的竞争，必然落到土地所有者口袋中而成为级差地租。

随着经济发展和人口增加、社会对农产品的需求增加，农产品价格相应上涨，这一方面导致新的劣等土地的开发和利用，另一方面也使土地级差地租水平上升。

2. 准地租和经济租

在短期内，工厂、机器和其他耐久性设备固定性很强，不易从这个产业转往其他产业，有些具有类似一个国家或地区在一定时期内垂直的土地供给曲线，因此，使用这些设备的租金有时也称准地租。

在长期内，一切生产要素都可流动，因此，要想使这些要素留在该行业，厂商付给它们的报酬必须超过它们转移到其他行业所能获得的最大报酬，即机会成本，这个超过部分称为经济租。有特殊技能的人，如歌星、体育明星等所获得的收入中，很大一部分就是这种经济租。当经济租大于零时，这些特殊要素就会继续留在该行业中，若经济租小于零时，这些要素就会转移到其他行业。

7.4 收入分配

7.4.1 个人收入分配

经济学家往往是以家庭或住户而不是个人为单位来研究收入分配。家庭（family）是指由出生、婚姻或者收养关系而联系在一起的生活在同一座房屋里的两个或更多的一组人。住户（household）则由具有亲戚关系的家庭成员和那些虽然没有亲属关系但却住在同一个房屋的所有人组成。因为一个家庭或住户的成员具有分享其收入的特征，所以以家庭或住户为单位比以个人为单位更有意义。

由于人口众多，因而需要一个简单的方法来对收入数据进行总结。一个可行的方法就是将这些人口按照从最贫困到最富有的顺序分成几个有限的小组，最典型的做法是将人口分成五个等份，称为五等份组，每一个五等份分组中所包含的家庭数目是相等的。表7-2将7 600万美国家庭分为了5个相等的小组，每一个小组各包含1 520万个家庭。第一行表示的是最穷困的20%家庭——处于最底层那个五等份分组的家庭，接下来的几行表示的是具有较高收入的那几个五等份分组中的家庭，最后一行表示的是收入最高的那20%家庭。

表7-2　　五等份分组中每组家庭年收入的取值范围

五等份分组	收入高于（美元）	收入低于（美元）
收入最低的20%	0	24 000
第二个20%	24 000	41 440
第三个20%	41 440	63 000
第四个20%	63 000	94 469
收入最高的20%	94 469	—

通过考察这五组家庭的收入在美国总收入中所占的比例。可以更好地对不公平程度进行度量。表7-3给出了相应的数据，表中的第二栏给出了各个五等份分组家庭的收入在美国总收入中所占的比重。

从表7-3可看出，最低收入组家庭的收入只占总收入的4.2%，而最高收入组家庭的收入却占到了总收入的47.6%，富人收入是穷人收入的很多倍。

表7-3　　以五等份分组排序方法表示的家庭收入分配情况

五等份分组	其收入所占比重（%）	收入的累积比重（%）
最低的20%	4.2	4.2
第二个20%	9.7	13.9
第三个20%	15.5	29.4
第四个20%	23.0	52.4
最高的20%	47.6	100.0

表7-3中的第三栏对这些比重进行了加总。累积比重表明收入最低的那20%家庭获得了总收入中的4.2%，收入较低的那40%家庭获得了总收入的13.9%，收入较低的那60%家庭获得了总收入的29.4%，收入较低的那80%家庭获得了总收入的52.4%。

7.4.2　洛伦兹曲线和基尼系数

表7-3中的数据可以用一个非常有用的图来表示（如图7-8所示）。表7-3中第三栏的收入的累积比重以图7-8中纵轴来表示，而第一栏中所示的每一个五等份分组家庭所占的比重则以横轴来表示。图中的5个点对应着表中的5对观察值。例如，左下方的点A对应着收入最低的那20%家庭所获得的4.2%的收入。点B对应着收入较低的那40%家庭所获得的13.9%的收入。最上面的那个

点表示 100% 的人口获得了 100% 的收入。

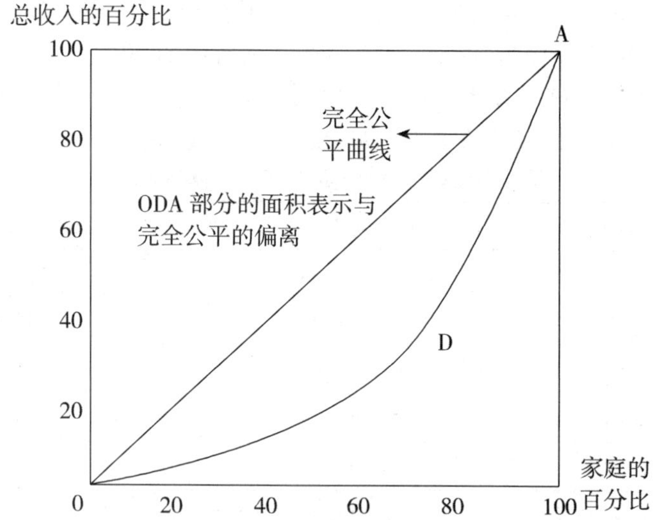

图 7-8 洛伦兹曲线

如果我们把这 5 个点连起来，就得到一条弯曲的曲线，这条曲线被称为洛伦兹曲线（Lorenz curve）。要计量曲线的弯曲程度如何，我们画一条 45 度实心直线，45 度线代表着绝对的公平。在这条直线上，收入最低的那 20% 人口恰好获得了 20% 的收入，收入最低的那 40% 人口恰好获得了 40% 的收入，依此类推。每个家庭的收入都完全相等。

洛伦兹曲线自 45 度向下弯曲的程度为我们度量收入的不公平提供了一个直观的判断方法。曲线越是弯曲，收入分配就越是不公平。

只有当某个人获得了所有的收入时，才有可能发生收入分配的极端不公平情况。在这种情况下，洛伦兹曲线将从 45 度线向下弯曲到一种非常严重的程度，以至于它将与横轴重合，直到刻度达到 100 时，然后变成一条垂直的直线。例如，99.9% 的家庭获得的收入为 0，只有将极端富有的那个人的收入包括进来时，才能得到 100% 的收入。

洛伦兹曲线是表明累积人口比重和每一组累积比重人群的收入在总收入中所占的比重之间关系的曲线，它衡量了收入不公平的程度。

基尼系数（Gini coefficient）是用来度量洛伦兹曲线弯曲程度的一个有用的数值。它等于 45 度线和洛伦兹曲线之间部分的面积与绝对公平线和绝对不公平线之间部分的面积之比。基尼系数在 0 和 1 之间变化，如果对角线和洛伦兹曲线之间的面积为 0 的话，基尼系数就为 0。如果某一个人获得了整个经济的所有收入，那么基尼系数就为 1。

收入的分配与财富的分配。在解释收入分配的相关数据时，需求考虑的另外一个因素就是收入与财富之间的区别。你的年收入是你在一年中获得的收入。你的财富，或者你的净财产，等于你所拥有的财产减去你欠别人的债务之后所剩下的部分。由于人们会为退休而进行储蓄，因而在不同的人生阶段，财富的变化量比收入的变化量要大。例如，一个刚刚毕业的年轻人几乎没有任何财产，如果还需要偿还大学期间的贷款的话，其净资产就是负的。然而，通过每年积攒一点点，这个人在慢慢地积累财产。当到达退休年龄的时候，这个人可能已经积攒了一笔可观的退休金，因此就变得相对富有了。

2001 年，对美国大约 3 000 个家庭进行的一项调查显示，最富有的那 10% 的家庭掌握着美国 72% 的净财富。虽然这种调查不像收集有关收入分配的信息时对所选取的那 70 000 个家庭进行的常规月度调查准确，但是财富分配比收入分配更加有失公平，这一点是显而易见的。

7.4.3 收入不平等的原因

居民收入来自劳动收入、财产收入和政府转移支付（如养老金、失业救济金、贫困补助金等）。显然，转移支付不可能使家庭发财致富，收入分配不平等只能从劳动收入和财产收入两个渠道中寻找原因。

关于劳动收入差别问题，具体说来，是由于人们能力不同、所受教育训练不同、从事的职业不同、人们机遇不同以及所处环境不同等因素所造成。对于这一点，可以通过分析美国贫困家庭情况得到进一步说明。

什么是贫困？贫困是一个相对的概念，会因时因地而异。美国国家科学院的专家建议，当某个家庭的消费还不到平均家庭在食品、服装、住宅上的消费水平的 50% 时，该家庭可定义为贫困家庭。按美国传统做法，贫困被定义为这样一种收入水平，这一水平低于所估算的维持生存的生活水平所需费用。在美国，经济学家这样设计贫困线：贫困家庭一般把收入的 1/3 用于食物，因此，把最低食物预算支出乘以系数 3，就得到了维持生存的生活费用标准。低于此标准，就称为低于贫困线。按此标准，1995 年美国四口之家的年最低生活费是 15 569 美元，该年美国大约有 14% 的家庭的收入低于贫困线。在贫困家庭中，按种族分，白人占 11.2%，黑人占 29.3%，其余是西班牙裔人和印第安人；按家庭类型划分，女性户主、现在无配偶的占 36.5%，为有配偶者家庭的 5 倍多；从文化水平看，没有受过大学教育的居多。这些现象说明，在美国，尽管法律上不再允许搞种族歧视和性别歧视，但这种歧视事实上仍然存在。由于少数民族和妇女受教育较少，难以获得高报酬的职位，失业的命运大多落到他们头上。

来自财产收入的不平等是收入不平等的主要根源。与财产收入差别相比，劳动工资收入上的差别微不足道。1996 年美国最富有的 100 个家庭情况表明，巨富们冒险创办高利润的新式企业，如软件公司、电视网络、零售网络等确实给他们带来了亿万财富。这 100 家巨富中大约 1/4 来自继承，就是说他们从继承上一代财产中获得了巨额收入。

有时候财产收入和劳动收入难以区分。一个大公司总裁的高薪固然不知比一般清洁工高多少倍，但使他更富有的源泉在于他从股票期权中获得的令人咋舌的收入。股权属于财产，但如果不是担任总裁，不是因为他有高超的经营能力，他不可能得到此期权，也不可能在行权时每股获得如此大的增值，而他的经营活动看起来又像是一种高级劳动。所以，这位总裁从股票期权中获得的巨额收入，究竟算财产收入、劳动收入，还是人力资本收入，看来是难以完全划分清楚的。特权和腐败也会造成不平等竞争，进而导致贫富差距扩大，但由于这种情况在正常的市场经济社会是非法的，同时特权和腐败对收入不平等的影响无法量化，因此这里不予分析。

7.4.4 平等和效率

劳动差别和财产差别带来的收入分配不平等，是市场经济机制运行的必然结果。在市场经济中，收入分配实质上由要素价格决定，而要素所有者能否按要素价格取得收入，将关系到市场经济的效率。要有效率，就得按要素价格给要素所有者以回报。由于人们占有要素情况不一样，有人占有资本和土地多些，有人少些，有人完全没有；有人工作能力强些，有人差些。如果不承认这种差别搞收入均等化，势必伤害人们的工作积极性、创造性和冒险进取精神，也会伤害人们储蓄和投资的积极性，其结果是，经济不能发展，社会不能进步。

如果效率和平等难以两全，那么，作为目标，哪一个更为重要？并且应予以优先？一些经济学家认为，效率应当优先，因为效率来自于人们的努力和勤奋，创新和进取。舍效率以求平等，只会是普遍贫穷。另一些经济学家则认为，平等应当优先，因为平等本来就是人们的天赋权利，竞争引起的收入不平等是对这种天赋权利的侵犯，不仅如此，人们本来就从未在同一个起跑线上竞争过。贫富差别不一定是勤奋和懒惰、智慧和愚笨造成的，各人受教育的权利和踏上工作舞台的机会本来就不一样。实行收入均等化，不仅可帮助穷人，还可提高整个社会的有效需求和福利水平。

这些看法有一定的道理，也有一定的片面性。实际上，平等和效率之间存在着对立统一关系。这种关系是市场经济运行中产生的，也体现了市场经济发展的内在要求。在市场经济中，效率的发挥是建立在不平等基础上的。不平等就是差别，有差别才有运动，才有发展变化，才有所谓效率。这种情况甚至在自然界也是如此。水流的条件是水位落差，空气流动的条件是气压差，热运动的条件是温差。没有差别，就没有运动和变化。同样，在市场经济中，不平等或者说差别是竞争存在的条件。正像人们赛跑总得有个第一、第二、第三的名次，不允许有名次和金银铜牌，就不可能有比赛中的拼搏和记录创新，也不可能有平时的勤学苦练，更不可能有效率。劳动生产率是在市场竞争中不断提高的，不允许一部分人通过发挥才能先富起来，谁肯勤奋工作和刻苦钻研？不允许企业通过改善经营管理实行自负盈亏、自我发展，而统统由国家大包大揽，哪一个企业会努力经营？允许有差别，允许有物质利益上的差别，你追我赶，相互竞争，才会有进步。可见，不平等的存在对效率起着重要的经济作用。但是，不平等的经济作用，又存在上下两条界限。上限是不平等的差别过小，下限是不平等的差别过大。效率赖以发挥的不平等必须保持在这上下限之内。如果不平等突破上限，差距过小，向完全平等靠拢，就会产生干与不干一个样，干多干少一个样，干好干坏一个样，能干不能干一个样，这种绝对平均主义会严重伤害效率。相反，如果不平等突破下限，差距过大，向绝对不平等靠拢，社会上一小部分人极其富有，大部分人极其贫困，基本生活毫无保障，则穷人势必铤而走险，造成社会动荡，危及市场经济秩序。同时，如果社会财富和收入分配差距过大，会影响劳动力再生产。劳动者如果穷得活不下去，就会使市场经济存在的基础条件受到削弱和破坏，这时候别说劳动者受教育、参加培训成为不可能，连温饱状态都可能难以维持。再说，社会生产总离不开消费，而劳动大众总是社会基本生活必需品消费的主力军，如果他们极端贫穷，缺乏购买力，社会有效需求严重不足，社会经济就无法正常运转。可见，市场经济运行机制本身要求平等，但又不能过分平等；差距要存在，又要适当。平等和效率难以兼得，但必须兼顾，兼顾的原则有三条：

第一，在重视效率原则下兼顾平等。没有效率，就没有经济发展，无源之水何来分配公平不公平。在人类历史上，效率总是先于平等发生，并且平等也只有在效率提高过程中才会逐步实现。世界现状也表明，穷国在财富和收入分配上通常比经济发达国家更不平等。市场经济发展历史表明，贫富差距起初也许会随经济发展而扩大，但到一定阶段后，又会随经济进一步发展而缩小，呈一种倒 U 形的规律性趋势。

第二，在提高效率原则下要尽可能考虑平等的要求，寻找一些能以尽可能小的不平等换取尽可能高的效率、以尽可能小的效率损失换取尽可能大的平等的实现途径，以降低平等和效率的替换成本。在所得税和遗产税征收方面，税率要尽可能合理；在社会保障方面，既要取消“大锅饭”式的补贴，又要加强对困难人员和弱势群体的帮助，既要扩大社会保障面，又要根据因地制宜原则不搞一刀切。

第三，要善于抓住平等和效率这对矛盾在不同时期表现出来的不同的矛盾主要方面，抓住问题的主要倾向来协调两者关系。当平等问题显得尖锐时，要更多强调些平等；当效率问题显得更严重时，则要更重视效率，使两者矛盾在实践过程中不断得到妥善处理。

本章小结

1. 在经济学中，生产要素是具有生产能力的资源，包括资本、劳动、土地和企业家才能。派生的需求是指由于对产品的需求而引起的对生产要素的需求。联合的需求是指生产要素之间所具有的相互依赖关系或共同性，二者构成了要素需求的特性。

2. 边际生产力就是在其他条件不变时，每增加一个单位的要素投入所增加的产量，即边际物质产品带来的生产率的提高。从实物形态上看，就是在其他条件不变时，增加一个单位的要素投入所增加的实物产量。

3. 边际收益产品是指增加一单位某种生产要素投入带来的产量所增加的收益，它等于要素的边际物质产品和边际收益的乘积，即 MRP=MPP·MR。

4. 同产品市场一样，劳动的价格即工资也是由劳动的供求关系决定的。劳动的供给取决于劳动所获得的报酬，而劳动的需求取决于劳动的边际生产力。

5. 劳动的供给决定实质上是一个时间分配问题，理性的劳动供给者需要把既定的时间合理地分配到各项必要的用途上，即在劳动和闲暇之间进行选择。

6. 工资刚性是指工资只能提高、不能下降或者工资福利增加时容易、降低时非常难这样一种现象。经济学家一般认为工资刚性有三种解释：第一，由于政府法规和工会的压力，厂商可能无法或很难降低工资；第二，如果工资下降会导致劳动者工作积极性下降，进而导致利润下降；第三，由于通货膨胀的普遍存在，即使维持工资不变，工资的购买力实际已经下降，所以更谈不上降低工资。

7. 利息是厂商在一定时期内为利用资本的生产力所支付的代价，或者说是资本所有者在一定时期内因让渡资本使用权，承担风险所取得的报酬。利息与本金的比率就是利息率，利息率就是资本使用的价格，它是由使用资本的供求关系决定的。

8. 地租是在一定时期内利用土地的生产力所支付的代价或土地这一生产要素提供服务的报酬。

9. 在短期内，工厂、机器和其他耐久性设备固定性很强，不易从这个产业转往其他产业，有些情形类似于一个国家或地区在一定时期内垂直的土地供给曲线，因此，使用这些设备的租金有时也称准地租。

10. 洛伦兹曲线是表明累积人口比重和每一组累积比重人群的收入在总收入中所占的比重之间关系的曲线，它衡量了收入不公平的程度。

11. 基尼系数（Gini coefficient）是用来度量洛伦兹曲线弯曲程度的一个有用的数值。它等于45度线和洛伦兹曲线之间部分的面积与绝对公平线和绝对不公平线之间部分的面积之比。基尼系数在0和1之间变化，如果对角线和洛伦兹曲线之间的面积为0的话，基尼系数就为0。如果某一个人获得了整个经济的所有收入，那么基尼系数就为1。

关键概念

边际收益产品　工资刚性　地租　洛伦兹曲线　基尼系数

本章案例

我国收入差距的表现

我国收入差距体现在多方面、多领域，城乡差距长时间在3：1以上的高位上运行，并没有呈现出如库兹涅茨曲线先高后低的演变态势。在库兹涅兹看来，在城市化早期城乡收入差距会扩大到2到2.4，然后开始下降，如韩国在1994年基本消除了城乡差距，我国台湾地区在1995年这一差距已经缩小到1.4以下，一般来说，城乡差距在1.5以下是最合理的，而我国大陆城乡差距在过去三十多年中最小的时候也只达到1.8左右，很快就升高到2.0以上，在过去十多年时间内都在3.0以上。最近几年城乡差距略有缩小，但仍然在3.0以上。可以说，在过去十年中，国家加大了对农村公共财政的投入力度，取消了各种税费，增加了对三农的补贴，构建了农村社会保障体系，但是，这些做法依然不能有效地遏制城乡差距的扩大。

与城乡收入差距一样引发社会争议的是不同行业之间乃至同一行业内部的收入差距在不断扩大。金融、电力、石化、航空、证券等领域的国有垄断企业员工收入比其他行业高出十多倍乃至几十倍，一些中层经理人员年薪在百万元以上，其一年的收入是普通工人一辈子都赚不到的。他们的高收入并不完全是工作业绩的回报，更主要的是因为他们进入了国有垄断企业，谁进入这样的企业，谁就能获得高收入，那里的司机都属于高收入者，有的年薪高达十多万元。

即使从事同一职业的人，也不一定有相同或相似的收入水平，同样是处长，在大城市工作与在小县城工作，在市区工作与在郊区工作，收入差距也很显著；同样是教授，在不同院系、不同专业以及不同学校工作，其收入差距可能是惊人的。体制内外的收入差别则是我国收入差距的另一个特色。同样是司机，有的属于正式员工，有的属于临时工，他们之间收入差距之大，也令局外人匪夷所思。体制内的社会成员可以享受稳定的就业和收入，而体制外的社会成员趋向两极化，一部分属于高收入者(如老板、外企高管等)，另一部分属于就业不稳定且收入很低的那些人，他们在我们这个社会中占很大的比重，农民工就是这样一个庞大的群体，他们虽然与城市职工干着相同的工作，甚至比后者干得更辛苦，但是，收入却远低于后者。

本章资料

不同国家的收入分配不公平情况

通过对不同的国家或者不同的国家组合绘制其洛伦兹曲线。欧洲大多数国家的洛伦兹曲线都比美国更公平。加拿大、澳大利亚和英国的洛伦兹曲线和美国的非常类似。

当我们考察发达国家以外的其他国家时会发现，这些国家的收入分配差异很大。如图 7-9 所示，相对贫穷的孟加拉国的收入分配比美国要公平。中等收入国家巴西比美国贫穷得多，收入分配则没有美国公平。在各个国家中，孟加拉国和巴西比较接近于极端状态：相对于美国 60% 的较穷人口所获得的 40% 的收入，在孟加拉国同样比例的人口只获得了 29.8% 的收入，而在巴西则为 19%。

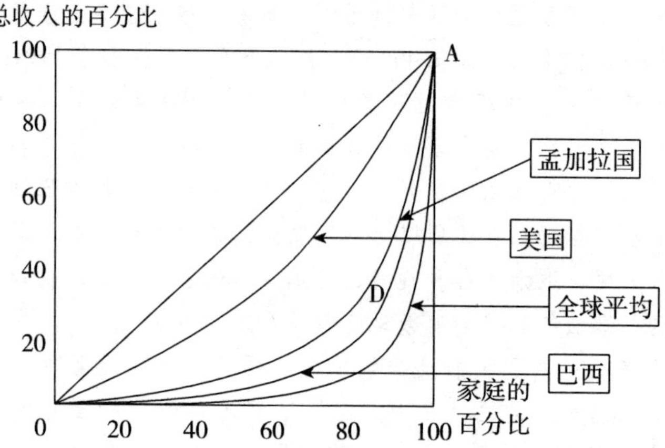

图 7-9 部分国家的洛伦兹曲线

相对于某一个单独的国家而言，世界整体的收入分配非常不公平，这是因为某些国家的极其贫困人口和其他国家的极其富有人口合并在了一起。例如，当联邦德国和民主德国实现了统一的时候，统一后的德国比合并之前的民主德国和联邦德国的不公平程度都高。如图 7-9 所示，整个世界的洛伦兹曲线比任何一个国家的洛伦兹曲线都更加不公平，60% 的世界人口只获得了 5% 的收入。

本章习题

1. 解释名词

边际生产力　基尼系数　洛伦兹曲线　工资刚性　地租

2. 选择题

1）生产要素的价格是(　　)。

A. 指支付一个生产要素在某段时间内所提供的服务的代价

B. 购买生产要素本身所需要的代价

C. 固定不变的

D. A 或 B

2）生产要素的需求是一种(　　)。

A. 派生的需求　　B. 联合的需求

C. 最终产品的需求　　D. A和B

3）生产要素的需求曲线之所以向右下方倾斜，这是因为(　　)。

A. 要素生产的产品的边际效用递减　　B. 要素的边际收益产量递减

C. 要素参加的生产规模报酬递减　　D. 以上都是

4）在完全竞争市场上，厂商对生产要素的需求量取决于(　　)。

A. 消费者对该要素生产的产品的需求

B. 产品的市场价格

C. 要素的边际物质产品

D. 生产要素的价格

E. 以上都是

5）当工会要求垄断厂商提高工资时，工人的就业人数将(　　)。

A. 增加　　B. 不变　　C. 减少　　D. 以上都可能

6）工资率的上升所导致的替代效应是指(　　)。

A. 工作同样长的时间可以得到更多的收入

B. 工作较短的时间也可以得到同样的收入

C. 工人宁愿工作更长的时间，用收入带来的享受替代闲暇带来的享受

D. 以上都对

7）准租金(　　)。

A. 等于厂商的总利润　　B. 比厂商的总利润大

C. 比厂商的总利润小　　D. 以上都有可能

8）假定某球星的年薪是8万元，但他若从事其他职业，最多只能得到2万元，那么该球星所获得的经济租金为(　　)。

A. 6万元　　B. 8万元　　C. 2万元　　D. 不得而知

9）在以下基尼系数中，(　　)说明了收入分配最不平均。

A. 0.35　　B. 0.5　　C. 0.42　　D. 0.7

10）如果对闲暇的需求增加，则(　　)。

A. 工资率会下降，劳动的雇佣量会减少

B. 工资率会下降，劳动的雇佣量会增加

C. 工资率会上升，劳动的雇佣量会减少

D. 工资率会上升，劳动的雇佣量会增加

3. 计算题

1）设一厂商使用的可变要素为劳动力L，其生产函数为$Q=-0.01L^3+L^2+38L$。式中，Q为每日产量，L是每日投入的劳动小时数，所有市场（劳动市场和产品市场）都是完全竞争的，单位产品价格为10美分，小时工资为5美元，厂商追求利润最大化。计算：

（1）厂商每天要雇用多少小时的劳动？

（2）如果厂商每天的固定成本是50美元，那么每天的纯利润是多少？

2）假定某劳动市场的供求曲线为SL=50W，DL=4 000-50W，计算：

（1）均衡工资为多少？

（2）假如政府对工人提供的每单位劳动课以10美元的税，则新的均衡工资是多少？

（3）实际上对单位劳动征收的10美元由谁支付？

（4）政府征收到的总税收额是多少？

4. 思考题

1）生产要素的需求有什么特性？

2）生产要素包括哪四类？

3）基尼系数与洛伦兹曲线之间有怎样的关系？

4）劳动供给曲线为什么向后弯曲？

第8章

福利经济学与市场失灵

学习目标

通过本章的学习，应该做到：

1. 了解福利经济学的一些基本概念以及一般均衡和局部均衡的含义。

2. 理解帕累托原理、帕累托最优的条件，重点掌握帕累托改进与帕累托最优的基本含义。

3. 理解并掌握市场失灵的含义、表现及其相应的解决方法。

8.1 福利经济学概述

福利经济学是在一定价值判断的前提下，研究社会经济制度和评价经济体系运行的经济理论。从亚当·斯密以来，人们普遍认为自由放任能推动经济发展，“看不见的手”能够协调好社会经济生活的各个方面，但是随着经济的发展，出现了收入与财富分配不均等、贫富差距扩大的现象。这一方面导致经济效率降低，另一方面引起尖锐的社会矛盾，在分析和解决这些问题的过程中产生了福利经济学。

福利经济学的思想渊源是18世纪末19世纪初的思想家边沁的功利主义，即人的本性是追求幸福，人的行为是趋利避害，绝大多数人的幸福就是道德准则和立法根据。福利经济学的福利概念就是从边沁的“幸福”一词中来的，与通常政府资助低收入家庭的福利项目不同，福利经济学的经济理论基础是边际效用论，效用构成福利的内容和核心，社会总福利水平或者社会成员总效用水平最大化是福利经济学研究的主题。

福利经济学的先驱是英国经济学家霍布森，他认为应以社会福利研究作为经济学新方向，考察社会分配不均的问题，主张通过改良主义办法，如改革税收、实行国有化等政策解决分配不均，增进社会总福利。福利经济学理论体系创立者是著名经济学家庇古，他在1920年出版的《福利经济学》创建了福利经济学的第一个理论体系，主要内容有福利的性质、福利的衡量与判断标准、增加和扩大福利的途径以及政府应采取的福利经济政策等。

在20世纪30年代，福利经济学有了很大的发展，福利经济学以帕累托最优理论为基础，对社会福利函数等进行了深入的研究和探讨，理论体系日趋完善。总之，福利经济学以一定的价值判断为前提，提出经济行为的标准，并探讨怎样才能使经济活动符合这个标准。

8.2 一般均衡和帕累托最优

8.2.1 局部均衡和一般均衡

第2章我们讨论过市场均衡理论，当时的分析只关注某一种商品市场实现均衡的情况，并没有考虑其他商品或要素市场是否实现了均衡，这种均衡我们称为个别商品的均衡，即局部均衡。如果商品市场中的所有商品和要素市场上的所有生产要素的供求都同时实现了均衡，这种均衡状态则为一般均衡。

局部均衡是一种简单化的分析，它假定一种商品的均衡不受其他商品（或要素）的供求变化影响。事实上，任何一种商品都与其他多种商品和要素有着不同程度的关联，该商品的均衡状态受其他相关商品（或要素）供求变化的影响，同时也会影响相关商品（或要素）的均衡状态。比如说由于某种非价格因素导致原油的供给减少，则原油的供给曲线向左移动，根据以前的局部均衡分析，均衡价格上升同时均衡数量下降。如果考虑一般均衡的分析，则原油的价格上升直接影响汽油市场的均衡状态，因为原油是汽油的投入要素，要素价格的上升意味着汽油成本的增加，于是，汽油的供给减少，汽油的均衡价格上升，均衡产量减少。与汽油市场紧密相关的是小汽车市场，汽油和汽车是互补品，当汽油的价格上升后，小汽车的需求必然减少，结果导致小汽车的均衡价格下降，均衡产量减少。这些相关产品市场的均衡变化反过来又会影响原油市场的供求（如汽油价格的上升将增加原油的需求，而汽车数量的下降则减少该需求，原油需求的最终变化取决于两种力量的大小，这种调整一直持续下去，直至最后所有的市场都达到均衡状态）。可见，一个初始状态的改变通过一系列相互依赖的市场，在整个经济中产生了连锁反应，最终在新的条件下实现了一般均衡。

一般均衡的实现说明了市场是有效率的，而理论上的一般均衡在现实中存在与否以及市场的效率如何判断，是经济学家们一直探讨的问题，在众多的判断标准中，被普遍认可和接受的是帕累托标准。

8.2.2　帕累托改进和帕累托最优

20 世纪初，意大利经济学家帕累托提出了福利理论，被称为新福利经济学，这是一门从福利的角度对经济体系的运行进行社会评估的经济学。帕累托认为，福利经济学应该以经济效率为中心，研究在收入分配一定的情况下，如何合理有效地配置社会资源，使社会总产出最大化，社会总福利不断改善。这个标准是强调效率、忽视公平，对社会经济活动采取一般均衡分析的方法。帕累托原理包括帕累托改进和帕累托最优两个部分。

帕累托改进指在某种资源初始配置条件下，一项社会变革可以使得至少一个人的福利增加，而不会减少其他人福利的状态。如果一项社会政策变革使社会全体成员的福利都有所改善，则该变革是理想的、可取的。如果一项社会政策变革使社会成员中的一部分福利增加，而另一部分的福利减少，则该项变革是否可取，就很难确定，这也是帕累托原理难以判断和解决的问题。比如政府对低收入群体发放生活补贴的政策使得低收入群体的福利增加，其他群体的福利不受影响，这就是帕累托改进。而如果政府是以提高高收入群体的税收来增加对低收入群体发放补贴的话就不是帕累托改进，因为这种收入再分配的调整是建立在高收入群体福利降低基础上的低收入群体的福利增加。

帕累托最优是指在某种资源初始配置条件下，任何一项社会变革在使一部分人福利水平上升的同时，必然使另一部分人的福利水平下降。也就是说不可能在保持其他人福利不变的前提下增加某个人或一部分人的福利水平，即达到了最优的状态，不再存在帕累托改进的空间，任何一种的政策变动都会使资源配置偏离最佳状态。

帕累托最优实现的三个条件：

帕累托最优的分析是把整个社会分成两大领域，即对于消费者而言的交换领域和对于生产者而言的生产领域，在这两大领域里分别实现帕累托最优后再将两大领域结合在一起实现全社会整体的帕累托最优。因此，帕累托最优的实现要满足三个条件，分别是交换的帕累托最优、生产的帕累托最优、生产和交换的帕累托最优。

第一，交换的帕累托最优条件：$MRS_{XY}^{A}=MRS_{XY}^{B}$，其中 X、Y 为任意两种商品，A 和 B 为任意两个消费者。

交换条件的实现要求任何两种产品的边际替代率对所有的消费者都相等。

如果二者不相等，则存在帕累托改进的可能性，即消费者可以通过商品的相互交换实现整体福利的提高。例如 A 和 B 两个消费者对于 X 和 Y 两种商品的边际替代率不相等，$MRS_{XY}^{A}=1$，而 $MRS_{XY}^{B}=2$，也就是说消费者 A 认为 X 商品和 Y 商品是没有差别的，即一单位的 X 的效用等同于一单位的 Y 的效用；消费者 B 认为 X 商品优于 Y 商品，一单位 X 的效用相当于两个单位的 Y。在这样的前提下，两个消费者可以通过商品的交换实现整体福利的增加，如 A 用一单位 X 商品与 B 交换一单位 Y 商品，则 A 的总效用没有变化，但 B 得到一单位 X 后相当于增加了两个 Y 的效用，在他交换给 A 一单位的 Y 之后总效用依然增加了一个单位的 Y 的效用，所以 B 的总效用通过交换得到增加，也使得整个社会的福利增加，此过程即帕累托改进。直到所有的消费者对两种商品的边际替代率都相等时，通过交换来提高福利的空间就不再存在，此时就达到了交换的帕累托最优状态。

第二，生产的帕累托最优条件：$MRT_{LK}^{C}=MRT_{LK}^{D}$，其中，L、K 为任意两种要素，C、D 为使用 L、K 要素生产的任意两种产品。

生产的最优条件要求任何两种要素的边际技术替代率对所有的生产者都相等。

与交换的帕累托最优条件分析类似，在生产领域，生产者使用两种要素生产两种产品，如果两种产品对于两种要素的边际技术替代率不相等，则生产者可以通过两种要素在生产两种商品中的使用来提高总产量，进而实现生产者收益的增加。如 $MRT_{LK}^{C}=1$，而 $MRT_{LK}^{D}=2$，也就是说生产者在生产 C 商品中使用的 L 和 K 两种要素在保持产量不变的前提下可以按照 1∶1 的比例替换，而生产 D 商品时保证产量不变的前提下，增加一单位 L 可以替换两个单位 K。在这样的情况下，生产者可以从生产 C 商品的要素中拿出一单位 L 要素用于 D 商品的生产，同时从 D 商品中拿出一单位 K 要素用于 C 商品生产，这种生产要素的调整使得商品 C 的产量不受影响，但是 D 商品的产量增加。因为 C 商品生产要素的调整符合边际技术替代率的要求，用一单位的 K 换掉了一单位的 L，而 D 商品的生产要素最终增加了一个单位的 K，所以生产者的总产量得到提高，生产者的福利增加。

第三，生产和交换的最优条件：$MRS_{XY}=MRT_{XY}$，其中 X、Y 为任意两种产品。

该条件要求任何两种产品的边际替代率等于它们的边际转换率。

该条件也称帕累托最优实现的最高条件，是在满足前两个条件基础上实现的交换领域最优和生产领域最优的融合。MRT_{XY}为生产者生产 X、Y 两种商品的边际转换率，它是指生产者在既定的生产技术条件下，放弃一个单位产品 X 所节省的资源用于生产产品 Y 所能生产出来的最大数量。如果消费者对于 X、Y 两种商品的边际替代率与生产者生产该两种商品的边际转换率不相等，则生产者可以通过两种商品数量之间的相互转换来提高消费者的福利水平。例如，$MRS_{XY}=2$，而 $MRT_{XY}=1$，意味着对消费者而言，X 商品的效用高于 Y 商品的效用，一单位 X 的效用相当于两个单位 Y 的效用；对于生产者而言，两种产品生产上的转换率为 1，即多生产一单位 X 就必须少生产一单位 Y，反之也一样。在这种情况下，生产者如果增加一单位 X 的产量，同时减少一单位 Y 的产量，则对于消费者而言总效用值增加了一个单位 Y 的效用，实现了整体福利的改进。

小资料 8-1：

维弗雷多·帕累托（Vilfredo Pareto，1848—1923），意大利经济学家、社会学家，洛桑学派的主要代表之一。生于巴黎，瑞士洛桑大学教授。主要著作有《政治经济学讲义》、《政治经济学提要》、《普通社会学》、《社会主义体系》等。帕累托曾任佛罗伦萨铁路公司工程师、总经理。1892 年在洛桑大学开设政治经济学教程，1893 年被任命为洛桑大学政治经济学教授，1896 年在洛桑用法文发表《政治经济学讲义》，1901 年前往巴黎，在高等研究学院授课，1901 年《社会主义体制》用法文在巴黎发表，1916 年《普通社会学》在佛罗伦萨出版。

帕累托对经济学、社会学和伦理学作出了很多重要的贡献，特别是在收入分配的研究和个人选择的分析中，他提出了帕累托最优的概念，并用无差异曲线来帮助发展了个体经济学领域。他的理论影响了墨索里尼和意大利法西斯主义的发展。

8.3　市场失灵的表现及解决方法

福利经济学的基本定理告诉我们，如果市场是完全竞争的，则最终达到的均衡状态就是帕累托最优状态。这说明市场在完全竞争状态下是有效率的，价格机制可以正确引导资源流向，达到资源的最优配置。但实际中完全竞争的理想化假定条件并不符合现实，导致资源配置的结果不能达到理论上的最优，因而出现了市场失灵。市场失灵是自由的市场均衡背离帕累托最优的一种情况，主要表现为垄断、外部影响、公共物品和不完全信息。

8.3.1　垄断

1. 垄断带来的效率损失

在完全竞争的市场里，资源可以自由流动，价格机制充分发挥作用，生产者在追求自身利润最大化的同时使社会资源实现最合理配置。但在垄断条件下，情况则完全不同，由于存在强大的要素流动壁垒，使得企业在追求自身利润最大化的同时并不能实现经济的有效性，这样就造成了垄断的低效率，帕累托最优不能实现。具体表现有以下几个方面：

1）垄断带来的资源配置失效

资源配置缺乏效率会造成资源浪费，如图 8-1 所示。

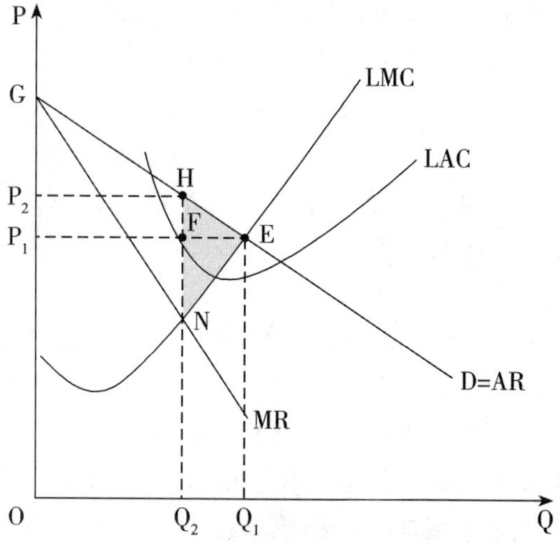

图 8-1　垄断造成社会福利净损失

在图 8-1 中，D 为行业需求曲线，MR 为边际收益曲线，LMC 为长期边际成本线，LAC 为长期平均成本线。在完全竞争市场条件下，市场的供求均衡产量为 Q_1，价格为 P_1，但是在垄断条件下，厂商按照利润最大化原则决定的均衡产量为 Q_2，价格为 P_2。我们发现垄断市场的产量 Q_2 小于完全竞争市场的产量 Q_1，我们知道完全竞争市场是最有效率的市场，说明垄断带来资源配置的失效。在市场由完全竞争变为垄断后，社会福利的变化如何？我们注意到，在完全竞争状态下的消费者剩余大小是图中三角形 GP_1E 的面积，变成垄断后消费者剩余的大小变成三角形 GP_2H 的面积，减少了梯形 P_2P_1EH 部分，减少的这部分消费者剩余中矩形 P_2P_1FH 部分转化成了生产者的收益，属于福利在不同主体之间的一种转移；但是三角形 HFE 部分消费者剩余损失掉了，同时生产者也没有得到，这就是社会福利的净损失。除此之外，生产者剩余部分减少的 FNE 也是净损失的一部分，二者加在一起就是图中阴影区域 HNE，是社会福利的总净损失。由于这一三角形最早是由美国经济学家哈伯格研究发现的，所以人们称之为“哈伯格三角形”。

2）垄断带来的资源运用的无效率

美国经济学家哈维·莱本斯坦认为，在垄断条件下，由于企业没有外在的竞争压力，所以会使整个企业组织从高层决策者到最低操作层改变行为准则，即由追求利润最大化转变为追求低风险、舒适、享受的原则。企业长期如此，会缺乏改进生产技术、减少成本的动力，造成产品质次价高，品种单调，没有创新变化，服务态度冷漠，挥霍浪费等，从而使企业产品成本高于相应产量规模的最低成本。这就是所谓“资源运用无效率”，又叫做“X-非效率”。

3）垄断引发的“寻租”成本

“寻租”是指利用自身拥有的社会资源通过找寻而不是参与生产活动使自己获

得收益的一种行为。为找寻而浪费的资源称为寻租成本。只要收益大于寻租的成本，垄断企业就会将资源用于寻求政府的保护，维护其垄断地位。如果社会的资源都用于寻找利润，而不是创造利润，则社会的财富会越来越少，资源严重浪费，必然影响经济的健康发展。

2. 反垄断政策

为了保护竞争，增进效率，减少垄断的危害和损失，许多国家实行反垄断政策。

反垄断政策是通过反托拉斯法实现的。美国是最早制定和实施反托拉斯法的国家。从19世纪末以来，先后采取了一系列反托拉斯的政策和措施。这些政策和措施包括：议会立法，司法部执行法律，法院按照法律对违法行为进行制裁等。美国国会曾通过一系列重要的反托拉斯法案作为联邦政府执行反托拉斯政策的依据。这些法案包括1890年通过的《谢尔曼法》、1914年通过的《克莱顿法》、1914年通过的《联邦贸易委员会法》和1950年通过的《塞勒-凯弗维尔法》等。反托拉斯法是对这些法律条文及其修正条款的总称。

这些法律的主要内容有：禁止企业参加限制贸易的密谋，即禁止参加固定价格或分割市场的协议；禁止企业图谋垄断一个产业，即禁止企业获得太大的市场；禁止企业为削弱竞争而同另外企业合并；禁止企业参与排外或协同性规定，如禁止企业之间有强迫买者和卖者只能和某单独一家做交易的规定；禁止企业在购买者中间搞价格歧视；禁止企业运用不正当竞争的做法，或者运用不公平或欺骗的做法等等。

美国还设有负责强制执行这些法规的机构，如联邦贸易委员会以及司法部的反托拉斯局。当公司或企业被控违犯反托拉斯法条款时，则要受到警告、罚款、赔偿受损人、解散公司等制裁。最近几十年来，美国最重要的反托拉斯案件有美国电话电报公司案件、国际商用机器公司案件和微软公司案件等。有趣的是，这些案件说明，解散垄断性大公司不仅使消费者受益，对被解散的大公司本身也有利。例如，电话电报公司所拥有的贝尔系统解散后仍旧蓬勃发展，而未予解散的国际商用机器公司的市场份额反倒急剧下降。

应当注意的是，最近三十多年来，在美国，不仅反托拉斯政策引起了人们的争议，而且政府对反托拉斯政策的态度也悄悄有了些松动迹象。这主要是因为许多高新技术的进步在垄断行业发生居多，这印证了熊彼特的假说。同时，一些经济学家认为，在经济全球化浪潮中，国家经济的开放度会越来越高，竞争总是要发生，任何一个厂商想长期靠垄断来获利是不可能的，因此，没有必要对垄断加以如此严厉的惩罚。

反托拉斯政策所反对的一般是由商标、专利、垄断原材料来源等原因造成的垄断。这种垄断是抑制竞争的、反社会的、弊大于利的。然而，经济生活中存在着另一类垄断，如铁路、航空、邮电、煤气、供电等部门常常是由一个公司从事的垄断性经营，这种垄断是由技术条件和需求条件共同作用而形成的市场结构。对于这些部门来说，技术上都要求有大规模生产才会有效率，需求上具有所有消费者共同使用的性质。因此，由一家公司来经营最为经济最为合理。试想，如在同一城市或同一地区有两家电厂或水厂供电供水，相邻两户居民分别由不同电厂和水厂来供电供水，势必安装两套线路和管道，这岂非极大浪费？可见，这种垄断是由技术条件和需求条件共同作用而形成的，故称为自然垄断。自然垄断不属于反托拉斯范围，但需要政府管理。管理中最重要的问题之一是收费标准问题。

对电、煤气、水等公用事业如何收费才是合理公平的？一般说来，政府的公用事业管理机构应当把价格定得能补偿平均成本。这是因为，如果价格低于平均成本，要想使公用事业继续经营下去，只能由政府对公用事业作补贴，补贴费用只能来自税收，这就形成纳税人向此公用事业的消费者转移收入。为了使公用事业不亏本，公用事业管理机构往往实行差别定价方法，即根据不同销售量，收取不同费用。例如，在高峰时期用电，收费标准高些，其他时期则收费低些。一方面调节供求，另一方面用高价来弥补低价对该公用事业经营带来的损失。再如，在电力充裕时，可对第一单元用电收费低些，超过此单元收费高些，低价不能补偿平均成本的损失，可由高价来补偿。

按平均成本定价看来是对自然垄断管制的一个较好的办法。然而，它同样会产生问题。由于是按平均成本定价，因此，厂商失去了为降低成本而进行创新和节约的动力，甚至有可能过多使用设备和人力而形成浪费。

一些国家曾一度采用将自然垄断行业国有化的办法来对该类行业直接加以控制，但事实证明，国有化企业往往经营效率低下，因而这些国家后来纷纷放弃国有化做法，仍由私人企业来经营，同时加强管理，尤其是定价管理。

8.3.2 外部影响

1. 外部影响的含义

外部影响又叫外部性、外部效应等，是指经济主体的行为无意间对其他主体产生的非市场的或好或坏的影响。从概念可知，外部影响的形成要满足以下几个条件：①必须是经济主体在无意间产生的，是一种非主观的影响。例如，一个人吸烟的习惯使周围的人被动吸二手烟而感到难受。倘若吸烟者故意到某人身边吸烟来呛他，这就不属于外部影响了。②影响的产生是非市场的，即不是通过买卖交易达成的。例如，街边种植的鲜花，行人经过时看到后赏心悦目，这是外部影响。歌迷去听歌星的演唱会，虽然得到了享受，但这是一种市场行为，不属于外部影响。③必须产生了或好或坏的影响，好的影响是正外部影响，坏的影响是负外部影响。如果一个人对于别人的行为比较麻木，没有感觉，可以说这种行为对他没有产生任何影响。如一个人吸烟对于大多数人而言带来不好的感觉，但个别人对于烟雾没有感觉，也就是无所谓，那么吸烟的人对于他就没有外部影响产生。

根据外部影响的行为主体以及影响的后果可将外部影响分为四类：生产上的正外部影响；生产上的负外部影响；消费上的正外部影响；消费上的负外部影响。

2. 外部影响造成市场失灵的原因分析

首先，对于负外部影响，这里以化工厂排放生产污水污染河流导致其下游的养鱼场鱼苗死亡的例子来分析。假设化工厂生产产品，并对河水造成污染但并不负责治理污染。此时企业生产的私人成本仅是生产产品的生产成本，而社会成本除了其私人成本之外，还要加上污染治理的成本，则社会成本大于私人成本。假设化工厂的私人收益就等于社会收益，没有外部性，则化工厂按照私人利益最大化原则（边际收益=边际成本）决定的产量会高于按照社会利润最大化原则决定的产量。这样，就会导致社会资源过多地被用于化工厂生产，也就是社会资源配置中的本行业资源配置数量过多，市场没有起到最优配置资源的作用，造成市场失灵，如图8-2所示。

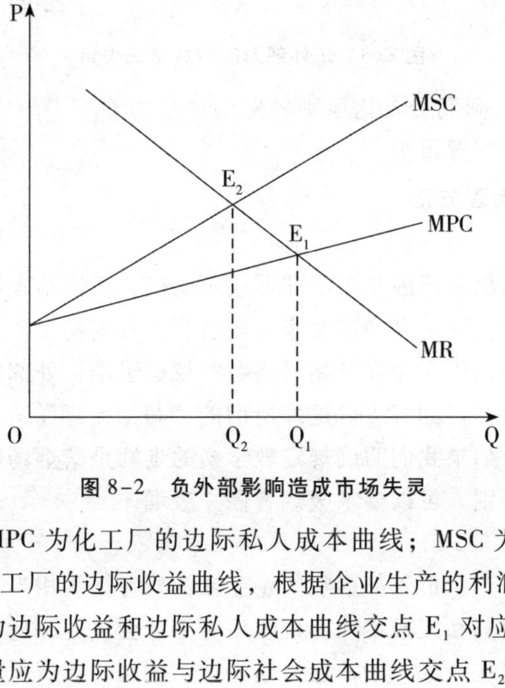

图 8-2　负外部影响造成市场失灵

在图 8-2 中，MPC 为化工厂的边际私人成本曲线；MSC 为化工厂的边际社会成本曲线；MR 为化工厂的边际收益曲线，根据企业生产的利润最大化原则，化工厂生产的最优产量为边际收益和边际私人成本曲线交点 E_1 对应的产量 Q_1，但从全社会来看，最佳产量应为边际收益与边际社会成本曲线交点 E_2 对应的产量 Q_2。显然 $Q_1>Q_2$，表示有外部社会成本，会导致过度的生产行为，企业生产的实际产量大于社会需要的最优产量。

下面我们来讨论正外部影响，由于存在正外部影响，经济主体的行为会给社会带来净收益，这意味着厂商或消费者的私人收益低于其社会收益，假设其私人成本和社会成本是一致的，那么依照私人利润最大化原则所确定的最佳社会产量会小于依照社会利润最大化原则所确定的产量。也就是说，正外部影响对经济效率的损失体现在私人实际产量低于社会认为的最佳产量，或者说是资源在本行业配置的数量不够，违背帕累托效率标准，如图 8-3 所示。

在图 8-3 中，MC 为边际成本，MSR 为边际社会收益，MPR 为边际私人收益，显然对于正外部影响社会收益大于私人收益。此时，按照社会利润最大化原则确定

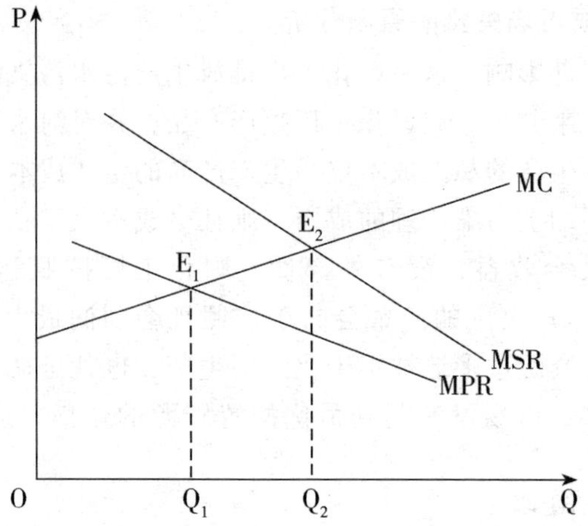

图 8-3 正外部影响造成市场失灵

的产量为 Q_2，按私人利润最大化原则确定的产量为 Q_1，$Q_1<Q_2$，说明按照社会的要求产出不足，资源配置过少。

3. 外部影响的治理方法

1）私人协商

外部影响产生的根本原因是资源的产权不明确，所以私人协商解决外部影响的前提就是明确产权。美国著名经济学家科斯认为：只要初始产权是明确的，并且交易成本为零或者很小，则无论在开始时将财产权赋予谁，外部影响问题都可以有效地通过双方的交易协商得到解决，这即所谓的“科斯定理”。

比如吸烟问题，如果我们明确规定教学楼的走廊是禁烟场所，则吸烟的人就没有权利在这里吸烟，别人可以要求吸烟者停止吸烟。

2）经济奖惩

一方面，政府对产生负外部影响的企业或消费者征收相当于最佳社会产量时的外部成本的税收，使其私人成本加上税收后等于社会成本，从而使外部影响转化为私人成本，使私人最佳产量等于社会最佳产量。例如，政府可对污染排放企业征收排污费，提高企业的生产成本，减少企业的产量。另一方面，政府对于产生正外部影响的企业或消费者进行补贴，使私人收益加上补贴后等于社会最佳产量时的社会收益，从而使该领域产量提高至社会最优产量。例如，政府对于学校、医院等具有正外部影响的单位给予补贴，对于见义勇为及有突出贡献者进行嘉奖等。

3）企业合并

如果两个企业分别是外部影响的产生者和受影响者，则两者合二为一就可以消除外部影响，使外部影响变成企业内部的问题，即外部影响“内部化”了。比如将产生外部影响的化工厂和受其外部影响的养鱼场合并，则化工厂对于养鱼场的影响就变成了企业要解决的问题，企业就会考虑如何控制污水的排放保证养鱼场的产量。正的外部影响也可以通过此方法“内部化”，如现在的购物中心很多都是集购物、娱乐、餐饮、休闲于一体，保证各方面的收益都不流失。

4）拍卖污染许可证

政府控制经济上可接受的污染总量，让产生外部污染的企业去竞拍污染许可证，出价高的企业可获得相应污染量的污染排放权，并且许可证可以转让。这种方法的好处是把政府的命令、控制方法和市场的调节作用结合起来。政府根据环境对污染的容纳能力确定污染的排放总量，然后发挥市场的作用以最低成本实现污染物的减少。

8.3.3　公共物品

1. 公共物品的含义、特征和分类

我们以前所研究的商品都是通过市场由私人提供并且由个人享用的，这是私人物品。私人物品有两个鲜明的特点。首先是“排他性”，只有支付了商品的价格，成为商品所有者的人才能够使用它，其他人是没有权利使用的。其次是“竞争性”，如果一个人先于另一个人得到了某商品的使用权，则后面的人就不能使用了。也就是说，由于别人对商品的使用而影响了自己对该商品的使用。如某件衣服被甲先买到了，那么乙就没有办法使用这件衣服了。但是还有些商品不具备这两种特征，大家可以一同使用，也不会因为其他人的使用而影响更多人来享用它，这类物品就是公共物品。

公共物品也称共用品，是由整个社会共同享用的物品，比如国防、警察、教育、公共卫生等。公共物品的两大特征正好与私人物品相反，即占有上的非排他性和消费上的非竞争性。如城市里的广场，居民都可以来休息和散步，任何人都不可能毫不费力地独占这一物品，这就是占有上的非排他性；同时，只要广场上的人不是过多，那么后来的人对广场的使用不会因为先到的人而受影响，大家可以共同消费，相安无事，这就是消费上的非竞争性。

公共物品的两种特征有强弱之分，据此，我们将公共物品分为纯粹公共物品和准公共物品。纯粹公共物品是非排他性和非竞争性都很强的公共物品。如国防、社会治安、法律规范、知识等。准公共物品是指两种特征的其中一种比较弱的公共物品。比如高速公路正常情况下不会拥堵，具有非竞争性，但是使用上收费，所以具有排他性。再比如不收费的公园，具有非排他性，但是如果游园的游客非常多，就会使后来的人无法进入或影响参观效果，因此就具有竞争性了。

2. 公共物品造成市场失灵的原因分析

私人物品的市场整体需求等于市场中所有消费者的个人需求之和，如图 8-4 所示。

私人物品的市场需求曲线的推导是在任意价格水平下的个人需求曲线的水平加总。市场均衡点为供给曲线与需求曲线的交点 E，此时均衡价格为 P_e，均衡数量为 Q_e，它等于 Q_a 和 Q_b 之和。其中 Q_a 为消费者 A 的需求量，Q_b 为消费者 B 的需求量。

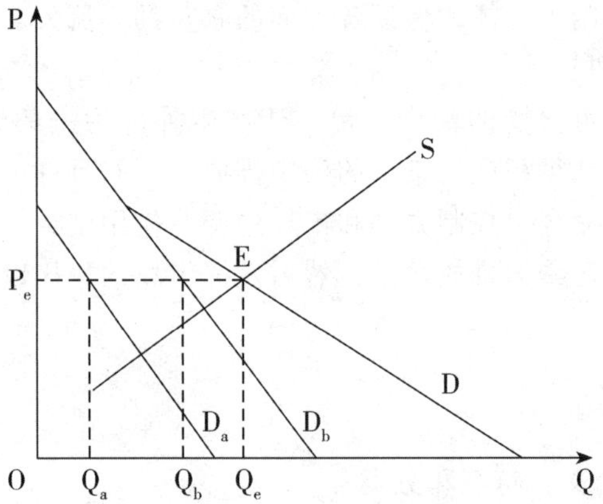

图 8-4　私人物品供给的局部均衡

与私人物品不同，公共物品可以允许许多人同时消费同量的单位，所以就应该是同时消费它的多个消费者共同支付来购买相应的数量。在这种情况下，公共物品的帕累托有效供应条件应该是全部消费者的个人边际支付意愿之和等于生产厂商的边际生产成本。通俗地讲，就是全部消费者对于一单位公共物品的意愿支付的总和应该等于生产厂商提供这一单位公共物品的成本，如图 8-5 所示。

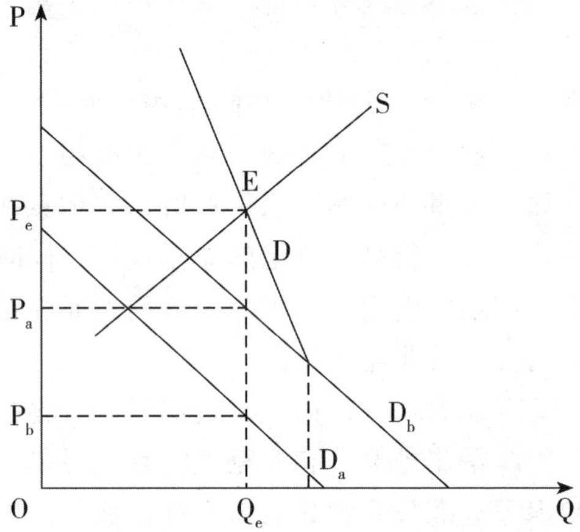

图 8-5　公共物品供给的局部均衡

公共物品的需求曲线是对应一定需求量下的个人需求曲线的垂直加总。市场均衡点为 E，均衡数量为 Q_e，均衡价格为 P_e，这个价格是两个消费者愿意为该公共物品支付的价格总和。

由于公共物品的非排他性和非竞争性的特征，使得消费者可以不用购买也可以消费，他们可以隐藏自身的实际需求，在别的消费者出钱购买后自己不必付费就可享受到产品和服务，这种行为被称为“搭便车”。这就导致了公共物品的真实需求意愿不能完全被表述，也就无法像私人物品那样形成正确的市场均衡价格和均衡产量，结果必然是公共物品的供给量偏少，即资源配置过少，造成市场失灵。

3. 公共物品造成市场失灵的解决方法

由于消费者“搭便车”心理的普遍存在，所以公共物品是市场无法有效提供的，但公共物品又是社会正常运行和发展的基础，因此，政府干预是解决这一问题的重要手段。政府如何确定某公共物品是否值得生产以及应该生产多少呢？如果政府认为提供这些公共物品的总收益大于总成本，政府就可以提供这种公共物品，这就是成本-收益法。一般来说，政府提供公共物品的方法是向居民强制征税，并利用税收来支付提供公共物品所需的投入。

8.3.4 不完全信息

1. 不完全信息的含义

完全竞争市场的一个重要假定是买方和卖方都拥有关于商品的充分市场信息，能够作出准确的销售或购买决策，而在现实生活中，信息一般是不完全的，对于一种商品，卖方通常比买方掌握更多的产品信息，如商品的质量、性能、售后等，这就是信息的不完全或不对称。比如二手车市场上，车主必然掌握更多的关于其出售的二手车的性能、质量和存在的问题等信息，但是买者仅凭现场考察是无法全面掌握各方面信息的，这就出现了买卖双方的信息不对称。再比如说购买重大疾病保险的人对自己面对的风险的认识要比保险公司清楚得多，他更清楚地知道自己的身体状况和生病风险的概率，这也是信息不对称。

2. 不完全信息造成市场失灵的原因分析

由于人们的认识能力和获取信息能力有限等方面原因的限制，现实生活中的信息不完全情况非常普遍，这时，市场的价格机制将无法实现对资源的最优配置，可能会出现逆向选择和道德风险的问题。

逆向选择是指由于双方拥有的信息不对称，交易对象或合约条款的质量受控于拥有信息较多的一方，其交易结果违背了信息较少的一方的意愿，使其蒙受损失。如保险公司希望把人身健康险卖给身体健康的成年人，但是大多数身体健康的人没有强烈的买保险欲望，他们认为没有很大的必要。而愿意购买此险种的人多数是身体欠佳或身患某种慢性疾病的人，他们比保险公司更清楚地知道自己的身体状况，由于保险公司不能完全掌握这些信息，导致最终来投保的人并非是保险公司最初所期望的群体。再比如现在手机市场鱼龙混杂，买者如果没有强大的甄别能力，对产品没有充分的了解，仅凭外观、现场的试用及卖方的推荐和介绍，就非常有可能买到一部质量差、不耐用的问题手机，这和买主当初的愿望是相违背的，结果就发生了逆向选择。

道德风险是指交易或合约达成后，由于信息多的一方的行为难以被信息少的一方察觉，所以信息多的一方以损害对方的利益为代价而获得自己的利益。比如签订了劳动合同后的员工不再像以往一样勤勉地工作，而是在领导不在时偷懒或工作不认真负责；购买了汽车保险的车主开车时不再小心翼翼，也不再像以前那样小心保管自己的车子了等等。

当买卖双方存在信息不对称时，信息少的一方往往要蒙受经济损失，市场的交易可能并非他们的意愿，因此仅仅靠市场这只“看不见的手”，利用价格机制的调整无法达到有效率的资源配置。

3. 不完全信息造成市场失灵的解决方法

解决该问题的方法除了信息少的一方通过多种途径（如网络、报纸等媒介）主动自觉增加自己的信息量，使交易双方的信息尽可能完全对称之外，还有以下几个方面：

1）政府的介入

对于信息充分的生产者，政府可以制定保护消费者权益的法令，制定各种质量及各种技术安全质量标准并监督生产厂商实施；对于缺乏信息的消费者，政府提供免费的产品质量、性能等方面的信息或用工信息及用人单位的介绍，帮助需要购买商品或需要找工作的人掌握更多的相关信息。同时设立消费者权益保护部门，一旦出现商品买卖或劳务纠纷，消费者可以进行投诉来维护自身的合法权益。保险市场上，为了防止低风险者不愿投保的问题，政府对某些险种规定了强制保险。

2）中间商

中间商的出现是市场自发解决信息不完全的办法之一。如在当前这个信息爆炸的社会，咨询类公司大量出现，这类公司的作用就是为有需要的人提供相应的信息，他们就是中间商。对于买者，他们根据中间商提供的信息购买产品，同时愿意为获得信息付出一定的成本，因为由于中间商的专业性和规模经济，这个成本必定小于个人亲自找寻信息所付出的代价。对于卖者也愿意为中间商提供相应的信息，因为提供真实的信息也会为卖者带来好处，这也是为自身作广告宣传、拓宽销售渠道的一个途径。

3）市场信号

市场信号是信息多的一方向信息少的一方发出的传递质量等方面的信号，以便于信息少的一方区分出不同的情况。如在家电的冰箱市场上，冰箱保修期一般为3年，但是个别品牌推出了10年甚至更长的保修期限，这就是一个市场信号，说明该品牌冰箱的质量更优，也反映了企业对自身产品质量的信心。还有些产品为消费者展示其各种级别（如ISO9000体系）的鉴定证书或是被某种大型活动（如奥运会）指定为专用产品等都是在提供信号。也有些信息是信息少的一方通过采取某些措施使信息多的一方显示出来的，这就是甄别机制，比如企业在招聘员工时，比较看重应聘人员的技术水平、工作能力及努力程度等，但是这些很难在招聘现场当即获得，虽然着装、举止及言谈可以在一定程度反映应聘者的素质，但毕竟是比较弱的市场信号，此时，企业更关注的是能够反映应聘者素质的比较强烈的信号，常见的学历高低、受教育的情况一般反映了应聘者的素质和能力水平。

4）激励机制

激励机制主要是针对信息不对称导致的道德风险而言的。道德风险产生的原因是因为个人不必承担其行动的后果。比如员工偷懒不被发现的话就不会被扣工资，购买了健康保险的人不再像以往一样注重锻炼身体，因为生了病有保险公司支付治疗费用。如果能够让制造风险的人承担一部分的后果，那么道德风险的问题就能够解决，这就是激励机制。常用的是奖赏和惩罚。比如大多数的企业都会规定一段时期内的任务额度，没有完成扣发相应的工资，超额完成加发奖金，超额越多员工赚得就越多，以此来激发员工的工作积极性。还有的企业会分给员工小额度的企业股份，一方面让员工有主人翁意识，另一方面使员工认识到自身的收入直接和企业的效益挂钩，因此而努力工作。对于防范投保人的道德风险，保险公司的做法是使用部分理赔的方案，而不是全额理赔，这样购买了保险的人要为其行为的后果支付一定的费用，他的行为就会比较谨慎了。

8.4 政府失灵与科斯定理

8.4.1 政府失灵

市场失灵的存在并不意味着政府干预经济就是必要的，政府干预微观经济运行以纠正市场失灵的前提条件是政府的干预是有效的。但从政府干预的实际效果来看，由于政府与微观经济主体间存在着信息不对称、政府决策者决策失误、体制不健全、官员腐败及寻租集团的影响等都会导致政府干预的不完善，甚至会造成更严重的资源配置扭曲。政府在纠正市场失灵中存在的缺陷或不完善之处称为政府失灵。以诺贝尔经济学奖获得者詹姆斯·布坎南等人为代表的公共选择学派对政府失灵问题进行了深入研究，将政府官员视为与消费者、企业等市场主体一样，是以自身利益最大化为目标的“经济人”，而不是以追求公共利益最大化为目标的“社会人”。

政府失灵问题的存在导致人们重新思考如何更有效地解决市场失灵问题，实现资源的最优配置。由于可用于调节资源配置的制度是有限的，或者依赖于政府，或者依赖于市场，或者是二者的结合，因此当政府无法有效解决市场失灵问题时，社会又重新求助于市场机制，试图寻求通过完善市场机制、进行制度改进与创新来解决市场失灵问题。

8.4.2 产权理论与科斯定理

产权理论试图通过建立完善的产权制度来解决市场在资源配置方面存在的低效率。

一般意义上看，产权是一种通过社会强制性规范的约束得以实现的对某种经济物品的多种用途进行选择的权利。产权分为私有产权和公共产权，属于个人的产权称为私有产权，私有产权可以通过转让换取对其他物品同样的权利。公共产权是对共用品所拥有的产权。产权本身是一个历史的概念，不同时期的学者对产权有不同的界定，包括从哲学、伦理等方面的界定。现代产权理论着重于从经济学角度分析产权的含义，即把产权视为一切有助于确定每个人的占有、使用、收益和转让财产的权利的法律、规章、惯例和条例。罗纳德·科斯是现代产权理论的主要奠基者，产权理论的主要代表人物还有威廉姆森、斯蒂格勒、布坎南和舒尔茨等。

小资料 8-2：

罗纳德·科斯（Ronald H. Coase，1910—2013），英国经济学家，交易成本理论及科斯定理的提出者。1932 年获伦敦政治经济学院经济学学士学位，并于 1951 年获英国伦敦大学博士学位，移民美国后，一开始任教于纽约州立大学水牛城分校，1955 年任教于弗吉尼亚大学，1964 年后主要任教于芝加哥大学。“因为对经济的体制结构取得突破性的研究成果”，荣获 1991 年诺贝尔经济学奖。他的杰出贡献是发现并阐明了交换成本和产权在经济组织和制度结构中的重要性及其在经济活动中的作用。

科斯对产权理论、法律经济学与新制度经济学有极大贡献。科斯的代表作是两篇著名的论文，其一是 1937 年发表的《企业的本质》（The Nature of the Firm）（1937），该文独辟蹊径地讨论了企业存在的原因及其扩展规模的界限问题，科斯创造了“交易成本”这一重要概念来予以解释。其思想被概括为“在完全竞争条件下，私人成本等于社会成本”，并命名为“科斯定理”。其二是 1960 年发表的《社会成本问题》（The Problem of Social Cost）（1960），主张完善产权界定可解决外部性问题。

科斯的交易成本学说被威廉姆森（Oliver E. Williamson）引入到现代组织理论中，而且现在十分有影响力。

现代产权理论是在“交易成本”和“科斯定理”基础上发展起来的。交易成本是指为获取准确的市场信息所需的费用和为克服市场交易摩擦及冲突而支付的费用，包括信息搜寻成本、谈判成本、拟定和实施契约的成本、界定和控制产权的成本、监督管理的成本和制度结构变化的成本等。科斯定理的内容是：不论产权的初始分配合理与否，只要产权界定是清晰的，并且交易成本为零，通过市场机制就能够使资源得到最有效的配置。科斯定理并不是科斯本人明确阐明的，而是后来的学者根据科斯的研究归纳总结出来的。科斯定理强调了在交易成本为零情况下市场机制在资源配置中的作用，认为外部性等问题不需要政府的直接干预，依靠市场机制是可以解决的。

按照科斯定理的思路，环境污染导致的负外部性问题不需要政府的干预，只需明确界定资源、环境的产权，负外部性问题就可以通过私人间的谈判来解决。比如，可以明确界定居民拥有排污企业周围的河流的产权，这时企业如果向河流中排放污染就意味着侵犯了居民的产权，居民就有权利要求企业对因污染而给其造成的损失进行赔偿。从这一意义上看，产权理论及科斯定理为解决外部性这一市场失灵问题提供了新的基于市场机制而不是政府干预的新思想。科斯定理在经济实践中有着较为广泛的应用，通过可交易排污权制度解决环境污染问题便是一种已在某些领域取得成功实践的制度，如美国在二氧化硫排放、水污染物排放方面的制度安排，英国在二氧化碳排放问题上所实施的有效制度。

科斯定理尽管具有较强的创新性与政府含义，但其交易成本为零的假设过于严格，现实中几乎不存在交易成本为零的情况，并且在很多情况下交易成本还非常高，以至于私人间的谈判都无法进行。例如，即使居民拥有对河流的产权，但沿岸居民规模庞大，如何才能保证其坐到一起，并就向企业要求的赔偿额达成一致呢？如何防止某些居民的搭便车行为？如何才能确切知道企业到底向河流中排放了多少污染物呢？找到这些问题的答案是居民与企业进行有效谈判的前提，毋庸置疑，找到答案的成本是极高的，以至于这种交易成本会高得使居民没有动力去进行谈判。当然，交易成本并非是一成不变的，可以通过一些合理的制度安排降低交易成本，从而使科斯定理能更有效地应用于对现实中市场失灵问题的解决。

本章小结

1. 本章首先在局部均衡的基础上讨论了一般均衡，一般均衡是全部产品市场和要素市场的供求均衡状态。如果在完全竞争市场条件下，这种一般均衡是合乎人们的主观意愿的，也就是说社会全体成员的效用都达到了最优。福利经济学正是研究这种社会合意性的经济理论，根据一些命题，探讨不同经济状态下社会福利高低的差别。

2. 本章讨论了福利经济学关于资源配置效率的最重要标准之一——帕累托标准。帕累托标准实现的三个条件分别是：交换条件——$MRS_{XY}^{A} = MRS_{XY}^{B}$，任何两种产品的边际替代率对所有的消费者都相等；生产条件——$MRT_{LK}^{C} = MRT_{LK}^{D}$，任何两种要素的边际技术替代率对所有的生产者都相等；交换和生产的最高条件——$MRS_{XY} = MRT_{XY}$，任何两种产品的边际替代率等于它们的边际转换率。

3. 市场经济在某些情况下，无法实现帕累托最优，因为存在影响市场失灵的因素，如垄断、外部影响、公共物品、不完全信息等。此时，市场机制会导致微观经济无效率。所以“市场机制”不是万能的，在它出现功能障碍时，便需要相应的微观经济政策来应对解决市场失灵问题。

关键概念

局部均衡　一般均衡　帕累托改进　帕累托最优　帕累托生产最优条件　帕累托交换最优条件　帕累托生产和交换最优条件　市场失灵　垄断　外部影响　科斯定理　公共物品　非排他性　非竞争性　寻租　X-非效率　搭便车　道德风险　逆向选择

本章案例

著名经济学家科斯在1974年发表的《经济学上的灯塔》一文中，研究了英国早期的灯塔制度。17世纪以前，灯塔在英国是无足轻重的。17世纪初，由领港工会造了两个灯塔并由政府授权专门管理航海事务。科斯注意到，虽然领港工会有特权建造灯塔，向船只收取费用，但是该工会却不愿投资于灯塔。1610—1675年间，领港工会没有建造一个新灯塔，但同期，私人投资至少建造了10个之多。但在当时的灯塔制度下，私人投资要避开领港工会的特权而营造灯塔，必须向政府申请许可证，由政府同意授权向船只收费。该申请还必须由许多船主签名，说明灯塔的建造对他们有益，同时要表示愿意支付过路费，其多少由船只的大小及航程经过的灯塔多少而确定。久而久之，不同航程的不同灯塔费，就干脆付印成册，统一收费。私营的灯塔是向政府租地而建造的，租期满后，再由政府收回让领港工会经营。到1820年，英国当时的公营灯塔有24个，而私营灯塔有22个。后来，政府开始收回私人灯塔，到1834年，在总共56个灯塔中，公营的占42个。到1842年以后，英国的灯塔全部由工会经营了。

科斯调查英国灯塔制度的根本目的在于证明灯塔的私人收费是可能的，从而表明灯塔不是必须由政府经营的。但是问题并非这么简单，假若政府不许以特权，私营收费能否办到？在此例中，收费的困难有两种。第一就是船主否认从灯塔中受益，而不愿意付费。这类收费的困难不大，因为船只进入港口在航线上显然是要经过灯塔的，否认是不容易办到的。第二种困难是“搭便车”，就是承认从灯塔中受益，但不肯付费。对于这一困难，科斯没有提供解决的办法。

必须指出，无论何种收费办法都难以彻底解决收费的问题。因为灯塔的自然属性决定了使用上的非排他性，要真正设计或发明一套排他的装置和制度将公共物品“私有化”，必须考虑制度设计的成本以及执行和监督的费用。在一般情况下，这些成本是昂贵的。这就是为什么公共物品的供给缺乏激励和效率的根本原因。可见，科斯的分析是在政府许以特权的前提下进行的，而政府许以特权事实上就是由政府提供公共物品。

本章资料

价格管制造成福利损失的经济学分析

有经济学常识的人都知道，对价格的管制会因为供给不足而造成社会福利净损失，但经典模型对价格管制福利损失的分析，往往忽略了限价商品在配给过程中的社会福利损失。

在现实的经济生活中，对于限价商品的分配常采用两种配给方式：（1）寻租型配给机制，即消费者通过投入资源（寻租成本）来竞争限价商品。常见的包括：排队等候，先到者先得；消费者对负责限价商品分配的相关机构或个人进行游说，乃至借助送礼、行贿以获得限价商品。（2）随机型配给机制，即限价商品在潜在消费者之间进行随机分配。最为常见的形式就是摇奖分配或抽签分配。

1. 寻租型配给的额外社会福利损失

Barzel指出，以排队形式进行限价商品的产权确认，实质上就是一种主动的寻租行为，而用游说、送礼乃至行贿形式进行的限价商品竞争，更是寻租。这些行为的时间及相应的成本耗费，都不会形成生产力和实际财富，完全是无意义的资源耗费。Barzel和Suen还提出，租金竞争者（即相互竞争限价商品的消费者）会一直竞争限价商品的“隐性租金”，直到其边际收益等于寻租行为的边际成本。所以，一旦考虑到分配过程的寻租行为，限价就不仅仅是带来生产者福利受损，消费者福利同样可能受损。

2. 随机型配给的额外社会福利损失

对于摇奖分配或抽签分配这样的机制，往往被广泛认为既公平又高效，似乎可以避免人们浪费时间去排队或托关系，是一种理想的非价格配给机制。如1998年之前我国实行福利住房政策时期，住房分配就是以排队积分和同等积分下摇号为基础进行分配的。

Glaeser和Luttmer对限价商品的随机配给机制进行了深入系统的研究。他们认为：“价格不仅仅是向生产者传递了应该生产多少商品的信息，同时也是异质商品由高评价消费者获得的保证。”

直观而言，本来自由定价的时候，对商品边际效用低的消费者是不会来问津这些商品的，只有那些边际效用高于市场均衡价格水平的消费者才会感兴趣，但一旦限价，低边际效用的消费者有了动力进入市场，在随机配给机制下，他们又有了与高边际效用消费者一样的机会。因此，在限价导致商品供不应求的情况下，必然有相当一部分高边际效用消费者被排挤出去，低边际效用消费者反而得到。商品在消费者之间被“错误”配置了，这无疑是一种社会福利净损失。

本章习题

1. 简答题

1）局部均衡分析和一般均衡分析的关键区别在什么地方？

2）什么是帕累托改进和帕累托最优？满足帕累托最优需要具备什么样的

条件？

3）如果对于消费者甲来说，以商品X来替代商品Y的边际替代率等于3；对于消费者乙来说，以商品X来替代商品Y的边际替代率等于2，那么有可能发生什么情况？

4）什么叫市场失灵？哪些情况会导致市场失灵？

5）垄断是如何造成市场失灵的？

6）外部影响的存在是如何干扰市场对资源的配置的？

7）为什么公路、广播电视不能称为纯公共物品？

8）什么是不完全信息和不对称信息？

9）解决外部影响的办法有哪些？

2. 计算题

假设一产品的市场需求函数为$Q=1\ 000-10P$，成本函数为$C=40Q$，试问：

1）若该产品为一垄断厂商生产，利润极大时产量、价格和利润各为多少？

2）要达到帕累托最优，产量和价格各为多少？

3）社会纯福利在垄断性生产时损失了多少？

第 9 章

国民收入核算

学习目标

通过本章的学习，应该做到：

1. 掌握国民收入核算体系中的基本概念，包括国内生产总值、国民生产总值、国内生产净值、国民收入、个人收入和个人可支配收入等。

2. 理解并掌握国民收入核算的三种方法。

3. 掌握国民收入基本公式的推导过程。

4. 理解并掌握国民收入恒等式及国民收入核算体系的缺陷等。

从本章开始，我们将要讨论宏观经济学，即讨论一个经济的总体表现。从前面的内容我们已经知道，经济学所要解决的核心问题是如何合理地利用有限的资源以最大限度地满足人们的需要。微观经济学研究的是单个产品的价格、数量和市场。在市场经济条件下，资源配置可以在一只看不见的手即市场价格的自发调节下解决，所以整个微观经济理论可以概括为价格理论。但是宏观经济学是将整个经济运行作为一个整体来进行研究的，考察的是整个国家的产出、就业和价格水平。由于宏观经济学把国民收入作为最基本的总量，并以国民收入的决定作为中心来研究资源的利用问题，分析整个经济的短期波动和长期增长，因此，宏观经济学又被称为国民收入决定理论。宏观经济学一般包括国民收入核算理论、国民收入决定理论、总需求和总供给理论、失业和通货膨胀理论、经济增长和经济周期理论、宏观经济政策理论等诸多内容，这些理论会在后面的章节里进行讨论。

本章中，我们将重点分析国民收入的核算问题。国民收入核算理论是宏观经济学的基础。国民收入核算理论包括国民收入核算概述、国民收入核算的三种具体方法和与国民收入核算相关的几个概念及其相互关系、国民收入恒等式及其国民收入核算体系的缺陷等问题。

9.1 国民收入核算概述

现代世界各国普遍采用的国民收入核算体系（the system of national accounting, SNA）是一套由多个指标构成的、具有内在联系的复杂账户体系，用来核算某一经济体在一定时期内的产出流量和收入流量。这些指标包括国内生产总值、国内生产净值、国民收入、个人收入和个人可支配收入等。宏观经济学以社会总体的经济活动为研究对象，在它所研究的经济总量中，国内生产总值是最具综合性的基本指标。因此，对于国内生产总值的阐释和理解是宏观经济学的重要组成部分，也是分析国民收入核算体系中其他各种指标之间关系的重要基础。

9.1.1 国内生产总值

国内生产总值（gross domestic product, GDP），它是指一个国家或地区在某一既定时期内生产的所有最终物品与劳务的市场价值的总和。GDP 是衡量一国商品和服务产出总量的最综合的指标。这个定义看起来是很简单的，但实际上在计算一个国家的 GDP 的过程中会出现很多微妙的问题。要正确理解 GDP 这一概念，必须注意以下几点：

1. GDP 是一个时间的概念

GDP 是对一段时间内的一个过程的测量，因此国内生产总值是一个流量。国际上通常用国内生产总值的变动来衡量一国（地区）的经济变动，每年公布的国内生产总值大致代表一国当年经济的总水平，反映当年新增的财富，可视为财富的流量。如果撇开货币和价格的变动，流量（国内生产总值）的增长通常会带来存量财富的增长。

2. GDP 是一个生产的概念

生产就是劳动者利用劳动手段转换或消耗商品和劳务的投入，创造商品和劳务产出的过程，但是在日常经济活动中也涉及许多非生产性交易，即与当期生产无关的交易，这些都不应计入当期的国内生产总值。比如张三从李四手里买了一辆二手汽车，但是由于李四购买这辆新车的时候，汽车的价值已经被计入 GDP 了，因此二手汽车就不会被计入 GDP。

3. GDP 是一个市场价值的概念

在一个经济体中，商品和服务的种类繁多，而 GDP 统计就是要把许多种不同物品相加为一个经济活动总量价值的衡量指标。因此，GDP 统计使用了市场价格，也就是各种商品的价值都是用货币价格加以度量。产品市场价值就是用这些产品的单位价格乘以产量获得的。如某国一年生产 100 万件上衣，每件上衣售价 100 元，则该国一年生产上衣的市场价值为 1 亿元。

4. GDP 衡量的是最终产品的价值

最终产品是指可供人们直接消费或使用的物品和劳务。这部分产品已经到达生产的最后阶段，不能再作为原料或半成品投入到其他产品和劳务的生产过程。而那些在生产阶段作为投入的产品则称为中间产品。例如，当面包店用面粉生产出面包的时候，面粉被称为中间产品，而面包被称为最终产品。在核算 GDP 的时候，我们只衡量最终产品的价值。这是因为中间产品的价值已经包含在最终产品的价值中了。如果把制作面包的面粉的价值和面包的价值相加，就会造成重复计算。

5. GDP 衡量的是所有最终物品与劳务的总和

GDP 包括了经济中生产并在市场上合法出售的所有东西。GDP 不仅衡量了面包、苹果、衣服、汽车、电脑的市场价值，还衡量了电影、演唱会、理发和医疗保健等的市场价值。

但是，还有一些物品和劳务没有包括在 GDP 当中，因为衡量这些最终产品十分困难。GDP 没有包括在家庭内的生产和消费，即那些没有进入市场交易的东西。比如，你在星巴克咖啡店买的咖啡是 GDP 的一部分，而你在家里自己冲的咖啡就不会计入 GDP。当然，GDP 也不包括非法生产与销售的东西。例如，毒品贩子销售的海洛因和冰毒，或者非法的血液买卖。

6. GDP 是一个地域概念

GDP 衡量的最终产品的市场价值是在一个国家的地理范围之内，因而它是一个地域的概念。当一个中国公民在美国工作时，他的生产是美国 GDP 的一部分。而当一个美国公司在中国投资建立工厂时，这个工厂生产的产品并不是美国 GDP 的一部分，而是中国 GDP 的一部分。因此，如果最终产品是在一国国内生产的，无论生产者的国籍如何，都要包括进该国的 GDP 之中。

与国内生产总值（GDP）相对应的另一个统计指标是国民生产总值（gross

national product, GNP), 它是指一国永久居民在某一既定时期内生产的所有最终物品与劳务的市场价值的总和。显然，在核算一国产出时，GNP 在处理外国人生产的物品与劳务时采用了一种不同的方法。当一个中国公民在美国工作时，他的生产是中国 GNP 的一部分。而当一个美国公司在中国投资建立工厂时，这个工厂生产的产品并不是中国 GNP 的一部分，而是美国 GNP 的一部分。因此，只要收入是一国永久国民获得的，那么无论是在什么地方赚到的，这些收入都应该包括在该国的 GNP 当中。

我们可以用下面的公式来反映 GDP 和 GNP 两者之间的关系：

GNP=GDP+本国居民在国外创造的收入-外国居民在本国创造的收入

9.1.2 名义 GDP 和实际 GDP

我们已经知道，GDP 衡量经济中所有最终产品和劳务的市场价值，也就是说 GDP 是以市场价格来计算的。这种方法可以反映出当年的国内产出，但是在比较不同时间的产出时，就会遇到一个问题，即以货币为单位的价格水平也在不断变化。如果今年的 GDP 比去年的 GDP 增加了，那么有可能是两种不同的原因导致的：一是经济生产了更多的产品与劳务；二是产品与劳务的价格提高了。为了区分这两种不同的因素对 GDP 的影响，经济学家提出了两个概念：名义 GDP（nominal GDP）和实际 GDP（real GDP）。

名义 GDP 是指按照当年市场价格水平计算的国内生产总值，也就是按照现期价格衡量的最终产品和劳务；而实际 GDP 是按不变价格计算的国内生产总值。更确切地说，我们用不变价格与产品数量的乘积来统计实际 GDP。

举个简单的例子。在 2000 年，一个国家生产了 1 000 千克玉米，当年玉米的价格是 1 元/千克。到了 2010 年，该国生产了 1 100 千克玉米，玉米价格为 2 元/千克。我们可以算出，2000 年的名义 GDP 是 1 000 元（1×1 000），而 2010 年的名义 GDP 是 2 200 元（2×1 100）。比较这两年的数据，很明显名义 GDP 增长了 120%。可是实际上，玉米的实际产出并没有增长那么多。

为了得到不受价格变动影响的最终产出的衡量指标，我们用实际 GDP 来计算。假设我们选择 2000 年作为基期，然后我们用基期的玉米价格来计算 2000 年和 2010 年的产品价值。这样我们可以得到 2000 年的实际 GDP 为 1 000 元（1×1 000），对基期而言，实际 GDP 总是等于名义 GDP。我们用 2000 年（基期）的玉米价格乘以 2010 年玉米的产量，就得到了 2010 年的实际 GDP 为 1 100 元（1×1 100）。我们发现实际 GDP 从 2000 年的 1 000 元增加到了 2010 年的 1 100 元，这种增加是由于产量增加的结果，因为价格被固定在基期的水平上。

由名义 GDP 和实际 GDP，我们可以计算出第三个有用的统计指标：GDP 平减指数。GDP 平减指数也称为 GDP 紧缩指数或 GDP 折算指数，它衡量的是相对于基期价格水平的现期价格水平。经济学家可以用 GDP 平减指数来监视经济物价平均水平的变化。GDP 平减指数的计算公式如下：

GDP 平减指数 = （名义 GDP/实际 GDP） ×100

这个公式说明，GDP 平减指数衡量的是经济的物价水平。在我们的例子中，对于 2000 年，名义 GDP 和实际 GDP 都是 1 000 元，因此 GDP 平减指数是 100。而在 2010 年，名义 GDP 是 2 200 元，实际 GDP 为 1 100 元，所以 GDP 平减指数是 200。由于 GDP 平减指数由 2000 年的 100 上升到 2010 年的 200，我们可以说，物价水平提高了 100%。

总之，名义 GDP 用当年价格来评价最终产品与劳务的价值；而实际 GDP 用不变的基期价格来衡量最终产品与劳务的价值。由于实际 GDP 不受价格变化的影响，实际 GDP 的变动只会反映最终产品与劳务的产量变化。因此，实际 GDP 可比名义 GDP 更好地衡量经济福利变化的指标。当经济学家谈到 GDP 时，他们通常指的是实际 GDP 而不是名义 GDP。

9.1.3 现行 SNA 体系的缺陷

以 GDP 为核心指标的 SNA 体系是当今被国际社会所认可，且为大多数国家普遍采用的国民收入核算体系。然而，它的核算方法并非完美，仍然存在着一些缺陷和问题，许多经济学家目前正试图努力对其进行修正以弥补其缺陷。

1. 无法反映全部经济活动

1）非市场性经济活动

由于 GDP 是用市场价格来衡量产品与劳务，因而它就没有包括所有在市场之外进行的经济活动的价值。这些活动没有通过市场交易，因而没有市场价值，其收入也没有被计入国内生产总值。如一个家庭主妇的家务劳动、自给自足的生产等，虽然对社会作出了贡献，但是由于不付报酬，所以在国内生产总值中无法体现。

2）地下经济活动

这是在 GDP 核算中无法得到数据的重要部分，包括非法经济活动和合法但未纳税经济活动两种。

非法经济活动如赌博、卖淫、贩毒、走私等地下交易，尽管也能使当事人获得收入，但因为不能通过正常的阳光下的市场进行交易，所以无法统计市场价值，故在 GDP 中未得到反映。一些合法的经济活动进行偷税、漏税，用各种手段逃避税收，经济活动虽然发生了，但是却无法纳入到 GDP 的核算当中。

2. 无法全面反映社会福利状况

1）不能反映闲暇带给人们的福利水平

GDP 并不是衡量福利的完美指标，并非 GDP 数值越大，人民的福利水平越高。GDP 核算无法说明人们享受了多少闲暇，这些闲暇带来的福利水平更是无法测度。如果人们每天都努力工作，晚上加班，周末也不休息，那么这将生产出更多的产品和劳务，GDP 肯定增长。然而这种 GDP 的增长，并不一定能够让人们的幸福感增强。随着现代物质生活水平的不断提高，人们对于闲暇时光的需求也越来越多，因此，人们宁愿少工作而换来更多的闲暇时光。在这种情况下，虽然 GDP 可能减少，但是人们的福利却可能增加。

2）不能反映增长方式及对环境质量的影响

GDP 数值不能反映出其背后的增长方式，显然，同样 GDP 增长率的两个国家或地区，集约式的增长是高效的方式，是更可取的；而粗放式的增长是以环境破坏为代价的，GDP 反映不了环境质量的恶化。现代工业的高速发展提高了生产效率，增加了产出，但同时也对环境带来了负面影响。一些政府为了追求经济增长，而放松了环境管制，甚至有些政府官员为污染企业充当“保护伞”。于是，企业就可以不考虑环境污染，而去生产更多的物品和劳务，这样虽然 GDP 增加了，但是空气和水的质量都恶化了。目前，经济学家们在努力改善 GDP 统计体系，以使 GDP 能够更好地反映社会福利。例如，联合国创造了一套新的国民收入核算体系，称为绿色 GDP（green GDP），它试图把经济活动对环境和自然资源的影响包含进来。

9.1.4 国民收入核算体系中的其他指标

在国民收入核算体系中，除了上面说过的国内生产总值（GDP）与国民生产总值（GNP）这两个概念，还有国内生产净值、国民生产净值、国民收入、个人收入、个人可支配收入等概念。大体说来，这些概念的含义和相互关系如下所述。

1. 国内生产净值（NDP）

GDP 在计算各个生产单位产出时，任何产品价值中不但包含有消耗的原材料、燃料等的价值，还包含有使用的资本设备的折旧。最终产品价值并未扣去资本设备消耗的价值，因此还不是净增价值，所以最终产品市场价值总和只能称为国内生产总值。如把最终产品价值中消耗的资本设备价值（即折旧）也扣除了，就得到了国内生产净值（net domestic product NDP）。即：

NDP=GDP-折旧

2. 国民生产净值（NNP）

国民生产净值（net national product，NNP）是一国公民在一定时期内所生产的最终产品和劳务按市场价格计算的净值，也就是扣除了折旧之后的国民生产总值。即：

NNP=GNP-折旧

3. 国民收入（NI）

国民收入（national income，NI）是指按生产要素报酬计算的国民收入。从国内生产净值中扣除间接税和企业转移支付加政府补助金，就得到一国生产要素在一定时期内提供生产性服务所得报酬即工资、利息、租金和利润的总和，即国民收入。间接税和企业转移支付虽构成产品价格，但不成为要素收入。相反，政府给企业的补助金虽不列入产品价格，但成为要素收入。所以，前者应从国内生产净值中扣除，后者应加入到国内生产净值中去。即：

NI=工资+利息+利润+租金

或者：

NI＝NDP－（间接税+企业转移支付）

4. 个人收入（PI）

个人收入（personal income，PI）是指家庭和非公司制企业（非营利性组织）得到的收入。由于生产要素报酬意义上的国民收入并不会全部成为个人的收入。利润收入中要给政府缴纳公司所得税，公司还要留下一部分利润，只有一部分利润会以红利和股息的形式分给个人。职工收入中也有一部分要以社会保险费的形式上缴有关机构。另一方面，人们也会以各种形式从政府那里得到转移支付，如退伍军人津贴、工人失业救济金、职工养老金、职工困难补助等。因此，从国民收入中扣除公司未分配利润、公司所得税及社会保险税（费），加上政府给个人的转移支付，大体上就可以得到个人收入。即：

PI＝NI－（公司未分配利润+公司所得税+社会保险税）+转移支付

5. 个人可支配收入（PDI）

个人可支配收入（personal disposable income，PDI）是一年内个人可以直接支配的收入总额。个人收入并不能完全归个人支配，因为要缴纳个人所得税，税后的个人收入才是个人可支配收入，也就是人们可用来消费或储蓄的收入。即：

PDI＝PI－个人所得税

虽然各种收入衡量指标在细节上有所不同，但它们都几乎说明了相同的经济状况。当 GDP 迅速增长时，NDP、NNP、NI、PI、PDI 等其他收入衡量指标通常也迅速增长。而且，当 GDP 减少时，这些指标通常也减少。就监控总体经济的波动而言，我们用哪一种收入衡量指标无关紧要。

9.2　国内生产总值的核算方法

9.2.1　经济中的收入和支出

通过第一节的学习，我们知道国内生产总值（GDP）是宏观经济学中最重要的一个概念。那么，GDP 如何进行统计核算呢？实际上，我们可以用两种完全独立的方法来进行统计，即收入法和支出法。为什么这两种不同的方法可以核算出相同的 GDP 呢？这是因为 GDP 同时反映了两件事：经济中所有人的总收入和用于最终物品与劳务的总支出是相等的，并且总收入和总支出必定是相等的。

一个经济的收入和支出相等的原因就是每一次交易都有两方：买者和卖者。一个买者的 1 元支出必定是另一个卖者的 1 元收入。例如，张三为李四理发，李四支付给张三 10 元。在这种情况下，张三是理发服务的卖者，而李四是买者。张三赚取了 10 元，而李四支出了 10 元。因此，无论是李四的支出，还是张三的收入，在这个交易中 GDP 都增加了 10 元。

GDP 既可以用支出法来衡量，也可以用收入法来衡量，如图 9－1 所示。图中描述了一个简单经济中家庭和企业之间的全部交易。在这个经济中，一方面，家庭从企业购买商品和劳务，家庭的支出转化为企业的收入；另一方面，企业运用向家庭出售商品和劳务所获得的收入，去购买家庭提供的生产要素，用于生产商品和劳务，这时企业的支出又转化为了家庭收入，包括劳动所有者的工资、土地所有者的租金和企业所有者的利润等。

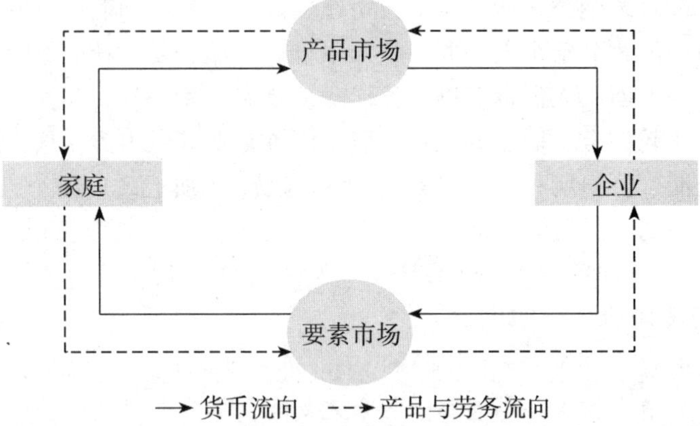

图 9-1 循环流向图

在这个简单的经济中，我们可以用两种不同的方法来核算 GDP：一种是支出法，对家庭用于购买商品和劳务的总支出进行加总；另一种是收入法，加总企业支付给家庭的各种报酬（工资、租金、利润）。无论我们用哪种方法计算，GDP 都是相同的。

当然，现实经济比图 9-1 所描绘的经济要复杂得多。家庭并不会把全部收入都用于购买商品和劳务，而会把一部分收入用于储蓄和投资。当然，这个简单经济中也没有考虑政府和外贸部门的影响。政府要对企业和家庭征税，同时政府也会购买产品和劳务。此外，一些产品和劳务还会被其他企业和外国人买走。但是，无论最终产品和劳务被谁买走，任何交易总有买者和卖者。因此，对整个经济而言，支出和收入总是相等的。所以，我们可以得到下面的恒等式：

产出 = 支出 = 收入

9.2.2 支出法

用支出法核算 GDP，就是通过核算在一定时期内整个社会购买产品的总支出即最终产品的总卖价来计量，因此，支出法又称为产品流量法或者最终产品法。在现实生活中，产品和劳务的最后使用，除了居民消费，还有企业投资、政府购买及出口，因此，用支出法核算 GDP，就是核算经济社会（指一个国家或一个地区）在一定时期内消费、投资、政府购买以及净出口这几方面支出的总和。

1. 消费支出（用字母 C 表示）

消费支出（C）是指居民个人为满足自身需要，购买全部消费物品和劳务的支出，即个人消费支出。消费支出主要包括三个部分：一是耐用消费品支出，如购买家用汽车、电视机、洗衣机、空调等；二是非耐用消费品支出，如购买食物、衣服、肥皂等日常用品的支出；三是劳务支出，例如理发、医疗、家政服务、诉讼、旅游等活动的支出。随着人们生活水平的不断提高，劳务支出在居民消费总支出中的比例越来越高。

2. 投资（用字母 I 表示）

投资（I）指一国一年内增加资本资产（包括厂房、住宅、机械设备及存货）的支出。资本品不是中间物品，因为资本品（如厂房设备等）和中间物品是有很大区别的：中间物品在生产别的产品时全部被消耗掉，但资本品在生产别的产品中只是部分地被消耗。1 台机器若用 10 年，则每年只耗费其价值的 1/10。资本品由于损耗造成的价值减少称为折旧。折旧不仅包括本物品的物质磨损，还包括资本老化带来的精神磨损。总投资包括折旧和净投资。净投资是指新增加的投资，也就是在总投资中扣除折旧之后的部分。

投资包括固定资产投资和存货投资两大类。固定资产投资指新设备、新商业用房以及新住宅的增加。住宅建筑也属于投资，因为住宅像别的固定资产一样是长期使用，慢慢地被消耗的。按照惯例，私人购买住宅是投资支出，而不是消费支出。存货投资是企业当期已经生产出来但没有销售出去的最终产品。存货投资可能是正值，也可能是负值，因为年末存货价值可能大于也可能小于年初存货。

3. 政府购买（用字母 G 表示）

政府购买（G）是政府对物品和劳务的购买，也就是各级政府购买各种最终物品和劳务，如政府花钱设立法院、提供国防、建筑道路、开办学校等。需要说明的是，政府支出除了包括政府购买，还包括转移支付（transfer payments）。政府转移支付是指政府对个人和企业的支付，这种支付并不是用来购买受益人所提供的产品与劳务。政府转移支付的项目很多，包括失业保险、退伍军人抚恤金、老年人和残疾人补助以及国债利息等。政府雇用公务员、建立公共设施、建造舰队等为社会提供了服务，并直接形成了对商品或劳务的需求；而转移支付只是把收入从一些人或一些组织转移到另一些人或另一些组织，因此政府转移支付不应该包括在 GDP 中。

4. 净出口（用字母 NX 表示）

净出口（NX）是指出口总额和进口总额之间的差额，也称贸易差额。出口总额是一定时期内本国生产并卖给外国需求者的物品和劳务的价值。进口总额是一定时期内外国生产并卖给本国需求者的物品和劳务的价值。我们用 X 表示出口，用 M 表示进口，则有净出口 $NX=X-M$。净出口可能是正值，也可能是负值。

综上所述，国内生产总值（GDP）由消费（C）、投资（I）、政府购买（G）和净出口（NX）四部分构成，即：

$$GDP=C+I+G+NX$$

9.2.3　收入法

统计 GDP 的第二种方法是收入法，也称为成本法。从图 9-1 所示的下半部来看，在生产要素市场上，家庭获得了企业支付给工人的工资、土地所有者的租金和企业所有者的利润。这些家庭收入实际上就是企业使用生产要素的成本。

严格说来，最终产品市场价值除了生产要素收入构成的成本，还有间接税、折旧、公司未分配利润等内容，因此用收入法核算的 GDP 应包括生产要素收入和非生产要素收入两大类。

1. 生产要素收入

生产要素收入包括以下一些项目：

（1）工资、利息和租金等生产要素报酬。工资包括所有对工作的酬金、津贴和福利费，也包括工资收入者缴纳的所得税和社会保险税。利息在这里是指人们给企业所提供的货币资金所得的利息收入，如银行存款利息、企业债券利息等，但政府公债利息及消费信贷利息不包括在内。租金包括出租土地、房屋等租赁收入及专利、版权等收入。

（2）非公司企业主收入。例如，医生、律师、农民和小店铺主自己的收入，他们使用自己的资金，为自己工作，其工资、利息、利润、租金常混在一起。

（3）公司税前利润。该项主要包括公司所得税、社会保险税、股东红利及公司未分配利润等。

2. 非生产要素收入

非生产要素收入主要包括以下两个项目：

（1）企业转移支付及企业间接税。企业转移支付包括对非营利性组织的社会慈善捐款和清偿消费信贷呆账等。企业间接税包括货物税、销售税和周转税等，这些税收最终要通过产品价格加价转嫁给购买者，所以称之为间接税。虽然企业转移支付及企业间接税不是生产要素创造的收入，但也应计入 GDP。

（2）资本折旧。它虽然不是要素收入，但包括在总投资中，也应计入 GDP。

综上所述，按收入法计得的国民收入公式是：

GDP=工资+利息+租金+利润+企业转移支付和间接税+折旧

9.2.4 增值法

根据定义，国内生产总值可以理解为一定时期内新增的最终产品和劳务的价值，因此可以通过加总所有企业生产过程的各个阶段上产品的价值增量来计算 GDP，这种方法称为增值法。在实际应用中，往往是用各个部门产品的增值总和来计算国内生产总值，所以该方法也被称为部门法。

一个国家在一定时期内生产产品和劳务的价值总和，在数值上应该等于所有生产部门在该时期创造出的新增价值的总和。这里强调的是新增价值，并非是所有生产部门的全部产值。若把所有企业的全部产值相加，所得的数值将远远大于国内生产总值，其原因就在于对中间产品的重复计算。所以，在运用增值法计算国内生产总值时，只能计算每个部门或企业对产品的增值，即每个部门或企业产品的销售收入与购买其他企业的中间产品价值之间的差额，它是在这些部门或企业的产品生产过程中新增的价值。

例如，处在最终产品生产过程的不同生产阶段上的四个企业：棉花企业、棉纱企业、棉布企业和服装企业。棉花企业把棉花卖给棉纱企业，棉纱企业把生产的棉纱卖给棉布企业，棉布企业把生产的棉布卖给服装企业，服装企业再生产各式各样的服装出售给消费者。在这一过程中，棉花、棉纱和棉布都是中间产品，只有服装被消费者消费，属于最终产品。它们之间的具体交易情况见下表，四个企业的销售收入总计是125万元。但是，在这125万元的总销售额中，包含65万元中间产品的销售收入，因为其中一些企业的产品价值被重复计算了一次或多次。如棉纱企业产品的销售价值20万元里面，包含了10万元的作为原材料的棉花的价值，因此棉纱企业创造的增值为20-10=10万元。用增值法核算国内生产总值时，只能计入产品价值增值的10万元，如果计入的是棉纱企业的产品销售额，就会将棉花的价值重复计算一次（棉花的价值在上一阶段已计入了GDP）。

表9-1 **增值法计算国内生产总值** 单位：万元

企业 项目	棉花企业	棉纱企业	棉布企业	服装企业	合计
产品销售收入	10	20	35	60 （最终产品）	125
购买原材料成本	0	10 （棉花）	20 （棉纱）	35 （棉布）	65
创造的产品增值	10 （10-0）	10 （20-10）	15 （35-20）	25 （60-35）	60

运用以上三种方法核算的国内生产总值在理论上结果应该是相同的，因为它是对同一事物——最终产品和劳务的市场价值从三个不同角度进行的统计。但由于现实数据来源不同以及计算上的误差，实际计算结果可能不完全一致，此时需要运用统计误差项进行调整，使其结果相同。

9.3 国民收入的恒等式

在前面分析的基础上，我们可以得到国民收入构成的基本公式：

GDP = C+I+G+NX

如果我们用Y来表示国民收入，也就是说用Y来表示GDP，则可以得到公式：

Y = C+I+G+NX

这个等式是一个恒等式，因为等式左边代表国民收入（GDP）是由等式右边的四个部分构成的。这是由我们对这个等式的每一个变量的定义和衡量方式所决定的。在本节中，我们将讨论对分析宏观经济行为十分重要的命题，即储蓄-投资恒等式。

9.3.1 两部门经济的储蓄-投资恒等式

我们首先分析一种最简单的经济情况，即两部门经济。在两部门的经济社会中，只有消费者（家庭）和企业（厂商），没有政府和对外贸易，也就不存在税收问题和进出口问题。为使分析简化，我们也不考虑折旧。在这种情况下，国民收入的构成情况将是这样：一方面，从支出的角度看，国内生产总值（用 Y 来表示）总是等于消费加投资，即 $Y=C+I$。另一方面，从收入的角度看，国内生产总值就等于消费加储蓄。如果消费者把总收入的一部分用作消费，其余部分则当做储蓄（用 S 来表示），即 $Y=C+S$。

我们知道收入法和支出法衡量的 GDP 是相同的，所以有 $C+I=Y=C+S$，进而我们得到 $I=S$。我们称之为储蓄-投资恒等式。

9.3.2 三部门经济的储蓄-投资恒等式

我们把政府部门引入二部门经济，就构成了三部门经济。政府的经济活动表现在：一方面有政府收入，主要是向企业和居民征税；另一方面有政府支出，包括政府对商品和劳务的购买以及政府给居民的转移支付。但是正如前面内容讨论的那样，政府的转移支付不能计入 GDP，而只有政府购买（G）被计入 GDP。把政府经济活动考虑进去，国民收入的构成将是这样：

从支出角度看，国内生产总值等于消费、投资和政府购买的总和，用公式表示为：

$$Y=C+I+G$$

从收入角度看，国内生产总值仍旧包括所有生产要素获得的收入总和。总收入除了私人家庭的收入（包括消费和储蓄）之外，还要加上政府的收入，即税收。这里我们用 T 来表示税收，这样，从收入方面看国民收入的构成是：

$$Y=C+S+T$$

按照前面所说，社会总产出即国内生产总值，等于总支出，也等于总收入，因此可将三部门经济中的国民收入构成的基本公式表示为：

$$C+I+G=Y=C+S+T$$

即：

$$I+G=S+T$$

或者：

$$I=S+(T-G)$$

这个等式也反映了投资和储蓄（私人储蓄和政府储蓄的总和）的恒等。在这里，S 代表的是私人储蓄，它表示家庭支付了税收和消费之后剩下来的收入量。而（T-G）可以看做是公共储蓄或政府储蓄，因为 T 代表政府净收入，G 是政府购买性支出，两者差额即政府储蓄。如果 T 大于 G，表明政府收入超过支出，从而有预算盈余；而如果 T 小于 G，表明政府支出大于税收收入，政府就会出现预算赤字。

9.3.3 四部门经济的储蓄-投资恒等式

上述三部门经济加进一个国外部门就成了四部门经济。四部门经济中，由于有了对外贸易，国民收入的构成从支出角度看就等于消费、投资、政府购买和净出口的总和，用公式表示是：

$$Y=C+I+G+NX$$

从收入角度看，国民收入构成的公式可写成：

$$Y=C+S+T+K$$

这里，C+S+T 的意义和三部门经济中的意义一样。K 则表示本国居民对外国人的转移支付。例如，对外国遭受灾害时的救济性捐助，这种转移支付也来自生产要素的收入。

这样，我们就有了四部门经济中国民收入的基本公式：

$$C+I+G+NX=Y=C+S+T+K$$

公式两边消去 C，则得到：$I+G+NX=S+T+K$

整理可得：$I=S+(T-G)+(K-NX)$

这里，S 代表居民私人储蓄，（T-G）代表政府储蓄，而（K-NX）则可代表外国对本国的储蓄。由于 NX=X-M，所以（K-NX）可以改写为（K+M-X）。M（进口）代表其他国家出口商品，从而这些国家获得收入；X（出口）代表其他国家从本国购买商品和劳务，从而是这些国家的支出；K 也代表其他国家从本国得到的收入。可见，当（K+M）大于 X 时，外国对本国的收入大于支出，于是就有了储蓄，反之，则有负储蓄。这样，I=S+（T-G）+（K-NX）的公式就代表四部门经济中总储蓄（私人储蓄、政府储蓄和国外储蓄）和投资的恒等关系。

本章小结

1. 国民收入核算是以研究整个社会的经济活动为目的的宏观经济学的基础，其核心指标是国内生产总值。

2. 在以前的宏观经济学中，国民收入核算的核心指标是国民生产总值，由于国内生产总值具有更强的现实意义，目前更多地采用国内生产总值。

3. 名义 GDP 是以当年价格计算的国内生产总值，而实际 GDP 是以不变价格计算的国内生产总值，在实际使用中更具有参考价值。

4. 支出法、增加值法和收入法分别从三个不同角度核算国民收入，虽然方法不同，但结果是一致的。

5. 两部门、三部门和四部门都是对现实经济的一种抽象假定。目的是为了方便分析问题。随着新的变量的加入，对经济的描述逐渐趋于现实。

6. 投资和储蓄的恒等式是国民收入核算的重要内容。三部门和四部门的决定公式经过转化，都可以成为一定意义上的投资和储蓄的恒等式。

关键概念

国内生产总值　国内生产净值　名义国内生产总值　实际国内生产总值　国民生产总值　国民生产净值　最终产品　政府购买　政府转移支付　净出口　国民收入　个人收入　个人可支配收入　储蓄-投资恒等式

本章案例

中国 GDP 核算逐步“国际化”

国民经济运行有自身的规律，GDP 核算有国际通行的办法。长期以来，中国 GDP 的核算与国际通行办法有一定的差距，甚至一度游离于国际通行办法之外，海内外对中国 GDP 数据存在各种议论。国家统计局于 2003 年 11 月宣布，中国将改进 GDP 核算与数据发布制度，取消容易引起误解的预计数，建立定期修正和调整 GDP 数据的机制，在发布 GDP 数据的同时发布相关的重要数据，必要时还将公布核算方法。这是中国提高 GDP 数据的准确性和透明度，向国际通行办法迈进的重要一步。

中国的 GDP 核算历史不长。在改革开放之前使用的是产生于前苏联和东欧国家的物质产品平衡表体系（MPS）。20 世纪 80 年代初中国开始研究联合国国民经济核算体系的国内生产总值（GDP）指标。从 1985 年开始，中国建立 GDP 核算制度；1993 年，正式取消国民收入核算，GDP 成为国民经济核算的核心指标，迈出了走向国际通行办法的第一步。中国的 GDP 核算还存在一些不足。每年底，国家统计局都会公布当年 GDP 预计数，这很容易使人将预计数误认为是统计数，从而怀疑中国 GDP 数据的可靠性和准确性；在获取全面基础资料后，只调整年度 GDP 总量，不相应公布修正后的增长率，似乎 GDP 增长率一经公布，就“驷马难追”。这既难以客观反映经济发展的实际情况，也不符合国际惯例。

新生事物都有一个逐步发展、完善的过程。任何一个国家的统计数据都存在着误差与不足。中国 GDP 核算领域的不足，并不能得出中国长期、蓄意扭曲 GDP 数据的结论。我们应当看到，自从中国开始 GDP 核算后，逐步从间接推算到直接计算，调整和细化产业部门分类，规范资料来源和计算方法，补充、调整历史数据，正一步步向国际通行办法迈进。

本章资料

绿色 GDP

绿色 GDP 是将环境资源的损耗和环境质量的退化纳入国民经济核算体系后对 GDP 指标的一种调整，是扣除经济活动中投入的环境成本后的国内生产总值。绿色 GDP 不仅能反映经济增长水平，而且能够体现经济增长与自然保护和谐统一的程度，可以很好地表达和反映可持续发展观的思想和要求。

绿色 GDP 的启动实施，面临着许多技术、观念和制度方面的障碍。主要困难在于：如何衡量环境要素的价值。自 20 世纪中叶以来，国内外许多专家致力于这项研究，挪威于 1978 年率先开始了资源环境的核算，法国、美国、墨西哥等国也陆续开始试行绿色 GDP。但迄今为止，全世界没有一套公认的绿色 GDP 核算模式，没有一个国家就全部资源耗减成本和全部环境损失代价计算出完整的“绿色 GDP”。

我国国家统计局于 2003 年对全国的自然资源进行了实物核算。2004 年，国家统计局和国家环保总局成立绿色 GDP 联合课题小组，决定在 10 个省市启动以环境核算和污染经济损失调查为内容的绿色 GDP 试点工作。2006 年 9 月发布的《中国绿色国民经济核算研究报告 2004》表明，2004 年，全国因环境污染造成的经济损失为 5 118 亿元，占当年 GDP 的 3.05%，虚拟治理成本为 2 874 亿元，占 GDP 的 1.80%。

本章习题

1. 选择题

1）在国民收入核算体系中，测度一个国家或地区一定时期所有最终产品和劳务的市场价值量的是(　　)。

A. 国民收入　　B. 国民生产总值
C. 国民生产净值　　D. 国内生产总值

2）下列说法中哪项不是 GDP 的特征(　　)。

A. 它只用实物量测度　　B. 它只测度最终产品
C. 它只适用于给定时期　　D. 它没有计入生产过程中消耗的商品

3）下列各项中不是转移支付的是(　　)。

A. 退伍军人津贴　　B. 失业救济金

C. 贫困家庭补贴　　D. 公务员的工资

4）下列各项中应计入 GDP 中的是(　　)。

A. 面包厂购买的面粉　　B. 购买的二手车

C. 家庭主妇购买的面粉　　D. 购买政府债券

5）下列应该计入国内生产总值的是(　　)。

A. 家庭主妇的家务劳动折合成的收入

B. 拍卖毕加索作品的收入

C. 出售股票的收入

D. 晚上帮邻居照顾孩子的收入

6）在国民收入核算体系中，计入 GDP 的政府支出是指(　　)。

A. 政府购买物品的支出

B. 政府购买物品和劳务的支出

C. 政府购买物品和劳务的支出加上政府的转移支付之和

D. 政府工作人员的薪金和政府转移支出

7）按最终使用者类型，将最终产品和劳务的市场价值加总起来计算 GDP 的方法是(　　)。

A. 支出法　　B. 收入法　　C. 生产法　　D. 增加值法

2. 简答题

1）下列项目是否应计入 GDP？为什么？

(1) 政府转移支付；(2) 购买一辆用过的卡车；(3) 购买普通的股票；(4) 购买一块地产。

2）举例说明国内生产总值与国民生产总值的区别。

3）怎样理解产出等于收入以及产出等于支出？

3. 计算题

1）假定国内生产总值是 5 000，个人可支配收入是 4 100，政府预算赤字是 200，消费是 3 800，贸易赤字是 100（单位：亿元），试计算：

(1) 储蓄；

(2) 投资；

(3) 政府支出。

2）假定某年发生了以下活动：(1) 一银矿公司支付了 7.5 万元给矿工，开采了 50 磅银卖给一银器制造商，售价 10 万美元；(2) 银器制造商支付 5 万美元工资给工人制作了一批项链然后卖给消费者，售价 40 万美元。试解答：

(1) 用最终产品生产法计算 GDP；

(2) 每个生产阶段生产多少价值，用增值法计算 GDP；

(3) 在生产活动中赚得的工资和利润各自合计为多少，用收入法计算 GDP。

第10章

国民收入决定理论

学习目标

通过本章的学习，应该做到：

1. 理解并掌握边际消费倾向、边际储蓄倾向、消费函数、储蓄函数。

2. 掌握均衡国民收入的概念及决定方式。

3. 理解并掌握乘数的概念及支出乘数的计算公式。

国民收入决定理论是宏观经济学的中心理论。决定国民收入的因素是总供给和总需求。凯恩斯宏观经济理论认为：在短期，总供给不会成为经济发展的制约因素，各种资源都处于没有充分利用的状态，总供给可以随着总需求的扩大而任意增加，因此，国民收入的决定因素就是总需求，总需求的变化就会影响总产出水平。所以，国民收入水平，就不是由总供给而是由总需求决定的，即经济中有多少构成总需求的支出，就能够实现多少国民收入。

10.1 总支出的构成

在上一章里我们知道，用支出法计算国内生产总值，一个国家的总产出由消费、投资、政府购买支出和净出口构成。这是一种从总支出角度考虑的事后核算。本章我们讨论的是国民收入的决定，是一种事前的预算，需要研究在现实经济中存在的意愿总支出（aggregate expenditure，AE），即一种人们意愿的、计划的支出。显然，意愿总支出也由消费、投资、政府购买支出和净出口构成，即：AE＝C+I+G+（X-M）。但是其含义已发生变化，都变成事前的意愿性质的，即意愿的消费、意愿的投资、意愿的政府支出和意愿的净出口。它们的水平决定了均衡国民收入水平。

10.1.1 消费函数和储蓄函数

1. 消费函数

消费（consumption）是总需求中最重要的部分，消费包括家庭的非耐用品、耐用品和劳务的消费支出。消费受多种因素的影响，如收入水平、商品价格水平、利率水平、收入分配状况、消费者偏好、家庭财产状况、消费信贷状况和消费者年龄构成以及制度、风俗习惯等。而在这些因素中，收入无疑是影响消费的最重要的因素。凯恩斯理论认为，当期消费的主要影响因素是居民的可支配收入。经济学家一般用消费函数来刻画消费支出与收入之间的依存关系。如果我们用 C 代表消费，Y 代表可支配收入，消费函数可写成：

$$C=f(Y)$$

消费函数表明消费支出是收入的函数，消费支出随居民收入的变化而变动。一般情况下，居民的消费支出与收入之间是同方向变化的关系。也就是说，如果居民的收入增加，居民的消费支出也会随之增加。为了简化分析，我们假定消费函数为线性消费函数，公式表示如下：

$$C=a+bY$$

这一线性消费函数分为两部分：自发消费与引致消费。a 是一个常数，称自发消费，这部分消费不受收入的影响，而是取决于人生存的基本需要。bY 的消费额取决于收入水平，称为引致消费。图 10-1 描述了线性消费曲线，它是一条向右上方倾斜的直线，表明随着收入的提高，消费支出也将提高。

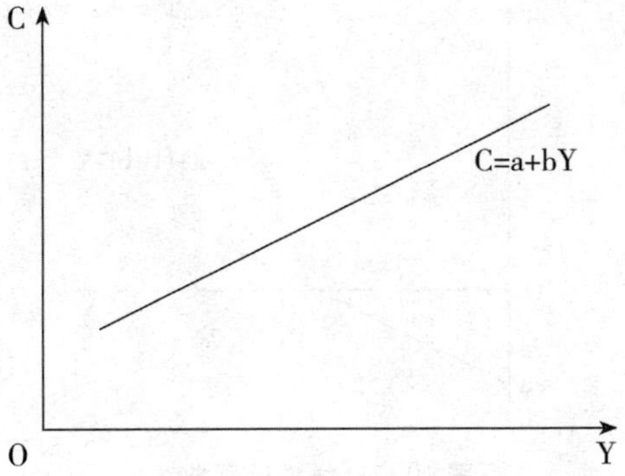

图 10-1 线性消费曲线

对于消费与收入之间的关系，我们还可以用平均消费倾向和边际消费倾向来分析。平均消费倾向（average propensity to consume，APC）是在任一收入水平上，消费支出在收入中所占的比例，其定义式为：

APC = C/Y

从定义式可以看出，当消费超过收入时，APC>1；当消费低于收入时，APC<1；当消费和收入相等时，APC = 1。

边际消费倾向（marginal propensity to consume，MPC）是指增加的消费在增加的收入中所占的比例，或者说是增加一单位收入中消费支出所占的比率，其定义式为：

MPC = ΔC/ΔY

根据该定义式，在线性消费函数 C = a+bY 中，b 表示边际消费倾向（MPC）。一般情况下，0<MPC<1，其经济学含义是如果一个人收入增加 1 元，他的消费额增加会少于 1 元。

我们把 C = a+bY 带入到 APC = C/Y 中，可以得到 APC = b+a/Y。很明显，由于 a/Y>0，所以有 APC 大于 MPC，并且，随着 Y 不断增加，a/Y 会逐渐变小，因此 APC 会逐步接近于 MPC。

2. 储蓄函数

与消费相对应的另一个重要概念是储蓄（save）。储蓄（S）被定义为收入（Y）减去消费（C）的余额，所以有 S = Y-C。我们将居民储蓄与收入之间的关系称为储蓄函数，显然储蓄与收入之间是同方向变化的。如果 C = a+bY，那么则有：

S = Y-C = Y-（a+bY）= -a+（1-b）Y

这一公式是线性储蓄函数的方程式，图形 10-2 为线性储蓄曲线。

储蓄与收入之间的关系，还可以用平均储蓄倾向和边际储蓄倾向来说明。平均储蓄倾向（average propensity to save，APS）是任一收入水平上储蓄在收入中所占的比例，其定义式为：

APS = S/Y

平均储蓄倾向通常是小于 1 的。根据平均消费倾向和平均储蓄倾向的定义，我

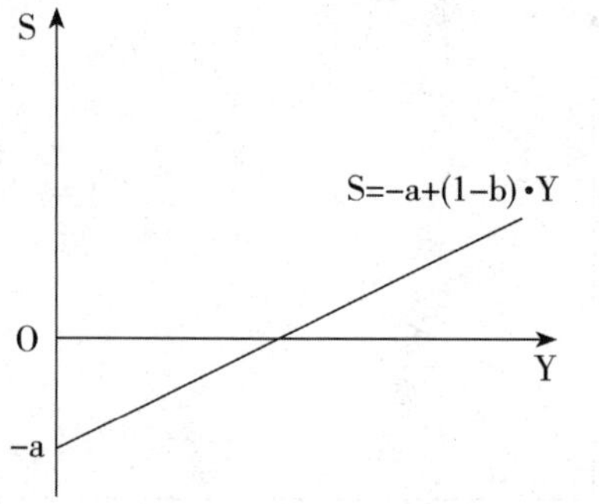

图 10-2 线性储蓄曲线

们知道：APC=C/Y，APS=S/Y，而 Y=C+S，因此平均消费倾向和平均储蓄倾向之间的关系如下：

APC+APS=1

边际储蓄倾向（marginal propensity to save，MPS）是指在增加的收入中储蓄所占的比例，即储蓄增量与收入增量的比率，其定义式为：

MPS=ΔS/ΔY

由于储蓄增量只是收入增量的一部分，因此 MPS<1。如果储蓄函数是线性的，那么 MPS=1-b，而我们前面也提到过，线性消费函数的边际消费倾向 MPC=b，所以，我们可得：

MPC+MPS=1

3. 消费函数和储蓄函数的关系

由于消费+储蓄=收入，即 c+s=y，因此消费函数和储蓄函数互为补数。所以 s=y-c，而 c=a+by，因此：s=y-c=y-（a+by）=-a+（1-b）y

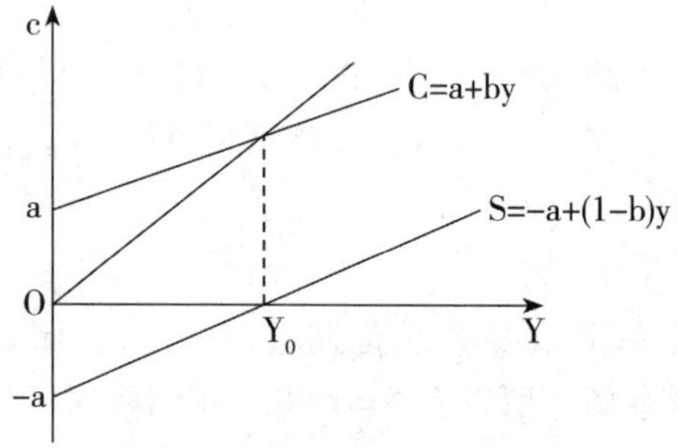

图 10-3 消费曲线与储蓄曲线的关系

从图 10-3 可以分析消费曲线与储蓄曲线二者的关系。

第一，两者都是向上倾斜，斜率都为正，但大多数情况下不相等（只有边际消费倾向 b 的值为 0.5 时，二者斜率相等）。二者都与纵轴相交，消费函数交于横轴上方，截距为正，反映的是当收入为零时的消费额；储蓄函数交于横轴下方，截距为负，反映的是消费为零时的储蓄额，负储蓄表明是取款状态。两者的值为相反数，说明没有收入时的消费全部来自于以前的储蓄 。

第二，当收入开始增加时，消费和储蓄同时增加。在收入尚未达到 y_0 前，消费大于收入，还需要一定额度的储蓄作为补充，所以储蓄依然是负值。收入与消费的差额即为储蓄的绝对值，在图形上表示为任意收入水平上消费曲线与45°线的垂直距离与横轴到储蓄曲线之间的垂直距离相等；当收入为 Y_0 时，消费支出等于收入，此时储蓄曲线与横轴相交，储蓄为 0，表明不需要取款也没有余钱存款；当收入继续增加，大于 Y_0 后，消费曲线位于45°线之下，表明消费小于收入，收入与消费的差额就是储蓄，所以此时储蓄转为正值，储蓄曲线位于横轴上方。

10.1.2　投资

投资（investment）也是经济总需求的重要组成部分。在宏观经济中，投资主要起到两个作用：一方面，由于决定投资的因素较为复杂，投资的大幅波动会对总需求产生重大影响，这会进一步在短期内影响产出和就业水平；另一方面，投资又会带来资本积累，这能够提高一国的潜在生产能力，从而促进经济的长期增长。因此，投资理论在宏观经济学中是相当重要的。本部分我们将着重学习私人国内总投资，即 GDP 构成中的国内投资 I。

1. 投资的定义和分类

投资就是资本形成，是指一定时期内社会实际资本的增加。这里所说的实际资本包括厂房、设备、存货和住宅，因此，投资也可说是厂房、设备、存货和住宅的增加。可见，投资和资本是两个不同的概念。资本是存量，是某一时点厂房、设备、存货和住宅的总和；而投资是流量，它是指某一定时期内用于增加或维持资本存量的支出。

对于投资可按不同的标准进行多种形式的分类。

根据投资包括范围的不同，可分为重置投资、净投资和总投资。重置投资又称折旧的补偿，是用来补偿资本存量中已耗费部分的投资。重置投资的多少决定于原有资本存量的数量、构成与寿命等情况，它不会导致原有资本存量的增加。净投资是指为增加资本存量而进行的投资支出，即实际资本的净增加。重置投资与净投资的总和即总投资，是维持和增加资本存量的全部投资支出。一般地，净投资是一个正数，但在特殊年份里，也可能出现净投资为负数，或总投资小于折旧的情况。

根据投资内容的不同，可分为固定投资、存货投资和住宅投资。固定投资是企业购买厂房和设备的支出。存货投资是指已生产出但尚未销售的产品存量的增加。

根据投资形成的原因不同，可分为自发投资和引致投资。自发投资是指人口、技术、资源等外生因素的变动所引起的投资；引致投资是指由于国民收入的变动所引起的投资。自发投资与引致投资之和就是总投资。

2. 决定投资的因素

企业为什么要进行投资呢？归根结底，企业只有在预期到购买资本品（即投资）会给它带来利润，也就是投资收益大于投资成本的时候，才会进行投资。这个论断包含了决定投资的三个基本要素：收益、成本和预期。

1）投资收益

企业在制定投资决策时，首先要考虑投资可能产生的收益。企业的收益与其销售量密切相关。只有当一项投资能够使企业出售更多的产品时，这项投资才会增加企业的收益。这说明决定投资的一个重要因素是整体经济水平（或 GDP）。当机器设备处于闲置状态时，企业通常不会再购买新的机器设备，也不会有建设新工厂的需要。一般来说，一项投资能够给企业带来的收益越高，就越能促进投资；相反，如果收益越低，投资就会越少。

2）投资成本

投资成本是决定投资需求的第二个重要因素。利率影响投资成本，利率越高，企业就要多付出利息，则投资成本也越高，企业就会减少投资。如果企业投资使用的是自有资金，投资形成的固定资产占用资金的利息则是投资的成本。如果企业投资使用的是贷款，企业支付的贷款利息则是投资的成本。正是由于利率影响投资成本，所以利率是决定投资和总需求的一个重要因素。

利率是由货币市场上的货币供给与货币需求之间的关系决定的。货币供给增加将导致利率下降，货币需求增加则导致利率上升。由于货币供给由政府控制，政府可以运用货币政策影响投资。

影响投资成本的另一途径是政府的税收。政府可以通过提高所得税来抑制企业投资，也可以通过税收减免等措施鼓励企业投资。所以，税收政策是政府对投资施加影响的一个有效手段。

3）预期

影响投资需求的第三个因素是对未来经济情况的预期。投资是对未来的一种赌博，其赌注是所能获得的收入将会超过投资成本。因此，投资取决于企业对未来时期的经济状况、政治环境和投资前景的预期。如果企业认为，它们的投资在未来某个时期可能收归国有，或产品价格将下跌，或对产品的需求会下降，那么企业现在就不愿意进行投资。如果企业认为，投资前景良好，投资有利可图，企业就会决定投资。

未来存在着不确定性，未来的许多事情是难以预测的，这使得投资决策在很大程度上依赖于投资者的主观判断。人们的乐观态度或悲观情绪以及证券市场上证券价格的波动，都可能对投资前景的预期产生一定的影响。在经济发展的不稳定时期，预期在决定投资的作用中尤为突出。如在经济萧条时期，低利率对投资的刺激作用不大；在经济繁荣时期，高利率也不能有效地抑制投资。

3. 投资函数

我们已经知道，在决定投资的诸多因素中，利率是首要因素。当投资的预期利润率既定时，企业是否进行投资，首先就取决于利率的高低。利率上升，投资需求量就会减少；利率下降时，投资需求量就会增加。总之，投资是利率的减函数。投资 I 与利率 r 之间的这种关系称为投资函数，可以表示为：

$I=I(r)$

为了分析的简便，我们可以把投资函数写成线性的形式：

$I=I_0-dr$

式中，I_0 称为自发投资，表示利率即使为0时也会有的投资量，即不受利率变化影响的投资量；d 为投资需求对利率变动的反应程度，表示利率每增加一个百分点投资会下降多少。投资与利率之间的上述关系如图 10-4 中的投资需求曲线所示。在图 10-4 中，横轴表示投资水平（I），纵轴表示利率水平（r），一条向右下方倾斜的曲线就是投资需求曲线。投资需求曲线反映的是当其他条件一定时投资需求与利率的反方向变化关系。

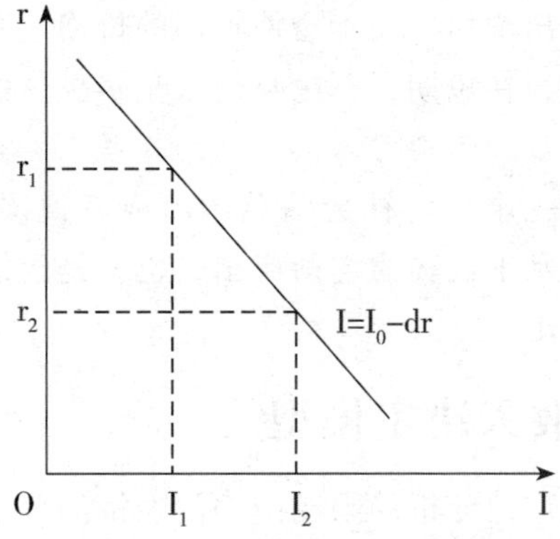

图 10-4　线性投资需求曲线

除了利率之外，投资需求还会受到其他因素的影响，比如国民产出水平、企业所得税和预期等。当利率一定时，其他因素对投资需求的影响在图形上表现为投资需求曲线的左右移动。如果国民经济的总产出水平提高，那么在同一利率上，投资需求增加，投资曲线会由 I_1 向右移动到 I_2；企业所得税则起相反作用，如果政府对企业增收企业所得税，就会使投资需求曲线向内转移，即使利率不变，投资需求也会减少，投资曲线会由 I_1 向左移动到 I_3。如图 10-5 所示。

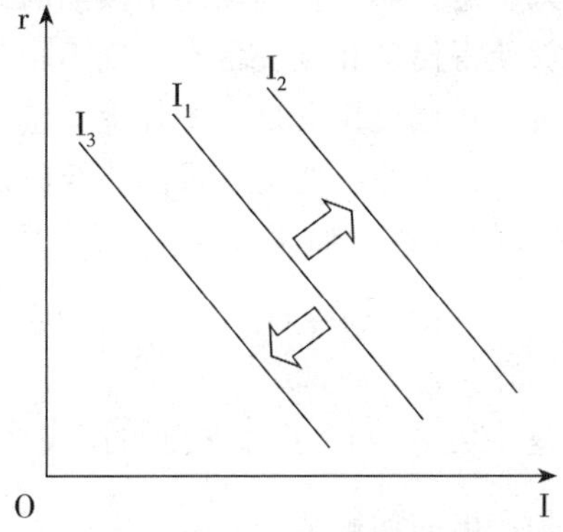

图 10-5　线性投资曲线的移动

对未来经济情况的预期也很重要。如果投资者很悲观，认为投资收益将会下降，则投资需求曲线向左移动；反之，如果投资者很乐观，认为投资收益将会上升，则投资需求曲线将向右移动。

10.2 均衡国民收入决定

10.2.1 均衡产出

凯恩斯的《就业、利息和货币通论》诞生于1929—1933年的经济大萧条背景下，在当时的情况下，工人大批失业，资源大量闲置。社会总需求增加时，只会使闲置的资源得到利用，产出增加，而不会使资源的价格上升，从而产品成本和价格大体上能保持不变，因此，在短期，不论总需求是多少，经济社会均能以不变的价格提供相应的供给量。

根据凯恩斯的理论，一个经济社会的总产出或者说国民收入主要决定于总需求，和总需求相等的产出水平被称为均衡产出，也就是经济社会的收入正好等于全体居民和企业想要有的支出。

10.2.2 均衡国民收入决定模型

为了把问题简化，我们把分析局限在两部门经济的范围之内，即经济仅由家庭和企业两部分组成，不存在政府和国际贸易。我们已经知道，在两部门经济中，国民收入（Y）由消费（C）和储蓄（S）两部分构成；而总需求（总支出，也用Y表示）则由消费（C）和投资（I）构成。因此，有下列等式：

$$Y=C+S$$

$$Y=C+I$$

所以，经济达到均衡的必要条件是I=S，也就是说储蓄要全部被转化为投资，才能使经济的总需求等于总产出。然而，家庭的储蓄和企业的投资基本上取决于不同的因素：储蓄主要由收入决定，而投资则取决于预期的未来产出、利率、税收政策、企业信心等因素。这就使得储蓄和投资常常出现不相等的情况。

为了简化分析，我们进一步假设投资是一个外生变量，即在短期内投资可以看成是不依赖于国民产出水平的一个经济变量，投资曲线就是一条平行于横轴的水平线。同时，消费是国民收入的函数，如果C=a+bY，那么我们可以得到下面的等式：

$$Y=C+I=(a+bY)+I$$

整理可得，$Y=\frac{a+I}{1-b}$。这个方程反映了总支出与国民产出之间的均衡关系，利用它计算出的产出水平就是产出的均衡水平。

在图10-6中，横轴代表总产出，用Y表示；纵轴则代表总支出水平，包括消费（C）和投资（I）。对应于消费函数C=a+bY，消费曲线C是一条向右上方倾斜的曲线；而曲线C+I代表了总支出（总需求）水平。我们在图中画出一条从原点出发的 45°线，那么 45°线上的任何一点与横轴的垂直距离等于它与纵轴的垂直距离，因此在这条线上的任何一点，纵轴表示的总支出水平恰好等于横轴表示的总产出水平或总收入水平。这样，总支出曲线 C+I 与 45°线的交点 E 就是均衡点。在这一点上，家庭消费加上企业投资恰好等于国民产出，即总需求量等于总产出量。均衡状态的产出水平就是 Y_0。

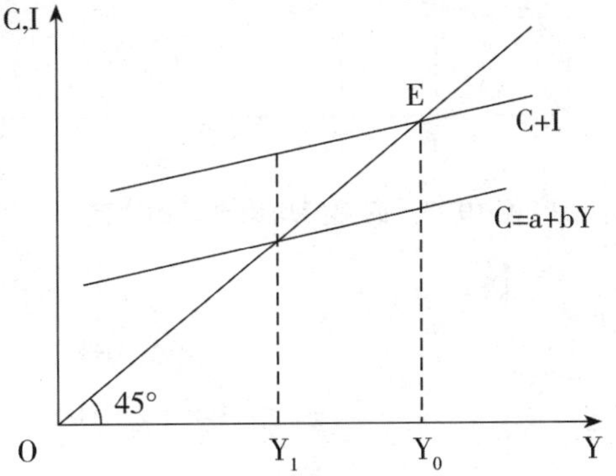

图 10-6 两部门均衡产出的决定

如果经济偏离均衡点 E 时会出现什么结果呢？我们先考虑当产出水平 Y_1 小于 Y_0 时的情况，这时，总支出曲线 C+I 位于 45°线的上方，说明总支出大于总产出，也就是对产品和劳务的总需求超出了企业生产的数量，这就不是均衡状态。企业就会扩大生产，产出增加，直到总产出等于均衡产出水平 Y_0；反之，如果产出水平大于 Y_0 时，总支出曲线 C+I 位于 45°线的下方，说明总支出小于总产出，也就是对产品和劳务的总需求低于企业生产的数量，企业就会缩减产出，直到总产出等于均衡产出水平 Y_0。

在两部门简单经济模型的基础上进行扩展，加入政府和对外贸易，我们就可以分析四部门经济的国民收入决定问题。如图 10-7 所示，在两部门经济中，总支出曲线 C+I 与 45°线的交点 E_1 就是均衡点，均衡产出水平就是 Y_1；在三部门经济中，总支出曲线 C+I+G 与 45°线的交点 E_2 就是均衡点，均衡产出水平就是 Y_2；在四部门经济中，总支出曲线 C+I+G+NX 与 45°线的交点 E_3 就是均衡点，均衡产出水平就是 Y_3。

10.3 乘数原理

乘数原理（multiplier principle）又称倍数原理，是凯恩斯国民收入决定理论的核心组成部分之一。其主要内容是：如果总支出（如投资支出）增加一个初始值，那么，由此引起的国民收入的增加量并不是这个初始值，而是这个初始值的若干倍，这种由私人投资增加所引起的国民产出增加的倍数就是投资乘数。如图 10-8 所示，投资由 I 增加到 I′，国民收入由 Y_0 增加到 Y_1，显然，$\Delta Y>\Delta I$。

乘数原理如何来解释呢？我们假设一个农民投资 10 万元盖了一栋房子，那么

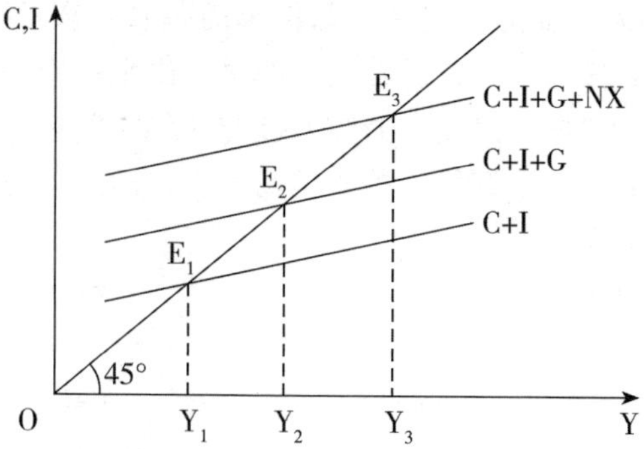

图 10-7 四部门均衡产出的决定

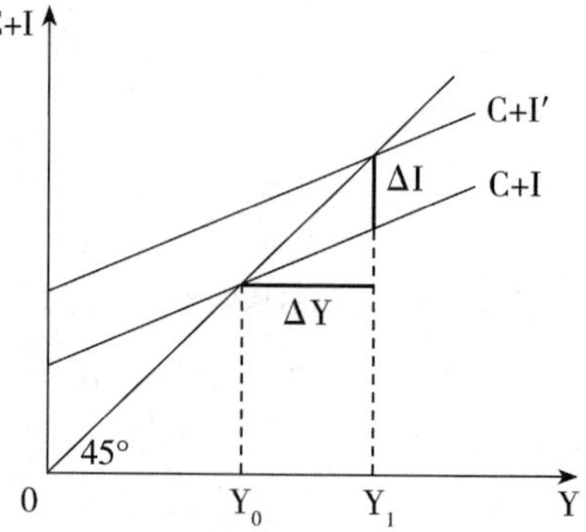

图 10-8 乘数原理

这会对国民产出产生什么样的影响呢？乍一看，人们可能会认为，国民产出正好增加 10 万元。但实际上，国民产出的增加会超过 10 万元。农民最初投资的 10 万元转化为了木匠、瓦匠、建材生产商等人的收入，这些人会用他们增加的收入来购买更多的消费品。那么这些消费品的生产者获得新的收入后又增加了新的消费支出。以此类推，整个经济的总产出要远远大于最初的私人投资。

我们假定所有人的边际消费倾向（MPC）都是 0.8，这意味着，如果收入增加 1 元，则 0.20 元用于储蓄，而 0.80 元会用于支出。结合上面的例子，第一轮，木匠、瓦匠、建材生产商等的收入增加了 10 万元，他们会支出 8 万元（10×0.8）购买消费品；第二轮，这些消费品的生产者就获得了 8 万元的收入，然后他们又增加了新的消费支出 6.4 万元（10×0.8^2）；第三轮，获得 6.4 万元新增收入的人们又会支出 5.12 万元（10×0.8^3），以此类推，这种乘数效应一直持续下去，见表 10-1。

表 10-1 说明，投资增加 10 万元导致国内生产总值增加 50 万元，国内生产总值增量是投资增量的 5 倍，则投资乘数等于 5。表 10-1 的最后一栏说明了乘数的计算过程，即：

$$\text{投资乘数}=1+0.8+0.8^2+0.8^3+0.8^4+\cdots=\frac{1}{1-0.8}=5$$

表10-1 **投资变动的乘数过程** 单位：万元

次数	总支出增量	增量的计算
初始投资	10	10×1
1	8	10×0.8
2	6.4	10×0.8^2
3	5.12	10×0.8^3
4	4.096	10×0.8^4
⋮	⋮	⋮
合计	50	$10\times\frac{1}{1-0.8}$

由此可见，乘数的大小由边际消费倾向的大小决定。边际消费倾向越大，在每一轮增加的收入中，用于消费的比例越大，乘数的值就越大；反之，MPC越小，投资乘数就越小。

我们用K表示投资乘数，ΔI表示投资的增量，ΔY表示国内生产总值（或收入）的增量，MPC表示边际消费倾向，则简单的投资乘数可以表示成：

$$K_I=\frac{\Delta Y}{\Delta I}=\frac{1}{1-MPC}=\frac{1}{MPS}$$

由于边际消费倾向与边际储蓄倾向之和为1，即MPC+MPS=1，所以投资乘数也可以表示为边际储蓄倾向的倒数。这表明边际储蓄倾向的值越大，投资乘数的值则越小。

乘数的作用主要表现在说明国民产出的波动和用于制定宏观经济政策方面。由于乘数作用，支出的自发波动会引起国民产出的更大幅度的波动，所以国民产出发生波动的一个重要原因是支出的自发的波动。另一方面，当国民产出的均衡水平偏离充分就业水平时，经济会出现失业或通货膨胀现象，政府往往希望通过对经济的干预使国民产出达到充分就业水平。例如，在萧条时期，政府可能采取扩张性宏观经济政策，如增加货币供给降低利率以增加投资支出，从而达到刺激总需求，提高国民产出水平，减少失业的目的。但是，支出应当增加多少才能使经济恰好达到充分就业水平呢？如果支出增加太少，对产出水平的提高影响不大，不足以解决经济中存在的失业问题；如果支出增加太多，对经济刺激过大，产出水平会超过充分就业水平，这时虽然失业问题解决了，却可能产生通货膨胀问题。因此，要运用恰当而有效的宏观经济政策，需对支出变化和由它引起的国民产出变化之间的乘数关系作出准确的估计，从而确定为使经济达到充分就业水平所需要增加（或减少）的支出总额。

除了投资具有乘数效应之外，财政政策一般也具有乘数效应。财政支出和税收对国民收入的影响程度可用财政政策乘数来描述，就是说，财政收支对国民收入的影响也具有乘数作用。或者说，由于经济中的连锁引起的国民收入变动幅度往往几倍于政府支出的反应，这种由政府财政政策变动而引起的国民收入变动和税收所得的倍数即被称为财政政策乘数，包括政府支出乘数、税收乘数和平衡预算乘数。财政政策的乘数效应会在第 12 章中进行更深入的分析。

本章小结

1. 消费函数表明消费支出是收入的函数，消费支出随居民收入的变化而变动。边际消费倾向是指增加的消费在增加的收入中所占的比例，或者说是增加一单位收入中消费支出所占的比率。平均消费倾向是在任一收入水平上，消费支出在收入中所占的比率。

2. 边际储蓄倾向是指在增加的收入中储蓄所占的比例，即储蓄增量与收入增量的比率；平均储蓄倾向是任一收入水平上储蓄在收入中所占的比率。

3. 投资就是资本形成，是指一定时期内社会实际资本的增加。投资是利率的减函数，投资与利率之间的这种关系称为投资函数。

4. 在短期，一国经济的总产出或者说国民收入主要决定于总需求，和总需求相等的产出水平也被称为均衡产出。

5. 乘数的作用主要表现在说明国民产出的波动和用于制定宏观经济政策方面。由于乘数作用，支出的自发波动会引起国民产出的更大幅度的波动，所以国民产出发生波动的一个重要原因是支出的自发的波动。另一方面，当国民产出的均衡水平偏离充分就业水平时，经济会出现失业或通货膨胀现象，政府往往希望通过对经济的干预使国民产出达到充分就业水平。

关键概念

均衡产出　边际消费倾向　边际储蓄倾向　平均消费倾向　平均储蓄倾向　投资乘数

本章案例

中国成为储蓄率最高的国家

中国人民银行的数据显示，到 2013 年 8 月份，我国居民储蓄余额已连续 3 个月突破43万亿元，位于历史最高位，成为全球储蓄率最高的国家。居民储蓄率已超过50%，远远超过世界平均水平。居民储蓄率雄居全球首位，这意味着中国普通老百姓的手中余钱越来越多了，也意味着国内金融机构有充足的信贷资金支持经济的发展。然而，欣喜的同时，不能不看到其中存在的问题。

首先，它折射出普通老百姓出现了前所未有的消费迷茫。毋庸置疑，中国人的投资渠道比较狭窄。买房子吧，限购政策接连出台，老百姓担心房价下降，得不偿失；存银行吧，存款利率低，与每年通胀相抵，几乎不赚钱，甚至赔本；买股票吧，眼下股市萎靡，股民财富严重缩水。

其次，高储蓄率也反映出国民有后顾之忧。从经济学理论讲，居民收入、经济增长与消费存在着辩证关系。经济的增长，能增加居民收入，扩大就业，从而也能刺激消费增长，进而反过来又会促进经济持续增长。但实际上，改革开放以来，我国居民收入特别是农村居民收入增速远低于经济增长速度，居民消费倾向的下降又使得消费的增长速度低于收入增速，导致居民消费率不断下降。尽管近年来中央政府大力建设社会保障体系，社会保障水平和覆盖面比过去大大提高，但在住房、教育、医疗等方面的花费仍让居民不堪重负，这也大大抑制了居民的消费热情。

最后，居民高储蓄率还成了扩大社会收入差距的重要推手。从储蓄对象来看，一般中低收入者倾向把钱存在银行，吃利息。随着货币贬值，中低收入者存款越多，财富贬值越多，从而造成中低收入阶层在社会财富分配中的能力越来越差，收入差距越来越大，最终导致社会两极分化，进而可能引发诸多社会矛盾。

好在政府已意识到这个问题，中共十八大报告郑重提出，到2020年实现国内生产总值和城乡居民人均收入比2010年翻一番。当然，各级政府还应在提高社会保障水平、减轻居民税负、增加就业岗位等方面继续努力。只有多措并举，才能让居民手中的钱从“储蓄笼子”里跑出来，这无论是对国家扩大内需还是提高国民消费水平，都是有利的。

本章资料

宏观经济学之父——约翰·梅纳德·凯恩斯

约翰·梅纳德·凯恩斯（John Maynard Keynes，1883—1946），现代西方经济学界最有影响的经济学家之一，被后人称为“宏观经济学之父”，他创立的宏观经济学与弗洛伊德所创的精神分析法和爱因斯坦发现的相对论一起并称为20世纪人类知识界的三大革命。

凯恩斯1883年6月5日出生于英国剑桥的一个大学教授家庭。他的父亲约翰·内维尔·凯恩斯曾在剑桥大学任哲学和政治经济学讲师，母亲弗洛朗斯阿达·布朗是一位成功的作家和社会改革的先驱者。他7岁进入波斯学校，2年后进

入圣菲斯学院的预科班。几年以后他的天才渐渐显露，并于1894年以第一名的优异成绩毕业，并获得第一个数学奖。一年后，他考取伊顿公学，并于1899和1900年连续两次获数学大奖。他以数学、历史和英语三项第一的成绩毕业。1902年，他成功获得剑桥国王学院（剑桥大学）的奖学金，进入剑桥大学学习数学，后师从马歇尔学习经济学，深受马歇尔的赏识。1906—1908年在印度事务部任职。1908年起在剑桥大学任教。1913—1914年任皇家印度财政和货币委员会委员。1915—1919年任英国财政部顾问。1919年作为财政部的首席顾问出席巴黎和会，同年因写《和平的经济后果》而驰名。因其学术造诣深厚，曾长期担任《经济学杂志》主编和英国皇家经济学会会长，1929年被选为英国科学院院士，1941年起任英格兰银行董事。1942年晋封为勋爵，1946年剑桥大学授予其科学博士学位。

凯恩斯可谓是经济学界最具影响的人物之一。1929—1933年世界经济危机后提出了失业和经济危机的原因是有效需求不足的理论，鼓吹国家全面调节经济生活。他的经济学说在西方国家有广泛影响，被称为“凯恩斯主义”。他发表于1936年的主要作品《就业、利息和货币通论》引发了经济学的革命。这部作品对人们对经济学和政府在社会生活中作用的看法产生了深远的影响。古典经济学家和新古典经济学家都赞同放任自流的经济政策，而凯恩斯却反对这些，提倡国家直接干预经济。他论证了国家直接干预经济的必要性，提出了比较具体的目标。他的这种以财政政策和货币政策为核心的思想后来成为整个宏观经济学的核心，甚至可以说后来的宏观经济学都是建立在凯恩斯的《通论》基础之上的。毫无疑问，凯恩斯是一个伟大的经济学家，他敢于打破旧的思想的束缚，首次提出国家干预经济的主张，对整个宏观经济学的贡献巨大。

本章习题

1. 选择题

1）从短期来说，当某居民的可支配收入等于零时，其消费支出可能(　　)。

A. 大于零　　B. 等于零

C. 小于零　　D. 以上几种情况都可能

2）边际消费倾向与边际消费储蓄倾向之和，是(　　)。

A. 大于1的正数　　B. 小于1的正数

C. 零　　D. 等于1

3）根据消费函数，引起消费增加的因素是(　　)。

A. 价格水平下降　　B. 收入增加

C. 储蓄增加　　D. 利率提高

4）消费函数的斜率取决于(　　)。

A. 边际消费倾向

B. 与可支配收入无关的消费的总量

C. 平均消费倾向

D. 由于收入变化而引起的投资总量

5）若净投资大于0，则资本存量(　　)。

A 增加　　B. 减少　　C 不变　　D. 不确定

6）投资乘数的大小等于(　　)。

A. 边际消费倾向　　B. 边际储蓄倾向

C. 边际消费倾向的倒数　　D. 边际储蓄倾向的倒数

7）如果边际储蓄倾向为 0.3，投资支出增加 60 亿元，这将导致均衡收入增加(　　)。

A. 20 亿元　　B. 60 亿元　　C. 180 亿元　　D. 200 亿元

8）两部门的均衡产出决定于(　　)。

A. 意愿储蓄　　B. 意愿消费

C. 意愿投资　　D. 意愿消费和意愿投资之和

9）如果与可支配收入无关的消费为 300 亿元，投资为 400 亿元，平均储蓄倾向为 0.1，那么，在两部门经济的情况下，均衡收入水平为(　　)。

A. 700 亿元　　B. 4 300 亿元　　C. 4 000 亿元　　D. 7 000 亿元

2. 计算题

1）设消费函数为 $C=120+0.75y$。试求：

(1) 消费水平达到 1 120 时，收入应为多少?

(2) 边际消费倾向及边际储蓄倾向各为多少?

(3) 收入为 3 000 时，消费水平为多少?

2）假设某经济社会的消费函数为 $C=100+0.8Y$，投资为 50（单位：10 亿美元）。

(1) 求均衡收入、消费和储蓄。若投资增至 100，计算增加的收入。

(2) 若消费函数变为 $C=100+0.9Y$，投资仍为 50，收入和储蓄各为多少? 投资增至 100 时收入增加多少?

(3) 消费函数变动后，乘数有何变化?

第11章

总需求和总供给

学习目标

通过本章的学习，应该做到：

1. 理解并掌握总需求和总供给的含义

2. 掌握总需求和总供给曲线的基本形状。

3. 掌握价格总水平和总产出的决定及变动

在微观经济学中，我们运用市场需求曲线和市场供给曲线来分析个别产品和个别市场的均衡数量和均衡价格。在宏观经济学中，我们也用一种类似的图形分析工具，即总需求与总供给模型来分析国民收入、价格水平、失业和经济增长等宏观经济问题。同时，通过这一模型，我们也可以说明国民收入和价格水平是如何达到均衡以及如何变动的。

11.1 总需求

总需求（aggregate demand，AD）是经济社会对产品和劳务的需求总量，这一需求总量通常以总支出水平来表示，因此，总需求由消费需求、投资需求、政府需求和国外需求构成。经济学家认为，影响总需求的因素除了价格水平、人们的收入和人们对未来的预期等因素外，还包括诸如税收、政府购买或货币供给等政策变量。其中最主要的影响因素是价格水平，如果假设其他因素不变，我们可以用总需求曲线（AD 曲线）来表示物价水平与总需求量之间的关系。

总需求曲线是一条表示在每一既定的价格水平下，所有消费者、企业、政府和外国人对物品和劳务的需求总量的曲线。总需求曲线代表经济中所有实体（消费者、企业、政府和外国人）在不同的价格水平上愿意并有能力购买的商品和劳务的数量。需要强调的是，这里的价格水平指的是商品的一般价格水平，是一个总体的物价水平概念，而并非某一种商品的具体价格。

在图 11-1 中，横轴代表实际产出 Y，即国民收入，纵轴代表一般物价水平 P。AD 曲线向右下方倾斜，它表明总需求与物价水平之间是一种反方向的变动关系，物价水平上升，总需求量减少；物价水平下降，总需求量增加。

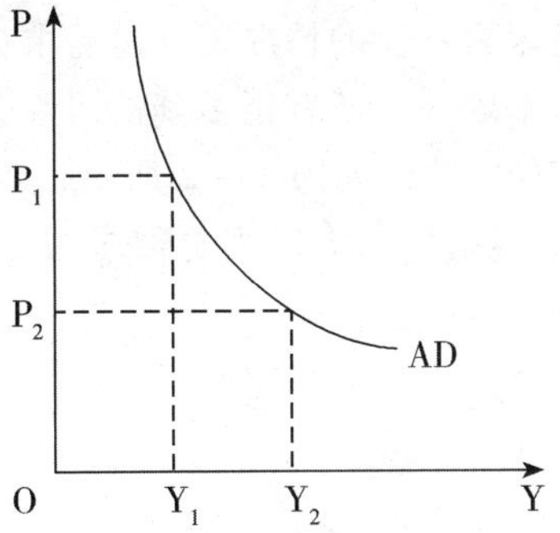

图 11-1 总需求曲线

为什么总需求曲线向右下方倾斜？经济学家从以下几个方面作出了解释：

1. 财富效应

财富效应是价格对财富的真实价值的影响。财富的真实价值与物价按相反的方向发生变动，且这一变动会影响居民的消费支出，从而影响总需求。如果物价上涨，居民拥有的名义上固定不变的财富，如金融资产（货币、债券、股票等）及祖传古董等的真实价值会相应下降，居民因此相对变穷了，其消费支出会随之下降，总需求亦随之减少；反之，如果物价下跌，固定不变的财富就具备更多的价值，居民变富了，消费支出和总需求会随之增加。可见，财富效应就是物价变动影响总需求的机制。经济学家庇古最先分析了这一问题，因此财富效应通常也被称之为“庇古效应”。

2. 利率效应

利率效应是指物价水平通过影响利率来影响投资，进而影响总需求。当价格水平上升时，家庭为了购买商品和劳务所需要的货币数量就增加，从而使利率上升，利率的提高又使投资和消费支出减少，总需求也就相应减少；反之，如果价格水平下降，这时家庭可以把更多的货币存入银行或者购买债券，这样就会导致利率下降，而利率下降，又能够使投资增加，进而增加总需求。总之，物价水平的变动影响利率变化，进而使总需求发生了相反方向的变化，经济学家凯恩斯最早强调了这种利率效应，因而它也被称为“凯恩斯效应”。

3. 商品替代效应

在开放经济中，价格水平的变动能够通过影响净出口而影响总需求。当一国的商品价格水平上升而外国可替代商品的价格保持不变时，则本国人们将增加对外国商品的购买以替代对本国商品的购买，这就导致进口增加，而本国商品的价格在国际市场上缺乏竞争力所以出口下降，最终净出口减少，从而降低总需求；反之，如果该国的商品价格水平下降，外国商品的价格水平保持不变，则外国商品的相对价格较高，本国和外国的人们都会更多地购买本国商品来替代对外国商品的购买，本国商品和劳务的出口增加，同时减少了进口，这种情况下净出口增加，必然提高总需求。

我们已经知道，在其他因素不变的情况下，总需求会随着价格水平的上升而趋于下降。但是，除了物价水平之外，还有很多其他因素会影响总需求的变化，这在图形上表现为 AD 曲线的左右移动，如图 11-2 所示，当总需求增加时，总需求曲线向右侧平行移动，由 AD_0 移动到 AD_1；当总需求减少时，总需求曲线向左侧平行移动，由 AD_0 移动到 AD_2。

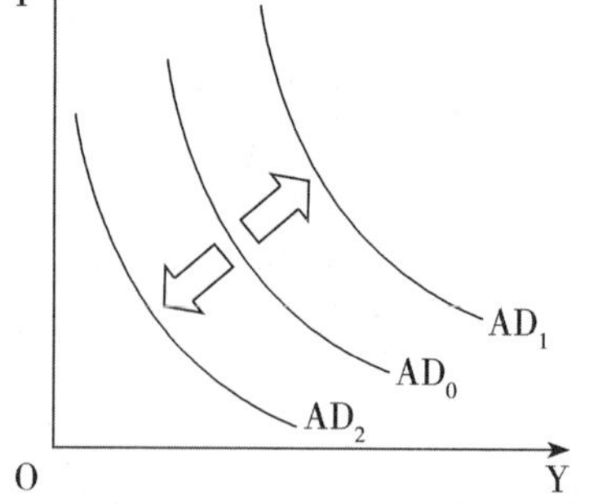

图 11-2　总需求曲线的移动

引起总需求曲线位置变动的具体原因很多，大致可分为两类：一类是由政府控制的政策变量；另一类是外部变量。

政策控制的政策变量包括货币政策和财政政策。例如，增加货币供应量会降低利率并改善贷款条件，从而增加投资和对耐用品的消费；政府在货物和服务上的支出增加，会直接增加支出总量；减税或增加转移支付会增加可支配收入，从而增加消费。因此，扩张性的财政政策和扩张性的货币政策都会使总需求曲线向右侧移动；反之，紧缩性的财政政策和紧缩性的货币政策都会使总需求曲线向左侧移动。

外部变量包括资产价值、资源价格、技术进步等。在资产价值中，股票价格或住宅价格的上升会使家庭财产价值增多，从而增加消费；资源如石油产量增加会使其价格下降，从而降低企业生产成本，也使消费者实际收入水平提高，促进消费和投资增加。技术进步会带来商业投资机会，并刺激消费，比如计算机和互联网的兴起。在外部变量中，还包括外国产出、政治事件、自然灾害和战争等许多不可控因素。

总之，只要是消费、投资、政府购买和净出口增加，总需求曲线就会向右移动；只要是消费、投资、政府购买和净出口减少，总需求曲线就会向左移动。

11.2　总供给

总供给（aggregate supply，AS）是指整个经济社会所能提供的产品和服务的总量。影响总供给的因素主要有价格水平、资源数量、技术水平、生产效率、劳动就业等。价格水平是影响总供给的最主要因素，在这里，我们运用总供给曲线（AS 曲线）来重点分析总供给与物价水平之间的关系。

11.2.1　总供给曲线

总供给曲线表示在每一既定的价格水平下，经济社会中的全部企业愿意并能够提供的产品和劳务的总和。它是一条描述价格总水平与国民总产出之间关系的曲线。这条曲线的具体形状与资源要素的利用程度紧密相关，在不同的资源要素利用情况下，总供给与价格水平之间的关系是不同的，通常有三种情况，我们以图 11-3来说明。

在图 11-3 中，横轴表示国民收入（总产量）Y，纵轴表示价格水平 P，AS 曲线分为三个部分。

第一部分 AB 段，总供给曲线是一条与横轴平行的线段，表明在价格水平不变的情况下，总供给可以增加，这是由于资源还没有得到充分利用，所以，在不提高价格水平的情况下，可以增加总供给。这是一种极端少见的情况，要求资源必须极其充足，才能实现总供给增加但生产要素价格不变继而产品的价格水平不变。一般而言，只有两种情形满足此条件，一是人类刚刚开始对自然界的认识和探索阶段，相对于人类匮乏的科学知识和低下的生产技术水平，自然界待开发的资源是无穷尽

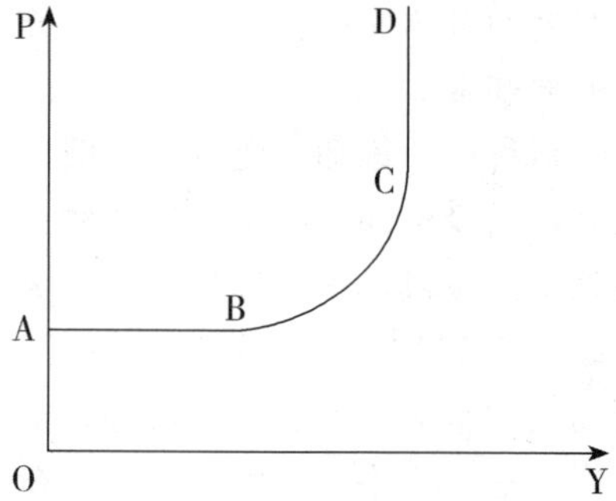

图 11-3 总供给曲线

的。显然这一阶段已经一去不返；二是资本主义经济危机造成生产资源的大量闲置，企业关闭、产业工人下岗。凯恩斯在 20 世纪 30 年代的大萧条背景下，提出了水平供给曲线，因此这一段也称为凯恩斯区间。由于资本主义国家逐渐积累了丰富的应对经济危机的经验，尽可能降低危机带来的负面影响，因此之后出现的经济危机不再出现巨大的破坏力和过度闲置资源。总之，水平段的供给曲线只存在于理论上，实现条件已很难满足，所以在现实中基本不会再出现。

第二部分 BC 段，总供给曲线是一条向右上方倾斜的线，表明总供给和价格水平同方向变动。这是因为资源已经逐渐进入稀缺状态，随着产量增加，用于生产的资源越来越少，这使得生产要素的价格上升，从而使生产成本上升，价格水平必然上升。这种情况在短期中发生，所以这种向右上方倾斜的总供给曲线称为中间区间或短期总供给曲线，也是一般情况下的总供给曲线。

第三部分 CD 段，总供给曲线是一条垂直线，表示总供给与价格水平无关，无论价格水平如何上升，总供给也不会增加，而是保持在一个固定的值上，即经济社会的潜在产量不变。这是因为资源已经充分利用，实现了充分就业，没有更多的可投入生产的要素，总供给已达到最大值并且无法再增加。垂直的总供给曲线也是一种极端情况，只在长期中出现。由于凯恩斯以前的古典经济学家认为市场机制是完美的，经济总是可以保持在充分就业状态，从而总产量会达到潜在产量并保持不变。所以这种情况通常称为古典区间或长期总供给曲线。

11.2.2 总供给曲线的移动

总供给曲线的三种形状中，凯恩斯区间是在特定背景下出现的特殊情形，不具备一般性和代表性，这里我们主要讨论总供给曲线的一般形状，即短期总供给曲线和长期总供给曲线的影响因素和变化情况。

1. 短期总供给曲线的移动

一般情况下，短期总供给曲线向右上方倾斜，如图 11-4 所示。这就是说，在一个较短的时期内，经济中的物价总水平上升，增加了物品与劳务的总供给量；而物价水平下降倾向于减少物品与劳务的总供给量。

许多因素变动会导致短期总供给曲线的移动，主要有生产要素价格、资本存

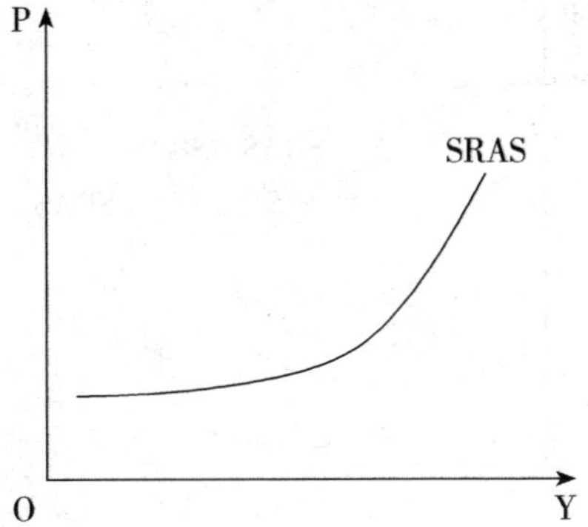

图 11-4　短期总供给曲线

量、技术进步及预期物价水平等。

1）生产要素价格变动引起的 AS 曲线移动

假如一国由于移民大幅增加，使工人数量增加，劳动力的供给大于需求，就会使工资水平下降，企业在不增加成本的情况下可以投入更多的生产要素，从而增加了最终物品和劳务的总供给量，那么 AS 曲线将向右侧移动。如果一国由于改革工资制度提高了工资水平，就会使企业投入的生产要素数量减少，从而降低最终物品和劳务的总供给量，那么 AS 曲线将向左侧移动。

2）资本存量变动引起的 AS 曲线移动

一国经济中资本存量的增加会提高生产效率，从而增加物品和劳务的总供给量，那么 AS 曲线将向右侧移动；相反，一国经济中资本存量的减少会降低生产效率，从而减少物品和劳务的总供给量，那么 AS 曲线将向左侧移动。需要指出的是，无论我们讨论的是机器设备和工厂这类物质资本，还是大学生这类人力资本，任何类型的资本增加都将会提高最终产品和劳务的供给能力，从而将使 AS 曲线向右侧移动。

3）技术进步引起的 AS 曲线移动

科学技术是第一生产力，科技的进步带动生产率的提高，在既定的投入下可以获得更高的产出。当今世界经济快速发展的最重要原因就是知识技术的进步。例如，电脑的发明和应用可以使我们用同样多的劳动、资本和自然资源生产出更多的物品与劳务。随着电脑应用的普及，经济中的 AS 曲线已经向右侧移动了。

4）预期物价水平变动引起的 AS 曲线移动

当工人和企业预期物价水平要上升时，他们就倾向达成一个高水平名义工资的合同。高工资增加了企业的生产成本，因而会在任何既定的实际物价水平上减少企业供给的产品和劳务。因此，预期物价水平上升时，短期总供给曲线会向左移动，由 $SRAS_0$ 移动到 $SRAS_2$，会减少最终物品与劳务的总供给量，如图 11-5 所示。相反的情况，当预期物价水平下降时，工资下降，企业成本下降进而增加产品和劳务的供给，短期 AS 曲线向右侧移动，由 $SRAS_0$ 移动到 $SRAS_1$。

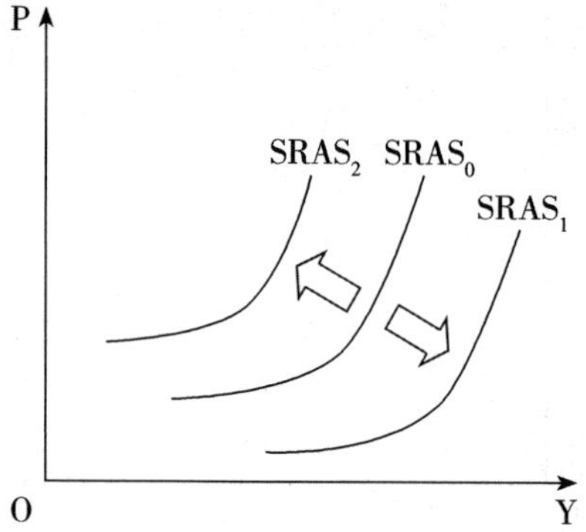

图 11-5 短期总供给曲线的移动

2. 长期总供给曲线的移动

在长期中决定一国经济总产量的是制度、资源和技术，这些因素都与商品物价水平的高低无关，物价水平的变动并不影响总供给。在制度为既定时，资源和技术决定总供给曲线的位置，这时的总供给就是潜在国民产出，即潜在 GDP。潜在 GDP 就是指充分就业时的国民产出水平，它是在长期中经济所能实现的最大产量。在图 11-6 中，横轴表示物品与劳务的总产出（Y），纵轴表示物价总体水平（P），长期总供给曲线就是一条位于潜在产出（Y_0）水平上的垂直线。

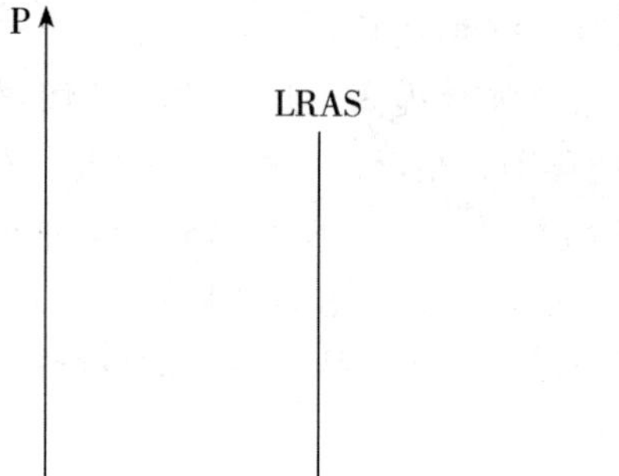

图 11-6 长期总供给曲线

经济中任何改变潜在产出的变动都会使长期总供给曲线发生移动，如新矿藏等资源的发现会使长期供给曲线向右侧移动；而环境污染则会在长期内降低总供给，使 AS 曲线向左移动。再比如，我国的改革开放战略改变了很多原先束缚经济发展的制度，家庭联产承包责任制提高了农产品生产率，国有企业改革提高了国企的生产效率，加入 WTO 促进了外贸生产工业的发展。这些制度变革使我国的 AS 曲线向右侧移动。

如图 11-7 所示，如果潜在产出水平增加，长期总供给曲线会向右移动，由 $LRAS_0$ 移动到 $LRAS_1$；如果潜在产出水平降低，长期总供给曲线就会向左移动，由 $LRAS_0$ 移动到 $LRAS_2$。长期总供给的变化主要取决于劳动、资本、自然资源和技术知识等因素，所以这些因素的改变就会导致总供给曲线 AS 的移动。

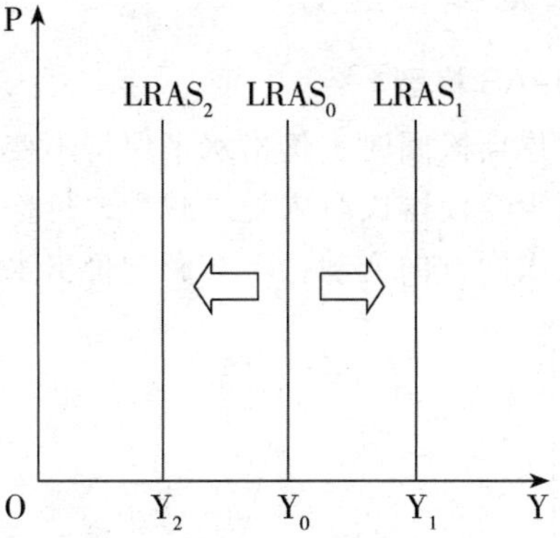

图 11-7 长期总供给曲线的移动

11.3 AD-AS 模型分析

我们已经知道，总需求代表经济中所有实体（消费者、企业、政府和外国人）在不同的价格水平上愿意并有能力购买的商品和劳务的数量，而总供给是指在给定时期内，社会中全部生产者愿意生产并卖出的产品和服务的总量。下面，我们将运用 AD-AS 模型来分析经济的均衡情况。

11.3.1 宏观经济均衡

如图 11-8 所示，将总需求曲线和总供给曲线结合起来，两者相交于点 E，在这一点上总需求量等于总供给量，宏观经济处于均衡状态，它决定了均衡国民产出 Y_0 和均衡价格水平 P_0。也就是说，在价格水平为 P_0 时，整个经济中所有企业愿意提供的产品和劳务的总量与经济中对产品和劳务的需求总量恰好相等。如果总需求曲线和总供给曲线中的任意一个发生了位置上的移动，均衡价格水平和均衡产出都会发生变化。下面结合总供给曲线的三种不同形状来分别讨论 AD 曲线移动和 AS 曲线移动对整个经济的影响。

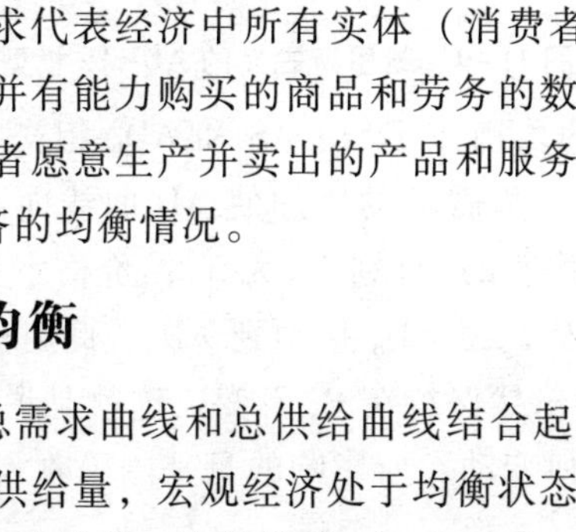

图 11-8 宏观经济均衡

11.3.2 AD-AS 模型

1. 凯恩斯主义的 AD-AS 模型

当总供给曲线处于凯恩斯区间时，价格水平保持不变，总需求的增加会导致国民收入的增加；总需求减少会使国民收入随之减少，价格水平仍保持不变，即总需求的变动只会引起国民收入同方向变动，不会影响价格水平。如图 11-9 所示。

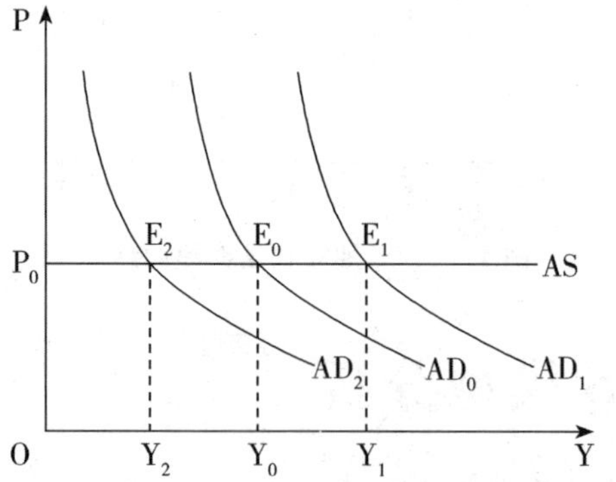

图 11-9 凯恩斯主义的 AD-AS 模型

在图 11-9 中，初始的均衡点 E_0 由 AS 和 AD_0 相交得到，均衡的价格水平为 P_0，均衡的国民收入为 Y_0。总需求的增加使 AD 曲线向右侧平移，由 AD_0 移动到 AD_1，新的均衡点为 E_1，均衡的国民收入为 Y_1，价格水平仍为 P_0；当总需求减少时，总需求曲线向左侧平移，由 AD_0 移动到 AD_2，此时的均衡点为 E_2，均衡的国民收入为 Y_2，而价格水平依然保持在 P_0 不变。这就是说，当总供给曲线处于凯恩斯区间时，无论总需求如何变动，所影响的只是国民收入的变化，对价格水平不产生影响。

2. 古典学派的 AD-AS 模型

古典经济学家认为的总供给曲线是一条垂直于横轴的直线，此时，由于资源已经得到了充分的利用，就业也已处于充分就业水平。当总供给曲线给定时，均衡的国民收入和均衡的价格水平就由总需求曲线与其交点决定。在此模型中，均衡的国民收入水平 Y^* 保持不变，如果总需求 AD 变化，只能影响均衡的价格水平。如图 11-10 所示，AS 为长期的总供给曲线，由 AD_0 和 AS 决定的均衡价格水平为 P_0，均衡国民收入为充分就业时的国民收入 Y^*。

当总供给不变而总需求增加时，总需求曲线向右平移，由 AD_0 移动到 AD_1，这时 AD_1 与 AS 相交于 E_1，所决定的国民收入仍为 Y^*，价格水平上升为 P_1；反之，总需求减少，AD 曲线向左平移，由 AD_0 移动到 AD_2，此时的均衡价格水平下降为 P_2，均衡国民收入仍然是 Y^* 不变。可见，总供给曲线处于古典区间时，均衡价格水平与 AD 同方向变化，均衡国民收入不变。

当总需求不变而长期总供给增加时，总供给曲线向右侧平移，由 AS_0 移动到 AS_1

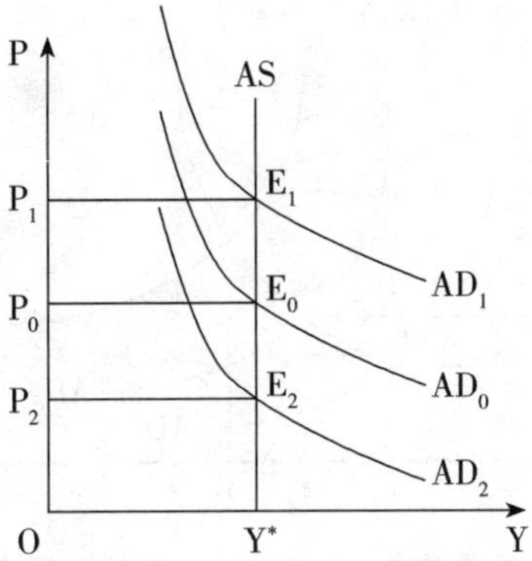

图 11-10 古典学派的 AD-AS 模型——总需求变动

(如图 11-11 所示)。这时，AD 与 AS_1 相交于 E_1，所决定的国民收入为 Y_1，价格水平下降为 P_1；反之，总供给减少，AS 曲线向左平移，由 AS_0 移动到 AS_2，此时的均衡价格水平上升为 P_2，均衡国民收入为 Y_2。可见，当总需求不变而长期总供给发生变化时，均衡价格水平与 AS 反方向变化，均衡国民收入与 AS 同方向变化。

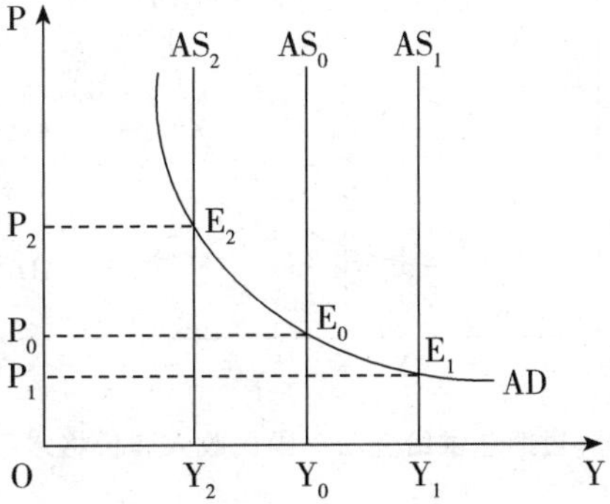

图 11-11 古典学派的 AD-AS 模型——总供给变动

3. 一般情况下的 AD-AS 模型

当总供给曲线处于中间区间时，也就是在短期内，总需求的增加会使国民收入增加，同时价格水平上升；总需求的减少会使国民收入减少，同时价格水平下降，即总需求的变动引起国民收入和价格水平的同方向变动。在图 11-12 中，初始的均衡点 E_0 由 AD_0 和 AS 相交确定，此时均衡的国民收入为 Y_0，均衡的价格水平为 P_0；当总需求增加时，总需求曲线由 AD_0 移动到 AD_1，此时新的均衡点为 E_1，是 AD_1 和 AS 的交点，所决定的国民收入为 Y_1，价格水平为 P_1；当总需求减少时，总需求曲线由 AD_0 移动到 AD_2，此时新的均衡点为 E_2，是 AD_2 和 AS 的交点，所决定的国民收入为 Y_2，价格水平为 P_2。

当总需求不变而总供给增加时，会使国民收入增加，价格水平下降。如图 11-13 所示，初始的均衡点是需求曲线 AD 与 AS_0 的交点，当总供给增加时，短期总供给曲线由 AS_0 向右移动到 AS_1，均衡点由 E_0 点移动到 E_1 点。国民收入由 Y_0 增加为 Y_1，而物价总水平则由 P_0 下降为 P_1。当总供给减少时，会使国民收入下降，

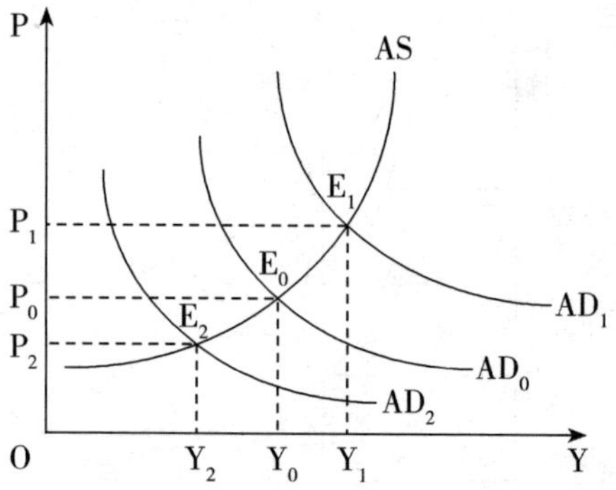

图 11-12 总需求曲线的变动——中间区间总供给曲线

价格水平上升。短期总供给曲线会由 AS_0 向左移动到 AS_2。均衡点由 E_0 点移动到 E_2 点。国民收入由 Y_0 减少为 Y_2，而物价总水平则由 P_0 上升为 P_2。

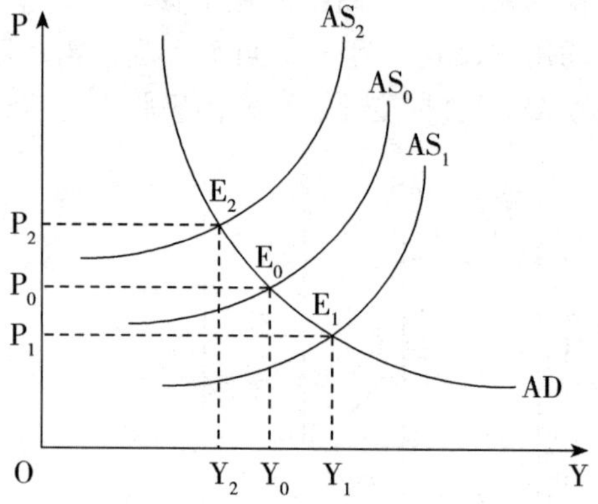

图 11-13 短期总供给变动对国民收入和价格水平的影响

本章小结

1. 总需求是经济社会对产品和劳务的需求总量，总供给是指在给定时期内社会中全部生产者愿意生产并卖出的货物和服务的总量。

2. 总需求曲线向右下方倾斜，可以通过财富效应、利率效应和商品替代效应来解释。

3. 政府的财政政策和货币政策以及包括资产价值、资源价格和技术进步在内的外部变量都会影响总需求。当总需求增加时，总需求曲线向右移动；当总需求减少时，总需求曲线向左移动。

4. 总供给曲线分为三段，水平段为凯恩斯区间；向右上方倾斜的是中间段，也就是短期总供给曲线；而长期总供给曲线是一条垂直线，称为古典区间。

5. 影响短期总供给曲线移动的主要因素有生产要素价格、资本存量、技术进步及预期物价水平等；而在长期中决定一个经济总产量的则是该经济体的制度、资源数量和技术水平。

6. 总需求曲线和总供给曲线相交决定了均衡价格水平和均衡数量，即 AD-AS 模型。二者的移动都会改变均衡价格水平和均衡数量，具体变化情况依据总供给曲线的不同形状而异。

关键概念

总需求　总供给　AD-AS 模型

本章案例

中国的总需求构成

我国的总需求构成中，在 2003 年以前，消费占的比重最大，达到 45% 左右，2003 年以后，投资超过了消费并逐年递增，有突破 50% 的势头。净出口除了在 2008 年经济危机时有些下降外，一直保持着较高的顺差。我国 GDP 增长主要依靠的是投资与净出口的拉动。

这种结构的不合理之处在于：当经济发展水平较低时，为了促进经济增长，高投资是必要的，但不可能持久，因为高投资过多占用资源导致消费率过低，尤其是居民消费率过低，造成投资与消费的结构失衡，最终将使投资因缺乏消费的强力支撑而难以为继。内需不足，企业只能到海外市场寻求外需，进口必然大于出口，又造成进出口失衡。

一般情况下，居民消费应占到国内生产总值的 2/3 左右。从长期来看，经济中消费总量保持一个稳定持续增长趋势是经济增长的基本前提。所以，我国政府把优化总需求结构、拉动内需、增加居民消费，实现经济的内外平衡作为宏观经济发展目标之一。

本章资料

有效需求理论

1929 年，西方国家爆发世界经济危机，传统的关于资本主义社会可以借助市场经济自动调节机制达到充分就业的说法破产，凯恩斯在其《就业、利息和货币通论》中提出“有效需求不足”来解释失业和经济危机。所谓的有效需求指的是商品的总供给与总需求相等从而处于均衡状态的社会总需求，它包括消费需求（消费支出）和投资需求（投资支出），并决定社会就业量和国民收入的大小。凯恩斯认为，在现实经济中，总需求往往小于总供给，他将这种现象称为“有效需求不足”。那么，为什么会出现有效需求不足？凯恩斯的分析是：在市场经济运行中，存在三条永恒的心理规律，抑制着消费需求和投资需求的增长：①边际消费倾向递减规律，即消费的增加慢于收入的增加；②资本边际效率递减规律，即投资的回报率递减，抑制投资的增加；③流动性偏好规律，即人们用货币形式保持自己的收入和财富的愿望强度。这种流动性偏好可以出于交易动机（应付日常支出）、谨慎动机（应付意外支出）和投机动机（捕捉投资机会），并决定对货币的需求量，同时影响利率。凯恩斯认为，现代资本主义社会中，在国民收入增加时，由于边际消费倾向递减，收入和消费之间的差距扩大，储蓄增加，从而发生消费需求不足。这时需要有投资增加以弥补差距，抵消储蓄。但由于企业家对投资前景缺乏信心（由于第二和第三心理规律），投资支出往往不能弥补差距，储蓄不能全部转化为投资，从而也使得投资需求不足。

本章习题

1. 选择题

1）若价格水平下降，则总需求(　　)。

A. 增加　　B. 减少　　C. 不变　　D. 难以确定

2）当价格水平上升，总需求曲线(　　)。

A. 向左移动　　B. 向右移动　　C. 不变　　D. 难以确定

3）总需求曲线(　　)。

A. 当其他条件不变时，政府支出减少时会右移

B. 当其他条件不变时，价格水平上升时会左移

C. 当其他条件不变时，税收减少会左移

D. 当其他条件不变时，名义货币供给增加会右移

4）总供给曲线向右移动的原因是(　　)。

A. 工资提高　　B. 价格提高　　C. 技术进步　　D. 需求增加

5）在水平总供给曲线区域，决定产出增加的主导力量是(　　)。

A. 供给　　B. 需求　　C. 工资　　D. 技术

6）若扩张总需求政策的产出效应最大，则表明总供给曲线是(　　)。

A. 水平的　　B. 向右上方倾斜　　C. 垂直的　　D. 难以确定

7）若扩张总需求政策的价格效应最大，则表明总供给曲线是(　　)。

A. 水平的　　B. 向右上方倾斜

C. 垂直的　　D. 难以确定

2. 简答题

1）为什么说总需求曲线是向下倾斜的？

2）影响短期总供给曲线移动的因素有哪些？

3. 计算题

假设总供给函数为 $Y_s=2\ 000+P$，总需求函数为 $Y_d=2\ 400-P$。

（1）求均衡国民收入收入和均衡价格水平。

（2）若总供给曲线不动，总需求曲线向左平移 10%，求新的均衡点并把该点与（1）进行比较。

（3）若总供给曲线不动，总需求曲线向右平移 10%，求新的均衡点并把该点与（1）进行比较。

（4）若总需求曲线不动，总供给曲线向左平移 10%，求新的均衡点并把该点与（1）进行比较。

（5）本题的总供给曲线具有何种形状？属于何种类型？

第12章

宏观经济政策

学习目标

通过本章的学习，应该做到：

1. 理解财政政策和货币政策的定义。

2. 理解两种政策运用的范围和依据。

3. 财政政策与货币政策的混合使用对宏观经济政策的影响。

宏观调控的基本目标包含四个方面：促进经济持续稳定增长、实现充分就业、稳定价格水平和保持国际收支平衡，但是这四个宏观目标彼此不仅互相联系而且互相影响，一个经济目标的变动，通常会影响到其他三个目标的实现。

第二次世界大战之后，面对全球低迷的经济状况，各国政府纷纷采用凯恩斯理论，对宏观经济进行调控。现实中的宏观经济充满了变数，波动是它的一个重要特征，繁荣和萧条的此消彼长往往使经济陷入混乱的困境，而市场本身的力量并不能完全使经济达到人们期望的目标，因此政府对经济的干预显得非常必要。调控的手段主要包括：财政政策和货币政策。财政政策简单地说就是通过财政支出与税收政策来调节总需求的政策。货币政策简单地说就是指中央银行为实现既定的经济目标运用各种工具调节货币供给的政策。

12.1 宏观经济政策的含义

概括而言，政府的经济管理职能分为微观经济管理和宏观经济管理职能。宏观经济管理职能是指政府通过运用宏观经济政策进行宏观调控以保证经济的平稳运行，实现预期的宏观经济目标。按照宏观经济政策是率先针对总需求还是总供给来实施的标准，宏观经济政策分为总需求管理政策和总供给管理政策，前者主要目标在于保证短期内经济的平稳运行，使经济波动的幅度变小，后者主要目标在于保证长期内实现经济的持续稳定增长。总需求管理政策是传统宏观经济政策的核心。

宏观经济政策的实施依赖于可以影响宏观经济活动政策工具的存在，其中财政政策和货币政策是两大主要的政策工具。诺贝尔经济学奖获得者托宾指出：“宏观经济学的重要任务之一就是要表明如何能够运用中央政府的财政工具和货币工具来稳定经济。”财政政策是指政府变动税收和政府支出从而影响总需求以抑制经济波动的干预措施。其中，变动税收是指改变税率或税率结构；变动政府支出是指改变政府对商品与劳务的购买支出以及转移支付。如果政府的财政政策是为了刺激需求，提高国民收入，则称之为扩张性的财政政策；反之，称之为紧缩性财政政策。货币政策是政府货币当局通过银行体系变动货币供给量来调节总需求的政策。如果货币当局的货币政策是为了增加货币供给，刺激需求，则称之为扩张性的货币政策；反之，称之为紧缩性的货币政策。

12.2 宏观经济政策的目标

宏观经济政策简单地说就是指国家运用财政政策和货币政策等政策工具，调节控制宏观经济的运行，以达到一定的政策目标。它是政府为了达到一定的经济目标而对经济活动有意识的干预。西方经济学家通常认为，宏观经济政策调控的目标包括四个方面：

(1) 促进经济持续稳定增长；

（2）实现充分就业；

（3）稳定价格水平；

（4）保持国际收支平衡。

这四个宏观目标彼此不仅互相联系而且互相影响，一个经济目标的变动，通常会影响到其他三个目标的实现。例如，宏观经济如果持续稳定增长极易诱发通货膨胀，即维持价格水平的稳定变得较为困难。

12.2.1 促进经济持续稳定增长

经济增长是指在一个特定时期内经济社会所生产的人均产量和人均收入的持续增长。它包括：一是维持一个高经济增长率；二是培育一个经济持续增长的能力。总体上来说，经济增长与就业目标是一致的，呈现线性正相关关系。经济增长通常用国内生产总值（即 GDP）来衡量。经济增长会增加全体社会成员的福利水平，但并不是增长率越高越好，原因有两点：首先，经济增长一方面要受到各种资源条件的限制，尤其要受到瓶颈资源的限制，不可能无限地增长；其次，经济增长要支付成本，如造成环境污染以及各种社会问题等。因此，宏观经济政策的第一个目标就是促进经济持续稳定增长。

12.2.2 实现充分就业

1. 充分就业

凯恩斯认为，充分就业是指在某一工资水平之下，所有愿意接受工作的人，都获得了就业机会。充分就业并不等于全部就业或者完全就业，而是仍然存在一定的失业，但所有的失业均属于摩擦性的和季节性的，而且失业的间隔期很短。通常把失业率等于自然失业率时的就业水平称为充分就业，它包含两层含义：首先，除了摩擦失业和自愿失业之外，它是所有愿意接受各种现行工资的人都能找到工作的一种经济状态，即消除了非自愿失业就是充分就业；其次，包括劳动在内的各种生产要素，都按其愿意接受的价格，全部用于生产的一种经济状态，即所有资源都得到充分利用。失业意味着稀缺资源的浪费或闲置，从而使经济总产出下降，社会总福利受损。

2. 失业的种类

凯恩斯认为，失业分为三种：摩擦性失业、自愿性失业和非自愿性失业。摩擦性失业是指在生产的过程中由于难以避免的摩擦造成的短期局部性失业，如劳动力流动性不足、工种转换困难等引起的失业。自愿性失业是指工人不愿意接受现行的工资水平而形成的失业。非自愿性失业是指愿意接受现行的工资，但是仍然找不到工作的失业。

除此之外，西方经济学家还提出结构性失业和周期性失业。结构性失业是指由于技术发展、市场需求的永久性变化，使原有的工种消失或原有工种对劳动量的需求大量减少而产生的失业。这种失业包括两类劳动力：第一类包括技术工人、大学毕业生、高级技术人才等。他们由于技术的迅速发展或产业结构调整，使他们先前掌握的专门技术过时了，因而成为失业者。他们或者是忍受长期失业的痛苦，或者是接受培训改变就业方向。另一类则是因受教育不多，缺乏技能，无法满足当前复杂的经济活动需要而产生的失业，这些人称为必须救济的长期失业者。对于终身从事单一工种、由于以上原因导致工种消失的老年失业工人很难有再就业的机会。周期性失业是指由于某些行业生产的季节性特点而因此产生的失业。例如蔗糖的加工工作，在甘蔗收获的季节便需要大量的工人，而在其他季节，则是蔗糖生产的淡季，不需要很多工人。这种季节性生产是由自然条件决定的，很难改变，因而由于生产的季节性造成的失业便也被认为是正常的、自愿的。这种失业在农业、农产品加工行业、建筑业、旅游业中表现得都很明显。

3. 失业的代价

奥肯定律又称奥肯法则，它说明的是实际国内生产总值与失业率之间的关系。奥肯发现在一个经济周期的波动中GDP与失业率之间存在关系（经验关系），当实际GDP相对于潜在GDP下降2%时，失业率上升1%（较早估计的比率为3∶1）。

奥肯定律是美国经济学家奥肯在研究实际国内生产总值与失业率两者之间的关系时发现的一种规律，奥肯利用美国55个季度（从1947年第二季度到1960年底四季度）中失业率变化和实际国内生产总值变化的资料，通过简单的回归方程，估计出反映两者变化关系的一个数值。

12.2.3 稳定价格水平

稳定价格水平是指政府干预经济活动从而使得价格总水平保持基本稳定，它是描述宏观经济现象的一个概念。一般用价格指数来衡量一般价格水平的变化。价格稳定不是指每种商品价格的固定不变，也不是指价格总水平的固定不变，而是指价格指数的相对稳定。价格指数有消费者价格指数（CPI）、生产者价格指数（PPI）和GDP平减指数（GDP deflator）三种。物价稳定并不是通货膨胀率为零，而是允许保持一个低而稳定的通货膨胀率。所谓低，是指通货膨胀率在1%～3%之间；所谓稳定，是指在相当时期内能使通货膨胀率维持在大致相等的水平上。这种通货膨胀率能为社会所接受，对经济也不会产生不利的影响。近年来西方的实践表明，通货膨胀已经无法完全消除，轻微通胀已成为正常的经济现象。

12.2.4 保持国际收支平衡

随着全球经济的不断融合，国际收支平衡逐渐成为一国宏观经济政策的重要目标之一。国际收支平衡是指一国国际收支净额即净出口与净资本流出的差额为零，即国际收支净额=净出口-净资本流出（BP=NX-F）。在特定的时间段内衡量一国对所有其他国家的交易支付。如果其货币的流入大于流出，国际收支是正值。此类交易产生于经常项目、金融账户或者资本项目。国际收支平衡被视作一国相关价值的另一个经济指标，具体包括贸易余额、境外投资和外方投资。

12.3 财政政策

12.3.1 财政政策的概念

财政政策是指为了促进就业水平的提高、减轻经济波动、防止通货膨胀、实现稳定增长而对政府支出、税收和借债水平所进行的选择，或对政府收入和支出水平所作的决策。

12.3.2 财政政策构成

政府支出是指国家各级政府的支出总和，它由两部分组成：一部分是政府购买，它是指政府对商品和劳务的购买，如政府花钱修建道路、设立法院、提供国防、开办学校等，这部分需计入 GDP；另一部分是转移支付，它是指政府对企业的补助和支付给居民的失业保险金、退休金、抚恤金等福利性支出以及国债的利息支出等，由于这种支付不能导致产出的增加，因此不能计入 GDP。

与政府支出相对的是政府收入，税收是政府收入中最主要的部分，它是国家为了实现其职能按照法律预先规定的标准，强制地、无偿地取得财政收入的一种手段，因此税收具有强制性、无偿性和固定性三个基本特征。税收的主要分类有：按征税对象的性质分为流转税（主要有增值税、消费税、营业税、关税），所得税（企业所得税、个人所得税），资源税（资源税、城镇土地使用税和耕地占用税），行为税（印花税、车船税），财产税（房产税、契税）；按计税标准为依据分为从价税（增值税、营业税、关税）和从量税（资源税、车船使用税）；按税负是否转嫁分为直接税（所得税）和间接税（增值税、消费税）。

当政府税收不足以弥补政府支出时，就会发行公债，使得公债成为政府财政收入的又一组成部分。公债指的是政府为筹措财政资金，凭借其信誉按照一定程序向投资者出具的，承诺在一定时期支付利息和到期偿还本金的一种格式化的债权债务凭证。公债是政府信用或财政信用的主要形式。政府信用是指政府按照有借有还的商业信用原则，以债务人身份来取得收入或以债权人身份来安排支出，又称为财政信用。公债只是财政信用的一种形式。财政信用的其他形式包括政府向银行借款、财政支农周转金以及财政部门直接发放的财政性贷款等。公债分为中央政府公债和地方政府的债务，前者又称国债，后者称为地方债。

12.3.3 政府支出对国民产出的影响以及政府支出乘数

1. 政府支出对国民产出的影响

目前，我们研究的是政府支出对国民产出的影响，因此在前面的分析基础之上，再加上政府对商品和劳务的购买，即政府支出 G，也就是说，目前我们研究的是三部门国民产出决定，在总支出中包含消费 C、投资 I 和政府支出 G 这三个部分，如图 12-1 所示。

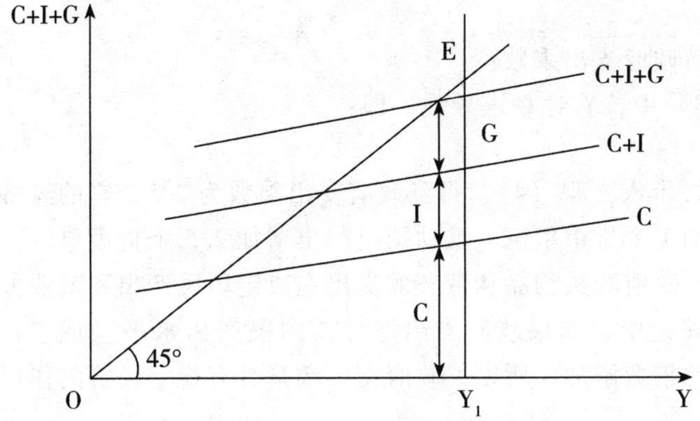

图 12-1　政府支出对国民产出的影响

对图 12-1 进行公式推导：

$Y=C+I+G$ （1）

$C=a+bY_d$ （2）

将方程（2）带入方程（1），得：

$Y=a+bY_d+I+G$ （3）

根据宏观经济学的假定，设 $Y=Y_d$，所以：

$Y=(a+I+G)/(1-b)$ （4）

此时，Y 为三部门经济条件下的均衡产出水平。

相对于两部门经济条件下的均衡产出水平 $Y=(a+I)/(1-b)$，在三部门经济条件下只要增加政府支出 G，即在分子上加 G，则均衡产出水平要大，从图 12-1 中显示为三部门经济相对于两部门的均衡点沿着横轴向右侧移动。

2. 政府支出乘数

政府支出乘数是指因政府购买物品和劳务支出的增加（减少）所引起的国内生产总值增加（减少）的倍数。政府支出和投资支出在国民产出决定中具有相同的作用，因此，常把政府支出乘数和投资乘数统称为支出乘数。由政府支出乘数的定义可知，政府支出乘数可以用数学表达式 $\Delta GDP/\Delta G$（或者 $\Delta Y/\Delta G$）来表示，即 GDP（或者 Y）对 G 求导数。

例 1：已知如下经济关系，国民收入 $Y=C+I+G$；消费 $C=80+0.6Y_d$；政府购买 $G=100$；投资 $I=40$。

试求：均衡国民产出和政府支出乘数。

解：首先求解均衡国民产出：

$Y=C+I+G$ （1）

$C=a+bY_d$ （2）

把方程（2）带入方程（1），得：

$Y=(a+I+G)/(1-b)$ （3）

由题可知 a = 80，I = 40，G = 100，b = 0.6，所以，Y = 550，即均衡国民产出为 550。

其次，求解政府支出乘数：

在方程（3）中，Y 对 G 求导数，即：

$$\Delta Y/\Delta G = 1/(1-b) \tag{4}$$

把 b = 0.6，带入方程（4），得到政府支出乘数为 2.5，它的经济学意义是政府购买支出每增加 1 个货币单位，推动国民产出增加 2.5 个货币单位。

由此可见，政府购买物品和劳务的支出在决定国民产出和就业方面起着关键作用。在凯恩斯理论中，如果政府支出增加，国民产出水平（或者国内生产总值）就以支出乘数的倍数增加，所以，政府支出政策具有稳定经济的作用。

12.3.4 税收对消费曲线的影响以及税收乘数和平衡预算乘数

1. 税收对消费曲线的影响

政府税收的直接影响是减少居民的可支配收入。在存在税收的情况下，国内生产总值等于可支配收入加上税收总额。为了把问题研究清楚，同时还要使问题简化，我们假定税收总额为固定不变，简称为固定税额，即不论 GDP 多大，税收总额均固定不变，有时我们称这种税收为外生变量，当然在现实经济中存在不少税收为 GDP 的内生变量现象，有兴趣的同学可以自己证明。下面的论述在没有做特别说明的情况下，论述的前提均采用固定税额 T。

征税的结果是消费曲线向右下方平移，在图 12-2 中，表现为消费曲线从 C_0 平移到 C_1（C_0 为不征税的消费曲线，C_1 为征税的消费曲线），消费曲线 C_0 与消费曲线 C_1 的水平距离为固定税额 T，如果边际消费倾向为 b，则在每一个 GDP 水平上均减少消费 b · T，图像表现为消费曲线 C_0 与消费曲线 C_1 的垂直距离为 b · T。

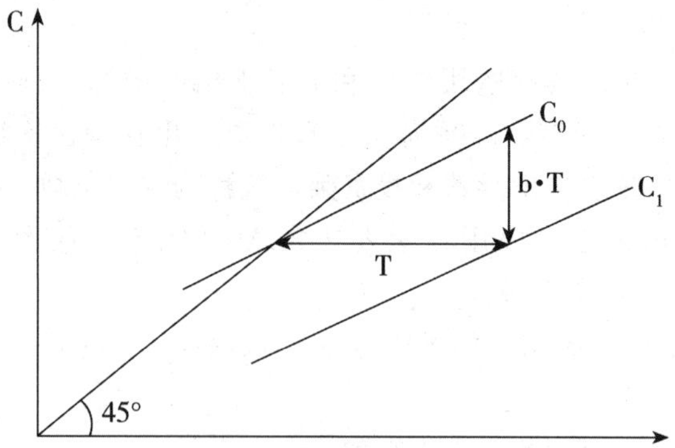

图 12-2　税收对消费曲线的影响

显而易见，税收的增加会导致消费的减少，如果投资和政府支出保持不变，增税将会减少支出、抑制总需求，降低 GDP 和就业等宏观经济指标；反之，减税将会刺激总需求，提高就业与 GDP 等指标。这种思想恰恰是供给学派理论的集中反映。

2. 税收乘数

税收乘数是指因政府税收增加（减少）而引起的国内生产总值减少（增加）的倍数。政府税收的变动会引起国内生产总值呈反向变动（即增加税收），国内生产总值减少；减少税收，国内生产总值增加。因此，税收乘数为负值，由税收乘数的定义可知，税收乘数可以用数学表达式 ΔGDP/ΔT（或者 ΔY/ΔT）来表示，即 GDP（或者 Y）对 T 求导数。

为了说明此问题，我们在上个例子的基础上，假定增加一项 T（固定税额）为 10。

例 2：已知如下经济关系，国民收入 $Y=C+I+G$；消费 $C=80+0.6Y_d$；政府购买 $G=100$；投资 $I=40$；$T=10$。

试求：均衡税收乘数。

解：首先求解均衡国民产出：

$$Y=C+I+G \tag{1}$$

$$C=a+bY_d \tag{2}$$

$$Y_d=Y-T \tag{3}$$

把方程（3）和（2）带入方程（1），得：

$$Y=(a+I+G-b\cdot T)/(1-b) \tag{4}$$

方程（4）为存在固定税额的前提下的三部门均衡国民产出。

因为税收乘数是 Y 对 T 求导数，因此：

$$\text{税收乘数}=-b/(1-b) \tag{5}$$

将 $b=0.6$ 带入方程（5），得到税收乘数为 -1.5。

3. 平衡预算乘数

平衡预算乘数是指政府支出和税收的等量变化而引起的国内生产总值变动的倍数，一般表示为政府支出乘数与税收乘数之和。

由于：

$$\text{政府支出乘数}=1/(1-b)$$

$$\text{税收乘数}=-b/(1-b),$$

所以：

$$\text{平衡预算乘数}=1/(1-b)+\{-b/(1-b)\}=1$$

平衡预算乘数说明，当经济处于萧条时期，政府可以通过适当的减税来弥补等量的政府支出，这样既可以提高国民产出和就业水平，又可以减免财政赤字。不过由于现实的宏观经济存在诸多的市场失灵，因此平衡预算乘数往往不等于 1。

财政政策分为扩张性财政政策和紧缩性财政政策两种。一般认为，经济过热、通货膨胀率较高时，人们对经济前景普遍看好，即使增加税收或削减政府支出，私人消费和投资需求仍然旺盛，因而紧缩性财政政策的效果较差，只有靠紧缩性货币政策才会对抑制总需求从而降低通货膨胀率有明显效果。相反，在经济不景气时，扩张性货币政策对刺激经济效果甚微，主要只能靠扩张性财政政策才能拉动经济走出低谷或衰退状况。

12.4 货币政策

12.4.1 货币需求

1. 货币需求动机

对于货币的需求，又称流动性偏好，它是指由于货币具有使用上的灵活性，人们宁肯以牺牲利息收入而储存不生息的货币来保持财富的心理倾向。这一概念由凯恩斯率先提出，凯恩斯认为，货币的流动性偏好，满足以下三类不同的动机。

1）交易动机

交易动机是指人们为了应付日常交易的需要而持有一部分货币的动机。在任何收入水平上，无论是家庭还是厂商都需要用货币作为交易媒介，它产生于收入与支出的不同步性。处于交易动机的货币需求量主要取决于收入，收入越高，则交易数量越大，从而为应付日常开支所需要的货币量就越大。例如商人与普通的工薪阶层比较，由于商人收入较高，平时交易数量较大，因此为应付日常开支所需要的货币量就越大。

2）预防性动机

预防动机又称为谨慎动机，是指人们为了预防意外的支付而持有一部分货币的动机，即人们需要货币是为了应付不时之需，如为了支付医疗费用、应付失业和各种意外事件等。虽然个人对意外事件的看法不同，从而对满足预防动机需要的货币数量有所不同，但从整个社会来说，货币的预防需求与收入密切相关，因而由预防动机引发的货币需求量也被认为是收入的函数，与收入同方向变动。

由于交易动机和预防性动机都与收入正相关，因此，如果用 L_1 表示两种动机所产生的全部实际货币需求量，用 Y 表示实际收入，则这种货币需求量和收入的关系可以表示为：

$$L_1 = L_1(Y) = kY$$

上式中 k 为大于零的数，表示两种动机所需货币量同实际收入的比例关系。例如，若实际收入为 5 000 元，交易和预防需要的货币量占实际收入的 20%，则 $L_1 = 5\ 000 \times 0.2 = 1\ 000$（元）。

3）投机动机

投机动机是指人们为了抓住有利的购买生息资产（如债券等有价证券）的机会而持有一部分货币的动机，通俗的说是人们持有不能生息的货币目的是因为持有货币可以随时把握买卖债券的投机机会。由于债券的市场价格是经常波动的，凡预计债券价格将上涨的人，就会用货币买进债券以备日后以更高价格卖出；反之，凡预计债券价格将下降的人，就会卖出债券而保存货币以备日后债券价格下跌时再买进。这种预计债券价格将下跌而需要把货币保留在手中的情况，就是对货币的投机性需求。一般而言，债券价格与利息率之间存在着一种反方向变动的关系，即：债券价格=债券固定利息收益/市场利息率。当市场利率上升，债券价格下降；市场利率下降，债券价格上升。假定一张债券一年可获利息 10 元，而利率若为 10%，则这张债券的市场价格就为 100 元；若市场利率为 5%，则这张债券的市场价格就为 200 元，因为 200 元在利率为 5% 时若存到银行也可得 10 元利息。可见，债券的价格与利率是反方向变化的。利率越高时，债券价格越低，人们若认为债券价格达到最低而很快就会回升时，就会买进债券，此时人们手中出于投机动机而持有的货币量就会减少。相反，利率越低，债券价格越高，人们若认为债券价格达到极高而很快就会回落时，就会卖出债券，这样，人们手中出于投机动机而持有的货币量就会增加。

总之，货币的投机性需求受利率的影响，且和利率反向变动。如果用 L_2 代表货币的投机需求，用 r 代表利率，则这一货币需求量和利率的关系可表示为：

$$L_2 = L_2(r) = -hr$$

式中，h 是货币投机需求的利率系数；负号表示货币投机需求与利率变动的负向关系。

2. 流动偏好陷阱

以上分析说明，对利率的预期是人们调节货币和债券配置比例的重要依据，利率越高，出于投机动机的货币需求量越小。当利率极高时，这一需求量为零，因为人们认为这时利率不太可能再上升，或者说有价证券价格不太可能再下降，因而将所持有的货币全部换成有价证券；反之，当利率极低时，假如为 2%，人们会认为这时利率不太可能再下降，或者说有价证券市场价格已达到最高，不太可能再上升而只会下跌，因而会将所持有的有价证券全部换成货币。即使再增加货币量人们也绝不肯再去购买有价证券，以免证券价格下跌时遭受损失。这种在利率极低时，人们不管有多少货币都愿意持有在手中的情况称为“凯恩斯陷阱”或“流动偏好陷阱”。这一概念由凯恩斯提出，流动性是货币最主要的特征之一，流动偏好就是指人们持有货币的偏好。当利率极低时，人们对货币的流动性偏好趋向无穷大，即形成了“流动偏好陷阱”，此时即使银行增加货币供给量，也不会再使利率下降。

3. 货币需求函数

对货币的总需求是人们对货币的交易需求、预防需求和投机需求的总和，货币的交易需求和预防需求取决于收入，而货币的投机需求决定于利率。因此，货币的总需求函数可描述为：

$$L = L_1 + L_2 = kY - hr$$

图 12-3 中，横轴代表货币需求量，纵轴代表利率，图 12-3（a）中垂线 L_1 表示为满足交易动机和预防性动机的货币需求曲线，它和利率无关，因而垂直于横轴。L_2 线表示满足投机动机的货币需求曲线，它起初向右下方倾斜，表示货币的投机需求量随利率下降而下降，最后为水平状，表示“流动偏好陷阱”。图 12-3

（b）中的 L 线则是包括 L_1 和 L_2 在内的全部货币需求曲线，这条曲线表示在一定收入水平上货币需求量和利率的关系，利率上升时，货币需求量减少，利率下降时，货币需求量增加。

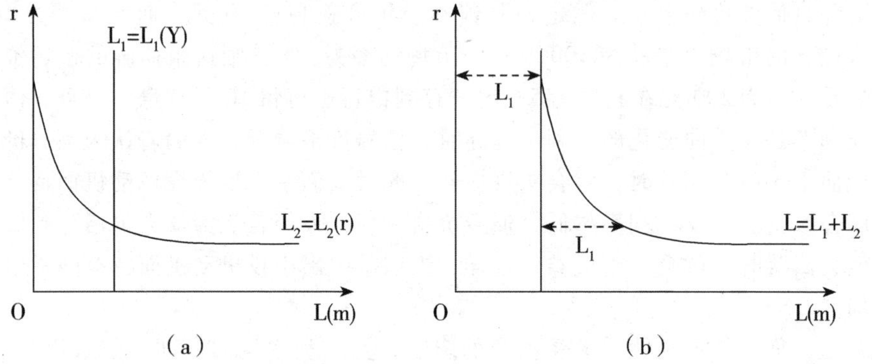

图 12-3 货币需求曲线

12.4.2 货币层次

货币层次，是指中央银行在确定货币供给的统计口径时，以金融资产流动性的大小作为标准，并根据政策目的的特点和需要，划分了货币层次。货币层次大体上可以分为两类即狭义货币和广义货币。货币层次的划分有利于中央银行进行宏观经济运行监测和货币政策操作。

1. 狭义货币

狭义货币又称为 M_1 或交易货币，是指可以直接被用于商品交易的货币，这种意义上的货币是现实的购买力或支付能力的代表，具有完全的流动性，可以立即用作支付手段，且名义价值不变。西方经济学中把狭义货币分为硬币、纸币和活期存款（或称银行货币）。

2. 广义货币

广义货币又称资产货币、准货币或 M_2，它包括 M_1、储蓄、定期存款和隔夜回购协议等。上述品种（除了 M_1）不能立即用来作为支付工具，但也不难变为支付工具（准确地说，流动性较 M_1 差），并且在更大程度上反映了名义收入。一般说来，定期存款约占广义货币的 1/3。

12.4.3 中央银行和商业银行

要了解货币政策，应该具备有关银行制度的知识，因为货币政策要通过银行制度来实现。在市场经济条件下，各国金融体系大多数是以中央银行为核心来进行组织管理的，因而形成了以中央银行为核心，以商业银行为主体，各类银行和非银行金融机构并存的金融机构体系。在中国，就形成了以中央银行（中国人民银行）为领导，国有商业银行为主体，政策性银行、保险、信托等非银行金融机构、外资金融机构并存和分工协作的金融机构体系。

1. **中央银行**

中央银行是国家赋予其制定和执行货币政策，对国民经济进行宏观调控，对金融机构乃至金融业进行监督管理的特殊金融机构。它负责控制国家货币供给和信贷条件，监管金融体系特别是商业银行和其他储蓄机构，为政府筹集资金，代表政府参加国际金融组织和各种国际金融活动。中央银行所从事的业务与其他金融机构所从事的业务的根本区别在于，中央银行所从事的业务不是为了盈利，而是为实现国家宏观经济目标服务，这是由中央银行所处的地位和性质决定的。

通常情况下，中央银行具备三个职能：

（1）作为发行银行，发行国家的货币。

（2）作为银行的银行，既为商业银行提供贷款，又为商业银行集中保管存款准备金，同时还为商业银行集中办理全国结算业务。

（3）作为国家的银行，它可以代理国库券，为政府提供所需资金，代表政府与外国发生金融业务关系，执行货币政策，监督、管理全国金融市场。

2. **商业银行**

商业银行在金融机构体系中居主体地位，是最早出现的金融机构。它们以经营工商业存、贷款为主要业务，并为顾客提供多种服务。商业银行通过办理转账结算而实现了国民经济中的绝大部分货币周转，同时起着创造存款货币的作用。

12.4.4 货币供给

货币供给是一个存量概念，它是一个国家在某一时点上所保持的不属于政府和银行所有的硬币、纸币和银行存款的总和。西方经济学家认为，货币供给量是由国家用货币政策来调节的，因而是一个外生变量，其大小与利率高低无关，因此，货币供给曲线是一条垂直于横轴的直线。如图 12-4 中的 m 直线，它表示实际的货币供给量（m）等于名义货币供给量（M）除以物价水平（P）。

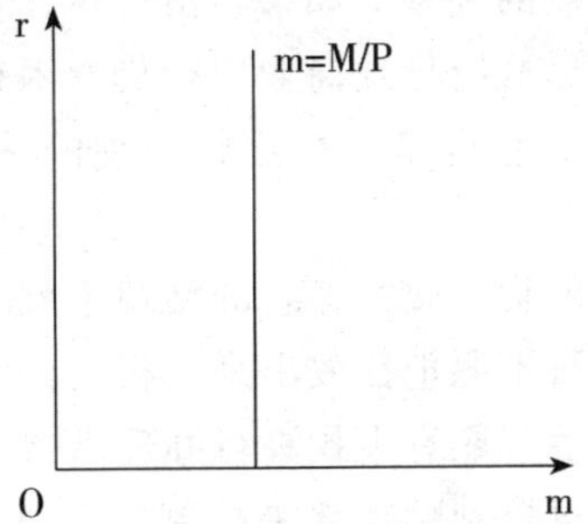

图 12-4 货币供给曲线

12.4.5 均衡利率的决定与货币供求均衡

如图 12-5 所示，当货币供给曲线 m 和货币需求曲线 L 相交时，交点 E 决定了

利率的均衡水平 r_0，它表示只有当货币的供给等于货币的需求时，货币市场才达到均衡状态。如果市场利率低于均衡利率 r_0，说明货币需求超过货币供给，这时人们感到手中持有的货币太少，就会卖出有价证券，有价证券价格就会下降，利率也会随之上升。对货币需求的减少，将一直要持续到货币供求相等时为止。相反，当市场利率高于均衡利率 r_0 时，说明货币供给大于货币需求，这时人们感到手中持有的货币太多，就会用多余的货币买进有价证券。于是，有价证券价格就会上升，利率也会随之下降。这种情况将一直持续到货币供求相等时为止。只有当货币供求相等时，利率才不再变动。

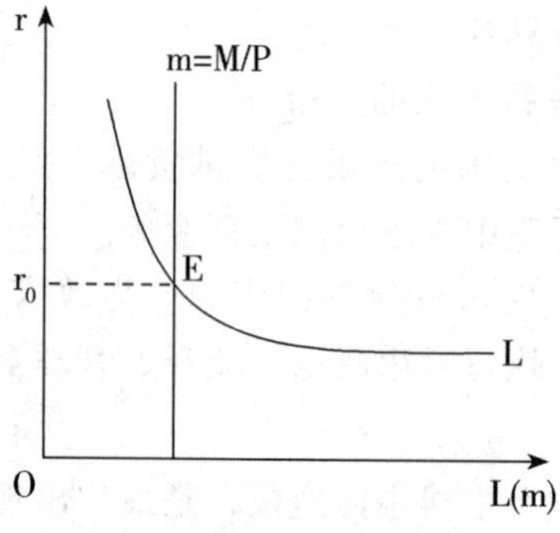

图 12-5　均衡利率决定和货币供求均衡

12.4.6　货币政策和货币政策工具

1. 货币政策

货币政策，是指中央银行通过控制货币供应量以及通过控制货币供应量来调节利率进而影响投资和整个经济以达到一定经济目标的行为。

2. 货币政策工具

1）贴现率

它是商业银行从央行借款的利率。如果经济过热，它的贴现率就高，商业银行去央行贷款付出的代价就大。这会导致商业银行贷款困难，企业贷款困难，经济运转速度减慢，经济规模缩小。它也是一个比较强硬的手段，央行并不经常调整贴现率。

如果央行实行的是趋紧的货币政策，它的贴现率就高，商业银行去央行贷款付出的代价就大，说明这时央行不愿把钱放出来。相反，如果央行给商业银行一个较低的利率，商业银行缺钱时，就愿意去找央行办理借款和贴现，说明央行这时愿意把钱放出来。所以，央行通过控制贴现率来控制货币供给的闸门。严格意义来说，贴现率是央行唯一可以直接规定的利率。

美联储主席每个月的首要工作内容就是决定央行贴现率的高低，也就是决定利率的升降。在市场经济的国家，商业银行的利率既不是由政府决定的，也不是由央行决定的，利率是由市场中的货币供给和货币需求决定。

2）公开市场业务

它是央行在公开市场上通过买进或卖出债券，在市场上放出或者回笼货币。央行可以针对市场资金多余或短缺的具体时间和具体领域进行，实现对经济的微调，它是央行经常使用的工具。

我国公开市场业务比较常见的是央行在公开市场上进行操作——买进或卖出债券。这些债券有三个月期、半年期、一年期、三年期、五年期的不等。当央行发现经济萧条时，市场最需要现金，那么央行买进债券，它收回大家手中的债券，放出去的是现金。这样一来，央行打开了货币供给的龙头，放出资金，刺激经济回升。当央行发现经济需要降温，经济再热下去要出现泡沫，通胀率向上时，央行就会在公开市场上卖出国债，回笼货币。此时，经济就会降温。央行进行的公开市场操作，可以相对地频繁进行。通过这个手段可以对经济进行微调，针对市场资金多余和短缺的具体时间和领域进行操作，不像法定准备金和贴现率那样强烈，所以，该手段是央行经常使用的。

3）法定存款准备金

法定存款准备金是指金融机构为保证客户提取存款和资金清算需要而在中央银行准备的存款，中央银行要求的存款准备金占其存款总额的比例就是存款准备金率。

当经济过热时，央行拧紧货币供给的笼头，提高法定准备金率，但这样做会导致市场资金逆向循环，它是一个非常强烈的手段，并不经常使用。

如果央行觉得宏观经济太热，放出去的贷款太多，将要产生通胀，甚至通胀率已经很高，这时央行会拧紧龙头，例如把法定准备金率从5%提高到15%。那么，如果之前银行有1亿元人民币，按照5%的法定准备金率，上缴500万元的法定准备金，可以贷出9 500万元；而现在法定准备金率提高到15%后，1亿元人民币就只能贷出8 500万元，这时央行要多收回1 000万元人民币。由此会导致一系列追讨资金的行为发生。所以，央行法定准备金率是一个非常强烈的手段。所以，提高法定准备金率这个手段不会经常被使用。它是非常强烈的手段，它会迫使市场资金逆向循环，只有在迫不得已的情况下央行才会使用。

凯恩斯主义者认为，货币政策和财政政策一样，也可以用来调节国民收入，以实现稳定物价、充分就业、经济稳定增长的目标。两者的不同之处在于，财政政策直接影响总需求的规模，这种直接作用是没有任何中间变量的，而货币政策则还要通过利率的变动来对总需求产生影响，因而是间接地发挥作用。

货币政策一般也分为扩张性的和紧缩性的。扩张性货币政策是通过增加货币供给来带动总需求的增长。货币供给增加时，利率会降低，取得信贷更为容易，因此经济萧条时多采用扩张性货币政策；反之，紧缩性货币政策是通过削减货币供给的增长来降低总需求水平，在这种情况下，取得信贷比较困难，利率也随之提高，因此，在通货膨胀严重时，多采用紧缩性货币政策。

12.5 财政政策和货币政策的配合

应该看到，经济萧条也好，经济过热也好，一旦发生了波动，并不是采取一项政策就可以马上恢复正常的。政府要做的是审时度势，多管齐下，才可能在较短时间内确保经济实现稳定。财政政策和货币政策的搭配方式不同，产生的政策效果不同，适用的经济环境也不同。

1. 扩张性财政政策和扩张性货币政策的配合使用

从理论上分析，扩张性财政政策可以提高国民收入，提高利率；扩张性货币政策可以提高国民收入，降低利率。综合使用，国民收入必然提高，但是利率的变化则难以确定。如果财政政策的效果大于货币政策的效果，则利率上升，反之利率下降。当经济严重萧条时，可采用这种组合，一方面用扩张性的财政政策增加总需求，另一方面用扩张性货币政策降低利率，减少“挤出效应”。

2. 紧缩性财政政策和紧缩性货币政策的配合使用

从理论上分析，紧缩性财政政策可以降低国民收入，降低利率；紧缩性货币政策可以降低国民收入，提高利率。综合使用，国民收入必然降低，但是利率的变化则难以确定。如果财政政策的效果大于货币政策的效果，则利率降低，反之利率上升。当经济发生严重的通货膨胀时，可采用这种组合。一方面用紧缩性的财政政策压缩总需求，另一方面用紧缩性的货币政策提高利率，控制通货膨胀。

3. 扩张性财政政策和紧缩性货币政策的配合使用

从理论上分析，扩张性财政政策可以提高国民收入，提高利率；紧缩性货币政策可以降低国民收入，提高利率。综合使用，利率必然提高，但是国民收入的变化就不一定了。如果财政政策的效果大于货币政策的效果，则国民收入提高，反之国民收入减少。当经济衰退但又不太严重时可采取这种组合，一方面用扩张性财政政策刺激需求，另一方面用紧缩性货币政策控制通货膨胀。

4. 紧缩性财政政策和扩张性货币政策的配合使用

从理论上分析，紧缩性财政政策可以降低国民收入，降低利率；扩张性货币政策可以提高国民收入，降低利率。综合使用，利率必然降低，但是国民收入的变化则不确定。如果财政政策的效果大于货币政策的效果，则国民收入降低，反之国民收入增加。当经济出现通货膨胀但又不太严重时，可采用这种组合，一方面用紧缩性财政政策压缩总需求，另一方面用扩张性货币政策降低利率，刺激投资，遏止经济的衰退。

本章小结

1. 经济政策是国家或政府为了增进社会经济福利而制定的解决经济问题的指

导原则和措施。宏观经济政策的目标主要有四个，即促进经济持续稳定增长、实现充分就业、稳定价格水平和保持国际收支平衡。

2. 财政政策是指为了促进就业水平的提高，减轻经济波动，防止通货膨胀，实现稳定增长而对政府支出、税收和借债水平所进行的选择，或对政府收入和支出水平所作的决策。

3. 货币政策是指中央银行通过控制货币供应量以及通过控制货币供应量来调节利率进而影响投资和整个经济以达到一定经济目标的行为。

4. 货币政策工具主要有三种，即公开市场业务、贴现率和法定准备金率。

5. 综合使用财政政策和货币政策效果如下表：

货币政策效果表

综合使用的类型	对国民收入的效果	对利率的效果
扩张性财政政策和扩张性货币政策	提高	不确定
紧缩性财政政策和紧缩性货币政策	降低	不确定
扩张性财政政策和紧缩性货币政策	不确定	提高
紧缩性财政政策和扩张性货币政策	不确定	降低

关键概念

经济政策　财政政策　货币政策　公开市场业务　贴现率　法定准备金率　狭义货币　广义货币　流动性陷阱

本章案例

中国 2014 年继续实施积极的财政政策和稳健的货币政策

2013 年 12 月 13 日，中央经济工作会议在北京闭幕。会议指出，2014 年必须继续实施积极的财政政策和稳健的货币政策。进一步完善调整财政支出结构，厉行节约，提高资金使用效率，完善结构性减税政策，扩大营改增试点行业。在财政政策方面，调整财政支出结构成为政策导向。此前，权威财政专家透露，中央代发地方债的规模有望在 2013 年 3 500 亿元的基础上再增加 500 亿至 4 000 亿元；2014 年全年有望安排财政赤字 1.35 万亿元，其中中央财政赤字 9 500 亿元，代发地方债 4 000亿元。在货币政策方面，中央经济工作会议指出，要保持货币信贷及社会融资规模合理增长，改善和优化融资结构和信贷结构，提高直接融资比重，推进利率市场化和人民币汇率形成机制改革增强金融运行效率和服务实体经济能力。权威专家分析，截至 2013 年 11 月末，M_2 已达 107.93 万亿元，同比增长 14.2%，2014 年广义货币 M_2 同比增速将继续保持平稳状态，预期增长目标有可能与 2013 年 13% 左右的水平看齐。

本章资料

米尔顿·弗里德曼

米尔顿·弗里德曼，美国当代经济学家，1912 年出生于纽约市，是犹太移民的后代，20 岁在拉格斯大学获学士学位，1933 年在芝加哥大学获硕士学位，1946 年在哥伦比亚大学获博士学位。

米尔顿·弗里德曼是货币主义学派的代表人物，以研究宏观经济学、微观经济学、经济史、统计学及主张自由放任资本主义而闻名。主要作品包括《消费函数论》、《资本主义与自由》、《货币数量论研究》、《1867—1960 年美国货币史》（同施瓦茨合著）等。由于对技术经济学的许多贡献，弗里德曼获得 1976 年的诺贝尔经济学奖。他认为经济活动总水平的下降和上升总是由货币供给的急剧变动引起的。他提倡将政府的角色最小化以让自由市场运作，以此维持政治和社会自由。他的政治哲学强调自由市场经济的优点，并反对政府的干预。由于他不相信政府实现"微调"的能力，他提出的补救方法是制定一项法规，自动地把货币供给增长率与实际国民生产总值增长率联结在一起。在实践上，他倾向于使货币政策优先于财政政策的"相机抉择"的政策。他的理论成了自由意志主义的主要经济根据之一，并且对 1980 年代后的美国以及许多其他国家的经济政策都有极大影响。

本章习题

1. 选择题

1）财政政策是指(　　)。

A. 政府管制价格的手段

B. 周期性变化的预算

C. 为使政府收支平衡的手段

D. 利用税收、支出和债务管理等政策来实现国民收入的预期水平

2）属于紧缩性财政工具的是(　　)。

A. 减少政府支出和减少税收　　　　B. 减少政府支出和增加税收

C. 增加政府支出和减少税收　　D. 增加政府支出和增加税收

3）若实行削减个人所得税率和增加实际国防开支的政策，在短期内将导致(　　)。

A. 总供给减少，物价上涨

B. 总需求增加从而国民收入增加

C. 总需求减少从而国民收入减少

D. 因政策相互矛盾而使结果不确定

4）通常认为，紧缩货币的政策是(　　)。

A. 提高贴现率　　B. 增加货币供给

C. 降低法定准备金率　　D. 中央银行买入政府债券

5）经济过热时，政府应该采取(　　)的货币政策。

A. 减少政府财政支出　　B. 增加财政支出

C. 扩大财政赤字　　D. 减少税收

6）按照凯恩斯货币理论，货币供给增加将(　　)。

A. 降低利率，从而减少投资　　B. 减低利率，从而增加投资

C. 提高利率，从而减少投资　　D. 提高利率，从而增加投资

7）中央银行在公开的证券市场上买入政府债券会使货币供给量(　　)。

A. 增加　　B. 减少　　C. 不变　　D. 难以确定

8）中央银行增加或减少对商业银行贷款的方式有(　　)。

A. 增加利率的提高　　B. 减少利率的提高

C. 增加利率的降低　　D. 减少利率的降低

9）若边际消费倾向 $b=0.8$，则政府支出乘数和税收乘数分别为(　　)。

A. 5 和 -4　　B. 1.25 和 -1　　C. 4 和 -5　　D. 1 和 -1.25

10）当利率降得很低时，人们购买债券的风险将会(　　)。

A. 变得很小　　B. 变得很大　　C. 不发生变化　　D. 难以确定

2. 简答题

1）财政政策与货币政策有何区别？

2）20 世纪 90 年代初，日本遭受了经济衰退的沉重打击，一些经济学家提出综合使用扩张性财政政策和扩张性货币政策，利用相关知识予以解释。

3）运用财政政策和货币政策的相关知识，解释我国政府在 2009 年推出 4 万亿元经济刺激计划这一决策。

3. 计算题

假设某经济社会的消费函数为 $C=100+0.8Y$，意愿投资 $I=50$，政府购买性支出 $G=200$，政府转移支付 $TR=62.5$（单位：10 亿美元），税率 $t=0.25$，试求：

（1）均衡收入。

（2）投资乘数、政府支出乘数、税收乘数及政府转移乘数。

（3）假定该社会达到充分就业所需要的国民收入为 1 200 亿美元，试问：①用

增加政府支出购买；②或减少税收；③或增加政府购买和税收同一数额（以便实现预算平衡）实现充分就业，各需要多少数额？（均不考虑货币市场作用，即不考虑货币需求变动对利率从而对投资和收入的影响）

第13章

失业与通货膨胀

学习目标

通过本章的学习，应该做到：

1. 理解并掌握失业和通货膨胀的定义和分类。

2. 理解并掌握失业与通货膨胀之间的关系，主要包括凯恩斯、菲利浦斯、货币主义和理性预期学派的观点。

13.1 失业理论

失业是劳动者、家庭和社会普遍关心和关注的问题，涉及民生福利和社会的和谐发展。

13.1.1 失业及其衡量

1. 失业的含义

理解失业首先要明白总人口、劳动力、非劳动力、就业者和失业者等相关概念。

总人口是一个经济社会中的全部人口数量。总人口被分为劳动力人口和非劳动力人口两部分。在一定年龄范围内，有劳动能力并且愿意工作的人被称为劳动力。这里的“一定年龄范围内”，指的是法定劳动年龄，各国对其规定不尽相同，在美国是16～65岁；而在我国一般是18～60岁。劳动力中又包括就业者和失业者两部分，其中有工作的人称为就业者，而处于无工作状态的人就是失业者。由此可见，失业主体必须具备三个条件：①有劳动能力；②愿意就业；③没有工作。因此我们把失业者定义为：在一定年龄范围内，有劳动能力，愿意工作而没有工作并积极寻找工作机会的人。而失业是指有劳动能力并愿意就业的劳动力找不到工作这一社会现象，其实质是劳动者不能与生产资料相结合进行社会财富的创造，是一种经济资源的浪费。我们可以用图13-1来表示上述几个概念的相互关系。

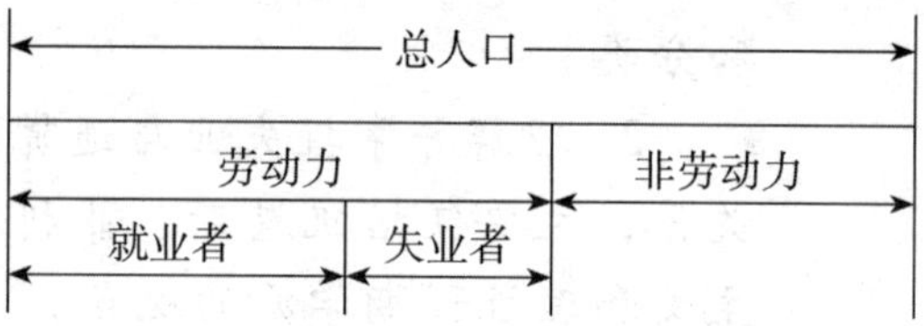

图13-1 总人口构成图

2. 失业的衡量

衡量经济中失业状况最基本的指标是失业率。失业率是失业人数占劳动力（即就业人数和失业人数之和）的比率。用公式表示为：

失业率=失业人数/劳动力总数×100%

一般地，当经济衰退时失业率上升，经济复苏时失业率下降。著名的美国经济学者阿瑟·奥肯根据美国历年的经验数据发现：实际产出增长率每低于潜在产出增长率2个百分点，就会引起失业率上升1个百分点，这就是著名的奥肯定律，它描绘了GDP增长率与失业率呈反方向变动的规律。

13.1.2 失业的分类

充分就业是各国政府的政策目标之一，但在任何经济中，失业都是不可避免的，即使是在充分就业状态下也存在着自然失业。失业的分类方式有以下几种：

1. 按照失业形成的原因分类

1）摩擦性失业

摩擦性失业是由于经济中正常的劳动力流动引起的失业。在一个动态的经济中，各行业、各部门与各地区之间劳动力需求的变动是经常发生的，这种变动必然导致劳动力的流动。由于毕业生加入找工作的队伍、职员跳槽或被解雇等原因，总会有部分劳动者处于失业状态，这就形成了摩擦性失业。在经济中劳动力的流动是正常的，所以，这种失业存在也是正常的。

2）结构性失业

结构性失业是指劳动力的供给和需求不匹配所造成的失业，其特点是既有失业，又有职位空缺，失业者或者没有合适的技能，或者居住地点不当，因此无法填补现有的职位空缺。当经济结构发生变动时，劳动力无法迅速改变其技术结构、地区结构等以适应新的变化，便会出现结构性失业。例如，当某些产业部门走向衰退时，这些部门对劳动力的需求就会减少，从而引起了这些部门中工人的失业。与此同时，某些新兴产业部门所需要的具有特殊技能的劳动力却供不应求，产生了许多职位空缺。

3）周期性失业

周期性失业又称需求不足的失业，是指在经济周期中的衰退或萧条阶段时，因需求下降而造成的失业，这种失业是由整个经济的支出和产出下降造成的。

此外，还有季节性失业和古典失业等。季节性失业是指由于某些行业生产的季节性变动所引起的失业，在农业、建筑业、旅游业中季节性失业表现明显；古典失业是指由于工资能升不能降的刚性特征导致在劳动力供大于求的情况下，部分工人无法受雇而形成的失业。

2. 按照劳动者意愿分类

按此标准分类，失业分为自愿失业和非自愿失业。自愿失业是指能够胜任某项工作的工人不愿接受现行工资水平，拒绝考虑这种工作而暂时处于闲置状态而形成的失业；非自愿失业是指愿意接受现行工资，在积极寻找工作但仍无工可做的失业，周期性失业多为非自愿失业。

3. 按照表现形式分类

按此标准分类，失业分为公开失业和隐蔽性失业（也称隐性失业）。公开失业就是上述定义的失业，包括摩擦性失业、结构性失业和周期性失业。隐蔽性失业指表面上有工作，而实际上对生产并没有作出贡献，即有“职”无“工”的现象。用经济学语言描述就是，这些劳动者的边际生产力为零。当经济中减少就业人员而产量仍没有下降时，就表明存在着隐蔽性失业。

13.1.3 充分就业与自然失业率

1. 充分就业

根据失业的概念和分类，我们可以意识到，任何社会不可能完全消除失业。因为经济中存在着一些难以克服的客观原因，由此引起的失业称为自然失业，如摩擦性失业和结构性失业。当经济中只存在自然失业时，我们称这种状态为充分就业。消灭了周期性失业时的状态就是充分就业，这时的失业率为充分就业的失业率。

2. 自然失业率

自然失业率是由弗里德曼提出的，它是指在没有货币因素干扰的情况下，劳动力市场和商品市场的自发供求力量起作用时，总需求和总供给处于均衡状态下的失业率。在自然失业率下，没有通货膨胀的加速或递减的趋势，它又被称为充分就业下的失业率，也就是即使经济达到充分就业水平仍存在的失业率。这种失业主要包括四种：摩擦性失业、结构性失业、季节性失业和古典失业。因为在经济达到充分就业时，仍存在劳动力的工作变换，只要市场信息不完全，总会存在摩擦性失业；而一个正常发展的经济实体中，经济结构总是不断调整的，这种调整必然会引起结构性失业的存在。

3. 自然失业率上升的原因

第二次世界大战以来，西方国家自然失业率出现普遍上升的趋势，据许多美国经济学家的估计，在20世纪50年代，美国经济的自然失业率为4%左右，70年代为5%左右，80年代为6%左右。也就是说，近几十年，美国的自然失业率明显地上升了，分析其原因，主要有以下几点：

1）产业结构调整加快

一个经济的增长总体伴随着结构性的调整，扩张中的部门要吸收劳动力，而收缩中的部门要释放劳动力，被释放出来的劳动力要经过新的职业培训才能到扩张部门就业，导致结构性失业的增加。特别是第二次世界大战后以来，科技的加速发展，技术的不断进步，导致了产业结构调整的加快，使许多劳动力不能适应新的就业岗位，进一步提高了自然失业率。

2）失业救济金的增加

失业救济金的水平越高，失业救济的期限越长，则失业保险金的征收比例越高，失业与就业对一个劳动者来说，其效用的差别越小，从而使得失业者降低寻找工作的积极性，失业时间增加，最终提高了全社会的自然失业率。

3）最低工资的上升

一般各国都有最低工资的法律规定，而最低工资往往高于市场出清水平。最低工资的上升会影响雇主雇佣劳动力的决策，有可能降低岗位中需要的劳动力数量。

4）劳动力供给结构的变化

第二次世界大战后，不少妇女加入了劳动力的供给行列，而妇女的失业率往往高于其他人口组别，这样就增加了自然失业率。

5）失业回滞的影响

失业回滞理论认为，失业不仅取决于当前各种产生失业的因素，而且也取决于失业的发展程度。所以，均衡的自然失业率倾向于向上一期的实际失业率靠拢，原因在于失业率较低时，更多的工人可以边干边学，积累技能，减少了摩擦性和结构性失业，从而降低自然失业率。失业率较高时，许多人长期失业，他们会慢慢失去劳动技能，劳动力素质大大降低，重新就业就十分困难，或者失业者感到心灰意冷而不再全力以赴地寻找工作岗位，这样自然失业率就上升了。

13.1.4　失业的不利影响

1. 资源的浪费

劳动力本期不利用不能转移到下期，闲置就是永久的浪费，在劳动者失业的同时，生产设备以及其他经济资源也常常会大量闲置，生产能力开工不足，这直接地减少了社会产品，降低了国民产出水平。

2. 降低经济增长率

失业意味着许多闲置并愿意就业的劳动力资源未得到充分的利用，这必然会引起实际产出的增长率低于充分就业时产出的增长率。奥肯定律描绘了 GDP 增长率与失业率呈反方向变动的规律。当然，这个规律也适用于其他国家，只是其比例关系未必是 2 ∶ 1。由此可见，经济增长目标与充分就业目标并不存在矛盾，二者是相互依赖的。

3. 家庭的收入、消费水平和福利水平下降

从社会方面看，失业的影响虽然无法用货币单位表示，但这种影响却可能是非常巨大的。失业不但会使失业者及其家庭的收入和消费水平下降，而且会给人的心理造成巨大的创伤，带来一系列社会问题。失业者长期找不到工作就会悲观失望，甚至失去对生活的信心。高失业时期，往往伴随着高犯罪率、高离婚率和其他各种社会骚乱，并使更多的人早衰早亡。现代西方国家普遍实行了失业保险制度，由政府给失业者一定量的失业救济金。这种失业保险制度在一定程度上缓和了失业的社会影响，但在高失业率长期持续时期，仍会有很多人在用完失业救济金之后找不到工作，而且即使得到失业救济金也远不能抵消失业给他们带来的损害。

4. 不利于政治的稳定

当失业率较低时，政府会得到人们的信任，执政者会得到更多人的拥护；当失业率较高时，政府和当政者会受到人们的谴责。因此，任何政府都必须关注失业问题，政府在制定任何一项宏观经济政策时，都必须考虑其对失业的影响。

5. 财政支出的增加

失业一般伴随经济衰退，国家财政收入减少，同时享受社会救济的人员增加，财政支出增加。

失业对经济社会存在着不利影响，同时也是一种无法避免的社会经济现象。我

们可以降低失业率，而无法消灭失业现象。不过，失业也存在着有利的方面：劳动力的失业可以使劳动力正确评价自己，进而主动提高自己；失业是劳动力实现最优配置的代价，可以使人尽其材，物尽其力；失业作为一种外在的压力有助于提高就业者的工作效率，这就是一般所说的“饥饿纪律”；失业作为劳动力的储备，可以随时满足社会对劳动力的需要。

13.1.5 降低失业率的对策

1. 调控工资水平

既然工资刚性是产生非市场出清的重要原因，那么通过降低工资的刚性，使工资可以灵活地调整到市场出清的水平，就可以降低非自愿失业。

2. 运用财政政策和货币政策促进投资和消费，调节总需求

在财政政策方面，可以降低税收、增加财政支出，对基础性设施进行投资，因为对基础性设施投资可以带动众多产业的发展；在货币政策方面，可以扩大货币供给，降低实际利率，刺激投资的增加；在产业政策方面，改造传统产业，培育新兴产业；在外贸政策方面，对出口进行补贴，采取适当的关税保护，以刺激外需的增加，弥补国内有效需求的不足。其他措施包括可以发展一些劳动密集型产业，鼓励小企业的发展，并对能够吸收大量劳动力的部门进行奖励等。

3. 建立劳动力市场，加大对人力资本的投资

加强职业培训可以降低结构性失业，应从以下几方面入手：①政府以及其下属的就业服务机构应主要负责职业介绍与培训工作的统一监管，并负责对劳动力需求方向作出预测，统一收集并发布市场需求信息；②信息收集后，应把失业者按需求方向分类，实行对口培训，并广泛推行“职业资格证书”制度，使培训规范化，特别是加强对年轻人的技术培训，提高工作能力；③加强市场中介的服务功能并展开竞争；④采取政府、企业、社会共同分担的方法增加经费，甚至可实行职工培训“基金化”；⑤建立完善的就业机构，通过管理机构的网络化，加快劳动力需求信息的交流，以减少工人就业的成本和雇主寻找工人的成本，并降低摩擦性失业。

4. 实行城乡共同就业计划

建设新农村，发展乡镇企业。解决城市新市民的社会保障、子女入学、住房等问题。

13.2 通货膨胀理论

通货膨胀是宏观经济运行中的一种常见的现象，由于它涉及价格水平在不同时期的变化，所以可以看做一种宏观经济的动态问题。通货膨胀也是西方学者一直研究的一个主题。

13.2.1 通货膨胀的含义

通货膨胀指的是一般物价水平在一段时期内普遍而持续地上升。虽然主要特征是物价上涨，但通货膨胀与物价上涨并不是一回事。通货膨胀的发生必须具备以下几个条件：

第一，通货膨胀发生时的物价上涨，不是指一种或几种商品的价格上升，而是指所有商品的平均价格水平的上升，即物价总水平的上升。

第二，通货膨胀是持续一定时期的物价上涨，而不是指物价水平短期或一次性的上升，是“持续”的上升。如果一个季度物价上升，下一个季度物价下降，不能称为通货膨胀。

第三，通货膨胀是指物价水平有较大幅度的上涨。如果每年物价水平上升幅度较小，即使是持续上升，也不能算是通货膨胀。

13.2.2 通货膨胀的衡量

通货膨胀最终要通过物价水平的上涨表现出来，因而一般运用价格水平或物价指数衡量通货膨胀的程度。

1. 物价指数

物价指数是表明某些商品的价格从一个时期到下一个时期变动程度的指数，具体包括消费者物价指数、生产者物价指数和国内生产总值价格指数。

1）消费者物价指数（consumer price index，CPI）

它又称零售物价指数或生活费用指数，是衡量各个时期居民个人消费的商品和劳务零售价格变化的指标，表示的是消费者在不同时期为购买一篮子固定商品所支付的成本的价格指数，反映了消费者生活费用的变化情况。其计算公式为：

$$\text{物价指数} = \frac{\sum P_t Q_t}{\sum P_0 Q_t}$$

式中，Q_t 为现行（t 期）的商品销售量；P_t 为现行（t 期）的商品销售价格；P_0 为基期（0 期）的商品销售价格。

CPI 是以现行（t 期）商品价格计算的现期商品销售总额，同以商品基期价格计算的同等数量商品的销售总额的比值。CPI 有较大幅度增加，意味着通货膨胀已经发生；如果 CPI 下降，则表示通货膨胀有所缓和。

2）生产者物价指数（producer price index，PPI）

生产者物价指数又称批发价格指数，是衡量各个时期生产资料与消费资料的批发价格变化的指标。这一指数的计算方法与消费者价格指数雷同，但所取的价格是产品和原料的批发价格，而商品和劳务的数量和品种也与消费者价格指数有所区别。

3）国内生产总值价格指数

它是全部国内生产总值的价格指数，是衡量各个时期一切商品和劳务变化的指数，是按现价计算的国内生产总值与按基期价格计算的国内生产总值的比例。其公式为：

$$国内生产总值价格指数=\frac{按现行价格计算的国内生产总值}{按基期价格计算的国内生产总值}$$

以上三种物价指数从不同角度反映了通货膨胀的变动趋势，由于消费者价格指数与人民生活消费水平紧密相关，因此采用较多。各种指数计算时包括的范围不同，所以计算出的数值也不尽相同。

2. 通货膨胀率

在一定时期（通常为1年），价格总水平变动的百分比称为通货膨胀率。其计算公式为：

$$某一时期（t年）的通货膨胀率=\frac{t年的价格指数-（t-1）年的价格指数}{（t-1）年的价格指数}\times 100\%$$

式中的价格指数可以用前面提到的三种价格指数中的任何一种。

13.2.3 通货膨胀的分类

1. 按价格上升速度划分

1）温和的通货膨胀

温和的通货膨胀又称爬行的通货膨胀、低通货膨胀，其特点是通货膨胀率低，且可以预见，比较稳定，一般在10%以内，被称为一位数的通货膨胀。当价格相对稳定时，货币贬值微弱，对经济影响不大，人们信任货币，愿意持有货币，因为他们相信所购买的商品价格与预期相比相差不会很大。目前，许多国家都具有这种温和类型的通货膨胀。在这种情况下，经济的运行维持在正常状态，政府不需要针对通货膨胀进行特殊的治理。

2）奔腾的通货膨胀

奔腾的通货膨胀又称加速的通货膨胀或急剧的通货膨胀，其特点是物价水平在较长时间内发生较大幅度的持续上升，通货膨胀率较高而且还在不断加剧，一般在10%到100%之间，被称为两位数的通货膨胀。

这种通货膨胀对经济的影响较大。商品价格出现扭曲，货币购买力迅速下降，人们仅在手中保留最低限度的货币。常常出现抢购和囤积商品的现象，甚至出现物物交换。由于急剧的价格变化，金融市场逐渐萎缩，资本逃向国外，经济陷入大混乱局面。意大利和日本这些先进的工业国家曾不时出现过这种通货膨胀。许多拉丁美洲国家，如阿根廷和巴西，在20世纪70—80年代也经历过这样的通货膨胀。在这种情况下，政府通过出台各种经济政策对经济运行进行管理，仍能够使经济高速地增长。

3）恶性的通货膨胀

恶性的通货膨胀又称超级通货膨胀，其特点是通货膨胀率非常高，而且完全失去了控制，一般在100%以上，称为三位数的通货膨胀。这时，货币购买力急剧下降，各种价格以每年百分之一百万甚至百分之十亿的惊人速率持续上涨。市场经济无法正常运转，人们对本国货币完全失去信任，货币体制和正常经济生活遭到严重破坏，国家面临崩溃和政权更迭的危机。如德国在第一次世界大战后的 1919 年 12 月—1923 年 12 月，通货膨胀率为 $1\,200.4\times10^9$。在 1922 年 1 月价格为 1 马克的红肠面包，到 1923 年 10 月已上涨到 1.92 亿马克；新中国成立前的 1948 年 8 月—1949 年 4 月通货膨胀率为 6 271 900%，即物价上升了 62 719 倍。

2. 按照价格变动对所有商品的影响程度划分

1）平衡的通货膨胀

平衡的通货膨胀，指的是各种商品价格都按同比例上升。这里的商品价格包括各种生产要素以及各种劳动的价格，如工资率、租金、利率等。

2）非平衡的通货膨胀

非平衡的通货膨胀，指的是各种商品价格上升的比例并不完全相同。比如，商品 A 价格上涨幅度大于商品 B 的价格上涨幅度，或者利率上升的比例大于工资上升的比例。

3. 按人们的预期程度划分

1）未预期到的通货膨胀

未预期到的通货膨胀是指价格上升的速度超出人们的预料，或者人们根本没有想到价格上涨的问题。

2）预期到的通货膨胀

预期到的通货膨胀是指人们能正确地预期到通货膨胀的趋势，在进行经济活动时将通货膨胀考虑在内。如一个国家长期以来都经历着一个给定的通货膨胀率，如 4%，且每个人都能预期通货膨胀率仍将继续在 4% 的水平，这样很多经济活动都将根据预期的 4% 的通货膨胀率来进行。

13.2.4　通货膨胀的原因

1. 需求拉动通货膨胀

需求拉动通货膨胀，又称超额需求通货膨胀，它是指总需求超过总供给所引起的一般价格水平的持续显著上涨。需求拉动通货膨胀理论把通货膨胀解释为“过多的货币追求过少的商品”。

图 13-2 中，横轴 Y 表示总产量（国民收入），纵轴 P 表示一般价格水平。AD 为总需求曲线，AS 为总供给曲线。总供给曲线 AS 起初呈水平状。这表示，当总产量较低时，总需求的增加不会引起价格水平的上涨。如果产量从零增加到 Y_1，价格水平始终稳定。总需求曲线 AD_1 与总供给曲线 AS 的交点 E_1，决定的价格水平为 P_1，总产量水平为 Y_1。当总产量达到 Y_1 以后，继续增加总供给，就会遇到生产过程中所谓瓶颈现象，即由于劳动、原料、生产设备等的不足而使成本提高，从而引起价格水平的上涨。图 13-1 中总需求曲线 AD 继续提高时，总供给曲线 AS 便开始逐渐向右上方倾斜，价格水平逐渐上涨。总需求曲线 AD_2 与总供给曲线 AS 的交

点决定的价格水平为 P_2，总产量为 Y_2。当总产量达到最大，即为充分就业的产量 Y_f 时，整个社会的经济资源全部得到利用。图 13-1 中总需求曲线 AD_3，同总供给曲线 AS 的交点 E_3 决定的价格水平为 P_3，总产量水平为 Y_f。价格水平从 P_1 上涨到 P_2 和 P_3 的现象被称做瓶颈式的通货膨胀。在达到充分就业的产量 Y_f 以后，如果总需求继续增加，总供给就不再增加，因而总供给曲线 AS 呈垂直状。这时总需求的增加只会引起价格水平的上涨。例如，图 13-2 中总需求曲线从 AD_3 提高到 AD_4 时，它同总供给曲线的交点所决定的总产量并没有增加，仍然为 Y_f，但是价格水平已经从 P_3 上涨到 P_4，这就是需求拉动通货膨胀。西方经济学家认为，不论总需求的过度增长是来自消费需求、投资需求或是来自政府需求、国外需求，都会导致需求拉动通货膨胀。需求方面的原因或冲击主要包括财政政策、货币政策、消费习惯的突然改变，国际市场的需求变动等等。

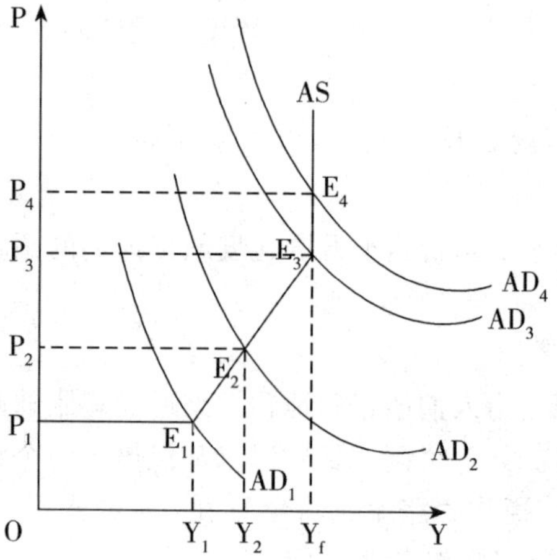

图 13-2　需求拉动的通货膨胀

2. 成本推动通货膨胀

成本推动通货膨胀理论，是西方学者企图从供给方面说明为什么会发生一般价格水平上涨的一种理论。成本推动通货膨胀，又称成本通货膨胀或供给通货膨胀，是指在没有超额需求的情况下由于供给方面成本的提高所引起的一般价格水平持续显著的上涨。西方学者认为，成本推动通货膨胀主要是由工资、原材料价格和利润的提高造成的，如图 13-3 所示。

3. 混合通货膨胀理论

一些西方学者认为，单纯用需求拉动或成本推动都不足以说明一般价格水平持续上涨，而应当同时从需求和供给两个方面以及二者的相互影响说明通货膨胀。于是又有人提出了从需求和供给两个方面及其相互影响、互相作用说明混合通货膨胀理论。

4. 结构性通货膨胀

经济学家认为，在没有需求拉动和成本推动的情况下，只是由于经济结构因素

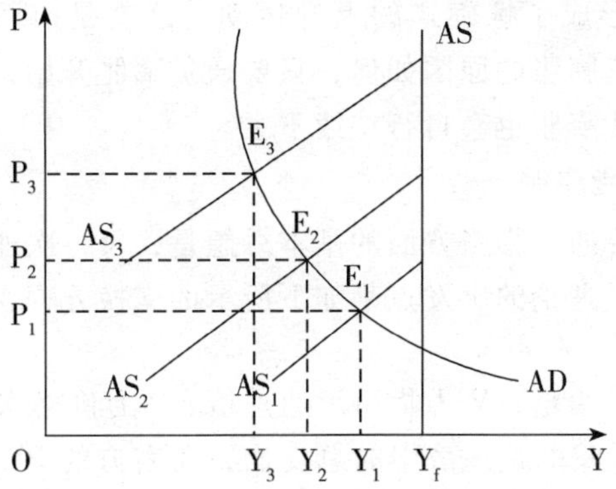

图 13-3　成本推动的通货膨胀

的变动，也会出现一般价格水平的持续上涨。他们把这种价格水平的上涨叫做结构性通货膨胀。

结构性通货膨胀理论把通货膨胀的起因归结为经济结构本身所具有的特点。据西方学者解释，一些部门生产率提高的速度快，另一些部门生产率提高的速度慢；一些部门正在迅速发展，另一些部门渐趋衰落；一些开放部门同世界市场的联系十分密切，另一些非开放部门同世界市场没有密切联系。但是生产要素不容易从生产率低的部门转移到生产率高的部门，从逐渐衰落的部门转移到正在迅速发展的部门，从非开放部门转移到开放部门，生产率提高慢的部门、正在趋向衰落的部门以及非开放部门在工资和价格问题上都要求"公平"，要求向生产率提高快的部门、正在迅速发展的部门以及开放部门"看齐"，要求"赶上去"，结果导致一般价格水平的上涨。

另外，有些行业发展缓慢，产品供不应求，例如农业、能源、交通部门发展滞后，形成经济发展的瓶颈，物价会上涨并产生连锁反应。

5. 惯性或预期的通货膨胀理论

上面关于需求拉动通货膨胀和成本推动通货膨胀的分析表明，对于经济的冲击是如何移动总需求曲线和总供给曲线，导致一个新的更高价格水平的均衡的。但是，通货膨胀不是价格水平的一次性改变，而是价格水平的持续上升。在大多数情况下通货膨胀似乎有一种惯性，如果经济有了 8% 的通货膨胀率，那么，这 8% 的通货膨胀率会有不断持续下去的趋势。这种情况被称为通货膨胀螺旋。

产生这种现象的原因在于，如果经济中大多数人都预期到同样的通货膨胀率，那么，这种对通货膨胀预期就会变成经济运行的现实。在通货膨胀时期，劳工与厂方谈判，要求保证工资上升与物价水平的上涨相一致，以使他们的实际工资不会下降。银行在贷款时也希望确保一定的实际收益率。因此，他们在确定贷款利率时，要考虑到他们年末收回的货币值低于年初贷出时的货币值这一情况。这意味着，在以货币计量的一些名义变量（如工资、租金等）的提高和价格上涨之间存在着因果关系。以工资为例，工资提高引起价格上涨，价格上涨又引起工资提高。于是，工资提高和价格上涨形成了螺旋式的上升运动，这就是前面所说的工资-价格螺旋。事实上，无论通货膨胀的原因如何，只要通货膨胀开始，即使导致通货膨胀的初始原因消失了，通货膨胀也会自行持续下去。

6. 货币现象的通货膨胀

货币数量论在解释通货膨胀方面的基本思想是，每一次通货膨胀背后都有货币供给的迅速增长。这一理论的出发点是如下所示的交换方程：

$$MV=PY$$

式中，M 为货币供给量；V 为货币流通速度；P 为价格水平；Y 为实际收入水平。方程左方的 MV 反映的是经济中的总支出，而右方的 PY 为名义收入水平。由于经济中对商品与劳务支出的货币额即为商品和劳务的总销售价值，因而方程的两边相等。

通货膨胀来源于三个方面，即货币流通速度的变化、货币增长和产量增长。如果货币流通速度不变且收入处于其潜在的水平上，则显然可以得出，通货膨胀的产生主要是货币供给增加的结果。换句话说，货币供给的增加是通货膨胀的基本原因。

13.2.5 通货膨胀的效应

考察通货膨胀的经济效应，也就是要弄清楚通货膨胀的影响。通货膨胀是一个到处扩散其影响的经济过程，每一个公民和经济中的其他经济单位都在某种程度上受到它的影响。这里主要从两方面来考察其效应。

1. 通货膨胀的再分配效应

在现实经济中，通货膨胀常常伴随有扩大的实际产出。只有在较少的一些场合中，通货膨胀的发生才伴随着实际产出的收缩，但多数是非平衡的通货膨胀。在分析之前，我们首先要区分货币收入和实际收入。货币收入就是一个人所获得的货币数量；而实际收入则是一个消费者用他的货币收入所能买到的物品和劳务的数量。

那么，通货膨胀的再分配效应是怎样的呢？

1）通货膨胀不利于靠固定的货币收入维持生活的人

对于固定收入阶层来说，其实际收入因通货膨胀而减少，因而他们的生活水平必然相应地降低。领取固定收入包括那些领取救济金、退休金的人，白领阶层，公共雇员以及靠福利和其他转移支付维持生活的人，他们是通货膨胀的牺牲品。相反，那些靠变动收入维持生活的人，则会从通货膨胀中得益，这些人的货币收入会走在价格水平和生活费用上涨之前。例如，在扩张中的行业工作并有强大工会支持的工人就是这样。他们的工资合同中规定有工资随生活费用的上涨而提高的条款，或是有强有力的工会代表他们进行谈判，在每个新合同中都能得到大幅度的工资增长。那些从利润中得到收入的企业主也能从通货膨胀中获利，如果产品价格比资源价格上升得快的话，则企业的收益将比它的成本增长得快。

2）通货膨胀对储蓄者不利

随着价格上涨，存款的实际价值或购买力就会降低，那些口袋中有闲置货币和银行存款的人受到严重的打击。同样，像保险金、养老金以及其他固定价值的证券财产等，它们本来是作为未雨绸缪和蓄资防老的，在通货膨胀中，其实际价值也会下降。

3）通货膨胀有利于债务人，不利于债权人

假如甲向乙借款1万元，1年后归还，而这段时间内价格水平上升了1倍，那么1年后甲归还给乙的1万元相当于借时的一半。这里假定借贷双方没有预期到通货膨胀的影响。但是，如果一旦预期到通货膨胀，则上述的再分配就会改变。如果借贷的名义利率为10%，而通货膨胀率为20%，则实际利率为-10%。实际利率为名义利率和通货膨胀的差额，若名义利率为10%，通货膨胀率为5%，则实际利率为5%，只要通货膨胀率大于名义利率，则实际利率就是负值。

4）通货膨胀有利于政府，不利于公众

实际研究表明，第二次世界大战以来，通货膨胀从居民手中把大量再分配的财富带到公共经济部门。原因有两点：首先，政府已经负债累累，而大量的债券是掌握在居民手中的。也就是说政府是债务人，而居民是债权人。于是战后的通货膨胀就经常将财富从居民那里转移到政府方面。其次，一般政府所得税是累进的。所以，在通货膨胀期间，人们要多缴些税。这不但因为他们的货币收入提高了，而且还由于他们进入较高的纳税级别。因此，要支付他们收入的较大百分比给政府，必然出现这样的收入再分配结果。所以，有些西方经济学家认为，很难希望政府会努力去制止通货膨胀。最后，还必须补充两点：一是由于居民往往同是收入获得者、金融证券的持有者和实际财产（不动产）的所有者，因而通货膨胀对他们的影响可以互相抵消。例如，某家庭既有固定价值的货币资产，如储蓄、债券、保险等，会因通货膨胀而削减其实际价值，但同时这一通货膨胀又会增加他的财富，如增加房产、土地的价值。总之，许多居民同时因通货膨胀得益，又因通货膨胀有所损失。二是通货膨胀的再分配效应是自发的，它本身并未存心从谁手中拿点收入给其他人。

2. 通货膨胀的产出效应

上面，假定国民经济的实际产出固定，而实际上，国民经济的产出水平是随着价格水平的变化而变化的。下面考虑可能出现的三种情况。

第一种情况：需求拉动的通货膨胀促进了产出水平的提高。许多经济学家长期以来坚持这样的看法，即认为温和的或爬行的需求拉动通货膨胀对产出和就业将有扩大的效应。假设总需求增加，经济复苏，造成一定程度的需求拉动的通货膨胀。在这种条件下，产品的价格会跑到工资和其他资源的价格的前面，由此而扩大了企业的利润。

第二种情况：成本推动的通货膨胀引致失业。假定在原总需求水平下，经济实现了充分就业和物价稳定，如果发生成本推动通货膨胀，则原来总需求所能购买的实际产品的数量将会减少。也就是说，当成本推动的压力抬高物价水平时，既定的总需求只能在市场上支持一个较小的实际产出。所以，实际产出会下降，失业率会上升。美国70年代的情况就证实了这一点，1973年年末，石油输出国组织把石油价格翻了两番，成本推动通货膨胀的后果使1973—1975年的物价水平迅速上升，与此同时，美国失业率从1973年不到5%上升到1975年的8.5%。

第三种情况：超速通货膨胀导致经济崩溃。首先，随着价格持续上升，居民和企业会产生通货膨胀预期，即估计物价会再度升高。这样，人们就不会让自己的储蓄和现行的收入贬值，而宁愿在价格上升前把它花掉，从而产生过度的消费购买，这样，储蓄和投资都会减少，同时将来总需求下降，使经济增长率下降。其次，伴随着通货膨胀而来的是生活费用上升，劳动者会要求提高工资，不但会要求增加工资以抵消过去价格水平的上升，而且要求补偿下次工资谈判前可以预料到的通货膨胀带来的损失。于是企业增加生产和扩大就业的积极性就会逐渐丧失。再次，企业在通货膨胀率上升时会力求增加存货，以便在稍后按高价出售以增加利润，这种通货膨胀预期除了会鼓励企业增加存货外，还可能鼓励企业增加新设备。然而，企业这些行为到无法筹措到必需的资金时就会停止，银行会在适当时机拒绝继续为企业扩大信贷，银行利率也会上升，企业得到贷款会越来越难，生产就会收缩。当出现恶性通货膨胀时，人们完全丧失对货币的信心，货币就再不能执行它作为交换手段和储藏手段的职能。最后，任何一个有理智的人将不愿再花精力去从事财富的生产和正当的经营，而会把更多的精力用在如何尽快把钱花出去，或进行种种投机活动。等价交换的正常买卖，经济合同的签订和履行，经营单位的经济核算以及银行的结算和信贷活动等等，都无法再实现，市场经济机制也无法再正常运行，别说经济增长，大规模的经济混乱也不可避免了。

对于通货膨胀与经济之间的关系，存在三种观点：有利论者认为通货膨胀可以增加产出，促进就业；不利论者认为通货膨胀会扭曲价格信号，增加投资风险，引起经济与政治危机；中性论者认为通货膨胀与经济无关，更强调实际因素对经济增长的作用，货币主义和理性预期学派都持这种观点。

13.2.6 治理通货膨胀的政策

1. 抑制总需求

政府可以采用紧缩性的财政政策和货币政策，减少总需求，降低通货膨胀。那么，为降低通货膨胀必定会带来GDP的损失。它们之间的关系用牺牲率来表示。牺牲率指GDP损失的积累百分比与实际获得的通货膨胀的降低量之间的比率。

2. 收入政策

收入政策又称工资和物价政策，是指政府为了降低一般价格水平上升的速度，而采取的强制性或非强制性的限制货币工资和价格的政策，因其调控的中心是工资所以简称收入政策。

3. 道德劝说

政府的另一种反通货膨胀的办法，是使用非正式的工资和物价控制。政府不直接地控制物价和工资，而是更巧妙地借助于一种被称作道德劝说或施加压力的办法，这种方法试图劝说企业和工人不要涨价或涨工资。政府编制了物价和工资的指导线，希望工人和企业能够遵守。政府可以通过一个杠杆，产生一种比求助于人们道德诚实更强有力的力量。这一杠杆就是，政府可以不购买该企业的产品来威胁那些不听从劝告的企业。这种施加压力的做法在特定时期确实产生了效果。肯尼迪总统曾担心美国钢铁公司提价，会引起通货膨胀的螺旋，通过对钢铁公司施加压力，他成功地使公司撤销了提价的企图。

4. 改变预期

道德劝说的办法所以能够奏效，很大程度上是因为这种方法打破了人们对通货膨胀的心理预期，这种预期在使通货膨胀得以持续方面扮演重要角色。如果工会和企业坚信每个人都会屈从政府压力，他们就会愿意缓和自己对工资的要求和提价的要求。如果人们相信政府所采取的打破通货膨胀的任何行动都是成功的，这种预期本身就有助于消灭通货膨胀。

5. 指数化政策

指数化政策是在合约内把支付与物价水平联系起来的一种技术，包括工资指数化、利率指数化、税收指数化。

6. 增加供给政策

在资源闲置、供给不足的情况下，针对需求拉动型通货膨胀，采取增加供给的政策是比较积极的办法，既可以稳定物价，又可以增加供给以满足需求，实现均衡国民收入的增长。

13.3 失业与通货膨胀的关系

失业与通货膨胀是经济中的两个主要问题。那么，这两者之间有什么关系呢？这是许多经济学家所关心的问题。不同学派的经济学家对这一问题给出了不同的回答。

13.3.1 失业与通货膨胀不会并存

凯恩斯认为，在未实现充分就业时，即资源闲置的情况下，总需求的增加只会使国民收入增加，而不会引起价格水平上升。也就是说，在未实现充分就业的情况下，不会发生通货膨胀。在充分就业实现时，即资源得到充分利用之后，总需求的增加无法使国民收入增加，而只会引起价格上升。这也就是说，在发生通货膨胀时，一定已经实现了充分就业，这种通货膨胀是由于总需求过度而引起的，即需求拉动的通货膨胀。凯恩斯关于失业与通货膨胀之间关系的论述，可用图 13-4 来说明。当总需求增加，即总需求曲线从 AD_0 移动到 AD_1 时，由于还没有实现充分就业，所以国民收入从 Y_0 增加到 Y_f，而价格水平仍然是 P_0，没有变动。当总需求继续增加，即总需求曲线从 AD_1 移动到 AD_2 时，由于已经实现了充分就业，所以国民收入仍然是充分就业的国民收入水平 Y_f，而价格水平由 P_0 上升到了 P_1，即由于总需求过度而产生了通货膨胀。

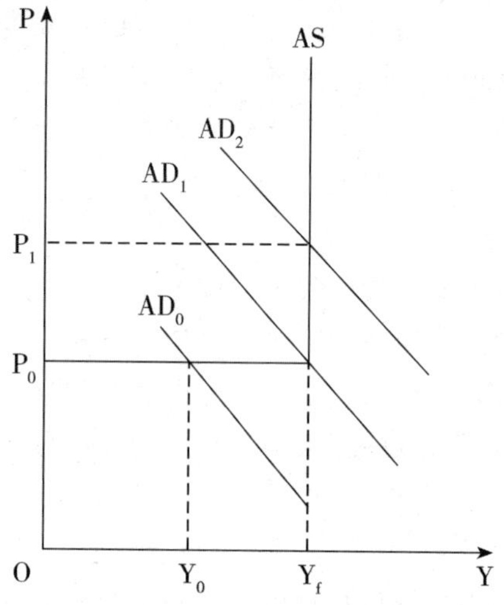

图 13-4　失业与通货膨胀的关系

凯恩斯对失业与通货膨胀关系的这种论述，适用于 20 世纪 30 年代大萧条时的情况，但并不符合战后各国的实际情况。

13.3.2　失业与通货膨胀之间的交替关系

菲利浦斯曲线是用来表示失业与通货膨胀之间交替关系的曲线，由新西兰经济学家菲利浦斯提出。1958 年，菲利浦斯根据英国 1861—1957 年间失业率和货币工资变动率的经验统计资料，提出了一条用以表示失业率和货币工资变动率之间交替关系的曲线。这条曲线表明：当失业率较低时，货币工资增长率较高；反之，当失业率较高时，货币工资增长率较低，甚至是负数。根据成本推动的通货膨胀理论，货币工资增长率可以表示通货膨胀率，因此，这条曲线就可以表示失业率与通货膨胀率之间反方向的交替关系，即失业率高，则通货膨胀率低；失业率低，则通货膨胀率高。这就是说，失业率高表明经济处于萧条阶段，这时工资与物价水平都较低，从而通货膨胀率也就低；反之，失业率低表明经济处于繁荣阶段，这时工资与物价水平都较高，从而通货膨胀率也就高。失业率与通货膨胀率之间存在反方向变动关系，是因为通货膨胀使实际工资下降，从而能刺激生产，增加劳动的需求，减少失业。

菲利浦斯曲线如图 13-5 所示。在图 13-5 中，横轴代表失业率，纵轴代表通货膨胀率，向右下方倾斜的曲线 PC 为菲利浦斯曲线。这条曲线表明，当失业率高（d

点）时，通货膨胀率低（b 点）；当失业率低（c 点）时，通货膨胀率高（a 点）。

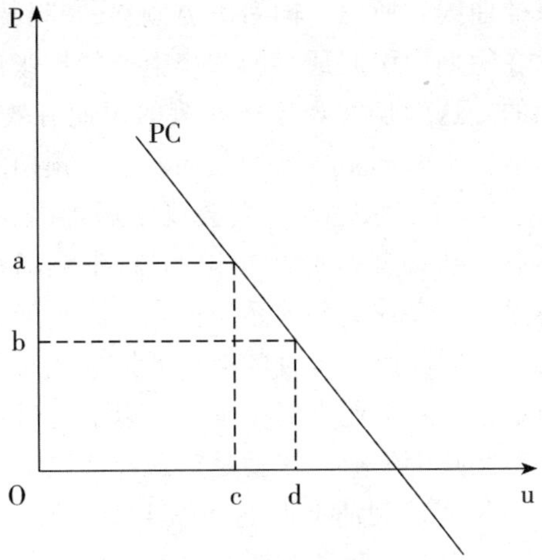

图 13-5　菲利浦斯曲线

菲利浦斯提出了这样几个重要的观点：

第一，通货膨胀是由于工资成本推动所引起的，这就是成本推动通货膨胀理论。正是这一理论把货币工资增长率与通货膨胀率联系了起来。

第二，承认了通货膨胀与失业的交替的关系。这就否定了凯恩斯关于失业与通货膨胀不会并存的观点。

第三，当失业率为自然失业率时，通货膨胀率为零，因此，也可以把自然失业率定义为通货膨胀率为零时的失业率。

第四，为政策选择提供了理论依据。这就是可以运用扩张性宏观经济政策，以较高的通货膨胀率来换取较低的失业率；也可以运用紧缩性宏观经济政策，以较高的失业率来换取较低的通货膨胀率。这也是菲利浦斯曲线的政策含义。

菲利浦斯曲线所反映的失业与通货膨胀之间的交替关系基本符合 20 世纪 50—60 年代西方国家的实际情况。20 世纪 70 年代末期，由于滞胀的出现，失业与通货膨胀之间又不存在这种交替关系了。于是对失业与通货膨胀之间的关系又有了新的解释。

13.3.3　短期菲利浦斯曲线与长期菲利浦斯曲线

货币主义者在解释菲利浦斯曲线时引入了适应性预期的因素。适应性预期是人们根据过去的经验来形成并调整对未来的预期。他们根据适应性预期，把菲利浦斯曲线分为短期菲利浦斯曲线与长期菲利浦斯曲线。

货币主义者认为在短期中，工人来不及调整通货膨胀预期，预期的通货膨胀率可能低于以后实际发生的通货膨胀率。这样，工人所得到的实际工资可能小于先前预期的实际工资，从而使实际利润增加，刺激了投资，就业机会增加，失业率下降。在此前提之下，通货膨胀率与失业率之间存在交替关系。短期菲利浦斯曲线正是表明在预期的通货膨胀率低于实际发生的通货膨胀率的短期中，失业率与通货膨胀率之间存在交替关系的曲线。所以，向右下方倾斜的菲利浦斯曲线在短期内是可以成立的。这也说明，在短期中引起通货膨胀率上升的扩张性财政与货币政策是可以起到减少失业的作用的。这就是宏观经济政策的短期有效性。但是，在长期中，工人将根据实际发生的情况不断调整自己的预期。工人预期的通货膨胀率与实际上发生的通货膨胀率迟早会一致。这时，工人会要求增加名义工资，使实际工资不变，从而通货膨胀就不会起到减少失业的作用。这时菲利浦斯曲线是一条垂线，表明失业率与通货膨胀率之间不存在交替关系。而且，在长期中，经济中能实现充分就业，失业率是自然失业率。因此，垂直的菲利浦斯曲线表明，无论通货膨胀率如何变动，失业率总是固定在自然失业率的水平上。以引起通货膨胀为代价的扩张性财政政策与货币政策并不能减少失业。这就是宏观经济政策的长期无效性。

短期菲利浦斯曲线与长期菲利浦斯曲线如图 13-6 所示，SPC_1 和 SPC_2 为不同的短期菲利浦斯曲线，LPC 为长期菲利浦斯曲线。短期菲利浦斯曲线向右下方向倾斜，表明失业率与通货膨胀率之间存在交替关系。长期菲利浦斯曲线是一条从自然失业率出发的垂线，说明长期中失业率是自然失业率，失业率与通货膨胀率之间不存在交替关系。

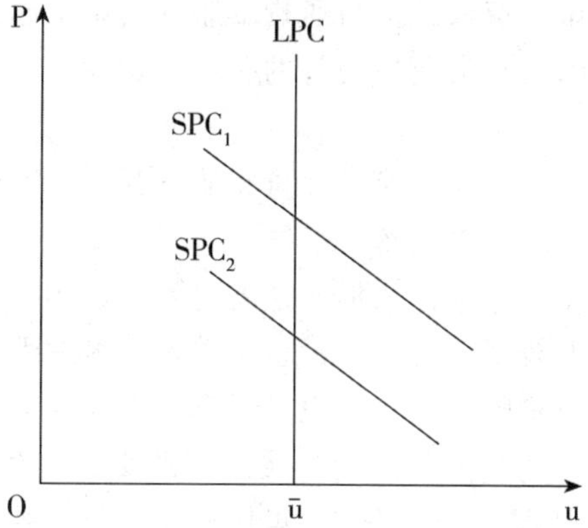

图 13-6 长期菲利浦斯曲线

理性预期学派所采用的预期概念不是适应性预期，而是理性预期。理性预期是合乎理性的预期，其特征是预期值与以后发生的实际值是一致的。在这种预期的假设之下，短期中也不可能有预期的通货膨胀率低于以后实际发生的通货膨胀率的情况，即无论在短期或长期中，预期的通货膨胀率与实际发生的通货膨胀率总是一致的，从而也就无法以通货膨胀为代价来降低失业率。所以，无论在短期或长期中，菲利浦斯曲线都是一条从自然失业率出发的垂线，即失业率与通货膨胀率之间不存在交替关系。由此得出的推论就是：无论在短期还是长期中，宏观经济政策都是无效的。

失业与通货膨胀关系理论的发展，是对西方国家经济现实的反映。凯恩斯的论述反映了 20 世纪 30 年代大萧条时的情况，菲利浦斯曲线反映了 20 世纪 50—60 年代的情况，而货币主义和理性预期学派的论述，反映了 20 世纪 70 年代以后的情况。凯恩斯主义、货币主义与理性预期学派，围绕菲利浦斯曲线展开争论，表明了他们对宏观经济政策的不同态度。凯恩斯主义者认为，无论在短期与长期中，失业率与通货膨胀率都存在交替关系，从而认为宏观经济政策在短期与长期中都是有用的。货币主义认为，短期中失业率与通货膨胀率存在交替关系；而长期中不存在这种关系，从而认为宏观经济政策只在短期中有用，而在长期中无用。理性预期学派认为，无论在短期或长期中，失业率与通货膨胀率都没有交替关系，因此，宏观经济政策就是无效的。

本章小结

1. 失业者指在一定年龄范围内、有工作能力、愿意工作而没有工作并积极寻找工作的人。

2. 自然失业率是指在没有货币因素干扰的情况下，劳动力市场和商品市场的自发供求力量起作用时，总需求和总供给处于均衡状态下的失业率。

3. 失业的不利影响包括浪费资源、降低经济增长率、降低家庭的消费水平和福利水平、不利于政治的稳定和增加财政支出等。

4. 通货膨胀按价格上升速度分为温和的通货膨胀、奔腾的通货膨胀、超级的通货膨胀。

5. 通货膨胀的效应包括通货膨胀的再分配效应和通货膨胀的产出效应。

6. 治理通货膨胀的政策主要有抑制总需求、收入政策、道德劝说、改变预期、指数化政策和增加供给等。

关键概念

失业者　周期性失业　自然失业　摩擦性失业　结构性失业　古典失业　自愿失业　非自愿失业　公开失业　菲利浦斯曲线　充分就业　自然失业率　奥肯定律　通货膨胀

本章案例

人民币对内贬值：8 年间 1 000 元缩水至 576 元

在生活中，人们感觉到在国内，人民币越来越不值钱，常常听到不少人抱怨：“不是说人民币升值了吗？那么钱应该更‘值钱’了吧？但我为啥感觉钱越来越不值钱呢？”这里我们先看一个例子：

李大妈在市场上买大米时，发现此时大米已经是3.30元/斤了，她记得这种大米在2005年为1.90元/斤，因此，可算出该大米的物价指数为1.74，8年期间年平均上涨9.2%。就购买大米的能力而言，与2005年的1 000元相比，2013年的1 000元已缩水至576元，即人民币对内贬值了。

归结其原因，主要是货币数量的过度发行。多年来，由于国内的经济增长更多地依靠投资，依靠大量增加的信贷投放，致使我国的货币投放量无论同我们自己过去比，还是与世界各国相比，都有着较大数量的超发。到2013年第一季度为止，广义货币（M_2）已经超过100万亿元，2002年年初为16万亿元，10多年中增长超过5倍。我国的货币总量与GDP之比已超过200%，我国的经济总量为世界第二，大约为美国的1/3，而货币投放量比经济总量第一的美国高出1.5倍，位居世界第一。

一般说来，货币数量与物价总水平有着水涨船高般的对应关系。这种关系使得货币数量增加后出现了货币现象的通货膨胀。但在实际当中，货币超发后，往往不是表现为市场上所有物品都同时、同比例地涨价，而是表现为有的商品涨价堪称凶猛——最为突出的就是国内大城市的商品房价格，有些会涨得相对平稳。这又是由具体商品的需求、供给状况及购买者预期等多因素决定的。总体来看，一般物价水平呈现出明显的持续上涨。

本章资料

通货膨胀与通货紧缩

通货膨胀与通货紧缩都是由社会总需求与社会总供给不平衡造成的，亦即流通中实际需要的货币量与发行量不平衡造成的。二者都会使价格信号失真，影响正常的经济生活和社会经济秩序，因此都必须采取有效措施予以抑制。

二者有以下主要区别：

1. 含义和本质不同

通货膨胀是指纸币的发行量超过流通中所需要的数量，从而引起纸币贬值、物价上涨的经济现象。其实质是社会总需求大于社会总供给。通货紧缩是与通货膨胀相反的一种经济现象，是指在经济相对萎缩时期，物价总水平较长时间内持续下降，货币不断升值的经济现象。其实质是社会总需求持续小于社会总供给。

2. 表现不同

通货膨胀最直接的表现是纸币贬值，物价上涨，购买力降低。通货紧缩往往伴随着生产下降，市场萎缩，企业利润率降低，生产投资减少，以及失业增加，收入下降，经济增长乏力等现象。主要表现为物价低迷，大多数商品和劳务价格下跌。

3. 成因不同

通货膨胀的成因主要是社会总需求大于社会总供给，货币的发行量超过了流通中实际需要的货币量。通货紧缩的成因主要是社会总需求小于社会总供给，长期的产业结构不合理，形成买方市场及出口困难。

4. 危害性不同

通货膨胀直接使纸币贬值，如果居民的收入没有变化，生活水平就会下降，造成社会经济生活秩序混乱，不利于经济的发展。不过在一定时期内，适度的通货膨胀又可以刺激消费，扩大内需，推动经济发展。通货紧缩导致物价下降，在一定程度上对居民生活有好处，但从长远看会严重影响投资者的信心和居民的消费心理，导致恶性的价格竞争，对经济的长远发展和人民的长远利益不利。

5. 治理措施不同

治理通货膨胀最根本的措施是发展生产，增加有效供给，同时要采取控制货币供应量，实行适度从紧的货币政策和量入为出的财政政策等措施。治理通货紧缩要调整优化产业结构，综合运用投资、消费、出口等措施拉动经济增长，实行积极的财政政策、稳健的货币政策、正确的消费政策，坚持扩大内需的方针。

本章习题

1. 选择题

1）引起周期性失业的原因是(　　)。

A. 工资刚性　　B. 总需求不足

C. 经济中劳动力的正常流动　　D. 经济结构的调整

2）一般用来衡量通货膨胀的物价指数是(　　)。

A. 消费者物价指数　　B. 生产者物价指数

C. GDP 价格指数　　D. 以上均正确

3）可以称为加速的通货膨胀的情况是指(　　)。

A. 通货膨胀率以每年5%的速度增长

B. 通货膨胀率在10%以上

C. 通货膨胀率一直保持在2%～3%水平

D. 通货膨胀率处于5%～10%之间

4）通货膨胀的主要类型有(　　)。

A. 需求拉动型　　B. 成本推进型

C. 结构型　　D. 以上均正确

5）在通货膨胀不能完全预期的情况下，通货膨胀将有利于(　　)。

A. 债务人　　B. 债权人　　C. 在职人员　　D. 离退休人员

6）根据菲利浦斯曲线，降低通货膨胀率的办法是(　　)。

A. 减少货币供给量　　B. 降低失业率

C. 提高失业率　　D. 增加财政赤字

2. 简答题

1）简述失业的分类。

2）简述通货膨胀的分类。

3）简述需求拉动通货膨胀的主要内容。

4）简述成本推动通货膨胀的主要内容。

5）简述结构性通货膨胀原理的主要内容。

6）简述凯恩斯关于失业与通货膨胀的观点。

7）简述货币主义关于失业与通货膨胀的观点。

3. 论述题

1）论述失业的损失及降低失业率的对策。

2）论述通货膨胀的效应及治理通货膨胀的政策。

第14章 经济增长与经济周期理论

学习目标

通过本章的学习，应该做到：

1. 理解经济增长的源泉、度量方法和经济增长方式的分类。

2. 掌握经济增长与经济发展的区别与联系。

3. 理解并掌握经济周期阶段、特点和分类。

4. 了解关于经济周期产生原因的各种思想。

5. 通过信息搜索工具，查阅有关世界各国和中国有关经济增长、经济发展和经济周期的资料。

任何国家的宏观经济运行都包含着经济周期波动与经济增长两大现实问题。经济周期是由于总需求变动引起的国民收入短期波动，而经济增长则是由于总供给变动引起的国民收入的长期增长。经济周期与经济增长理论是国民收入决定理论的延伸与发展，也是国民收入决定理论的长期化与动态化。

14.1 经济增长理论

14.1.1 经济增长的含义及类型

所谓经济增长，是指一国经济活动能力的扩大，常指一个国家或一个地区在一定时期内产品及劳务的增加。在实际核算中，常以国民收入量和人均国民收入量来衡量。经济增长理论通过研究实现经济稳定增长的条件，以及影响增长的因素等来研究国民收入的增长，进而阐明国民收入或产量长期发展的情况。

经济增长方式是指一个国家或社会经济增长的总体特征。不同的增长方式反映着不同的增长源泉以及由增长源泉所制约的增长结果。主要由增长因素数量增加产生的增长，我们称之为外延（粗放）型增长；主要由资源使用效率提高而引起的增长，我们称之为内含（集约）型增长。相应地，我们可以区分外延型增长方式和内含型增长方式。

一般说来，大多数国家都要经历从外延（粗放）型增长方式向内含（集约）型增长方式的转变。在一国经济发展的初期，资源约束大都较为宽松，外延型增长方式较为常见；随着经济发展水平的提高，人口的增加，资源稀缺程度的逐渐加大，资源使用效率的改善逐渐为人们所重视，内含型增长方式逐渐成为主导的增长方式。

这一区分并没有厚此薄彼的意味，两种增长方式的优劣只有在特定的经济环境中才有可比性。脱离了历史背景、技术水平和制度结构，简单地认为哪一种增长方式可取或不可取是毫无意义的。

14.1.2 经济增长的衡量

通常用经济增长率来衡量经济增长的速度，即以国民生产总值或国内生产总值的增长来计算。具体有以下两种方法：

1. 国民产出指数

国民产出指数是指某一时期国民产出水平与基期国民产出水平的比值，公式如下：

$$G = GDP_i / GDP_0$$

式中，GDP_i 为某一时期的国内生产总值；GDP_0 为基期的国内生产总值。二者的比值即为某一时期的国内生产总值相对于基期国内生产总值的倍数。这个倍数反映了国内生产总值的变化与发展状况。

2. 国民收入增长率

国民收入增长率即某一时期的国民收入相对于一个基期国民收入的变化率，是某一时期国民收入与基期国民收入相比的增加量与基期国民收入水平比值的百分比。其计算公式为：

$$g=\frac{GDP_i-GDP_0}{GDP_0}$$

这种以一个固定的时期为基期计算出来的增长速度成为定基增长速度。有时我们也会使用变化的基期来计算，即以某一时期的一期为基期，这种增长率就是以环比增长速度计算某一时期的国民收入水平与上一期国民收入水平之比。此外，衡量经济增长不仅要看经济活动的总量增加多少，而且要看某一时期平均每人生产的产量增加多少，这样很多时候计算经济增长使用的指标是人均国内生产总值或人均国民收入的增长。

14.1.3　经济增长与经济发展的关系

当代经济学界，更多研究的是经济发展，经济增长与经济发展是不同含义的范畴，经济发展是指伴随着经济增长而出现经济结构、政治体制、文化法律的优化乃至风俗习惯、思想观念更新的伟大变革，是国民经济质的飞跃。20 世纪 70 年代以后，许多发展经济学家认识到，单纯追求经济增长率并不能解决经济发展问题。他们发现在经济增长的同时，经济中出现了大量绝对贫困问题、收入分配不公平问题，以及日益严重的失业问题、资源破坏和生态恶化的问题。他们纷纷摒弃以国民生产总值作为衡量经济发展水平标志的做法。人们普遍认为，一个国家获得经济发展必须在多方面发生变化：

1. 生活水平的提高和收入分配状况的改善

随着人均收入的提高，人们营养状况（如每日摄入的热量）、居住条件等获得改善，收入分配更为公平，绝对贫困人数大大减少。

2. 随着经济增长，国家的产业结构发生变化

这不仅表现为制造业比重的扩大，还表现为从粗放的、简单产品的生产向应用更先进技术、资本密集型或深化劳动密集型高级产品的生产转化。

3. 文教卫生事业发生显著变化

例如，预期寿命有所延长，医疗卫生设施和服务进一步扩大，适龄青少年入学率和成人识字率提高等。

4. 自然环境和生态系统失衡的状况有所改善

经济发展不是一个只说明社会怎样才能使生产能力更加强大的概念，而是一个生产能力越来越强的社会如何提高社会品质的概念，因此，经济增长和经济发展是两个既相互联系又相互区别的概念。没有经济增长就不能取得经济发展，所以经济增长是经济发展的必要条件。我们不能设想不含有经济增长的经济发展，可以说经济增长为发展中国家摆脱贫穷落后状况创造了前提条件，但是有了经济增长并不能

保证一个国家就能够获得经济上的发展。经济增长不是经济发展的充分条件，所以，经济增长不等于经济发展，存在有增长无发展的情况。经济发展比经济增长有更多的内涵。

20 世纪 70 年代，人们认识到，资源枯竭和环境污染的问题若无法解决，必然使人们的实际福利下降，人类的发展难以维持。20 世纪 80 年代中期，联合国世界环境与发展委员会在《我们共同的未来》的报告中提出了可持续发展的理论。时至今日，可持续发展已经得到国际社会的普遍接受和重视，并逐步成为人们共同追求的发展模式。可持续发展的核心思想是，经济持续增长应建立在生态、经济和社会持续能力的基础上，追求经济、社会、人口、资源和环境的协调发展。

14.1.4 影响经济增长的因素

经济增长归根到底是国民生产总值或国内生产总值出现了增量，这种增量是由决定增长的各种因素的增量所产生的。1820—1998 年部分国家和地区的人均 GDP 增长率见表 14-1。

表 14-1 1820—1998 年部分国家和地区的人均 GDP 增长率（%）

国家和地区	增长率	国家和地区	增长率
日本	1.93	苏联和东欧	1.06
西欧	1.51	亚洲（除日本）	0.92
拉丁美洲	1.22	非洲	0.67

影响经济增长的因素可以区分为直接因素和间接因素。直接因素是指资源投入数量和资源使用效率，通常包括资本、自然资源和劳动力。间接因素是指影响资源投入数量和资源使用效率的各种因素。

1. 直接因素

1）劳动力

劳动力是经济活动的主体，对经济增长具有直接的、重要的作用。劳动力人口的增长率和劳动生产率的增长率决定了一个社会潜在的国民收入增长率，但是，孤立的劳动力并不能形成现实的生产力，劳动力必须与生产资源相结合，才能构成社会经济实际劳动力的投入。

2）自然资源及其使用效率

自然资源的贫乏显然会对经济增长产生约束作用，人们经常用自然资源的匮乏与富饶来解释不同国家发展水平的差异。然而，在现代世界，很难说哪一个国家资源是绝对贫乏的，更常见的却是“富饶的贫困”，许多发展中国家拥有丰富的自然资源，但发展水平却很低。相反，一些国家资源贫乏，却跻身于发达国家的行列。不过，若是自然资源丰富，并能加以有效保护和充分利用，在经济发展过程中定会如虎添翼。

资源的使用效率是决定经济增长的另一直接因素。如果资源使用效率有了提高，即使资源投入数量不变甚至减少，国民收入也有可能增长。资源的使用效率可以用部分生产率，即产量与某一特定投入量的比率来衡量，但部分生产率只能衡量一段时间内某一特定投入量的节约，而不能反映生产率的全部变化，生产率的全部变化还应包括由于投入结构变动造成的变化。因此，全要素生产率，即产量与全部要素投入量之比，是一个更适当的指标。

3）资本

资本包括物质资本和人力资本。物质资本又可区分为固定资本和流动资本，前者主要包括厂房和机器设备，后者主要是指原料、半成品等。所谓人力资本是指人的知识和技能，人力资本是通过教育等人力投资方式形成的。物质资本特别是人力资本的匮乏以及物质资本与人力资本在数量上和结构上的适应性，常常成为发展中国家所面对的巨大难题。

2. 间接因素

间接因素是指那些既影响资源的数量也影响资源的使用效率的各种因素。这些因素中有些是经济因素，有些是非经济因素，另外一些则兼有二者的性质。在间接因素中最重要的因素有两类：一是技术；二是制度。在某种程度上，可以认为经济发展的根源在于二者的相互作用。关于这种思想，诺贝尔经济学奖库兹涅茨指出："一个国家的经济增长，可以定义为给居民提供种类日益繁多的经济产品的能力长期上升，这种不断增长的能力是建立在先进技术以及所需要的制度和思想意识相应调整基础上的。"

技术直接影响着资源使用效率，技术进步还提高了物质资本和人力资本投资的收益率，如果没有技术进步，这些资本的收益率都会降为零，资本积累将会停止。全部的经济增长，包括那些由资本积累直接组成的经济增长，都是以技术进步为基础的。

除了技术和制度之外，结构变迁是影响经济增长的另一间接重要因素。资源从低生产率部门向高生产率部门的转移，会提高资源的利用效率，无疑会使总体经济的增长加快。

14.2 经济周期理论

从历史实践和资料分析，经济发展呈现出上下波动、周期变动的特征，自从资本主义 1925 年爆发生产过剩的危机以来，以后每隔 10 年左右出现一次，经济危机表现为：生产锐减，物价暴跌，社会动荡，失业率上升，人心不安。危机过后，则会出现经济繁荣，表现为：生产扩大，投资增加，信用扩张，价格上涨，就业增加，企业和消费者的情绪乐观。然后经济还会出现经济萧条，经济这种扩张和收缩不断交替运动的现象即为经济周期，这是经济发展的必然现象，因此了解这方面的知识十分必要。这里主要学习经济周期的含义、特征、种类、产生的原因及现代经济周期的表现形式。

14.2.1 经济周期的含义、阶段、特征

1. 经济周期的含义

对于经济周期，西方经济学者并没有统一的定义，但基本含义是一致的。

皮尔西主编的《现代经济学辞典》中，经济周期被定义为“经济活动水平的波动（通常以国民收入来代表），它形成一种有规律的形式，经济活动的扩展跟着就是经济收缩，而后继之进一步的经济扩展。这样的周期大约以产出量的长期趋势轨迹而出现。”从这个定义中可以看出，经济周期是指经济社会中有规律的总体波动，表现为国民经济扩张与收缩的不断交替运动。

萨缪尔森《经济学》第12版中指出，经济情况从来不是静止不动的，繁荣之后可能是恐慌或崩溃。经济扩张会逐渐让位于衰退，GNP、就业和实际收入下降，通货膨胀，利润下降以及人们失去工作。下降到最低点后，复苏又开始了。复苏可以慢，也可以快。它可能是不彻底的，或者它可能如此强有力以至于导致一场新的繁荣。新的繁荣可能代表着需求旺盛、工作机会增多和生活水平上升的一段长期持续的高涨时期。再或者，它也可能代表着价格和投机迅速地、膨胀性地急剧上升，另一场萧条接踵而至。这种产出、价格、利率和就业的上涨和下降的运动构成了经济周期，它是200年来世界工业化国家的特点。

美国全国经济研究局创始人米切尔和伯恩斯在1946年出版的《衡量经济周期》一书中将经济周期定义为：“……在主要按商业企业来组织活动的国家总体经济活动中所看到的一种波动。一个周期由几乎同时在许多经济活动中所发生的扩张，随之而来的同样普遍的衰退、收缩和下一个周期的扩张阶段相连的复苏所组成。这种变化的顺序反复出来，但并不是定时的；经济周期的持续时间在1年到10年或12年，它们不再分为具有接近自己振幅的类似特征的更短周期。”米切尔的这个定义受到西方经济学界的公认，并被全国经济研究局——美国研究经济周期的权威结构作为确定经济周期顶峰与谷底的标准。

2. 经济周期的阶段

经济活动由扩张到衰退进而萧条最后复苏的循环，是围绕着一种向上的趋势途径而暂时性上下波动的（如图14-1所示）。横坐标T代表时间（年份），纵坐标Y代表总体经济活动状况（包括国民收入、就业、价格等经济活动主要指标，N代表正常的经济活动水平，是经济的长期增长趋势）。由于经济在总体上保持着或多或少的增长，因而经济的长期增长趋势线的斜率是大于0的。曲线表示经济活动的波动。从图14-1中可以看出，凡经济活动波动线高于长期增长趋势线的，表示该时期的经济活动水平高于经济的长期平均增长值；反之，凡经济活动波动线低于长期增长趋势线的，则表示经济活动水平低于经济的长期平均增长值。随着时间的推移，整个经济活动水平由高到低，再由低到高，循环往复，阶段性变化。

对于经济周期过程中阶段的划分，不同的经济学家基于不同的出发点有着不同

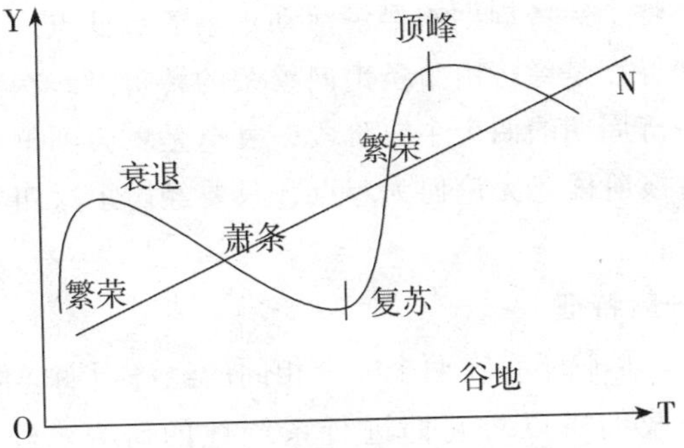

图 14-1 经济周期的四个阶段

的划分方法，没有完全的统一标准。但绝大多数西方经济学家倾向于将经济周期划分为四个阶段：经济活动的扩张阶段，简称繁荣阶段；由繁荣转向温和的收缩阶段，简称衰退阶段；经济活动的全面紧缩阶段，简称萧条阶段；由紧缩转为新的扩张的过渡阶段，简称复苏阶段。

经济周期的每个阶段特征如下：

繁荣阶段：该阶段的经济活动水平高于正常水平。经济活动十分活跃，社会的有效需求持续不断地增加，产品畅销，投资扩大，产量增加，就业充分，生活水平不断上升，社会总产出逐渐达到了最高水平，经济处于扩张状态，但繁荣阶段不可能长期维持下去，当消费增长放慢引起投资减少时，经济就会开始下滑。在美国经济中，一般认为 GDP 连续两个季度下降时，经济便处于衰退之中。

衰退阶段：经济处于较温和的收缩时期，此时经济活动水平下降，消费需求与生产能力发生偏离。一方面，由于消费的增长放慢，甚至停止，使产品滞销，价格下降，进而使企业的利润大幅度减少，企业的投资也随之减少，产量增加的势头受到抑制；另一方面，由于投资量减少，产量下降，失业率上升，导致社会收入水平和有效需求的进一步下降，最终使经济跌落到萧条阶段。

萧条阶段：该阶段经济处于剧烈的收缩时期，经济活动逐渐降低到最低水平，大量工人失业，大批生产能力闲置，企业利润极低甚至亏损。整个社会的投资水平继续下降，经济活动继续萎缩，物价继续下跌，经济动荡，社会不稳。同样，萧条也不可能无限延长，随着现有设备的损耗以及由消费引起的企业存货的减少，促使企业考虑增加投资，一旦投资需求开始增长时，经济便开始了复苏阶段。

复苏阶段：经济活动由最低水平开始回升，经济活动日趋活跃。随着投资的不断增加，产量逐渐扩大，就业开始增加，价格开始上涨，国民收入开始回升。随着需求的不断增加，生产进一步扩大，经济活动处于调整阶段。经济恢复的速度不会太快，但随着经济恢复的不断完善，经济活动水平会不断提高，当达到一定程度后，便步入下一个繁荣阶段，开始又一个经济周期。

在一个经济周期的四个阶段中，存在着一个顶峰和一个低谷，它们是经济周期的转折点：顶峰出现在繁荣阶段，是整个经济周期中经济活动水平的最高点。低谷出现在萧条阶段，是整个经济周期中经济活动水平的最低点。顶峰点是经济由繁荣到萧条的转折点，低谷点是经济由萧条走向繁荣的转折点。在经济周期的四个阶段中，繁荣与萧条是经济周期的两个主要阶段，衰退是繁荣到萧条的过渡阶段，复苏是由萧条到繁荣的过渡阶段。无论何为起点，只要经历了这四个阶段，便算是完成了一个经济周期。

3. 经济周期的一般特征

对经济周期而言，尽管不存在两个完全相同的经济周期，但它们都有着一些重要的一般特征，使得我们可以对它们进行系统性的研究。经济周期的一般特征如下：

经济活动中的变量一般可分为顺周期性、逆周期性和无周期性三类。所谓顺周期变量是指那些在经济扩张时上升，在经济收缩时下降的变量，如通货膨胀率、总产量、工商业利润率；逆周期变量是指那些在经济收缩时上升，在经济扩张时下降的变量，如失业率、破产率；而无周期变量则是指那些与经济周期无关的经济变量，如出口。

经济周期不是固定的经济活动波动，而是一系列独立的冲击因素随机对经济进行冲击的结果。经济周期持续的时间有长有短，波动大小也不完全一样，差异很大，不应对经济周期产生一种机械理解，像物理学或数学中那样具有固定频率、波长的周期。虽然表现为四个小阶段，或扩张与收缩的两个大阶段，但什么时候发生收缩，经济周期的时间多长，一次周期的峰位多高，谷地多深等规律性不强，一般很难预测。

经济周期是总体经济活动的波动。它不是发生在一个或几个部门，而是同时发生在几乎所有的经济部门，因而不是局部的波动，是整个经济的波动。经济周期是不可避免的。

14.2.2 经济周期的分类

经济周期的波动周期的持续时间是有差异的，短的几十个月，长的要几十年。为了便于研究经济周期波动的规律，经济学家们依据每个经济周期经历时间的长短不同分为短周期、中周期和长周期等。下面就介绍几种主要类型：

1. 基钦周期（Kitchin cycle）

其长度平均约 40 个月，也称短周期，由美国经济学家基钦（J. Kitchin）于 1923 年提出。基钦在研究了 1890—1922 年间美国与英国的物价、银行清算、利率等资料后提出：经济周期实际包括主要周期和次要周期 2 种，主要周期仅仅是 2 个或 3 个次要周期的总和，而次要周期是平均为 40 个月的经济周期，因此把平均 40 个月的短周期称为基钦周期。美国经济学家 A. 汉森（A. Hansen）根据统计资料计算出美国在 1807—1937 年间共有 37 个这样的周期，其平均长度为 42 个月。

2. 朱格拉周期（Juglar cycle）

其长度平均约为 8 ~ 10 年，由法国经济学家朱格拉（C. Juglar）于 1860 年在其《论法国、英国和美国商业危机及其发生周期》中提出。朱格拉认为经济周期由繁荣、危机、清算 3 个阶段组成，这 3 个阶段在经济中有顺序地反复出现。他分析了统计资料中的物价水平和大多数经济部门的生产指标，确定经济周期性波动的长度约为 9 ~ 10 年。此后，奥地利经济学家熊彼特（Joseph A. Schumpeter）把这种周期称为中周期。美国经济学家汉森将这种周期称为主要经济周期，并根据资料计算出美国在 1795—1937 年间共有 17 个这样的周期，其平均长度为 8.35 年。

3. 库兹涅茨周期（Kuznets cycle）

其长度平均为 15 ~ 20 年，由美国经济学家库兹涅茨（S. Kuznets）在 1930 年提出。该周期主要是依据建筑业的兴衰这一周期性波动现象来划分的，所以也称建筑业周期。库兹涅茨在研究建筑业人口变动、资本形成、收入、国民生产总值及其他因素后，提出经济活动中存在着为期 15 ~ 20 年的长周期。

4. 康德拉季耶夫周期（Kondratieff cycle）

其长度平均约 50 ~ 60 年，也称长周期。前苏联经济学家尼克拉·康德拉季耶夫（Nikolai D. Kondratieff）在 1925 年提出了著名的长波理论。他分析了法国、英国、美国、德国等国家 100 多年大量的批发物价水平、利率、工资、对外贸易量、煤炭、生铁的产量和消费量的变动情况，得出一个结论：经济中存在着平均长约 50 ~ 60 年的长期波动。

熊彼特引用该划分并结合其创新理论，以各个时期的主要技术发明、新资源的利用等作为主要标志，进一步将 100 多年以来西方经济发展分为 3 个“长波”过程。第一个长波：1780—1842 年，该周期为“产业革命时期”；第二个长波：1842—1897 年，该周期为“蒸汽和钢铁时期”；第三个长波：1897—1929 年，该周期为“电气、化学和汽车时期”。他认为长周期的不同阶段仍有中周期波动，中周期的不同阶段还有短周期波动。每个康德拉季耶夫周期包括 6 个朱格拉周期，而每个朱格拉周期包括 3 个基钦周期。

14.2.3　经济周期产生的原因

西方许多经济学家从多种角度探讨了经济周期的成因，提出了一系列的经济周期理论，我们可以将这些理论归纳为两类：内生经济周期理论和外生经济周期理论。外生因素论包括创新理论、心理周期理论、太阳黑子理论、政治周期理论，内生因素论包括纯货币周期理论、投资过度理论、消费不足和储蓄过度理论及乘数-加速理论。

1. 纯货币周期理论

一种用货币因素来解释经济周期的理论。这种理论由英国经济学家及·霍特里提出，这种理论认为，经济周期是一种纯货币现象。经济周期性的波动完全是由于银行体系交替地扩大和紧缩信用所造成的。当银行体系降低利率并扩大信用时，商人就会向银行增加借款，从而增加向生产者的订货，这样就引起生产的扩张和收入的增加，而收入的增加又引起对商品需求的增加和物价上升，经济活动继续扩大，经济进入繁荣阶段。但是，银行扩大信用的能力并不是无限的。当银行体系被迫停止信用扩张，转而紧缩信用时，商人得不到贷款，就减少订货，由此出现生产过剩的危机，经济进入萧条阶段。在萧条时期，资金逐渐回到银行，银行可以通过某些途径来扩大信用，促进经济复苏。根据这一理论，其他非货币因素也会引起局部的萧条，但只有货币因素才能引起普遍的萧条。

2. 投资过度周期理论

一种用生产资料的投资过多来解释经济周期的理论。这种理论认为，无论是什么原因引起投资的增加，这种增加都会引起经济繁荣。这种繁荣首先表现在对投资品（即生产资料）需求的增加以及投资品价格的上升上，更加刺激了对资本品的投资。资本品的生产过度发展引起了消费品生产的减少，从而形成经济结构的失衡。而资本品生产过多必将引起资本品过剩，于是出现生产过剩危机，经济进入萧条。

3. 创新周期理论

一种用技术创新来解释经济周期的理论。由熊彼特提出创新是指对生产要素的重新组合。例如，采用新生产方法、新的企业组织形式控制或掠取了新的原材料的供应来源、开辟新产品、新市场等。这种理论首先用创新来解释繁荣和衰退。这就是创新提高了生产效率，为创新者带来了盈利，引起其他企业仿效，形成创新浪潮。创新浪潮使银行信用扩大、对资本品的需求增加，引起经济繁荣。随着创新的普及、盈利机会的消失，银行信用紧缩，对资本品的需求减少，这就引起经济衰退。直至另一次创新出现，经济再次繁荣。

4. 消费不足周期理论

这种理论的早期代表人物是英国经济学家马尔萨斯和法国经济学家西斯蒙第，近代代表人物是英国经济学家霍布森。这种理论认为，经济中出现萧条与危机是因为社会对消费品的需求赶不上消费品生产的增长，而消费品需求不足又引起对资本品需求不足，进而使整个经济出现生产过剩性危机。消费不足的根源则主要是由于国民收入分配不平等所造成的穷人购买力不足和富人储蓄过度。

5. 心理周期理论

这种理论强调心理预期对经济周期各个阶段形成的决定作用，主要代表人物是英国经济学家庇古和凯恩斯。这种理论认为，预期对人们的经济行为有决定性的影响，乐观与悲观预期的交替引起了经济周期中繁荣与萧条的交替。当任何一种原因刺激了投资活动，并引起其高涨后，人们对未来预期的乐观程度一般总超过合理的经济考虑下应有的程度。这就导致过多的投资，形成经济过度繁荣。而当这种过度乐观的情绪所造成的错误被觉察以后，又会变成不合理的过分悲观的预期。由此过度减少投资，引起经济萧条。凯恩斯认为，萧条的产生是由于资本边际效率的突然崩溃，而造成这种崩溃的正是人们对未来的悲观预期。

6. 太阳黑子周期理论

这种理论用太阳黑子周期运动来解释经济周期，由英国经济学家杰文斯父子所提出并加以论证。这种理论认为，太阳黑子的活动对农业生产影响很大，而农业生产的状况又会影响工业及整个经济。具体来说，太阳黑子活动频繁就使农业生产减产，农业的减产影响到工业、商业、工资、购买力、投资等方面，从而引起整个经济萧条。相反，太阳黑子活动的减少则使农业丰收，整个经济繁荣。他们用长期中太阳黑子活动周期与经济周期基本吻合的资料来证明这种理论：这种理论把经济周期的根本原因归结为太阳黑子的活动，是典型的外生经济周期理论。现代经济学家认为，太阳黑子对农业的影响是非常有限的，而农业生产对整个经济的影响更是非常有限的，因此，这种理论难以成立。

7. 乘数-加速理论

在经济周期理论中，这一模型影响最大，其先后经哈罗德、萨缪尔森、希克斯的发展而得以完成。

在宏观经济学中，投资的变动引起国民收入成倍变动为乘数理论，而国民收入的变动引起投资支出成倍变动的关系被称为加速原理。乘数-加速数模型在试图把外部因素和内部因素结合在一起对经济周期作出解释的同时，特别强调投资变动的因素。假设由于新发明的出现使投资的数量增长。投资数量的增长会通过乘数作用使收入增加。当人们的收入增加时，他们会购买更多的物品，从而整个社会的物品销售量增加。通过上面所说的加速数的作用，销售量的增加会促进投资以更快的速度增长，而投资的增长又使国民收入增长，从而销售量再次上升。如此循环往返，国民收入不断增大，于是，社会便处于经济周期的扩张阶段。

然而，社会的资源是有限的，收入的增大迟早会达到资源所能容许的峰顶。一旦经济达到经济周期的峰顶，收入便不再增长，从而销售量也不再增长。根据加速原理，销售量增长的停止意味着投资量下降为零。由于投资的下降，收入减少，从而销售量也因之而减少。同样，根据加速原理，销售量的减少使得投资进一步减少，而投资的下降又使国民收入进一步下降。如此循环往复，国民收入会持续下降。这样，社会便处于经济周期的衰退阶段。收入持续下降使社会最终达到经济周期的谷底。这时，由于在衰退阶段的长时期所进行的负投资，生产设备的逐年减少，所以仍在营业的一部分企业会感到有必要更新设备。这样，随着投资的增加，收入开始上升。上升的国民收入通过加速数的作用又一次使经济进入扩张阶段。于是，新一轮的经济周期又已经开始。

8. 实际周期理论

代表人物是普雷斯科特。该理论认为，经济周期主要是由于总供给实际因素冲击所造成的，某一部门的创新或技术的变动所带来的影响会在经济中传播，进而引起经济的波动。实际周期理论强调的是：技术的变化是收入和投资变动的根源；经济周期是潜在GDP变动的结果，不是实际GDP对潜在GDP的偏离；即使是短期货币也是中性的，货币的变动也不能引起产出和实际就业量等实际变量的变化。

本章小结

1. 介绍经济增长源泉的含义、度量方法和经济增长方式的分类。
2. 阐述了经济增长源泉。
3. 区分了经济增长与经济发展的关系。
4. 研究了经济周期阶段、特点和分类。
6. 回顾了有关经济周期产生原因的各种思想。

关键概念

经济增长　经济发展　经济周期

本章案例

中国的经济增长

改革开放以来我国经济快速增长，特别是近10年来，GDP平均增长率达到10%以上，而发达国家平均仅在2%左右。但我国的经济增长属于粗放模式，万元GDP能耗是发达国家的3~6倍。这种低效率的增长模式存在着一系列问题，必然导致对经济持续增长的损害。

20世纪80年代以来，伴随着经济高速增长出现了许多问题，尤其是以下几个方面：粗放型增长方式没有改变，经济缺乏持续性；宏观经济缺乏稳定性，经济经常出现过热或紧缩现象；社会公平性问题还很严重，行业垄断、收入差距、腐败、教育、弱势群体等问题还没有得到很好地解决；资源破坏严重，生态环境不断地恶化；等等。粗放型的高速增长会引起并加剧经济波动，直接损害经济增长的动态效率，破坏持续稳定增长的潜力；同时，会造成经济效益低下，过度的投入使资源浪费和环境破坏严重。中国正在成为世界能源消耗和污染物排放领域的最典型国家。我们应该认识到：要想实现可持续发展，必须在经济总量不断增长的同时，实现增长质量的提高和经济持久的发展。

近年来，我国经济增长方式及增长中存在的问题引起了社会的极大关注，党和国家已经把转变经济增长方式、打破 GDP 崇拜、重视社会发展、改善民生等统筹发展模式作为基本原则，经济增长的问题正在逐步得到解决。经济与环境之间的关系认识问题也正在得到深化。

本章资料

适度经济增长

适度经济增长是指一个国家经济在长期内适当的、正常的增长，是最理想的经济增长方式，过快或过慢的增长都是不利的。

每个社会都存在着一个适度的经济增长区间，即在一定时期内，由社会的财力、物力、人力所能支撑的潜在经济增长速度。其上限是产量或收入无论怎样增加都不会越过的界限，这条界限取决于社会已达到的技术水平和已开发生产的资源可以被利用的限度。在既定的技术条件下，如果社会上一切可以被利用的资源都被利用了，那么经济的进一步扩大就会遇到不可逾越的障碍，从而产量停止增加，投资也停止增加甚至减少，生产开始收缩；其下限是产量或收入无论如何收缩都不会由此下降的一条界限。由于总投资不可能小于零，一个企业投资最少时，为本期不购买任何机器设备，这时整个社会生产在低水平上维持。实践证明，经济过快增长对环境、资源的压力过大，容易形成泡沫经济，造成社会财富分配两极分化，通货膨胀压力剧增，引发经济危机；而经济过慢增长会直接影响人们生活水平的提高，投资信心不足，失业率高，经济启动困难，政府财政收入压力过大，经济长期徘徊不前，容易激发社会矛盾，甚至引起动乱。所以说，经济增长只有保持在适度的情况下，社会才能协调、稳定、快速、健康地发展。

本章习题

1. 解释名词

经济增长　经济发展　经济周期

2. 简答题

1）经济增长衡量标准及类型有哪些？

2）经济增长与经济发展的关系是什么？

3）影响经济增长的主要因素有哪些？

4）经济周期的含义、阶段和特点是什么？

5）经济学家按经济周期持续周期的长短把经济周期分为哪几类？

3. 论述题

请论述关于经济周期产生的原因有哪些理论。

主要参考文献

[1] 萨缪尔森，诺德豪斯．经济学［M］．萧琛，等，译．北京：华夏出版社，1998.

[2] 曼昆．经济学原理［M］．梁小民，等，译．北京：北京大学出版社，1999.

[3] 孙亚峰．经济学原理［M］．大连：东北财经大学出版社，2004.

[4] 泰勒．微观经济学［M］．李绍荣，李淑玲，等，译．北京：中国市场出版社，2006.

[5] 泰勒．宏观经济学［M］．李绍荣，李淑玲，等，译．北京：中国市场出版社，2006.

[6] 高鸿业．西方经济学（微观部分）［M］．北京：中国人民大学出版社，2007.

[7] 高鸿业．西方经济学（宏观部分）［M］．北京：中国人民大学出版社，2007.

[8] 黎诣远．微观经济学［M］．北京：高等教育出版社，2007.

[9] 黎诣远．宏观经济学［M］．北京：高等教育出版社，2007.

[10] 张嫚．经济学［M］．北京：经济科学出版社，2007.

[11] 尹伯成．西方经济学简明教程［M］．上海：格致出版社，2008.

[12] 黄亚钧．微观经济学［M］．北京：高等教育出版社，2009.

[13] 黄亚钧．宏观经济学［M］．北京：高等教育出版社，2009.

[14] 左相国．宏观经济学［M］．北京：中国铁道出版社，2010.